Delius Klasing
EDITION MOBY DICK

»Nummernschild Tour de France«: das traditionelle Tour-Souvenir eines Hauptsponsors zur Visitenkarte
der Sieger gemacht. Wir erkennen – unterstützt durch die Jahreszahlen – u.a. die Autogramme von
Merckx, Hinault (untere Reihe), Indurain, Gimondi, Delgado, Roche (Mitte), LeMond, Fignon sowie die
der ersten Tour-Siegerinnen Maria Canins und Jeannie Longo (alle oben).

Klaus Angermann

DER TRAUM VOM GELBEN TRIKOT

Vier Jahrzehnte Radsportreportage von der Tour de France

Delius Klasing
EDITION MOBY DICK

Bibliografische Information Der Deutschen Bibliothek
Die Deutsche Bibliothek verzeichnet diese Publikation in der
Deutschen Nationalbibliografie; detaillierte bibliografische
Daten sind im Internet über »http://dnb.ddb.de« abrufbar.

1. Auflage
ISBN 3-89595-187-0
© Moby Dick Verlag, Postfach 3369, D-24032 Kiel

Schutzumschlaggestaltung: Buchholz/Hinsch/Hensinger, Hamburg
Titelmotive: Graham Watson (Hintergrund), Frank Bodenmüller (oben),
Hans A. Roth (unten)
Layout: Gabriele Engel
Druck und Bindung: Kunst- und Werbedruck, Bad Oeynhausen
Printed in Germany 2003

Vertrieb: Delius Klasing Verlag, Siekerwall 21, D-33602 Bielefeld
Tel.: 0521/559-0, Fax: 0521/559-115
e-mail: info@delius-klasing.de
www.delius-klasing.de

Inhalt

Vorwort Jean-Marie Leblanc

Der Radsport in Deutschland steht in voller Blüte. Drei Teams sind für die höchste internationale Klasse qualifiziert. Das Land hat eine Reihe erstklassiger Champions hervorgebracht, und an deren Spitze stehen glanzvolle Namen wie Jan Ullrich und Erik Zabel. Nicht zuletzt ist Deutschland heute Schauplatz einer Vielzahl von Radsportkonkurrenzen, deren Ansehen und Bedeutung von Jahr zu Jahr zunimmt. Als Beispiel sei hier nur die Deutschland-Tour genannt.

Dabei ist diese beneidenswerte Verfassung des Radsports in Deutschland ein verhältnismäßig junges Phänomen. Zwar haben die Deutschen zu keinem Zeitpunkt in der Vergangenheit vollständig gefehlt auf der internationalen Bühne. Schließlich konnte sich ein gewisser Josef Fischer als erster Champion überhaupt in die Siegerliste von Paris–Roubaix eintragen. Und doch sollte es bis zu den 60er-Jahren dauern, bevor die Radrennfahrer aus Deutschland sich mit der Leistung der Italiener, Belgier und Franzosen messen konnten. Namen wie Hans Junkermann, Karl-Heinz Kunde, Rolf Wolfshohl, Rudi Altig, Dietrich Thurau, Raimund Dietzen, Olaf Ludwig und all die Nichtgenannten, die mir dies verzeihen mögen, sind jedem wahren Radsportfan ebenso vertraut wie geläufig. Dabei waren sie ausnahmslos deutsche Fahrer in Diensten ausländischer Rennställe, deutsche Fahrer, die sich im Ausland einen Namen machen mussten. Und natürlich bedeutete Ausland für die meisten von ihnen das benachbarte Frankreich. Daher sind sie mir so gut bekannt. Und daher gilt ihnen meine besondere Bewunderung.

Wie hat dieser Sport in Deutschland seine Metamorphose

Rollentausch am Mikrofon. Hier hat nicht der Fernsehreporter und Autor das Wort, sondern Tour-de-France-Direktor Jean-Marie Leblanc.

geschafft? Schließlich gehört der Radsport heute bei unseren östlichen Nachbarn zu den beliebtesten Sportarten. Ich sehe für diese Entwicklung im Wesentlichen drei Gründe:

Da ist zunächst die Tour de France. Die genannten Champions haben auf der »Großen Schleife« dafür gesorgt, dass Deutschland auf höchster Ebene präsent war; sie haben anderen den Weg gewiesen und als wahre Vorbilder zahlreiche Nacheiferer auf den Plan gerufen. Zweitens ist die Tour de France ihrerseits seit dem ersten Start in Frankfurt im Jahre 1980 immer wieder bei ihren deutschen Nachbarn zu Besuch gewesen. Sehr bewegt erinnere ich mich an den überwältigenden Publikumserfolg, den sie im weiteren Verlauf in Berlin sowie 1987 in Stuttgart verzeichnen konnte. Weitere Stationen waren Koblenz 1992 und erst recht Freiburg im Jahre 2000 sowie zwei Jahre später Saarbrücken, wo wir Zeugen eines wahren Begeisterungstaumels wurden.

Und dann ist da natürlich die persönliche Ausstrahlung eines Jan Ullrich. Dieser Ausnahmeathlet von größtem Format, dem es mit dem ersten Tour-de-France-Sieg eines Deutschen gegeben war, seinem Sport die höchsten Weihen zu verleihen, wie es vor ihm nur einem Beckenbauer oder Rummenigge im Fußball und einem Becker oder einer Graf im Tennis, aber auch einem Schumacher im Automobilsport gelungen ist. Ihm ist es zu verdanken, dass die Deutschen heute so radsportbegeistert sind – und so stolz auf ihren ganz eigenen Radsport.

Aber vergessen wir – last but not least – nicht die Pioniere des Radsports. Leidenschaftliche, unermüdliche Männer, die zu keinem Zeitpunkt das Vertrauen in unseren Sport und in seine Protagonisten verloren haben: Natürlich meine ich die Journalisten aus allen Bereichen der Medien. Ich habe eine Reihe von ihnen kennen lernen dürfen. Und ich kann bezeugen, dass sie auch in schlechten Zeiten, an denen es wahrlich nicht gefehlt hat, ihre Moral und ihre gute Laune behalten haben. Ihnen verdanken wir es, wenn die Flamme des Radsports in Deutschland zu keinem Zeitpunkt erloschen ist. Einer von ihnen, genau der, den ich am besten kennen gelernt habe, ist nun Verfasser des vorliegenden Buches. Ihm als ebenso

treuem wie langjährigem Weggefährten gilt meine größte Wertschätzung. Meine Freundschaft zu ihm ist auch das Ergebnis seines Enthusiasmus für die Rennfahrer aus dem eigenen Lande.

Unser lieber Klaus Angermann, dem ich mit so großer Genugtuung und Freude die Silberne Ehrenschale der Tour de France überreichen durfte, ist das größte Vorbild, das herausragende Beispiel für diesen Schlag von Journalisten, die sich mit Haut und Haaren ihrem Sport verschrieben haben. Ihm und dem deutschen Fernsehen verdanken der Radsport und unsere »Große Schleife« Außerordentliches. Aus diesem Grunde ist es mir eine so große Freude, das Vorwort zu dem vorliegenden Buch zu schreiben – im Namen der Freundschaft und im Namen der treuen Verbundenheit.

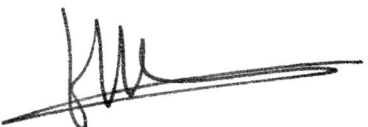

Vorwort Eddy Merckx

Es sind nun viele Jahre, dass der Radsport mein Leben bestimmt. Es waren aufregende Jahre, in denen sich mir vom Fahrradsattel aus die Welt geöffnet hat. Heute begleite ich meinen Sohn Axel bei seiner Karriere als Radsportler und lasse meine Erfahrrung in den Bau von Rennmaschinen einfließen. Ich denke, sie haben sich einen guten Namen gemacht.

Doch immer noch ist auch im Jahre 2003 der Radsport etwas ganz anderes, als die Menschen darunter verstehen. Weil keiner von ihnen, die nicht selbst Rennen fahren, jemals wirklich dabei ist. Jeder macht sich ein eigenes Bild von dem, was dieser Sport bedeutet.

Wenn ich mir die Tour-de-France-Sendungen im Fernsehen anschaue, sind es viele, viele eindrucksvolle Bilder. Ihre Vermittler sind die Reporter. Viele halten sich für wichtig. Im Grunde sind sie es auch, weil sie unser Image produzieren, unser Bild in der Öffentlichkeit.

Einer der guten Reporter, die ich schon lange kenne, ist Klaus Angermann. Er ist engagiert, ein bisschen nervös, er fiebert mit. Klaus bleibt korrekt und sehr menschlich. Er hat es immer geschafft, für das ZDF bei den großen Rennen präsent zu sein, auch in der Zeit nach Altig, Junkermann oder Wolfshohl. Da hat man den Radsport in Deutschland nur wenig beachtet. Es mussten erst Thurau und Ullrich kommen. Klaus Angermann ist für mich auch ein kleiner Romantiker. Er sucht und zeigt in seinen Berichten immer etwas Schönes und Harmonisches. Reporter wie ihn gibt es kaum noch in der Welt der Fakten und der unpersönlichen Darstellung.

Ich erinnere mich, und noch mehr meine Frau Claudine, dass er ihr 1969 bei unserem ersten Interview in Brüssel einen riesigen Rosenstrauß schenkte. Zuerst war ich etwas verdutzt, dann habe ich geschmunzelt. Nein, ich habe das nicht vergessen. Dieser Fernsehreporter, den ich jedes Jahr gern bei uns in Belgien oder bei der Tour de France

Brüssel, Juni 1969: das erste Interview bei Eddy Merckx. Verständlich, dass der Belgier den unbekannten Gast aus Deutschland noch etwas skeptisch anschaut. Oder war es wegen der Rosen für seine Frau Claudine?

treffe, der mich zum Stundenweltrekord nach Mexiko begleitet hat und der nun seine Erinnerungen geschrieben hat, hat Claudine einmal Rosen geschenkt! Ich wünsche Klaus mit seiner Begeisterung für den Radsport und was er davon wahrgenommen hat alles Gute für sein Buch. Ich denke, dass seine früheren Zuschauer diese Geschichten gerne lesen werden. Vielleicht sind ein paar ein bisschen anders, als ich den Radsport kennen gelernt habe. Doch wie kann ich das richtig beurteilen? Ich habe zwar den Blick über den Lenker gehabt, auch aus dem Begleitwagen, und ich habe meine Version als Unternehmer. Aber das ist vom Radsport ja nur die eine Seite. Die andere verkünden die Reporter – wie Klaus Angermann.

Met hartelijke groeten

Vorwort Erik Zabel

Ich erinnere mich noch ganz genau. Es war irgendwann 1985, als das »Westfernsehen« dem einstigen deutschen Klassiker Köln–Schuld–Frechen zwei Minuten widmete. Wenn wir Ossis uns damals durch die Kanäle des »Klassenfeindes« zappten, war das ganz und gar nicht selbstverständlich, sondern ein Tabubruch – einer, der uns teuer zu stehen kommen konnte.

Aber das war egal. Wir waren heiß auf Radsport. Lebendigen Radsport. Nicht die Sorte stromlinienförmigen, gestriegelten Sport, den es im DDR-Staatsfernsehen gab, bei dem Medaillen gezählt und als Erfolge im Kampf gegen den Kapitalismus hochgejazzt wurden.

Lieber weniger prahlerisch und pathetisch, dafür aber mit augenzwinkernder Menschlichkeit, dem Blick für's Wesentliche und überraschenden wie einprägsamen Perspektiven – und zwar in Wort und Bild. Dafür stand Klaus Angermann für mich an jenem Tag und dafür steht er für mich noch heute.

Klaus Angermann hat in 38 Jahren Tour-de-France-Berichterstattung Klassiker geschaffen. Ich denke da an das wunderschöne Sonnenblumen-Feld, durch das eine Meute jagender Renner mit 60 Sachen pflügt. Oder aber an die Perspektive aus dem Rückspiegel eines Motorrads direkt auf's Peloton. Wunder- und unverwechselbar gleichermaßen. Wie kaum ein anderer hatte und hat »Kläuschen«, wie wir ihn nennen, den Mut, seine Emotionen auch öffentlich zu zeigen. Mehr als einmal sind ihm dabei die Gäule durchgegangen. Das war so manches Mal richtig vergnüglich – nie aber komisch.

Mit fundiertem, hart erarbeitetem Fachwissen hat sich Klaus dem Objekt seiner journalistischen Begierde detailverliebt genähert. Etwas, das ich als Profi nicht von jedem Radsport-Reporter behaupten kann. Entstanden ist dabei immer spannende, kurzweilige, witzige, interessante und manchmal auch lehrreiche Radsportkost.

Kopfstoß. Für Erik Zabel im Endspurt verboten; im Duell mit dem Journalisten als freundlicher Denkanstoß gestattet.

Doch ihn allein auf den Journalisten zu reduzieren, wäre – zumindest in meinem Fall – zu wenig. Mit Fug und Recht kann ich sagen: Klaus ist in all den Jahren, die wir uns kennen, ein guter Freund geworden.

Aus der Vielzahl kleiner Episoden, die uns heute verbinden, ist mir eine noch besonders präsent. Es war nach der Bahn-WM 1989. Ich hatte alle Erwartungen untertroffen und lief herum wie Falschgeld. Unsere DDR-Funktionäre ließen mich links liegen, mir war zum Heulen. Nur einer suchte meine Nähe: Klaus Angermann. Und er suchte sie nicht, um mich auszufragen oder die Ursachen meines Versagens zu ergründen, um daraus einen Beitrag zu zimmern. Nein, er suchte sie völlig uneigennützig, um mich zu trösten und mich wieder aufzurichten. Es ist ihm gelungen. Auch dafür herzlichen Dank, lieber Klaus.

Erik Zabel

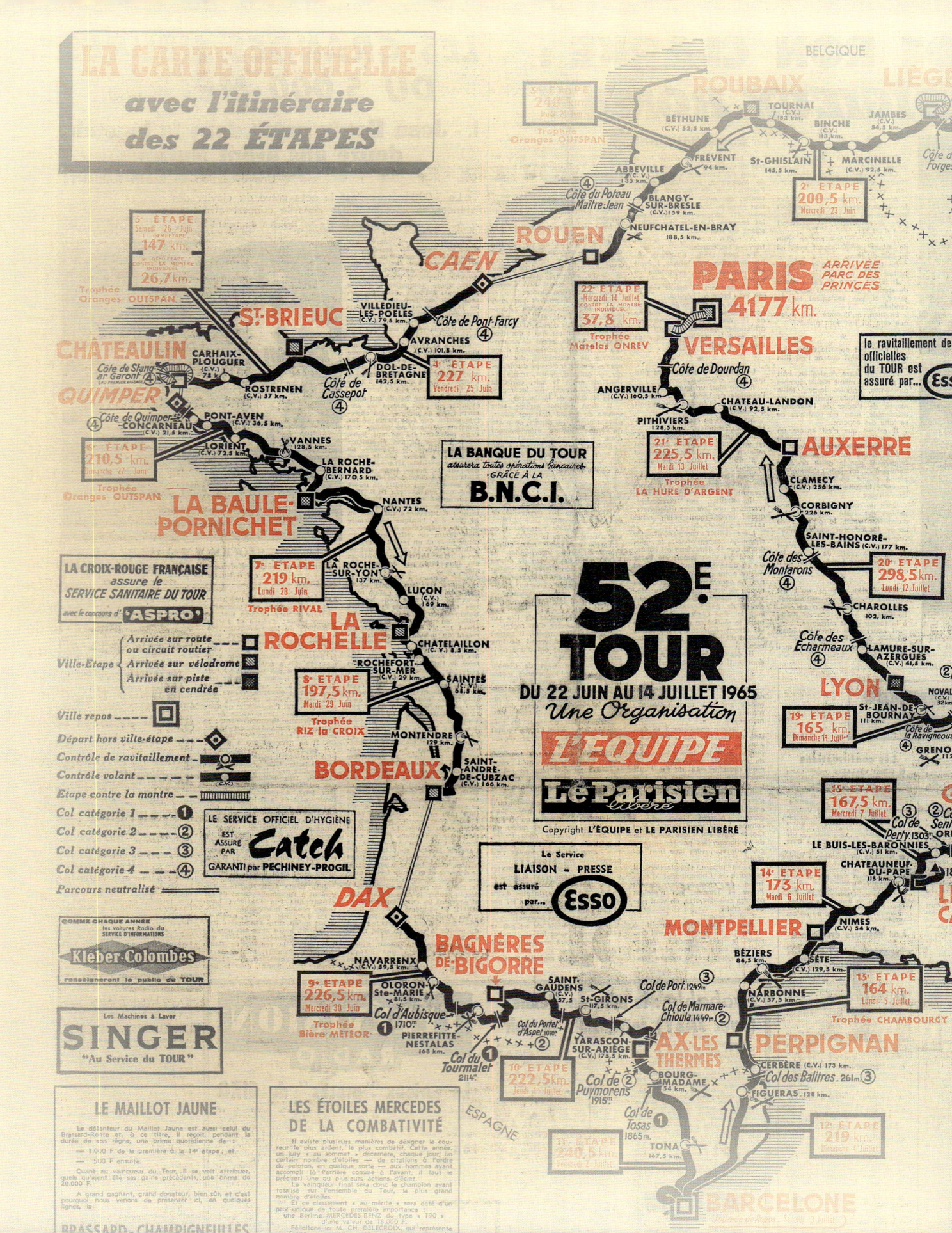

LA CARTE OFFICIELLE avec l'itinéraire des 22 ÉTAPES

BELGIQUE
LIÈGE
ROUBAIX
JAMBES (C.V.) 84,5 km.
TOURNAI 153 km.
BINCHE 113 km.
BÉTHUNE (C.V.) 52,5 km.
St-GHISLAIN 145,5 km.
MARCINELLE (C.V.) 92,5 km.
Côte des Forges
FRÉVENT 94 km.
1re ÉTAPE 240 km. Mardi 22 Juin — Trophée Oranges OUTSPAN
2e ÉTAPE 200,5 km. Mercredi 23 Juin
ABBEVILLE 115 km.
BLANGY-SUR-BRESLE 159 km.
Côte du Poteau Maître-Jean
NEUFCHATEL-EN-BRAY 188,5 km.
ROUEN
CAEN
PARIS 4177 km. ARRIVÉE PARC DES PRINCES
22e ÉTAPE 37,8 km. Mercredi 14 Juillet CONTRE LA MONTRE INDIVIDUEL — Trophée Matelas ONREV
VERSAILLES
le ravitaillement des officiels du TOUR est assuré par... Esso
Côte de Dourdan
3e ÉTAPE Samedi 26 Juin 147 km. CONTRE LA MONTRE INDIVIDUEL 26,7 km. — Trophée Oranges OUTSPAN
St-BRIEUC
VILLEDIEU-LES-POÊLES (C.V.) 79,5 km.
Côte de Pont-Farcy
AVRANCHES (C.V.) 101,5 km.
DOL-DE-BRETAGNE 142,5 km.
ANGERVILLE (C.V.) 160,5 km.
CHATEAU-LANDON (C.V.) 92,5 km.
PITHIVIERS 128,5 km.
AUXERRE
21e ÉTAPE 225,5 km. Mardi 13 Juillet — Trophée LA HURE D'ARGENT
CLAMECY (C.V.) 256 km.
CORBIGNY 226 km.
CHATEAULIN
QUIMPER
CARHAIX-PLOUGUER (C.V.) 78 k.
Côte de Stang ar Garont
ROSTRENEN
Côte de Cassepot
Côte de Quimper-CONCARNEAU (C.V.) 21,5 km.
PONT-AVEN (C.V.) 36,5 km.
4e ÉTAPE 227 km. Vendredi 25 Juin
SAINT-HONORÉ-LES-BAINS (C.V.) 177 km.
Côte des Montarons
20e ÉTAPE 298,5 km. Lundi 12 Juillet
LA BAULE-PORNICHET
LORIENT (C.V.) 72,5 km.
VANNES 128,5 km.
LA ROCHE-BERNARD (C.V.) 170,5 km.
NANTES (C.V.) 72 km.
6e ÉTAPE 210,5 km. Dimanche 27 Juin — Trophée Oranges OUTSPAN
LA BANQUE DU TOUR assurera toutes opérations bancaires GRÂCE À LA **B.N.C.I.**
CHAROLLES 102, km.
Côte des Echarmeaux
LAMURE-SUR-AZERGUES (C.V.) 41,5 km.
LYON
LA CROIX-ROUGE FRANÇAISE assure le SERVICE SANITAIRE DU TOUR avec le concours d'"ASPRO"
7e ÉTAPE 219 km. Lundi 28 Juin — Trophée RIVAL
LA ROCHE-SUR-YON 137 km.
LUÇON (C.V.) 169 km.
ST-JEAN-DE-BOURNAY 111 km.
19e ÉTAPE 165 km. Dimanche 11 Juill.
Côte de la Ravigneouse
NOVALA (C.V.) 32km.
GRENOBLE 112 k.
Arrivée sur route ou circuit routier
Ville-Etape — Arrivée sur vélodrome
Arrivée sur piste en cendrée
Ville repos
Départ hors ville-étape
Contrôle de ravitaillement
Contrôle volant
Etape contre la montre
Col catégorie 1 — ①
Col catégorie 2 — ②
Col catégorie 3 — ③
Col catégorie 4 — ④
Parcours neutralisé
LA ROCHELLE
CHATELAILLON (C.V.) 8,5 km.
ROCHEFORT-SUR-MER (C.V.) 29 km.
8e ÉTAPE 197,5 km. Mardi 29 Juin — Trophée RIZ la CROIX
SAINTES 65,5 km.
MONTENDRE 129 km.
SAINT-ANDRÉ-DE-CUBZAC (C.V.) 166 km.
BORDEAUX
18e ÉTAPE 167,5 km. Mercredi 7 Juillet
Col de Perty 1303
Col de Sentinelle
ORPI
LE BUIS-LES-BARONNIES (C.V.) 51 km.
CHATEAUNEUF-DU-PAPE 115 km.
LE SERVICE OFFICIEL D'HYGIÈNE EST ASSURÉ PAR **Catch** GARANTI par PECHINEY-PROGIL
Le Service LIAISON-PRESSE est assuré par... Esso
52e TOUR
DU 22 JUIN AU 14 JUILLET 1965
Une Organisation **L'ÉQUIPE** Le Parisien Libéré
Copyright L'ÉQUIPE et LE PARISIEN LIBÉRÉ
14e ÉTAPE 173 km. Mardi 6 Juillet
NIMES (C.V.) 54 km.
LE CA
DAX
MONTPELLIER
BÉZIERS 84,5 km.
SÈTE (C.V.) 129,5 km.
13e ÉTAPE 164 km. Lundi 5 Juillet — Trophée CHAMBOURCY
COMME CHAQUE ANNÉE les voitures Radio du SERVICE D'INFORMATIONS **Kléber-Colombes** renseignent le public du TOUR
BAGNÈRES-DE-BIGORRE
NAVARRENX (C.V.) 39,5 km.
SAINT-GAUDENS (C.V.) 37,5 km.
ST-GIRONS (C.V.) 37,5 km.
Col de Port 1249m. ③
Col de Marmare-Chioula 1419m. ②
NARBONNE (C.V.) 37,5 km.
PERPIGNAN
CERBÈRE (C.V.) 173 km.
Les Machines à Laver **SINGER** "Au Service du TOUR"
9e ÉTAPE 226,5 km. Mercredi 30 Juin — Trophée Bière MÉTÉOR
OLORON-Ste-MARIE 61,5 km.
Col d'Aubisque 1710m. ①
PIERREFITTE-NESTALAS 168 km.
Col du Tourmalet 2114m. ①
Col du Portel d'Aspet 1069m. ②
TARASCON-SUR-ARIÈGE (C.V.) 173,5 km.
Col de Puymorens 1915m. ②
AX-LES-THERMES
BOURG-MADAME 54 km.
Col de Tosas 1865m. ①
Col des Balitres 261m. ③
FIGUERAS 126 km.
10e ÉTAPE 222,5 km. Jeudi 1er Juillet
11e ÉTAPE 240,5 km. Vendredi 2 Juillet
12e ÉTAPE 219 km. Dimanche 4 Juillet
TONA 167,5 km.
ESPAGNE
BARCELONE

LE MAILLOT JAUNE
Le détenteur du Maillot Jaune est aussi celui du Brassard-Renté et, à ce titre, il reçoit, pendant la durée où règne, une prime quotidienne de :
— 1.000 F. à la première et la 14e étape ; et
— 500 F. ensuite.
Quant au vainqueur du Tour, il se voit attribuer, quelle que soit la place précédente, une prime de 20.000.
À grand gagnant, grand donateur, bien sûr, et c'est pourquoi nous venons de prévoir ici, en quelques lignes, ...
BRASSARD-CHAMPIGNEULLES

LES ÉTOILES MERCEDES DE LA COMBATIVITÉ
Il existe plusieurs manières de désigner le coureur le plus ardent, le plus combatif. Cette année, un Jury « au sommet » décernera, chaque jour, un certain nombre d'étoiles à l'issue de citations à l'ordre du peloton, en quelque sorte — aux hommes ayant accompli « la rentrée comme à l'avant » et faire le précieux des poursuivis actions d'éclat.
La vainqueur final sera donc le champion ayant totalisé — au long de l'ensemble du Tour, le plus grand nombre d'étoiles.
Et le classement « au mérite » sera doté d'un prix unique de toute première importance :
une Berline MERCEDES-BENZ du type « 190 » d'une valeur de 18.000 F.
Félicitons M. CH. DELECROIX, qui représente ...

Prolog

Der kleine *macaron-rouge*, der rote Presseumhänger meiner ersten Tour de France, trägt die Zahl 65. Gemeint ist das Jahr 1965.

Heute, 38 Jahre später, ist diese 65 für mich erneut ganz aktuell. Diesmal steht sie für mein Lebensalter. Und damit wird es wohl Zeit, endlich mein Buch über die Tour de France zu schreiben – Familie, Freunde und Fans haben das schon lange eingefordert.

»Der Traum vom Gelben Trikot« will kein Geschichtsbuch sein. Die Historie von 1903 bis 2003, Fakten und Zahlen dieses Weltereignisses des Radsports werden natürlich erwähnt. Aber vor allem lade ich ein, dem Sportreporter zu folgen, mit ihm gemeinsam 38 und eine halbe Tour de France Revue passieren zu lassen: die Begegnungen mit Großen und Kleineren der »Tour der Leiden« – ihren Freuden, ihren Schmerzen; die Begegnungen mit Land und Leuten; die Arbeit mit Mikrofon und Kamera, inklusive dem Blick hinter die Kulissen. Auch mein privates Fotoalbum habe ich für diese Reise in die Vergangenheit geöffnet – alles selbst geknipst, versteht sich.

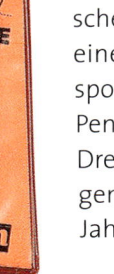

Diese Rückschau im Zeitraffer führt über geschätzte 220 000 Kilometer, die ich insgesamt auf der Rennstrecke und bei den Transfers im Begleitwagen zwischen 1965 und 2003 zurückgelegt habe: zweiunddreißigmal für das Zweite Deutsche Fernsehen, eine »halbe Tour« als Chauffeur eines Mannschaftswagens, viermal für Eurosport und zweimal, zuletzt, als freischaffender Pensionär für Zeitung und Radio.

Drehen wir das Rad der Zeit also nun zurück. Folgen Sie mir zu meiner ersten Tour de France im Jahre 1965.

Felice – oder:
Zwei glückliche Ersatzleute

Zu meiner ersten Tour-Teilnahme kam ich als Ersatzmann in das zehnköpfige ZDF-Team – ein wahrhaft glücklicher Ersatzmann. Das gleiche gilt für den späteren Sieger Felice Gimondi. Doch der hatte ja auch schon in seinem Vornamen das Wort »glücklich« (italienisch: *felice*) von Haus aus mitbekommen.

Ich verdankte das Glück, 1965 in Köln an den Start gehen zu dürfen, dem Umstand, dass der renommierte Kollege Werner Schneider ausfiel. Der hatte zuvor in Paris bei den Tour-Gewaltigen Jacques Goddet und Félix Lévitan die Dreherlaubnis für eine 45-Minuten-Dokumentation ausgehandelt; Titel: »Und immer lockt die Tour«.

Große Verdienste um die Radsportberichterstattung hatte ich mir damals nach zweijähriger ZDF-Zugehörigkeit noch nicht erworben; das Mitwirken bei den ersten »Rund um den Henninger Turm«-Reportagen hatte aber vielleicht etwas Talent erkennen lassen.

Ein zweiter Rosenmontag

Am 22. Juni 1965 war großer Aufbruch – heute heißt das »Le Grand Départ«. Mit Köln war zum ersten Mal eine deutsche Stadt Startort der Frankreichrundfahrt. Peter Kanters, genannt Pitter, der damalige Mister Radsport nicht nur in der Domstadt, hatte das für die heute lächerlich erscheinende Summe von 70.000 DM erreicht.

Kölns Erzbischof Josef Kardinal Frings spendete dem Konvoi zu Beginn der Fahrt über insgesamt 22 Etappen den kirchlichen Segen. Der berühmte katholische Würdenträger nannte die Tour de France dabei »ein Symbol christlichen Lebens«. Daran zu zweifeln hatte ich als vom Startfieber befallener Tour-Neuling gar keine Zeit – und vor allem auch gar keinen Grund.

Ich war fasziniert von der Rosenmontagsstimmung am Start und dem Aufbruch des großen Lindwurmes Tour de France. 4 177 Kilometer standen uns allen bevor: den dreizehn Fabrikrennställen mit ihren 130 Fahrern, darunter die Deutschen Hennes Junkermann (Mercier/FRA, sowie Karl-Heinz Kunde und Dieter Puschel (beide Wiels Groene Leeuw/BEL); drei Wochen Strapazen – sicherlich auch für die anderen Begleiter, für Teampersonal, Organisatoren, Journalisten und Reklamekolonne.

Insgesamt waren das damals rund 1 500 Personen, verteilt auf etwa 500

Aus dem Reporter-Archiv: die Startliste der Tour de France 1965. Durchgestrichen sind die Namen der ausgeschiedenen Fahrer.

Fahrzeuge. Drei davon gehörten dem ZDF. Es waren zwei große Opel Caravan und ein alter, aber noch sehr leistungsfähiger Borgward Kombi aus unserem »PKW-Archiv«, die die Crew samt Ausrüstung und Privatgepäck drei Wochen durch Frankreich trugen.

Am Brunnen vor dem Tore: Dem Überraschungssieger von 1965 Felice Gimondi schmeckte vor einem Etappenstart das kühle Quellwasser sicherlich genau so gut wie später der Champagner für das Gelbe Trikot.

Ein Name fehlt

Der eigentliche Favorit der Tour '65 (auch des ZDF-Sportspiegels), Jacques Anquetil, hatte selbstbewusst auf den Start verzichtet. »Ich verliere in dieser Zeit eine Menge Geld und, wenn's schief läuft, auch noch meinen guten Ruf«, begründete der fünfmalige Toursieger diese Absage. Er fuhr stattdessen gut dotierte Rundstreckenrennen zusammen mit seinem Freund Rudi Altig. Doch Deutschlands Radidol (damals wie heute) war entschuldigt: »Rüdie«, in Frankreich fast beliebter als Anquetil, hatte nach seinem schweren Frühjahrsunfall bei der Vuelta noch einen zu großen Formrückstand, um bei der »Großen Schleife« ähnlich erfolgreich abzuschneiden wie 1962.

Damals hatte der gebürtige Mannheimer zweimal das Gelbe Trikot übergestreift, drei Etappen und am Ende in Paris als erster Deutscher das grüne Trikot gewonnen. Aber auch ohne Maître Jacques und Rudi Altig hatte die 52. Tour de France eine hervorragende Besetzung aufzuweisen – mit den Supersprintern Rik Van Looy, André Darrigade, der bis dahin schon 22 Tour-Etappen gewonnen hatte, und Weltmeister Jan Janssen; mit dem sechsmaligen Bergkönig Federico Bahamontes, mit Henri Anglade, Vittorio Adorni und vor allem mit Raymond Poulidor. Der Franzose war im Vorjahr infolge eines taktischen Fehlers mit lächerlichen 55 Sekunden Rückstand auf »Erzfeind« Anquetil nur Zweiter geworden. 1965 galt er nun als die Nummer eins unter den Titelanwärtern.

Zur Sicherheit war Poulidor von seinem Sportlichen Leiter Antonin Magne (Toursieger 1931/34) mit einem kleinen »Merkblatt« ausgestattet worden. Auf ihm standen die Namen derer, die der Favorit zu fürchten hätte. Nur ein Name nicht: Felice Gimondi. Warum auch? Der 22-jährige Italiener hatte zwar 1964 die »Tour der Zukunft« gewonnen und war im Juli 1965 vielbeachteter Dritter beim Giro geworden; zur Tour war er aber erst im letzten Augenblick als Ersatzmann im Salvarani-Team gestoßen – als Helfer für den Giro-Gewinner Vittorio Adorni, dessen Vorname ja passenderweise »Sieg« bedeutete.

Als Gimondi am zweiten Tag – die 1. Etappe hatte wie erwartet der »Kaiser von Herentals« Rik Van Looy gewonnen – in einer kleinen Spitzengruppe pflichtgemäß als Aufpasser für seinen Kapitän Adorni mitfuhr und als Tageszweiter hinter Sieger und Spitzenreiter Van de Kerckhove plötzlich auch Gesamtzweiter war, musste sich Poulidor noch nichts denken. Denn auch die anderen Mitfavoriten inklusive Adorni hatten allesamt fast zwei Minuten auf den Neuling eingebüßt.

Schon 24 Stunden später aber schrillten die Alarmglocken: Gimondi gewann die 240-Kilometer-Etappe nach Rouen und schlüpfte ins Gelbe Trikot! Der Rückstand von Poulidor & Co betrug danach schon dreieinhalb Minuten. Aber noch kam keine Panik im Favoritenlager auf. Etwas aufmerksamer wurde man dann allerdings am fünften Tag, als Poulidor das erste Zeitfahren zwar gewann, aber auf der 26,7 Kilometer langen Strecke nur sieben Sekunden schneller war als Gimondi, der Ersatzmann im Salvarani-Team.

Rik II und die Marie

Auf der Fahrt durch die Normandie und die Bretagne hatten wir nach der 7. Etappe in La Rochelle einen Drehtermin bei Rik Van Looy. Dass wir beim berühmten Klassikerjäger und Weltmeister filmen durften, verdankten wir der Vermittlungskunst unseres belgischen Fernsehkollegen und späteren Freundes Fred de Bruyne.

Wir hatten dann im Zimmer des belgischen Radstars mit Erlaubnis seines deutschen Masseurs Kurt schon mal Kamera und Zusatzbeleuchtung aufgebaut, während sich Rik II (Rik I war sein großer Rivale Rik Van Steenbergen gewesen) solange noch in der Badewanne erholte. Er ließ uns schmoren – bis endlich sein Betreuer eine Botschaft überbrachte: »Rik sagt, da ist vorher noch etwas zu klären wegen der Marie ...« Davon war nie die Rede gewesen. Die nächste Nachricht aus der Badewanne lautete dann: »Rik denkt an so etwa 3000,- Mark. Deutschland ist doch reich ...«

Umgefallen vor Schreck sind wir damals nicht, aber mein Kollege Werner Ell hastete ans Hoteltelefon, um Rücksprache mit unserem Teamleiter Manfred Rohde zu nehmen. »Kommt gar nicht in Frage – für ein kurzes Gespräch drei Mille, der spinnt wohl! Versucht es noch mal.« Doch Kaiser Rik blieb hart. Wir auch, zogen aber recht betroffen von dannen.

»Der Mann in Gelb« Felice Gimondi: ästhetisch und elegant auch am Berg. Hier noch begleitet von seinem »Leibwächter« Italo Mazzacurati.

Um es gleich zu sagen: Ich habe auf allen meinen späteren Frankreichrundfahrten nie Geld für ein Interview bezahlt. Es hat aber auch keiner von den Großen wie Merckx, Hinault oder Indurain jemals Geld dafür gefordert.

Die ersten Austern

Gefordert war ich selbst noch auf eine ganz besondere Weise hier an Frankreichs Küste während meiner ersten Tour: Kollegen forderten mich auf, endlich einmal die regionalen kulinarischen Spezialitäten Muscheln und Austern zu probieren. Ich tat es mit großer Überwindung – und wurde dann ganz schnell zum Fan der köstlichen *crustacés*.

Und wenn es in den späteren Jahren für »die Herren Journalisten« die Einladung gab, die Meeresspezialitäten anlässlich einer Ortsdurchfahrt zu probieren, bin ich mit meinem Team so weit möglich dahin. Manchmal filmten wir diese Degustation auch für das beliebte Tour-Tagebuch der Woche im Aktuellen Sportstudio. Unsere Zu-

Noch in den unteren, grünen Regionen des Mont Ventoux und doch schon mit etwas gequältem Blick: Rik Van Looy, Belgiens Classique-Jäger und zweimaliger Weltmeister, der dieses Foto später signierte.

schauer sollten ja auch etwas von Land und Leuten sehen. Einmal, nach der Rückkehr von der Tour, rief mich in Mainz eine Frau an, die glaubte, in einer dieser Austernszenen ihren seit Jahren untergetauchten Mann wiedererkannt zu haben. Sie wünschte vom ZDF eine Kopie des Beitrages. Das war aus rechtlichen Gründen leider nicht möglich. Ich konnte ihr aber den Drehort in Frankreich nennen und den Rat geben, den dortigen Bürgermeister um Hilfe zu bitten. Ob sie Erfolg hatte, habe ich nie erfahren.

Gelb gibt auf!

Aber nun zurück zur Tour 1965: Außenseiter Gimondi trug das Gelbe Trikot bis zur 7. Etappe. Da verlor der Italiener den Anschluss und fast fünf Minuten. Norbert Van de

Kerckhove aus dem Team von Van Looy holte es sich wieder – allerdings nur für gute 24 Stunden. Die folgenden zwei Pyrenäenetappen wurden für ihn und viele andere ein Desaster. Statt der vorhergesagten Kühle mit Regen gab es am ersten Tag von Dax nach Bagnères-de-Bigorre nur sengende Hitze und trotz dieser Glut ein mörderisches Anfangstempo, mitentfacht vom Poulidor-Helfer Rolf Wolfshohl.

Noch weit vor dem ersten Gipfel, dem Aubisque, meldet Radio Tour die Aufgabe des Spitzenreiters Van de Kerckhove. In der Geschichte der vorhergehenden 51 Frankreichrundfahrten hatten nur viermal Männer in Gelb aufgeben müssen. Hitze- und Tempoopfer dieser Etappe werden aber noch zehn andere Fahrer, darunter der hoch eingeschätzte Franzose Aimar, Peter Post (der spätere Sechstagerennen-Kaiser), der sympathische Berliner Dieter Puschel und Gimondis Kapitän Vittorio Adorni.

Der italienische Novize aber hält sich hinter dem einsam davongestürmten Spanier Julio Jimenez, keinen Meter preisgebend an

der Seite des großen Favoriten Poulidor. Gemeinsam überfahren sie den Tourmalet, aber dann hat Gimondi auf der Abfahrt einen Reifenschaden. In einer kühnen Verfolgung macht der Italiener die verlorenen 50 Sekunden wieder wett, erreicht das Ziel mit Poulidor, wird erneut Spitzenreiter und zieht das Gelbe Trikot bis Paris nicht wieder aus. Während der leichtgewichtige, kleine Kölner Karl-Heinz Kunde mit einer Bravourleistung an diesem teuflisch heißen Tag den Grundstein für seinen späteren beeindruckenden elften Platz in der Gesamtwertung legt, bezahlt Landsmann Wolfshohl seine anfängliche Tempojagd mit 25 Minuten Rückstand. Der sechsmalige Bergkönig vergangener Rundfahrten, Federico Bahamontes, kommt gar nur als Vorletzter und todmüder »Adler von Toledo« ins Ziel. Am Tag danach geben sowohl Wolfshohl als auch Bahamontes wegen Erschöpfung auf.

Manche dieser »Opfer der Pyrenäen« (u. a. Adorni) gaben damals »angebratenem Tartar« die Schuld an ihrem Einbruch. Die Fahrer hatten dies während des Eisenbahntransfers von Bordeaux nach Dax gegessen. Die Tour-Leitung wies die Vorwürfe vehement zurück. Ron White indes, der geschätzte britische Journalist, schrieb im 4-Millionen-Blatt Daily Express von einem »Wendepunkt« und davon, dass sich die Dopinggesetze auswirken würden. Ich selbst war damals noch zu neu im Metier, um mir darüber ein Urteil erlauben zu können.

Ein feuchter Schock

Eine kleine »innerbetriebliche« Episode, die sich vor den Pyrenäen ereignete, darf ich noch nachtragen: Es war auf der Etappe von La Rochelle nach Bordeaux. Die Sonne verbreitete eine Hitze wie ein Brennglas. Selbst die Nähe des Atlantik und der Gironde bedeutete keine Linderung. Das Peloton litt und bummelte. In den Begleitwagen dösten die Insassen vor sich hin. Auch wir. Winfried Heckners 16-mm-Kamera ruhte und der vor ihm sitzende Redaktionskollege Werner Ell, Frankreich-Liebhaber und Gau-

Im »Backofen« Mont Ventoux: Frankreichs Tour-Vierter Henry Anglade (Pelforth). Verbissen an seinem Hinterrad der Spitzenreiter und spätere Gesamtsieger Felice Gimondi.

loises-Kettenraucher, war eingenickt. Hellwach musste nur Chauffeur Robert bleiben. Denn links und rechts kamen ja immer wieder die Wasserträger vorbei mit literweise Getränkenachschub.

Plötzlich ein Aufschrei im Wagen: »Merde, cochonnerie!«, flucht Ell, wobei das zweite Wort mit Schweinerei zu übersetzen ist, und versucht krampfhaft, das Fenster hochzukurbeln. Es hatte ihn der »Bannstrahl« des französischen Fahrers Mastrotto getroffen, der sich beim Entwässern sicherheitshalber an unserem Auto festgehalten hatte, just auf Höhe des dahindämmernden Kollegen. Das übrige Geschehen ist dem Fahrtwind zuzuschreiben, keinesfalls der Absicht Mastrottos (genannt der Stier) …

Ein besonderes Erlebnis war 1965 auch der Aufenthalt in Barcelona. Die Tour gönnte den Fahrern nach drei Pyrenäenetappen in der Stadt des Christoph Kolumbus einen wohlverdienten Ruhetag. Doch der wurde eher zu einer Strafe. Die Stadt kochte vor Hitze. Und in den Hotels – noch ohne Aircondition – floss nicht nur bei den Fahrern der Schweiß wie auf einer Hitzeetappe. An Erholung war nicht zu denken.

Der Kölner Karl-Heinz Kunde stöhnte in seinem abgedunkelten Hotelzimmer, in dem pausenlos das Wasser aus dem Hahn lief: »Sowas wünscht man ja nicht einmal seiner Schwiegermutter. Lieber wäre ich heute noch eine Bergetappe gefahren!«

Unsere ZDF-Mannschaft wohnte wahrhaft fürstlich, nämlich im feudalen Hotel Ritz. Vorgesehen war das nicht. Doch als wir nach der Zielankunft abends abgekämpft im von der Tour-Leitung vorgesehenen Hotel unsere Voucher präsentierten, hieß es »Zimmer schon vergeben«. Da half kein Protest. Wir mussten uns im brodelnden Barcelona selbst helfen. Mit zehn müden Kriegern unterzukommen erwies sich aber als fast unmöglich. So landeten wir schließlich im teuersten und nobelsten Laden der Millionenstadt, abends gegen 23 Uhr, ich noch in Shorts, was damals in so einer Nobelherberge mehr als unschicklich war.

Dafür gelang mir in Barcelona ein schöner Schnappschuss mit meiner alten Leica: das Foto einer Verkehrsampel, auf der alle drei Phasen für einen winzigen Moment zur gleichen Zeit aufleuchteten.

1965 der beste Deutsche: Karl-Heinz Kunde als Elfter. Der Kölner hier mit deutschen Fans und Journalisten, u. a. Hans Blickensdörfer (ganz rechts).

52. Tour de France 1965

Startort Köln-22 Etappen-4.188 Kilometer-13 Mannschaften-130 Fahrer, 96 am Ziel.
Sieger: Felice Gimondi (Salvarani) 116h42´06", Durchschnitt = 35,882 km/h

2. R. Poulidor (Mercier) 2´40" zurück,
3. G. Motta (Molteni) 9´18",
4. H. Anglade (Pelforth) 12´43",
5. J. Cl. Lebaube (Ford) 12´56" …
9. J. Janssen (Pelforth) 17´52" …
11. K-H. Kunde (Wiels Groene Leeuw) 19´21" …
25. H. Junkermann (Margnat) …
96. Letzter J. Groussard (Pelforth) 2h37´38".

Aufgaben u. a. L. Aimar (Ford), V. Adorni (Salvarani), D. Puschel (Wiels) 9. Etappe, F. Bahamontes (Margnat), R. Wolfshohl (Mercier) 10. Etappe.
Grünes Trikot: J. Janssen (Pelforth). Bergkönig: J. Jimenez (Kas).

Der Prinzenpark in italienischer Hand. Tausende Tifosi möchten Tour-Sieger Gimondi die Hand schütteln.

Gimondi widersteht

Zurück zum Renngeschehen! Nach zwei Flachetappen am Mittelmeer wollte der noch immer drei Minuten hinter Gimondi zurückliegende Poulidor am 14. Tag eine Vorentscheidung zu seinen Gunsten herbeiführen. Am Mont Ventoux, dem »Berg der Winde«, dem furchteinflößenden Giganten der Provence, sollte nach des Franzosen Willen endlich auch der junge Italiener in die Knie gehen. Aber Gimondi widerstand! Poulidor triumphierte zwar als beeindruckender Tagessieger, doch die 1'38", die er dem Neuling auf dem qualvollen, baum- und schattenlosen Anstieg abnahm, reichten nicht aus, um das Gelbe Trikot zu erobern. Gimondi, der über sich hinausgewachsen war, verteidigte es mit einer Reserve von 34 Sekunden, die er drei Tage später im Bergzeitfahren am Mont Revard bei Aix-les-Bains sogar auf 1'14" ausbaute, trotz eines Reifenschadens. Poulidors Chance, in Abwesenheit seines Erzrivalen die Tour zu gewinnen, war so gut wie dahin. Felice Gimondi setzte schließlich noch einen imposanten Schlusspunkt, als er auch die letzte Etappe, das traditionelle Zeitfahren von Versailles nach Paris, für sich entschied. Aus dem glücklichen Ersatzmann und Tour-Neuling war im Verlauf dreier Wochen ein neuer Sonnenkönig des Radsports geworden.

Hennes Junkermann (25. der Gesamtwertung) hatte am Start in Köln also die richtige Vorahnung gehabt, als er sagte: »Es jewinnt eener, an den keener denkt, dat sach ich euch.«

Radsport-Frankreich, allen voran die 20 000 im Pariser Parc des Princes, erkannte die Leistung des Italieners an. Ihren Landsmann Poulidor bedauerten sie – zum zweitenmal in Folge »nur Zweiter«. Und weil sie ihn in seiner Enttäuschung trösten wollten, kreierten sie den Kosenamen »Poupou«, der zum Begriff wurde.

Auch die Journalisten zollten Gimondi Tribut. Allen voran sprach der berühmte Kritiker Pierre Chancy, Begleiter von 49 Frankreichrundfahrten, von »der Geburt eines neuen Champions, der sich als kompletter Rennfahrer und Teamleader mit Autorität gezeigt hat«.

Eugène Christophe: 1919 der erste Träger des Gelben Trikots – 1965 als 80-Jähriger beim Tour-Finale im Parc des Princes.

Der außerdem bescheiden und freundlich auftrat, füge ich, als 1965 überaus glücklicher Tourneuling, hinzu – nicht zuletzt, weil Gimondi uns so bereitwillig in seinem Hotelzimmer in Aix-les-Bains ein Interview gab und auch die schon für den nächsten Tag geputzten Schuhe noch einmal nachpolierte. Ohne dafür Geld zu verlangen.

Der Alte in Gelb

Während Gimondi seine Ehrenrunde als Sieger drehte, der Holländer Jan Janssen als Gewinner des Grünen Trikots auf das Podest stieg (wie auch der Spanier Julio Jimenez als Bergkönig), hatte ich im Innenraum des 1897 erbauten Parc des Princes einen letzten Höhepunkt meiner ersten Tour: Auf einer Holzbank saß dort ein alter Mann mit Knickerbocker-Hosen und Schiebermütze. Mich beeindruckte, mit welcher freundlichen Gelassenheit er den Trubel um die Helden der Tour durch seine Nickelbrille beobachtete. Dieser Radsenior gefiel mir so gut, dass er mein letzter Schnappschuss wurde.

Wer der alte Herr vom 14. Juli 1965 im Prinzenpark war, entdeckte ich erst viel später, als beim Studium der Tourgeschichte immer wieder sein Gesicht auftauchte: Es war der legendäre Eugène Christophe, der am 19. Juli 1919 als erster Fahrer mit dem Gelben Trikot ausgezeichnet worden war. 46 Jahre danach hatte ich also den mittlerweile 80-jährigen auf meinen Diafilm gebannt – das ist die schönste Erinnerung an mein Debüt »Und immer lockt die Tour«.

Nachtrag:

Felice Gimondi wurde nach seinem Tour-Sieg einer der erfolgreichsten italienischen Radprofis aller Zeiten. Der am 29.9.1942 in Sedrina/Lombardei geborene Sohn eines kleinen Transportunternehmers gewann den Weltmeistertitel (1973), dreimal den Giro (1967/69/76), einmal die Vuelta (1968); wurde noch einmal Zweiter der Tour (1972). Außerdem steht er im Goldenen Buch von Mailand–San Remo (1974), Paris–Roubaix (1966), der Lombardeirundfahrt (1966/73), sowie den berühmten Zeitfahren Trofeo Baracchi (1968 mit Anquetil) und Grand Prix des Nations (1967/68). Nach seiner aktiven Zeit wurde Gimondi erfolgreicher Geschäftsmann in der Versicherungsbranche und

Das Podium von 1965: Sieger Gimondi, umrahmt von Raymond Poulidor (links) und Gianni Motta.

bei den Bianchi-Fahrradwerken, für deren Sponsoring er unter anderem verantwortlich ist. Familienglück hat Gimondi mit Ehefrau Tiziana und den beiden Töchtern Federica und Norma gefunden. Er lebt in einem Castello in der Nähe von Bergamo, in dessen umgebautem Gärtnerhäuschen 1990/91 die aus der DDR gekommenen Jungprofis Mario Kummer und Jan Schur die Gastfreundschaft von Signore Felice erleben durften.

1. ETAPPE:
Gründer, Pioniere und Legenden

Die Idee des Henri Desgrange

Nein, eigentlich ist die Gründung der Tour de France gar nicht seine eigene Idee gewesen – Henri Desgrange, der 37-jährige Chefredakteur von »L'Auto-Velo«, einer der vielen Pariser Tageszeitungen um 1900, hatte unter dem Druck sinkender Auflage die Mitarbeiter gefragt, ob man nicht ein Sportereignis finden – oder noch besser: erfinden – könne, das die Leser über einen längeren Zeitraum hinweg fesseln und begeistern würde. Ein junger Mitarbeiter, Géo Lefèvre, glaubte *die* Idee zu haben. Er offerierte sie bei einer der üblichen vormittäglichen Redaktionssitzungen in der Brasserie Zimmer / Café de Madrid. »Lasst uns eine Frankreichrundfahrt für Radfahrer veranstalten; sie müsste aber mehrere Wochen dauern«, schlug Lefèvre vor. »C'est fou, das ist verrückt, unmöglich. Ein paar Wochen ... damit bringt man die Rennfahrer um, keiner kommt da je in Paris an«, kam sofort der Einwand von Patron Desgrange. Und seine rechte Hand, der Geschäftsführer des Blattes, meldete wirtschaftliche Bedenken an und knurrte: »Das wird verdammt teuer!«

Géo Lefèvre ließ sich nicht beirren: »Wir fahren in Etappen, und dazwischen gibt es Ruhetage für die Erholung.« Dann malte Géo auf die weiße Papiertischdecke zwischen Crème Catalane, Rotwein- und Calvados-Gläschen und Aschenbechern sogar noch seine Phantomstrecke auf: Start in Paris; Etappenorte die Metropolen Lyon, Marseille, Toulouse, Bordeaux, Nantes; und wieder Paris als Zielort. Es sollte eine riesige Runde um ganz Frankreich gefahren werden. Wäre die schlichte Papierdecke mit dem Planspiel vom 20. November 1902 aufbewahrt worden, hinge sie heute vielleicht als großes

»Kunstwerk des Radsports« an prominenter Stelle. Denn tatsächlich traten Henri Desgrange und Victor Goddet (der Vater des später legendär gewordenen Tour-Direktors Jacques Goddet) dem Abenteuer näher.

Sie nahmen die Skizze mit in ihr Büro in der dritten Etage des Hauses Nr. 10 in der Rue du Faubourg Montmartre. Während Goddet sich vorwiegend um die Finanzen kümmerte, wurde Desgrange zum großen Strategen. Nicht von ungefähr stand auf seinem Schreibtisch eine kleine Statue von Kaiser Napoleon ... der Mann war ein Alleskönner. Als Radsportler – später noch als 70-Jähriger aktiv – hatte er 1893 mit 35,325 Kilometer den ersten Weltrekord über eine Stunde gefahren; er hatte Erfolg als Jurist, als Radsportjournalist und als Werbeleiter der berühmten Reifenfirma Clément. Dass auch Gründerblut in seinen Adern floss, hatte Henri schon bewiesen, als er 1897 für den Bau des Vélodromes im Parc des Princes verantwortlich zeichnete, und danach viele Jahre Direktor dieser 666 Meter langen Radrennbahn war.

Nun setzte Desgrange erneut eine Vision um. Vier Wochen lang arbeitete er Tag und Nacht in seinem Büro; in der Brasserie Zimmer sah man ihn kaum noch. Anfang Januar 1903 stand dann die erste mehrwöchige Frankreichrundfahrt – so, wie sie *Le Petit*, Géo Lefèvre, den Kollegen vorgetragen hatte.

Publiziert wurde das Projekt am 19.1.1903 zunächst nur mit folgenden Schlagworten:

TOUR DE FRANCE – Die größte Radsportprüfung der ganzen Welt – Ein Rennen von einem Monat – PARIS–

Tourvater Henri Desgrange (1865–1940) umrahmt von zwei Siegern. Rechts Italiens Gino Bartali (1938/48), links Belgiens Sylvère Maes (1936/39).

LYON–MARSEILLE–TOULOUSE–BORDEAUX–NANTES–PARIS
– 20 000 Francs Preisgeld – Start 1. Juni – Ankunft 5. Juli
Parc des Princes

Diese Bekanntmachung war natürlich eine Sensation. Sie löste bewunderndes Staunen ob eines solchen gigantischen Projektes aus, aber auch Zweifel an der Durchführbarkeit – und natürlich Spott und Häme bei der Konkurrenz, die die geplante Rundfahrt natürlich schon vor ihrem Beginn »beerdigte«. Allen voran die Zeitung »Vélo«. Ihr Chefredakteur Pierre Griffard hatte seinem Konkurrenten Desgrange eine schwere Niederlage beigefügt und kurz zuvor per Gerichtsbeschluss erreicht, dass das Wort Vélo aus dem Titel von »L'Auto-Vélo« getilgt werden musste. Aber auch mit nur einem Titelwort ging das sechsseitige, auf gelbem Papier gedruckte Blatt nicht unter. Trotzdem war die Tour de France in großer Gefahr: Drei Monate nach der Ankündigung und Ausschreibung im Januar hatten sich bis zum Meldeschluss Ende April nur 15 Interessenten gemeldet, die bereit waren, sich der 2 400-km-Herausforderung in nur sechs Etappen zu stellen, dafür aber fünf Wochen unterwegs zu sein. Und 50 Teilnehmer waren mindestens erforderlich.

Auch Maurice Garin als Zugpferd hatte das niederschmetternde Meldeergebnis nicht verhindern können. Der in ganz Frankreich populäre Radfahrer – Sieger von Paris–Roubaix (1897/98) sowie der Marathonrennen Paris–Brest–Paris (1901/1 197 km) und Bordeaux–Paris (1902/577 km) – hatte sich als Erster auf die Meldeliste setzen lassen. Nur 14 Mutige folgten. Viele schreckte – wie sich herausstellte – die Dauer von fünf Wochen ab; nicht wenige zudem die hohe Startgebühr. 20 Louis d'Or,

Maurice Garin – nur 1,62m groß und mit 61kg ein Fliegengewicht – ist 1903 der erste Rad-Gigant. Ein Jahr später, beim zweiten Sieg, benutzte der Schornsteinfeger aus Lens nicht nur das Rad: Disqualifikation.

das waren 20 Goldfrancs. Dafür bekam man übrigens ein Jahresabonnement von L'Auto oder konnte einmal erstklassig übernachten.

Was sollten die Verschworenen um Desgrange also tun? Das kühne Projekt abblasen? Kam nicht in Frage! Vielleicht aber würde eine neue, verbesserte Ausschreibung den erhofften Erfolg bringen. So machten die Planer Anfang Mai 1903 folgendes »Lockangebot«: reduzierte Renndauer – statt fünf nur noch drei Wochen für die sechs Etappen; Halbierung der ursprünglichen Teilnahmegebühr – statt 20 nur noch 10 Francs; und obendrein als Bonbon 5 Francs Tagesspesen für die besten 50 Fahrer der Gesamtwertung, mit Ausnahme derjenigen, die bereits mehr als 200 Francs an Prämien eingefahren hatten. Dies verhieß im besten Fall einen Kostenzuschuss von 95 Francs, sofern die Rundfahrt unter den ersten 50 beendet wurde.

Dieser Köder der Organisatoren, ausgeworfen am 6. Mai, brachte den gewünschten Erfolg. Bis zum Stichtag am 15. Juni meldeten sich 78 Startlustige, von denen dann sogar noch 18 gestrichen werden mussten, für die Jungfernfahrt der Tour de France – des Radsports »Reise zum Mond« anno 1903.

Ergebnis der ersten Tour de France 1903
1. Maurice Garin (Frankreich): 2428 km in 94 h 33'14" (im Schnitt 25,679 km/h); 2. L. Pothier (FRA) 2h 59'21" zurück; 3. F. Augereau (FRA) 4h 29'24" Rückstand; 4. R. Muller (ITA) 4h 39'30" Rückstand; Jean Fischer (FRA) 4h 58'44" Rückstand; 6. M.Kerff (BEL) 5h 52'24" Rückstand; 7. J. Lootens (BEL) 8h 31'08" Rückstand; … 15. J. Fischer (München) 25h 14'26" Rückstand; … 21. A. Millocheau (FRA) 64h 47'22" Rückstand auf den Sieger.
Die Prämienliste (Preissumme total 20 000 FF)
1. M. Garin (FRA)   6 000 FF
2. L. Pothier (FRA)   2 450 FF
3. H. Aucouturier (FRA) 1 800 FF
4. F. Augereau (FRA)   1575 FF
5. R. Muller (ITA)   1200 FF
6. L. Georget (FRA)   900 FF
20. J. Fischer (D)   25 FF
(1 Franz. Franc 1903 entspricht etwa einem Wert von 3,50 Euro im Jahre 2003)

Die Geburtsstunde eines Symbols

19. Juli 1919 – das erste Gelbe Trikot

Nur wenige haben die Ur-Zeremonie miterlebt, denn es war in der zweiten Morgenstunde des 19. Juli 1919, als Henri Desgrange vor dem Start zur 11. Etappe in Grenoble dem führenden Eugène Christophe ein Trikot in leuchtendem Gelb überreichte und ihn aufforderte, es anstelle seines tristen grauen Hemdes zu tragen. Seit diesem Augenblick, den kein Photograph festgehalten hat, ist das *Maillot jaune* zum weithin sichtbaren Zeichen der Nummer eins in der Tour geworden.

Dass die Farbe Gelb gewählt wurde, ist kein Zufall, sondern ein beziehungsvoller Werbegag für die auf gelbem Papier gedruckte Zeitung L'Auto, deren Besitzer und Chefredakteur – wie wir wissen – Henri Desgrange ist. Die Anregung, den Spitzenreiter aus dem Pulk der Fahrer hervorzuheben, hatte Alphonse Baugé gegeben, der Hans-Dampf-in-allen-Gassen und Manager des Teams La Sportive, das in dieser Nachkriegstour von allen französischen Fahrradfabriken gemeinsam ausgerüstet wurde. Das erste Photo vom ersten »Mann in Gelb« wurde gut 13 Stunden nach der nächtlichen Übergabe in Genf geschossen, wo Eugène alias Cricri Christophe seinen Vorsprung von 23 Minuten auf den Belgier Lambot verteidigt hatte. Der schon 34-jährige Pariser war bereits damals, es war seine siebte Frankreichrundfahrt, eine populäre Figur, die respekt-liebevoll auch *le vieux Gaulois* genannt wurde, der alte Gallier. Und bis auf seine zehn Gegner – mehr waren von 68 Gestarteten nach elf Etappen nicht mehr im Rennen – hofften alle, dass er das »goldene Vlies« bis zum letzten der 5 560 Kilometer behalten würde. Doch das Schicksal spielte wie schon 1913 einmal gegen ihn. Nur 120 Kilometer von insgesamt 468 (!) der vorletzten Etappe trennten Christophe vom rettenden Ziel in Dünkirchen ... da brach ihm im Örtchen Raismes bei Valenciennes die Gabel. Auf dem einzigen Kopfsteinpflasterstück weit und

Ein Dokument: Eugène Christophe 1919 im ersten Gelben Trikot. Man beachte die Proviant- und Kartentasche sowie die Ersatzreifen!

breit ... in der Nähe des durch Paris-Roubaix berüchtigten Forêt d'Arenberg ... die Hölle für den alten Gallier. Er musste – wie 1913 in den Pyrenäen – eine Werkstatt finden und den Schaden ohne fremde Hilfe selbst reparieren. Sein Vorsprung auf Lambot, den Zweiten, betrug zwar stattliche 28 Minuten. Doch die schmolzen, nachdem man Christophe endlich den Weg in eine kleine Fahrradfabrik gewiesen hatte, dahin wie das Wachs einer Kerze. *Adieu Maillot jaune!*

Zweieinhalb Stunden nach dem Sieger, natürlich Firmin Lambot, erreichte *le vieux Gauloise* das Tagesziel Dünkirchen. Seit dem Start in Metz war genau ein Tag vergangen. Trotz des enormen Rückstandes fiel Christophe nur auf den dritten Platz zurück. Um das Pech komplett zu machen, wurde der Entthronte auf der Schlussetappe nach Paris auch noch von zwei Reifenschäden betroffen. Als er dann als Elfter und Letzter in den Prinzenpark einfuhr, empfing Eugène Christophe ein Jubel, wie er nie zu zuvor und auch danach nicht einem Fahrer in diesem Radtempel zuteil geworden ist. Der Alte wurde als Held

und wahrer Sieger der Tour von 1919 gefeiert, auch wenn Lambot Erster war und Christophe »nur« Dritter. Die Anteilnahme an seinem Pech war so groß, dass Desgrange, ansonsten ein »harter Hund«, in der Zeitung zu einer Sympathiespende aufrief. Es kamen 13 310 Francs zusammen, ein sensationelles Trostpflaster im Vergleich zur Siegerprämie von 5 000. Und dennoch kein Ersatz für das verlorene Gelbe Trikot. Die Figur des Eugène Christophe ist eine der größten in der Geschichte der Tour de France. Dass ich dem ersten »Gelben« 46 Jahre später im Parc des Prince begegnen durfte – ich habe es schon geschildert – empfinde ich noch immer als ein wunderbares Erlebnis. P.S.: Nachzutragen ist, dass schon in der Tour 1914 die Startnummer am Rahmen eingeführt wurde. Sie war rund und so groß wie heute eine Schießscheibe beim Biathlon. Desweiteren: den Spitznamen *le vieux Gauloise* erhielt Christophe seines überdimensionalen Schnurrbartes wegen. Allerdings ließ ihn der »alte Gallier« schon 1912 absäbeln, weil er – so erzählte Christophe – beim Schokoladeessen während der Fahrt immer so klebrig wurde.

Der Schmied von Sainte Marie de Campan

Die Geschichte einer einmaligen Radreparatur

Dort, wo für mich die Pyrenäen am schönsten sind, liegt auch das Dörfchen Sainte Marie de Campan. Man erreicht es auf der D 935 von Bagnères de Bigorre kommend und muss sich dann an einer Gabelung in der Ortsmitte entscheiden, entweder in Richtung Col d'Aspin oder Tourmalet weiterzufahren. Dieser niedliche Flecken am Zusammenfluss der Schmelzwässer von Pic Midi, Payolle und Tourmalet ist mit seinen 511 Einwohnern

(letzte Zählung 2000) alljährlich für tausende Radtouristen Knotenpunkt und Rastplatz in einem. Und für die meisten auch eine Art Wallfahrtsort. Diese Kenner der Radsportgeschichte stoppen ihre Fahrt gleich links hinter dem Ortsschild und lesen an der Giebelseite eines kleinen Hauses auf einer Gedenktafel die wahre Geschichte des *Coureur cycliste français*, also des französischen Radrennfahrers, Eugène Christophe aus dem Jahre 1913. Hier, in der

80 Jahre nach dem Ereignis: Die Reparatur von Ste Marie de Campan, für »Das aktuelle Sportstudio« nachgestellt in einer Wiesbadener Landschmiede. Als Christophe-Double agiert der Sohn des Wiesbaden-Nauroder Ortsfriseurs.

Dorfschmiede von Ste Marie de Campan, habe er als Spitzenreiter der Tour de France eigenhändig die gebrochene Gabel seines Fahrrades repariert. Sie sei kaputt gegangen auf der Abfahrt kurz hinter dem Gipfel des Tourmalet und Christophe habe die lange Strecke aus dem Gebirge bis ins Dorf (es waren etwa 14 km) zu Fuß zurückgelegt und mehrere Stunden verloren. Aber er habe das Rennen, das er hätte gewinnen können, nicht aufgegeben und somit ein Beispiel über alles erhabener Willensstärke geliefert.

Diese wahre Begebenheit – Christophe verlor dadurch vier Stunden Zeit und die Tour de France ... – hat mich so fasziniert, dass ich sie 1993 in einer stillgelegten Schmiede in Wiesbaden-Kloppenheim nachgestellt, gedreht und in die ZDF-Berichterstattung eingebaut habe. Tony Rominger stürzte sich damals als moderner Eugène Christophe waghalsig in die Abfahrt vom Tourmalet ... ohne Gabelbruch. Der kam übrigens bei Christophe durch die Karambolage mit einem Begleitwagen zustande.

Noch ein paar Jahre früher, ganz genau am 16. Juli 1986, war Ste Marie de Campan Startort für die 6. Etappe der Tour Féminin, also der Tour de France der Frauen. Sie führte damals über die gleiche Strecke wie die der Männer; nur nicht so lang. Auch ein paar Stunden früher unterwegs, war die »Féminin« eine attraktive, für den Frauenradsport werbende Veranstaltung, und es bot sich an diesem Vormittag am Startplatz Ste Marie de Campan die Gelegenheit, den Radamazonen historisch ein bisschen auf den Zahn zu fühlen: »In diesem Ort spielte sich vor vielen Jahren eine dramatische Tour-Geschichte ab, wisst ihr vielleicht, was das war?« Bei den jungen deutschen Fahrerinnen um Sandra Schumacher herrschte Sprachlosigkeit. Auch »Mama« Maria Canins, die großartige, damals schon 37-jährige Südtirolerin, musste charmant-verlegen passen. Selbst Frankreichs Weltmeisterin Jeannie Longo hatte, leicht errötend, nur eine Vermutung: »War hier nicht eine Marien-Erscheinung?« Die Rettung der weiblichen Ehre kam wider Erwarten aus den USA. Inga Thompson, die junge Ingenieurstudentin aus Salt Lake City, überlegte kurz, dann fragte sie mit einem zusammengekniffenen Auge zurück: »War hier etwa das mit der Schmiede?« Wow! Die junge Frau mit dem dicken, 18 Zentimeter langen Rapunzel-Zopf kannte die ganze Story des unglücklichen Eugène Christophe.

Der Tour-de-France-Pechvogel aller Zeiten hatte übrigens noch einen dritten Gabelbruch; nach 1913 und 1919 erwischte es den alten Gallier auch 1922. Als bereits 37-Jähriger erkämpfte der Eisenharte in seiner zehnten Tour

Madame fehlt in keiner Siegerliste. Also, Olympiasiegerin Jeannie Longo (Grenoble) auch dreimal Gelbes Tour-Trikot: 1987/88/89.

noch einmal für drei Tage das Gelbe Trikot. Er verlor es im Gegensatz zu 1919 aber nicht durch eine technische Panne, sondern infolge eines gesundheitlich bedingten »Einbruchs« auf der Etappe von Luchon nach Perpignan. Trotzdem war der Kämpe aus dem Pariser Stadtteil Malakoff noch »bei der Musik« dabei und sogar auf bestem Wege, sich das Trikot zurückzuholen – da machte ihm diesmal der Alpenriese Galibier einen Strich durch die Rechnung. Wieder ein Gabelbruch! Wieder ein langer Fußmarsch, diesmal im Schneetreiben zwölf Kilometer abwärts nach Valloire. Dort lieh ihm der Ortspfarrer sein Dienstrad. Mit diesem »Gartenstuhl« quälte sich Christophe sogar über den Col du Télégraphe und noch weitere 15 Kilometer. Drei Stunden Zeitverlust! Dennoch – *chapeau*, Hut ab, vor dem Ersttträger des Gelben Trikots von 1919! Trotz des erneuten Pechs drei Jahre später wird er noch Achter und Paris feiert ihn zum dritten Mal als »Champion d'Amour«.

Insgesamt hat der tragische Held Eugène Christophe zwischen 1906 und 1925 elfmal die Tour gefahren; drei Etappen gewonnen; sieben Tage das *Maillot jaune* ge-

Auf den Spuren von Coppi, Bartali, Gimondi: Maria Canins aus Alta Badia, 1985/86 Gewinnerin der TdF der Frauen.

tragen und je einmal als Zweiter und Dritter auf dem Podest gestanden. Unter den Erfolgen seiner 22-jährigen (!) Profilaufbahn sind auch die Klassiker Bordeaux–Paris und Paris–Tours sowie Mailand–San Remo. Die italienische Primavera, die Frühlingshafte, gewann er 1910 bei streckenweise 30 Zentimeter Neuschnee, als von 80 Fahrern nur drei das Rennen durchhielten.

Als Geschäftsmann blieb Eugène Christophe ohne große Fortune. Er verkaufte lediglich seinen Namen für 30 000 Francs an eine Fahrradfabrik und bekam für ein Tretlagerpatent zusätzlich eine kleine Rente. Das genügte dem Bastler aus Leidenschaft, der auch zu einer Zigarre und einem Gläschen nicht nein sagte. Täglich machte er bis ins hohe Alter seine »Promenade auf dem Fahrrad, weil das besser geht als ein Spaziergang zu Fuß« und fuhr dreimal pro Woche zu seiner gelähmten Tochter, der er einen Rollstuhl gebaut hatte. Verehrt und doch zurückgezogen, zufrieden aber mit sich und der Welt, starb der erste Träger des Gelben Trikots, *le vieux Gaulois* Eugène Christophe, 1970 im Alter von 85 Jahren in seinem kleinen Pavillon in Paris-Malakoff.

Für Rad-Touristen: Gleich hinter dem Ortsschild links die legendäre Schmiede von 1913, heute ein Ferienhaus in privatem Besitz.

Die USA-Rad-Amazone Inga Thompson überrascht den La-Gazzetta-Radpapst Rino Negri 1986 mit fundierten historischen Tour-Kenntnissen.

Die verwitterte Tafel, die an Eugène Christophes Pioniertat mit Hammer und Amboss erinnert. Zum Jubiläum wurde sie erneuert.

2. ETAPPE:
Von Jacques Goddet und anderen Institutionen

Jacques Goddet: Frankreichs Juli-Präsident

Zu den Pionieren und Legenden der Tour de France zählt zweifellos Jacques Goddet. Mehr als ein halbes Jahrhundert – von 1936 bis 1987 – war er ihr Direktor. Dreiundfünfzigmal hat er sie von A bis Z begleitet, ausgenommen jene fünf Tage, die der Patron krankheitshalber aussetzen musste. Insgesamt, hat man nachgerechnet, sind das 1187 Etappen gewesen für den Journalisten und Direktor, den Kritiker und Visionär, den Klassiker und Modernisten.

Mit dem Geburtsdatum 21.6.1905 war Jacques Goddet nur zwei Jahre jünger als die von seinem Vater Victor mit aus der Taufe gehobene Tour, die auch einmal sein Leben bestimmen sollte. Zuvor wurde es u.a. in England geprägt. Mit fünfzehn kam er in ein Internat nach Oxford. Vier Jahre englische Schule. Goddet junior lernte nicht nur die Wissenschaften kennen, sondern auch das berühmte Fair Play und die Schmerzen des Nationalsports Rugby …

Als gut 19-jähriger absolvierte er den Militärdienst, um danach Journalist zu werden bei L'Auto, jener Zeitung, die seinem Vater mitgehörte, bei der Henri Desgrange Chefredakteur war, und die eben seit 1903 das immer größer werdende größte Radrennen der Welt organisierte. »Desgrange, das Emblem der Zeitung, war ein harter Mensch, relativ kühl«, sagte Jacques Goddet später über den Urvater der Tour. »Er gab so gut wie keine Ratschläge, war also kein Lehrmeister im üblichen Sinne; aber er schenkte mir Vertrauen und ließ mich schreiben. Er war der Kommandeur, ich bin ihm gefolgt.«

1928, als Goddet 23 Jahre alt war, durfte er zum ersten Mal ein paar Tage mit zur Tour, zum Schnuppern, zum Lernen; darüber schreiben durfte der junge Journalist noch nicht: »Wir fuhren aus der Bretagne über Bordeaux in die Pyrenäen. 387 Kilometer lang die Etappe nach Luchon. Drei Uhr nachts aufstehen. Start im Dunklen. Man hat die

Uhren-Kontrolle. Oder sollte sich der Chauffeur von Tour-Direktor Jacques Goddet etwa verspätet haben?

Kerle kaum gesehen. Nach 16 Stunden war der Sieger am Ziel, nach 21,5 der Letzte.«

Ein Jahr später begann die tatsächliche, großartige Karriere des Tour-de-France-Journalisten Jacques Goddet: Vom 30. Juni 1929 bis zum 26. Juli 1987 (die »Berliner Tour«) war er alle Frankreichrundfahrten komplett dabei, bis auf jene fünf Tage 1981. Die ersten Artikel über die so genannten *Touriste-Routiers* und über das Randgeschehen zeichnete Goddet, um einem Freund eine Freude zu

Bonjour, mon cher ami! Der Standard-Gruß von Jacques Goddet. Er galt dem bekannten – hier Joop Zoetemelk – wie dem unbekannten Fahrer und verlieh auch dem Neuling das Gefühl von Vertrautheit.

machen (!) mit dem Pseudonym »L'Ami Bini«. Doch bald folgte das später so berühmte Kürzel »J. G.« – Zeichen für eine Handschrift voller Leidenschaft und Kenntnis, kämpferisch und kritisch, lobend und einfühlsam, voller Ideen und Kreativität.

So wie die khakifarbene Sahara-Uniform und der gegen die Sonne schützende Tropenhelm seine legendären äußeren Markenzeichen wurden, war es journalistisch sein *Éditorial*, sein Leitartikel, für den sich der Chefredakteur von L'Auto (seit 1930) und Direktor der Tour de France (seit 1936, als Desgrange wegen Krankheit das Zepter aus der Hand geben musste) Jacques Goddet Tag für Tag die Zeit nahm. Dieses »Papier«, wie er es nannte mit der Hand geschrieben oder auf seiner kleinen Reiseschreibmaschine, dieser Leitartikel für seine L'Équipe, die 1946 aus L'Auto hervorgegangen war, bekam Kultcha-

rakter. Hier wurde »J. G.« zum Analytiker, zum Feuilletonisten, zum Schwärmer und Visionär, aber auch zum Zyniker. So erstarrte eines Morgens Jacques Anquetil, als er lesen musste, er sei ein *nain jaune*, ein gelber Zwerg. Goddet kritisierte damit provokant des Normannen Rennverhalten, sein meistens im Zeitfahren errungenes Gelbes Trikot nur durch Rechenschieber- und mannschaftliche Blockade-Taktik zu verteidigen. »Dafür«, schrieb Goddet aber auch, »ist Anquetil der ästhetischste und schönste Rennfahrer, den ich jemals auf dem Rad gesehen habe.« Und man versöhnte sich. Aber Anquetil war für Goddet nicht der Beste aller Zeiten: »Das war Coppi und das war Merckx.« Ja, gleich zwei, weil er sich für einen einzigen nicht entscheiden konnte. »Merckx habe ich für seinen unbändigen Siegeswillen gefeiert und dafür den Begriff ›Merckxissimo‹ erfunden; Coppi dagegen war für mich seines Körperbaus wegen der Erstaunlichste; im romantischen Sinne ein Erzengel.«

Häufig sah man *Monsieur le Directeur* vor einer Etappe mit der Startliste in der Hand durch das Fahrerlager streifen. Er suchte dann diesen oder jenen ihm noch unbekannten Neuling. Er schaute ihn sich an, ohne dass der das merkte; studierte Figur und Auftreten, um dann dem Überraschten die Hand zu drücken und »bon jour, mon cher ami« zu sagen. Diese Begrüßung hob bei so manchem Anfänger das Selbstbewusstsein ganz erheblich.

Goddet schwärmte übrigens einmal auch für einen jungen Deutschen, für den »blonden Engel aus Frankfurt« Dietrich Thurau. Aber zu früh – wie wir wissen – bezeichnete der Franzose enthusiastisch Didi als »Gott der neuen Rennfahrergeneration«. Nachzulesen in L'Équipe vom 7. Juli 1977 ...

»Frankreichs Juli-Präsident« – dieser Titel wurde Goddet vom Schriftsteller und Tour-Liebhaber Antoine Blondin verliehen –, dieser Vier-Wochen-Regent also, fuhr stets in einem roten Peugeot als Wagen Nummer eins (»Directeur de la course«) direkt hinter dem Feld. Konnte er denn in diesem »zweiten Büro« – meistens links hinter Chauffeur Lucien sitzend, manchmal auch aus dem Schiebedach schauend – wirklich alles mitbekommen? »Mais oui, mon cher ami«, hat er, weise lächelnd, geantwortet. »Gewiss mein Freund, von diesem Platz verfolge ich ein reiches

Wann immer die Tour den lothringischen Ort Colombey-les-deux-Eglises passiert, gedenkt sie des Präsidenten Charles de Gaulle. Hier (1982) von rechts u.a.: Schauspieler A. Delon, J. Goddet, B. Hinault.

Die Stimme des Herrn ... Immer gefragt – hier von einem holländischen Journalisten – war die profunde Meinung des Tour-Direktors.

Leben. Es ist wie ein großer Roman, der sich Seite um Seite vor mir aufblättert.« Aus diesem Buch des Lebens ist auch zu berichten, dass der große Patron seine Kollegen, selbst die ganz jungen, immer mit Handschlag begrüßte und fast immer mit den Worten »Bonjour, mon vieux« – Tag mein Alter ... Oder dass der Sportliche jedweden Fahrstuhl verschmähte und sogar mit 90 Jahren noch die vier Etagen in sein Ehrenbüro bei L'Équipe zu Fuß erklomm ... Und schließlich, wie Goddet in so manchem Hotel die unter ihm wohnenden Kollegen morgens kurz nach sechs aus dem Schlaf riss, weil er, der Sportsmann durch und durch – und Spaßvogel zudem –, bei der Frühgymnastik seine kiloschweren Fausthanteln hatte fallen lassen. Rein aus Versehen. Pardon!

Die schönste Tour de France – man will es nicht glauben – war für Jacques Goddet die von 1956: »Weil wir da mit Roger Walkowiak einen so unerwarteten Sieger hatten.« Die schwärzeste Seite in seinem Roman der Tour de France war der Tod des Briten Tom Simpson 1967 in der Gluthitze des teuflischen Mont Ventoux: »Da kamen mir Zweifel am Radsport, an der Tour und an meiner Verantwortung. Es begann der Kampf gegen das Doping.« Mit der weltwei-

Nur noch wenige Sekunden bis zum Start. Ungeduldig warten das Peloton und der Chauffeur in Jacques Goddets Dienst-wagen. Nun muss der Patron nur noch einsteigen.

ten Krebskrankheit des Sports befasste sich Goddet im Dezember 1999, als schon 94-Jähriger, noch voller Leidenschaft. »Das IOC kann das Problem nicht lösen. Es ist so machtlos wie der Vatikan. Und Samaranch so machtlos wie der Papst. Der Weltsport braucht eine Organisation ähnlich der UNO – mit starken Sportpolitikern«, forderte er damals. Und würde sich heute freuen, dass mit der Welt-Anti-Doping-Agentur WADA seine Idee Gestalt angenommen hat.

Goddet war viel mehr als nur Radsport-Journalist und Dirigent eines großen Orchesters. Er galt als Kenner und Förderer vieler Sportarten, sodass Frankreichs Staatspräsident Jacques Chirac ihn zu Recht als »einen der Gründer des französischen Sports« bezeichnet hat. »Gegründet« hat der Große Ritter der französischen Ehrenlegion mit seinen Redakteuren – darunter die europaweit bekannten Gaston Meyer und Gabriel Hanot – den Fußball-

Europapokal. Nicht ganz ohne Eigennutz: Man wollte damit die Auflage von L'Équipe unter der Woche steigern – was mit den Mittwochspielen ja auch gut gelang. Ähnliche Motivation führte in Zusammenarbeit mit seinem Schweizer Journalistenfreund Serge Lang zur Erfindung des Weltcups im Ski und später auch im Radsport. Seine Oxford-Schulzeit und die dort entstandene Liebe zum Rugby ließen Goddet ein halbes Jahrhundert danach auch zum Gründer des weltweit größten Nationen-Turniers um das Leder-Ei werden.

Bis zu seinem Tod am 15. Dezember 2000 verfolgte der große Mann der Tour auch die Idee der Globalisierung der Frankreichrundfahrt. Schon 1982 hatte Goddet die Radwelt mit der Idee überrascht, jeweils im Vierjahresrhythmus die Rundfahrt in einer Welthauptstadt zu starten und erst nach Stationen in fünf oder sechs anderen Ländern wieder ins Mutterland der Tour zurückzukehren.

Eine Stele erinnert seit 2001 am Gipfel des Tourmalet an Jacques Goddet. Der legendäre Pyrenäenriese war sein Lieblingsberg.

Diese Vision nahm ja dann schon zu seinen Lebzeiten – wenn auch etwas bescheidener – Gestalt an. Sie ist bei seinem Schüler und Nachfolger Jean-Marie Leblanc in guten Händen. Vielleicht ist das Jahr X ja gar nicht mehr so weit entfernt, in dem die Tour de France ihren Auftakt in New York oder Moskau nimmt. Dann wäre ein Vermächtnis Jacques Goddets erfüllt.

Der Abschied von diesem »Mann des 20. Jahrhunderts« (L'Équipe) am 20. Dezember 2000 in Paris glich einem Staatsbegräbnis. Als Großem Offizier der Ehrenlegion wurde ihm die Ehre zuteil, in der Kapelle Saint Louis des berühmten Invalidendoms – hier steht der Sarkopharg von Napoleon I. – aufgebahrt zu werden. Bei dieser letzten Huldigung der Tour-de-France-Legende Jacques Goddet sah man an der Seite seiner Witwe Rosine nicht nur

Frankreichs Erste Dame, Präsidentengattin Mme Bernadette Chirac, sondern auch IOC-Präsident Juan-Antonio Samaranch, mehrere Minister, Filmstar Alain Delon sowie Radrennfahrer mehrerer Generationen. Zusammen mit meinem bretonischen Freund Bernard Creff – er war der Initiator des Tourstarts 1987 in Berlin – hatte auch ich das Bedürfnis, jenem Mann *adieu* zu sagen, der mich nicht nur als Tour-Neuling, sondern auch später noch oft mit seinem »bonjour, mon cher ami« begrüßt und ein bisschen stolz gemacht hat: Jacques Goddet, von dem das Wort stammt, »Die Tour und ich – das ist ein Herzschlag«. Inzwischen hat man dem Ehrendirektor der Frankreichrundfahrt und Gründer von L'Équipe, in deren Impressum der Name Jacques Goddet nach wie vor steht, ähnlich Henri Desgrange ein Denkmal aus Stein gesetzt. Doch während des Tour-Urvaters am Alpenmonument Col du Galibier gedacht wird, ehrt man seinen Nachfolger in den Pyrenäen, auf dem Gipfel seines Lieblingsberges Col du Tourmalet – mit der Stèle Jacques Goddet, Directeur du Tour de France (1936–1986).

Zitate

»Ich möchte alle Leute umarmen. Das hier ist nicht mehr zu überbieten.« Jacques Goddet über die Tourbegeisterung 1987 in Berlin und Baden-Württemberg.

»Ich wollte stets treu sein. Als das eines Tages nicht mehr möglich war, wollte ich wenigstens ehrlich bleiben und machte ein Ende.« Jacques Goddet über seine vier Ehen.

»Herr Präsident, man dopt sich für 3 500 Kilometer in 20 Tagen genauso viel, wie um 100 Meter in neun Sekunden zu laufen.« J. Goddet zu Staatspräsident Chirac anlässlich der Festina-Affäre 1998.

»Oh, Sie sind das, Monsieur Goddet. Vielen Dank!« Raymond Poulidor mit blutverschmiertem Gesicht, als ihn der Tour-Direktor 1973 nach einem Sturz über den Abhang aus dem Gestrüpp gezogen hatte.

»Jacques Goddet – das ist die Tour.« Jacques Anquetil 1985 anlässlich des 80. Geburtstages von J. Goddet.

Félix Lévitan: Ein kleiner Napoleon

Die Ära Jacques Goddets war auch die des Félix Lévitan. Zuerst (seit 1932) rein journalistische Weggefährten und Konkurrenten, dann aber (von 1946 bis 1987) auch Kollegen und Partner in der Leitung der Tour de France. Lévitan, Jahrgang 1911, war, als die Frankreichrundfahrt noch unter dem Patronat zweier Zeitungen stand, Chefredakteur bei Le Parisien Liberé, hatte aber in der Gesamtleitung Goddet, den Chef von L'Équipe, über sich, bis sich das Unternehmen anlässlich der Tour 1970 für Gleichberechtigung entschied. Dennoch verkörperten die beiden Direktoren einen Adler mit zwei Köpfen: Jacques Goddet, der Philosoph, der Schöngeist und Ethiker – Félix Lévitan, der Rechner und Kalkulator. Beide galten als ein gutes, sich ergänzendes Paar, wenngleich Goddet bei den Mitarbeitern und dem Tross der Tour die weitaus größere Sympathie genoss.

Sein sechs Jahre jüngerer Partner, Schuhmachersohn, Fußballspieler, Kurzzeit-Radfahrer, Telephonist, dann exzellenter Sportjournalist, klein und drahtig an Statur, ehrgeizig und kühl, in seiner Ausdrucksweise das klassische Französisch überbetont zelebrierend, wurde dagegen nur respektiert, manchmal sogar ein bisschen gefürchtet.

Schuhmachersohn, Telefonist, Sportjournalist, schließlich Tour-Direktor: Félix Lévitan, hier mit Bernard Hinault.

Zielstrebig, unnachgiebig baute er einen Konzern, warb Sponsoren, verkaufte Werbeflächen – es mussten sogar die berühmten Gründerinitialen H. D. auf dem Gelben Trikot einem teuer bezahlten Firmenlogo weichen. Höchstpreise erzielte Lévitan für die Rechte, Start- oder Zielort zu sein. Unwidersprochen blieben die 3 Millionen DM, für die sich Berlin 1987 als Ausgangsort der Frankreichrundfahrt einkaufte, oder die rund 600 000 DM von Stuttgart im gleichen Jahr für das Spektakel von Ankunft und Start.

Im Gebührenerheben fing der Umtriebige auch schon mal weiter unten an. So zitierte mich Lévitan einmal nach der Zielankunft in sein mobiles Büro und verlangte vom ZDF – obwohl es via Eurovision die Senderechte erworben hatte – zusätzlich 3 000 SFR als Salär für die Filmaufnahmen, mit denen wir die Wochenberichte anreicherten. Um die Forderung zu unterstreichen, hatte »Direktor Eisenhand« zuvor unserem Motorrad-Kameramann über Radio Tour imperativ die Dreherlaubnis entzogen – ohne Begründung, während einer Etappe. Resultat war schließlich eine Kompromisssumme, zu überweisen auf ein Konto in der Schweiz. Geschehen anno 1978.

Kein Pardon zeigte Napoleon Félix gegenüber Bummelanten. So ließ er in Alpe d'Huez 1977 auf einen Schlag 30 Fahrer von der Jury aus dem Rennen nehmen, weil sie bei der gefürchteten Steilankunft die Sollzeit überschritten hatten. In diesem »Gruppetto« befanden sich u. a. der Träger des Grünen Trikots Patrick Sercu und auch der Deutsche Klaus-Peter Thaler. Der Tourdirektor hätte durchaus die Möglichkeit eines Gnadenerweises gehabt; wie er auch schon einmal »gute Fee« gespielt hatte – 1937 am Tourmalet, als der damalige Journalist Lévitan den in Not geratenen Spitzenreiter Roger Lapebie ein langes Stück den Berg hochschob und ihm damit das Gelbe Trikot rettete. Er schrieb zu dieser Zeit übrigens für das Blatt L'Intransigeant (Der Unnachgiebige).

Zu den zweifellos großen Verdiensten des auch international einflussreichen Félix Lévitan zählen die Gründung der Tour de l'Avenir und der Tour Féminin – die Frankreichrundfahrt der Frauen – die, keinen Gewinn bringend, inzwischen in andere, nicht so fähige Regiehände übergegangen ist. Völlig unerwartet kam im Frühjahr 1987 für den damals schon 76-Jährigen das Aus bei der Tour de France. In Cannes, seinem Wohnsitz an der Côte d'Azur, erhielt Lévitan die Nachricht, dass die Veranstaltergruppe Societé du Tour de France ihn entlassen hatte »infolge schwerwiegender Differenzen bezüglich der strategischen Orientierung und der Geschäfts-

führung.« Als er in Paris eintraf, hatte sein Büro bereits ein neues Schloss bekommen. Der kleine mächtige Mann, der so gern Kreuzworträtsel löste, war zu groß und zu selbstständig geworden; hatte planerische und wohl auch finanzielle Alleingänge unternommen. Nach 48-mal Tour de France ein unehrenhafter und – wie ich, bei allen Vorbehalten, meine – bedauerlicher Abgang. Nach langen gerichtlichen Auseinandersetzungen wurde Lévitan zwölf Jahre später eine gewisse Genugtuung zuteil – er war Ehrengast der Tour-Organisatoren beim Start 1998 in Dublin. Ob das den greisen 87-jährigen Monsieur versöhnt hat?

J. Goddet und F. Lévitan, ein Adler mit zwei Köpfen. Dennoch ein sich gut ergänzendes Team – auch bei der Startzeremonie.

War gerne die Zentralfigur: Félix Lévitan. Hier bei der Ehrung von Laurent Fignon (Tour-Gewinner 1983/84) und Eddy Merckx.

Xavier Louy: Nur zwei kurze Sommer

Nach der Epoche Goddet/Lévitan bekam die »Gesellschaft der Tour de France« eine völlig neue Führungsstruktur. Sie hatte, um Alleingänge zu verhindern, fortan drei Geschäftsführer, zu denen auch der 82-jährige Jacques Goddet gehörte. Die nach wie vor dynamische Gallionsfigur hieß während der Tour dann »Geschäftsführender Direktor«. Dazu gab es – gleichfalls aus dem Triumvirat – einen *Directeur Général* Naquet-

Radiguet und schließlich noch einen Neuen für den Sport, das war *Directeur* Xavier Louy. Er stammte aus Sarlat im Périgord, war 40 Jahre alt und hatte als Schuljunge auf Anfrage »Präsident des Staates« werden wollen.

Das klappte nach dem Studium von Politik und Wirtschaft nur bis zu einem gewissen Stadium: Louy blieb auf der Präsidialleiter im Verkehrsministerium stecken. Hier verantwortlich für die Sicherheit der Zweiräder auf der

Xavier Louy (l.), Lévitans Musterschüler und 1987 Goddets Nachfolger, scheiterte trotz großer Pläne schon nach zwei Jahren.

Straße, kam der aktive Amateurrennfahrer mit Félix Lévitan in Kontakt. Der warb ihn ab, machte Louy zu seinem Musterschüler und 1977 bereits zum Direktionsassistenten, um ihm zehn Jahre später – unfreiwillig – sogar den

Titel des Sportchefs der Tour de France zu vererben. Louy passte gut in die Linie der Erneuerungen »made in Tour de France« – so hieß ein Buch von ihm – und forcierte die Globalisierung des Radsports auch im Hinblick auf die Frankreichrundfahrt. Paris–Berlin–Moskau war eine seiner Visionen.

Doch der Idealist – klug, freundlich, trotzdem auch knochenhart – scheiterte schon in seinem zweiten Direktionsjahr an der Gegenwart: Der Dopingfall Delgado kostete seinen Kopf. Der Spanier war positiv auf ein Mittel getestet worden, das sehr wohl auf dem Verbotsindex des IOC und des französischen Verbandes stand, aber noch nicht auf der schwarzen Liste der UCI. Da die Tour de France damals allein nach den Regeln des Weltradsportverbandes gefahren wurde, hatte der positiv getestete Pedro Delgado als negativ zu gelten. Auch für den Tour-Direktor. Während der Spanier sein Gelbes Trikot behalten konnte, verlor Xavier Louy im Dschungel doppelter Moral seine Position. Offiziell trennte man sich »im gegenseitigen Einvernehmen« – nach nur zwei kurzen Sommern.

Jean-Marie Leblanc:
Alte Schule – eigener Weg

Und nun wünsche ich allen Begleitern einen exzellenten Tag!« Mit diesem traditionellen Satz beendet Jean-Marie Leblanc seinen täglichen Willkommensgruß über Radio Tour. Er spricht das *Bienvenu* aus seiner rollenden roten Fiat-Residenz – *Directeur Général* – unmittelbar vor dem Fahrerfeld, das dann in der Regel schon ein paar Kilometer zurückgelegt und sich wie auch der riesige Begleittross eingerollt hat. Schwungvoll gibt Leblanc ein paar aktuelle Informationen zum Tage und verkündet dann, welche Ehrengäste heute die Etappe begleiten und von wem

sie – Sponsoren, Politiker, Stars von Bühne und Sport – chauffiert und aus erster Hand informiert werden. Beim fünfmaligen Toursieger Bernard Hinault im Auto sitzen – versteht sich – die Super-Promis. Aber auch bei den anderen Piloten – allesamt Ex-Rennfahrer – wie Johny Schleck, Gilbert Duclos-Lassalle oder Adrie Van der Poel werden die Gäste bestens bedient – inklusive Lunchpaket und einem Glas Champagner. Die Liste der Namen und Titel, die der Tour-Direktor verliest, ist mittlerweile so lang geworden, dass die Aufzählung – durchaus informativ zu erfahren, dass Alain Delon oder Rudolf Scharping diesmal dabei sind – manchmal unterbrochen wird, wenn die Rennsituation es erfordert. Die Stimme von Radio Tour ist dann John Lelangue. Der charmante, höfliche Belgier hat für die Position eines Assistenzdirektors immerhin eine leitende Stelle bei seinem NOK aufgegeben. Allerdings scheint die Tour de France bei den Lelangues eine Familienangelegenheit zu sein; denn Vater Robert, Rennfahrer und später Sportlicher Leiter bei Eddy Merckx, fährt seit mehr als zehn Jahren souverän den Wagen mit der Nummer eins – eben den von Jean-Marie Leblanc.

Damit sind wir wieder beim Chef; zunächst einmal ganz persönlich: Leblanc ist Jahrgang 1944 und in einem Dorf bei Valenciennes aufgewachsen. Ebenfalls in Nordfrankreich, in Lille, hat er Wirtschaftswissenschaften studiert, nach zwei Jahren jedoch den Radsport zum Beruf gemacht, damals (1967) für einen Monatslohn von 500 FF – umgerechnet etwa 200 DM. Aber man fuhr an der Seite eines Anquetil, Jan Janssen und Luis Ocaña. Und bestritt im Trikot von Pelforth und BIC auch zweimal die *Grand Boucle*. Da der Sport seinen Mann nur mehr schlecht als recht ernährte, verdiente sich Leblanc ein Zubrot als freier Mitarbeiter bei der angesehenen Regionalzeitung *Voix du Nord*.

Radrennfahrer und Journalist zu sein, diesen schwierigen Spagat, hielt Leblanc auf die Dauer nicht durch. Ende 1971 entschied er sich endgültig für den Beruf des Sportjournalisten. Sachkenntnis und ein guter Stil prägten seine Artikel – vornehmlich über Radsport und Boxen. Die Handschrift Leblancs gefiel auch L'Équipe-Chefredakteur Jacques Goddet, so dass ihn dieser 1977 – damals schon 72 Jahre alt – in sein Team nach Paris holte. Automatisch wuchs er in die Tour de France hinein, und von 1982 an war der ehemalige Zeitungsmann der »Stimme des Nordens« die neue Stimme bei Radio Tour. Sechs Jahre lang lernte Jean-Marie Leblanc an der Seite des großen Goddet auch das andere Geschäft, oder besser: die Kunst, diesen einzigartigen Radsport-Wanderzirkus zu lenken und zu inspirieren. Ende 1988 war die Reifezeit beendet: Goddet konnte seinem Lieblingsschüler die Verantwortung übergeben. Seitdem ist Jean-Marie Leblanc Direktor des größten alljährlich wiederkehrenden Sportereignisses der Welt.

Für mich – und die ganze Familie der Tour – ist er ein sympathischer Souverän. Nicht, weil wir uns inzwischen duzen, sondern weil Jean-Marie die Tour mit Kenntnis und Kreativität führt, mit Geduld und Hartnäckigkeit, mit Humor und Emotionen, weil er nach einem Streit um die Sache versöhnlich ist, ansprechbar für alle und jede Problematik; und schließlich, weil diesen Leblanc eine große Herzlichkeit auszeichnet. Trotzdem: *nobody is perfect!* So zeigt sein Gerechtigkeitssinn, wenn es um die Wildcards der Startteilnahme geht, manchmal eine gewisse nationale Schwäche. Beispielsweise 2002, als Sprinterstar Mario Cipollini und seine Mannschaft zugunsten eines französischen Teams keine Zulassung bekamen. Oder 1995: Da wurde zunächst auch dem Team Telekom

Tour'83, Arbeitsbesprechung: L'Équipe-Chefredakteur und Tour-Direktor Goddet mit seinem Musterschüler Leblanc.

Kurz vor dem Start: Leblanc steigt in sein »zweites Büro«, den roten Wagen des Directeur Général der TdF.

Leblancs rechte Hand ist Fabienne Dalla Serra. Als Attaché der Direktion koordiniert sie freundlich-energisch und souverän alle Termine des langen Tages.

der Start verweigert. Und erst nach vielen Interventionen gab es die Kompromisslösung mit einer gemischten Mannschaft Telekom/ZG Selle Italia, in der Erik Zabel dann zwei Etappensiege feierte. An den Protesten aus Deutschland soll sich seinerzeit auch ein ZDF-Reporter beteiligt und die erste, handgeschriebene (!) Unmutsbekundung überhaupt nach Paris gefaxt haben ... sagt Leblanc.

Was die Auswahl der Mannschaften betrifft, hat der Tourdirektor in Absprache mit der Vereinigung der Internationalen Radrennorganisatoren – deren Präsident er ist – folgende vom Weltverband abgesegnete Formel gefunden: Für die Frankreichrundfahrt automatisch qualifiziert sind Ende Oktober – also mit Saisonschluss – die ersten 14 Mannschaften der so genannten UCI-Rangliste (Punktwertung). Ende Januar, wenn auch die neu gegründeten Sportgruppen registriert sind, vergibt die Tour de France vier weitere Startplätze in Form von Wildcards, also nach eigenem Auswahlprinzip. Die letzten vier Teams (von 22 mit je neun Fahrern) werden Mitte Mai – bei gleichem Modus – unter Berücksichtigung der bisherigen Saisonresultate benannt. Diesen Kriterien haben sich der Giro d'Italia und die Spanienrundfahrt angeschlossen.

Der Tag des Tour-Direktors beginnt während der Rundfahrt fast jeden Morgen zwischen sechs und sieben mit – wie die Franzosen sagen – *footing*, also einem Dauerlauf. Leblancs Compagnon dabei ist Zeremonienmeister Ber-

nard Hinault, der, zehn Jahre jünger und noch ein paar Kilo leichter, folglich ein bisschen Rücksicht auf den Partner zu nehmen hat. Pünktlich drei Stunden vor dem Start erscheint Jean-Marie Leblanc zum Rendezvous im *village*. Dieses mobile Dorf von der Größe eines Fußballplatzes, umgittert wie ein Gehege, ist der Treffpunkt vor dem Rennen schlechthin. Ein bunter, stimmungsvoller Kommunikations- und Genussgarten. In rund 50 mit Baldachinen überdachten Boxen, platziert rundherum an der Peripherie, voneinander abgegrenzt durch niedrige weiße Zäune, präsentieren sich hier Organisation und Sponsoren, Rennställe und Fahrradfirmen, Tour-Polizei und Service Médical, Radio France und France Télévision, nicht zu vergessen die regionale Touristik und die offizielle Souvenir-Boutique. Den Journalisten bietet Gelb-Sponsor Crédit Lyonnais einen in der Veranstaltungswelt einmaligen Zeitungsservice. Und überhaupt: Wer seriöse oder auch »bunte« Informationen sucht, für den ist das *village* ein Muss. Sogar ein kleiner Freilicht-Figaro-Salon steht – vorzugsweise den Rennfahrern – kostenlos zu Diensten. Stark umlagert ist allmorgendlich die große Kaffeetheke, wobei die alten Tourhasen einer Meinung sind: *Café de Colombia*, früher, das war der beste ...

Herzstück des *village* ist das große Open-Air-Buffet mit den Spezialitäten der jeweiligen Region. Für die fast 1 000 täglichen Gäste werden die Köstlichkeiten von Provence, Normandie oder Pyrenäen allerdings erst nach einer kurzen Begrüßungs- und Dankesrede von Jean-Marie Leblanc freigegeben. Zum Programm des Tour-Direktors im *village* gehört drei Wochen lang auch das Ritual, täglich langjährige Rundfahrtbegleiter auszuzeichnen. Diese Veteranen – Sportliche Leiter, Journalisten, Chauffeure oder Polizisten – erhalten für 20 Jahre Tourtreue eine Erinnerungsplakette, für mehr als 30 Jahre ein Ehrentablett aus Silber. Deutscherseits erfuhren diese Anerkennung u.a. der unvergessene Radioreporter Günther Isenbügel (†), die schreibenden Kollegen Helmer Boelsen und Hartmut Scherzer. Auch Herbert Watterott und ich zählen dazu.

In den drei Stunden vor dem Start macht Leblanc beileibe nicht nur Honneurs. Seine Assistentin Fabienne hat mindestens zehn Interviewtermine programmiert. Trotzdem:

Stress sieht man dem Nachfolger Jacques Goddets selten an. Dem Wort vom »Erben«, das gelegentlich gebraucht wird, widerspricht er übrigens: »Ich habe viel von ihm gelernt; aber ich verwalte kein Erbe, sondern gestalte meinen eigenen Weg.« Trotzdem, *cher ami* – Kompliment – große Unterschiede spürt man nicht! »Ihre Ansichten und Ansprüche sind einander sehr ähnlich«, sagt Telekom-Teamchef Walter Godefroot »Und die Qualität der Tour kann man eigentlich kaum noch steigern. Die schwierige Aufgabe für Jean-Marie ist vielmehr, sicherzustellen, dass in diesem Zirkus noch immer der Sport das Wichtigste ist und im Mittelpunkt bleibt. Die Hauptfiguren der Tour schauen natürlich auch gern im *village* vorbei. Sie kommen meist so eine Dreiviertelstunde vor dem Start, um Verabredungen mit Sponsoren oder Reportern zu erfüllen, ein bisschen in den Zeitungen zu schnüffeln, einen Espresso zu genießen oder auch nur ihre Popularität. Wenn dann die große Bronzeglocke am Tor kurz und eindringlich geläutet wird, heißt das nicht etwa *last orders*, sondern unwiderruflich: Aufbruch für alle. Auch für den Tour-Direktor, der im letzten Moment die aktualisierte Namensliste seiner etwa 50 täglichen Ehrengäste zugesteckt bekommt, damit er später über Radio Tour tatsächlich jedem einzelnen VIP »einen exzellenten Tag« wünschen kann.

Impressionen aus dem »Village«

Das »village« – wie ein modernes Wallensteinsches Lager. Darunter eine deutsche Presseschau: A. Kappes, U. Ampler, R. Stumpf (TdF 1991). Oben: Haarstudio – auf den schnellen Schnitt wartend Jacky Durand.

Wer Zeit hat, kann im Tour-Dorf vor dem Start schlemmen. Angeboten werden die Spezialitäten der jeweiligen Region.

Mit der Musik geht alles besser. Auch der Start in den neuen Tour-Tag. Ob Dixieland oder Dudelsack – immer beschwingt.

Daniel Mangeas:
Der gute Mensch am Mikrofon

Leblanc hat es gut: Sein Direktionswagen steht, wie es ihm gebührt, privilegiert direkt an der Startlinie. Wir Journalisten aber hasten nach dem Glockenzeichen vom *village* in der Regel noch mindestens 500 Meter bis zum vorgeschriebenen Parkkorridor für die Presseautos, in kleineren Städten oft noch weiter. Deshalb spähen routinierte, lauffaule Begleiter bei der Anfahrt wie die Habichte, ob sie nicht eine Lücke etwas näher zum Startgeschehen finden. Manchmal ist das dann der Kundenparkplatz einer Bank oder auch eine Hauseinfahrt: »Bitte freihalten!« Dort zu parken, ist an so einem Tag durchaus keine typisch deutsche

Untugend, sondern eher Lex Tour de France. Denn bevor sie nicht die Stadt verlassen hat, darf sich auf den hermetisch abgesperrten Straßen ohnehin kein »normales« Auto bewegen. Und das weiß man – auf beiden Seiten!

Mein persönlicher Startrekord einer Etappe steht bei anderthalb Kilometern Fußmarsch, aufgestellt am französischen Nationalfeiertag 2002 in Saint-Martin-de-Landelles. Dieses 1 250-Einwohner-Dorf in der Normandie war an besagtem 14. Juli Sammelplatz und Aufbruchsort für etwa

Die Glocke des Village ruft nicht für Last Order, sondern zum Zapfenstreich: Auf zum Start!

500 Fahrzeuge – darunter 15 Pullmann-Teambusse – und gut und gerne 1500 Personen aus Reklametross, Organisation, Ehrengästen, Journalisten, Betreuern und natürlich Rennfahrern. Eigentlich eine Verrücktheit. Aber nur eigentlich; denn dieses Nest ist radsportbesessen und veranstaltet seit 50 Jahren Rennen. Stars wie Poulidor, Fignon und Thévenet, Van Impe und Jalabert waren schon da.

Nicht der großen »Kohle« wegen, sondern weil sie dem Ruf von Daniel Mangeas folgten. Der ist der Speaker, der Ansager, der Animator und Einpeitscher, der Alleswisser, weltweit »die Stimme der Tour de France«, und – er ist ein Kind von St Martin de Landelles. Wenn Mangeas zum alljährlichen Kriterium in sein Dorf einlädt,

Zwei Löwen – das Wappen des Heimatortes der »Löwenstimme« der Tour.

kann man schwerlich nein sagen. Ähnlich wird es mit diesem Etappenstart gewesen sein – weniger eine Frage des Preises, sondern mehr ein Dankeschön der Tour.

Der Name Mangeas beherrscht das Dorf. Er steht für Baugeschäft und Landmaschinen, *boulangerie,* Kleinhandel und Kommunalpolitik. Doch ganz besonders für Radsport. Als Ansager tauchte der Name zum ersten Mal 1964 auf. Da musste der wortgewandte 15-jährige Daniel im Nach-

barort ratzfatz für den erkrankten Stammsprecher einspringen. Für eine Gage von 10 Francs. Nach Konditorlehre und Militärdienst fiel das Talent 1972 schließlich Albert Bouvet, einem der Tour-Verantwortlichen, auf. Mangeas animierte und informierte zunächst in der »Vorhut« der Frankreichrundfahrt, nämlich in einem Lautsprecherwagen. Bis wieder ein Zufall Schicksal spielte. Da wartete man 1974 bei der Bergankunft in St. Lary vergebens auf das Eintreffen des Speakers Pierre Schori. Irgendwo in den Pyrenäen saß der kleine, rundliche Elsässer, immer allein fahrend, mit seinem ältlichen Kleinwagen fest. Kurzentschlossen drückte Co-Direktor Félix Lévitan Mangeas das Mikro in die Hand, der mit »Info-Tour« schon am Ziel eingetroffen war. »Ich hatte vor Aufregung wohl um die 150 Herzschläge pro Minute« ist seine Erinnerung an diese Stunde Null. Etappensieger war damals übrigens Raymond Poulidor. Das ist nun fast 30 Jahre her, und Daniel Mangeas

Der Name Mangeas dominiert im kleinen Normandie-Dorf St. Martin de Landelles. In ganz Frankreich und der …

… Radwelt bekannt geworden ist er durch den mitreißenden Ansager der Tour, Daniel M. – genannt »Le voix«, die Stimme.

ist zu einer Institution geworden. Mit seiner leidenschaftlichen Stimme ist er nicht nur ein Markenzeichen der Tour de France. Wo auch immer zwischen März und Oktober Radrennen in Frankreich stattfinden, ist »die Stimme« zu hören. Fast 200-mal im Jahr. Sein Wissen ruft er – immer hoch konzentriert – im Kopf ab. »Jeden Abend bläue ich mir zwei Stunden lang die Daten von Fahrern und Ereignissen ein, neue oder ergänzende. Tue ich das mal nicht, schlafe ich unruhig.«

Wenn Freunde mich nach einem kleinen Erlebnis mit der *Voix du Tour* fragen, sage ich nur: Andorra 1993. Eine gemeine Bergetappe. Neun Gipfel. Die letzten zehn Kilometer mit 6,5 Prozent Steigung. Alle Fahrer sind im Ziel, der Sieger schon seit einer Dreiviertelstunde. Allein der Franzose Jean-Claude Colotti ist noch unterwegs. Und Sprecher Mangeas sieht auf der Uhr, dass seinem Landsmann nur eine winzige Frist bleibt, um innerhalb der Kontrollzeit einzutreffen. Deshalb feuert er ihn über die auf den letzten Kilometern stehenden Lautsprecher pausenlos an, informiert den Einzelkämpfer über die ihm verbleibende Zeit und stimuliert mit seiner Leidenschaft auch noch einmal die Zuschauer. Die Aktion gelingt. Coletti erreicht das Ziel elf Sekunden vor Toresschluss ... Daniel – der gute Mensch am Mikrophon.

La Garde Républicaine: Die Lotsen der Tour

Alle Wege führen nach Rom. Bei der Tour de France sind es deren nur zwei, auf denen man zum Ziel gelangt. Entweder über die gesicherte Rennstrecke oder auf dem ungeschützten Ausweichparcours. Dieser »zweite Weg« mit öffentlichem Verkehr bedeutet zwar nicht immer eine Abkürzung, doch über Autobahn und Schnellstraßen gelangt der eilige Journalist hier oft schneller zum Pressesaal oder Kommentatorenplatz als auf der Rennstrecke. Diese ist natürlich interessanter und schöner. Man erlebt die Vorfreude des Publikums, genießt die Durchfahrten durch bunt geschmückte Ortschaften und Regionen und kann diese Stimmung – wie jahrelang geschehen – von einem Cabriolet aus mit der Kamera einfangen.

Zweieinhalb Stunden bevor die Fahrer kommen, ist Totalsperrung: Die *route du Tour* wird Einbahnstraße. 22 000 Gendarmen und Polizisten aus Stadt und Land sichern

Nur kurz vor dem Start in Parade-Formation. Danach schwärmen die Elite-Motards aus – zu allen strategisch wichtigen Punkten.

Neben der Garde sind 22 000 Gendarmen und Polizisten im Einsatz. Sie sichern die Strecke, halten die Zuschauer in ...

... Schach. Ohne Gewalt. Manchmal ist Diplomatie gefragt – wie 1987, als Bauern gegen Fleischimporte protestierten.

während Frankreichs drei tollen Fahrradwochen das Spektakel. Dazu kommen 3 000 technische Helfer vom Ministerium für Straße, Ausrüstung und Transport. Diese guten Geister in Orange sorgen für den einwandfreien Zustand der Rennstrecke (guter Belag, keine Baustellen); für Extraschutz (Strohballen, Polster, Warnschilder) an Engpässsen, Verkehrsteilern oder gefährlichen Kurven. Mit 18 000 an den Straßenrändern aufgehängten Müllsäcken unterstützt *L'Équipement* erfolgreich auch noch die »Aktion saubere Tour«.

Das Tüpfelchen auf dem i aber ist die Motorradstaffel der *Garde Républicaine*. Diese 44-köpfige Elite-Wachmannschaft aus Paris – sonst eingesetzt bei Staatsbesuchen und anderen bedeutenden politischen Anlässen – ist offizieller Anfang und Ende des 30 Kilometer langen Konvois und für alles, was sich dazwischen bewegt,

die absolute Autorität. Auf 39 Motorrädern, Marke BMW, dirigiert und koordiniert sie, weist an und befiehlt, ist präsent an Knotenpunkten und Schwachstellen, greift unterstützend ein. Der Tour zu Diensten seit 1953, lotst sie auch schon mal einen Notfall-Krankentransport gegen die Rennrichtung oder ist sich nicht zu schade, anzuhalten, um einen scheinbar unwichtigen, vom Kollegen Landpolizist übersehenen Feldweg abzusichern. Und Wehe dem, der zu schnell fährt! Der wird nicht nur zurechtgewiesen, sondern findet sich am Abend auch im Bulletin der Tour wieder – offiziell verwarnt und für den nächsten Tag mit seinem Fahrzeug aus dem Rennen verbannt. Ist mir – toi, toi, toi – noch nicht passiert.

Ein Gardist steht bei Kilometer Null und gibt nach der Neutralisation das Rennen frei.

Die Karawane der Werbung und der Geschenke

Besonders aufmerksam begleitet die *Garde Républicaine* die Bewegungen rund um die Reklamekolonne alias *Caravane publicitaire*. Eine und eine Dreiviertelstunde vor den Rennfahrern bricht sie auf – ein stimmungsvoller, pittoresker Karnevalszug in Sachen Werbung und Verkauf. Seine 200 Fahrzeuge verteilen sich auf eine Länge von 20 Kilometern und benötigen für eine volle »Pedalumdrehung« – also vom Zuganfang bis zum Ende – zwischen 35 und 45 Minuten. Es rollen mit und allen voran die vier Hauptsponsoren der Tour – also die Großbank Crédit Lyonnais, der Fiat-Konzern, Nestlé-Aquarel-Getränke und die Ladenkette Champion. Desweiteren maximal 36 andere Firmen und Partner, die das Mitfahrrecht für 12000 Euro (Einzelfahrzeug) oder 22000 Euro (Dreierpack) erkaufen können.

Rund 15 Millionen Zuschauer lassen sich alljährlich von dieser kommerziellen Vorhut in Stimmung bringen. War es 1930 bei der Einführung der Reklamekolonne eine

Der Traum vom Gelben Trikot und vom großen Geld – die Bank Crédit Lyonnais benutzt ihn erfolgreich für ihren Werbefeldzug.

lachende Kuh, die für eine gleichnamige Käsesorte warb, sind es heute die freihändig fahrenden Motorrad-Akrobatinnen der Tour-Versicherung, der ewig rundlich-dicke, weiße Michelin-Reifenmann oder der gekrümmte grüne Jockey auf dem Rücken einer Pferdeattrappe – Sinnbild für das Nationale Wettbüro PMU, Sponsor der Grünen Sprintertrikots, dessen Siegwette wie bekannt sechsmal von einem deutschen Rad-Vollblut mit Namen Erik Zabel gewonnen wurde. Stimmungsmacher sind aber auch die von der fahrenden Karawane millionenfach verteilten kleinen Geschenke. Ob Sonnenhütchen, Gummibärchen oder Schlüsselanhänger, Getränke-Minidosen, Käseecken oder Lutscheis und viel, viel Wertloses aus Papier – die Massen fassen oft schon in die Luft, wenn ein Arm nur erst ausholt.

Viele vergessen dabei ihre Sicherheit, riskieren in heiterer Begehrlichkeit Kopf und Kragen. Dadurch ist für andere Begleitautos das Passieren der gut organisierten, gestaffelt fahrenden oder stoppenden Werbekolonne ein langer, nicht ungefährlicher Slalom geworden. Hupen, immer wieder Hupen – selbst wenn es den lieben Kameramann neben mir genervt hat – ist für mich bei diesem Vorgang und wo auch immer wir durch Menschenspaliere gefahren sind, ein Gebot gewesen und eine kleine Lebensversicherung für beide Seiten. Trotz aller Vorsichtsgebote und Schutzmaßnahmen durch *Garde Républicaine* und Gendarmerie gibt es leider bei fast jeder Tour einen ernsten Unglücksfall im Umfeld der gigantisch gewachsenen und an ihre Grenzen gestoßenen *caravane*.

Meistens sind es Kinder, denen die Begeisterung zum Verhängnis wird. Auch unser ZDF-Team hatte solch ein Schreckerlebnis. 1981, lang, lang ist's her, wurde ich kurz vor dem Etappenstart in Roubaix von Tour-Sprecher Mangeas ausgerufen und informiert: »Monsieur« – damals waren wir noch per Sie – »ein ZDF-Fahrzeug hatte einen Unfall mit Personenschaden.« Das konnte nur Herbert sein, unser Fahrer! Ihn hatten wir, um der Hektik des großen Aufbruchs zu entgehen, mit dem Bagagewagen schon etwas früher loszuckeln lassen. Nach 20 Kilometern sollte er auf uns warten. Es wurden nur zehn, da lief dem wirklich langsam Fahrenden ein Mädchen vors Auto. Trotz Vollbremsung – Schürfwunden und leider ein Armbruch für die kleine Véronique, die im Tour-Fieber blind über die Straße gerannt war. Unschuldig und trotzdem betrübt, organisierten wir der wilden Mademoiselle ein Trikot von Etappensieger Daniel Willems und schickten es ihr ins Krankenhaus. Sie bedankte sich später mit einem kleinen Brief.

Wie einst die Elefanten des Hannibal – die Reklamekarawane am Tourmalet.

Die Firma Michelin – seit Jahrzehnten im Werbe-Karneval dabei. Mit immer wieder neuen Motivwagen, unverändert aber mit dem »Dicken«, dem weltbekannten Michelin-Mann.

Die Permanence – ein Büro auf Wanderschaft

reieinhalb Wochen lang laufen die Fäden der Tour-Organisation in einem ständigen mobilen Büro zusammen. Diese *Permanence* vereint die gesamte Direktion mit all ihren Unterabteilungen. Im Idealfall ist sie in Zielnähe untergebracht, in praktischer Nachbarschaft mit der *Salle de Presse* und den Telekommunikationseinrichtungen. Manchmal geht es aber auch um ein paar Ecken – selten jedoch mehr als einen Kilometer –, um für Organisatoren und Medien und deren Fahrzeuge (!)

den nötigen Platz zu finden. Ideal dafür sind Kongress- und Messegebäude, bestens geeignet auch Sporthallen und deren Verwaltungsräume. Oder große Schulkomplexe. Und in Urlaubsorten wird für einen Tag schon mal das Tourismus-Zentrum umfunktioniert.

Bei Bergankünften auf Hochplateaus wie in St. Lary oder Luz-Ardiden in den Pyrenäen weist das Schild »Permanence/Salle de Presse« allerdings in Richtung eines Großzeltes … Doch anspruchsvoll ist keiner der Verantwort-

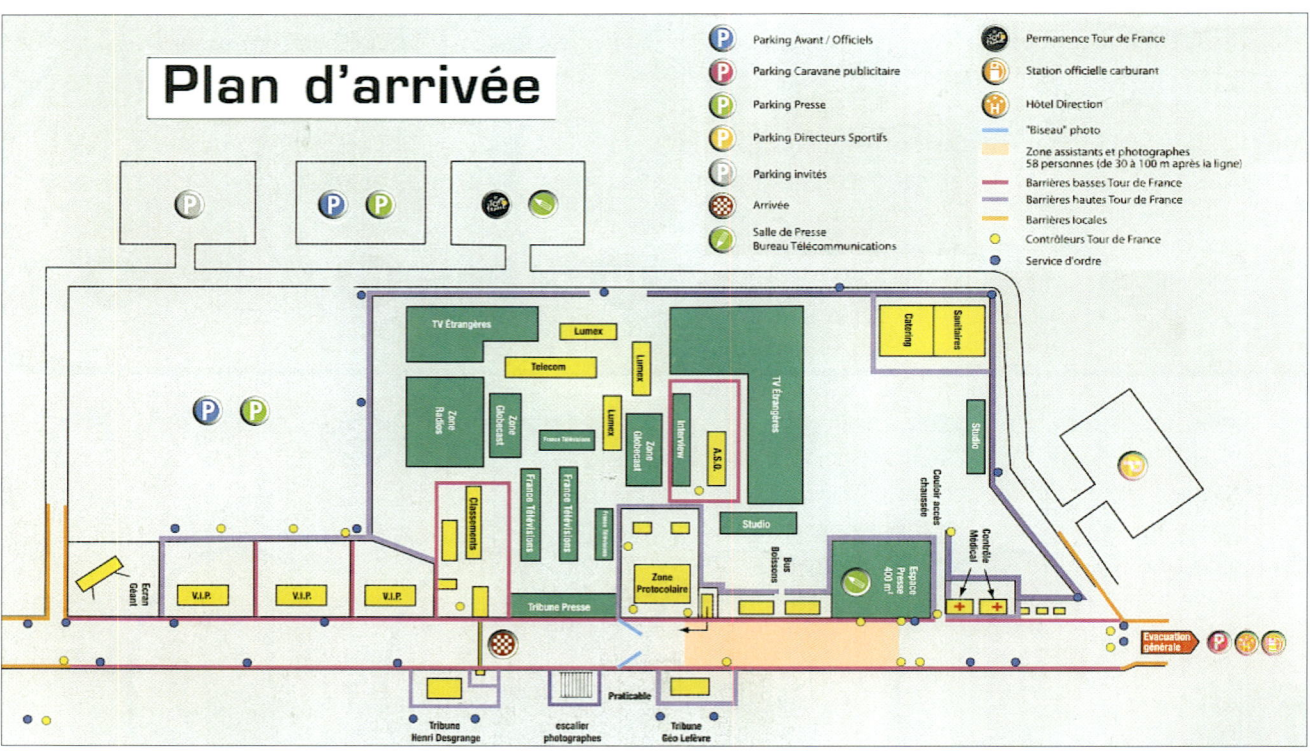

Plan d`arrivée – der Modellplan für ein Ziel. Ausgetüftelt von TdF-Logistik Direktor J.-L. Pagès, die perfekte Einteilung auf engstem Raum. Zentraler Punkt im Gitter-Ghetto ist das Ziel. Dominierend das riesige Areal der Technik-Zone.

Renn-Direktor Jean-Francois Pescheux (Mitte) bei der täglichen Ablaufbesprechung kurz vor dem Start.

lichen, deren improvisierte Büros manchmal nur durch eine Stellwand voneinander getrennt sind. Und es ist allemal ein Team, das in der gläsernen A.S.O.-Residenz in Issyles-Moulineaux am Stadtrand von Paris zusammengewachsen ist, wo es dieses gigantische Ereignis elf Monate lang vorbereitet hat. Die Buchstaben A.S.O. stehen für die Amaury Sport Organisation, dem Ausrichter großer Sportereignisse wie der Paris–Dakar-Rallye, des Paris-Marathon oder den French-Open im Golf. Doch diese und ein paar andere Events bedeuten nur 30 Prozent eines jährlichen 90-Millionen-Euro-Budgets.

Den Löwenanteil, nämlich 70 Prozent, macht der Radsport mit seinem Glanzstück Tour de France aus. Auch die berühmten Klassiker wie Paris–Roubaix, Paris–Tours und Belgiens Lüttich–Bastogne–Lüttich werden vom A.S.O.-Imperium mit erprobter Perfektion organisiert. Ebenso die Traditionsrennen Paris–Nizza, Criterium International und Dauphiné Liberé. Stolz blickt die Tour-de-France-Mutter auf die »Open des Nations« – die beste Bahn-Radveranstaltung der Welt, die mit ihrer Attraktivität die offiziellen UCI-Titelkämpfe in den Schatten stellt.

Präsident der Organisation ist Patrice Clerc. 15 Jahre lang der Monsieur Roland Garros (Frankreichs Tennis-Klassiker), wechselte er 2001 vom Tennis-Centre-Court in die Führungsposition von A.S.O. und damit auch an die Spitze der Tour de France, in deren Hierarchie Jean-Marie Leblanc

als Generaldirektor aber keineswegs gesunken ist. Gemeinsam mit dem Rennleiter Jean-Francois Pescheux, Profi wie Leblanc und gleichfalls mit aktiver Tourerfahrung, steuern sie diesen Ozeanriesen des Radsports. Als vierten Mann haben sie im Range eines *Directeur Adjoint* Daniel Baal an ihre Seite delegiert. Er war französischer Radsportpräsident und Direktor einer Bank im Elsaß. Neben diesem Quartett arbeiten bei A.S.O. etwas mehr als 40 Festangestellte das ganze Jahr über am Projekt Tour. Die Bereiche dieser ausgeklügelten Konstruktion umfassen Logistik und Personal, Finanzen und Marketing, Sportliche Leitung und Sicherheit, Unterkunft und *Service médical*, Rechteverkauf und Medien, Fuhrpark und natürlich auch das Internet. Diese organisatorische Kernmannschaft wird, wenn im Radmonat Juli 198 Rennfahrer sowie mittlerweile 4 500 Begleiter und 1 500 Autos unterwegs sind, durch 400 freie Mitarbeiter verstärkt. Allein 300 davon arbeiten für die Aufbauten an Start und Ziel, für das *village* und die 3 500 Quadratmeter große Radio- und

Auftakt 2003 unterm Eiffelturm: Daniel Baal, die rechte Hand von J.-M. Leblanc. Der Elsässer gilt als dessen designierter Nachfolger.

Jetzt geht`s los! Chef-Chauffeur Robert »Bob« Lelangue, der ehemalige belgische Merckx-Gefährte, ist Vertrauter und Freund Leblancs.

Fernsehstadt. Diese *zone technique* ist allabendlich bis spätestens 21 Uhr abgerüstet, um am anderen Morgen am Zielort ab 4 Uhr aufs Neue zu entstehen. Verständlich, dass in der *Permanence* der Platz des Mannes, der für die Anlagen die Generalstabsarbeit leistet, immer nur kurz besetzt ist; denn *Directeur des Sites* Jean Louis Pagès wird schon bald wieder am nächsten Etappenziel erwartet.

Um vieles länger muss in der reisenden Tour-.Verwaltung Madame Pascale Thomas anwesend sein. Sie ist Chefin des Teams *Hébergement*, gleichbedeutend mit Unterkunft. Und das wiederum heißt, dass sie im Vorfeld der Tour 800 Hotelzimmer zu reservieren hat, für die Mannschaften und den Tross der offiziellen Organisation. Zusammen sind das rund 1 100 Personen, für deren Schlafstätten Frau Thomas verantwortlich ist. Dazu kommen 200 Hotelzimmer, die, vom Reisebüro A.S.O. reserviert, den übrigen Tourbegleitern im Rahmen der Akkreditierung angeboten werden. Zeitungsleute und Fotografen nutzen dieses Angebot gern, selbst wenn die Zimmerpreise mit einem satten Verwaltungsaufschlag belastet werden. Obwohl der größte Teil der Arrangements vor Beginn der Rundfahrt gemacht worden ist, geht es nach einer Etappe beim *Hébergement* zu wie vor einem Taubenschlag: Reservierungswünsche von Spätankömmlingen, unvermeidliche Reklamationen und SOS-Rufe von Journalisten, denen die Zimmerbeschaffung in Eigen-

regie weder im Voraus noch an diesem Tage gelungen ist. Kein Wunder, wenn 1 000 gute Unterkünfte einer Region schon ein Dreivierteljahr zuvor durch die Tourorganisation aufgekauft wurden.

Als das ZDF noch nicht wie heute 50 bis 60 Mitarbeiter zur Berichterstattung nach Frankreich schickte, sondern im Durchschnitt nur drei bis vier, habe ich die Quartiere auf eigene Faust beschafft. Drei Wochen Arbeit, Hotelführer wälzen, zahllose Telefonate, Faxe und schriftliche Bestätigungen, Anzahlungen … Es lohnte sich. Wir wohnten fast immer in schönen Herbergen, etwas abseits vom Trubel und mit guter Küche.

Zurück in die *Permanence!* Am stärksten rotieren hier die Jury und das Kollegium der Kommissäre. Sie müssen die Resultatslisten bestätigen und schnellstens zur Vervielfältigung freigeben, die verschiedenen Spezialwertungen berechnen und das Bulletin mit den Bußen für die meist kleinen Regelverstöße von Fahrern und sportlichen Leitern zusammenstellen. Ergibt pro Tag 16 000 Blatt Papier! Auch Tour-Chefarzt Dr. Gérard Porte gibt sein *Communiqué médical* heraus, informiert über die Art von Verletzungen oder den Zustand eines erkrankten Fahrers. Betrieb ist eigentlich jeden Abend auch im *Permanence*-Büro der Gendarmerie. Es fahren nämlich nicht alle 1 500 Chauffeure so diszipliniert, wie sie es vor Beginn der Tour unterschrieben haben. Es gibt leichte, aber auch schwere Fahrzeugschäden zu registrieren sowie immer häufiger Geschwindigkeitsübertretungen innerhalb der Rundfahrt. Via Extrablatt mit der Überschrift »Sanktionen« verkündet die Direktion manchmal Verweise, oft aber den Ausschluss von Mann und Gefährt für einen Tag, in gravierenden Fällen sogar für die gesamte Tour.

Zu den Vielbeschäftigten in der *Permanence* zählt nach jeder Etappe Jean-Marie Leblanc: Gespräche, Erfahrungsaustausch mit den engsten Mitarbeitern; Briefing für den nächsten Tag; zwei, drei zugesagte Interviews werden eingehalten; wie er, der ehemalige Journalist, auch spontane Bitten nur selten ablehnt … »also los, fünf Minuten!« Dazu mal ein Kurzbesuch bei den alten Kollegen im Pressesaal, mal ein Rundgang im riesigen TV- und Radio-Areal, und auch mal schnell ein Gläschen bei einer improvisierten Geburtstagsfete von irgendeinem aus der Tour-

Familie: »Bon anniversaire!« Ja, der *Directeur* ist einer zum Anfassen!

Leicht »anfassen« muss ihn ab und zu Chauffeur-Freund Bob Lelangue, damit Jean-Marie die abendlichen Verpflichtungen nicht verpasst. *Allez*, auf geht's im bereits frisch polierten Fiat-Alfa ins Hotel und danach zum Empfang beim Oberbürgermeister. Schließlich hat dessen Stadt der Tour einen tollen Empfang bereitet ... und eine erhebliche Summe an die A.S.O. gezahlt. Der Tarif, Stand 2003, ist absolut kein Geheimnis: 115 000 Euro für das Zweifachspektakel von Zielankunft und Start, 75 000 für Nur-Zielankunft und 37 500 für die Gastgeberrolle lediglich beim Start. Zusätzlich muss der Gastgeber noch eine Anzahl für die Tour kostenfreie logistische Leistungen erfüllen: für *Permanence* und *Salle de Presse*, für Absperrungen und Parkplätze. Sollte eine Stadt gar mit dem großen Start der Tour de France liebäugeln, darf sie die Summe von 1,6 Millionen Euro für den *Grand Départ* nicht schrecken ...

Die Einnahmen von den Etappenstädten machen im Gesamtetat der Tour nur 17 Prozent aus. Den größten Batzen bringen die weltweit an 75 Stationen verkauften Fernsehrechte, nämlich 43 Prozent. Fast genauso hoch (40 Prozent) sind die Zahlungen und Leistungen der Sponsoren. A.S.O. teilt sie in drei Gruppen auf. Die exklusivste und teuerste ist der »Club Tour de France«. Das Privileg ihm anzugehören, haben sich nur die vier »großen Partner« Crédit Lyonnais, Fiat, Supermarché Champion und Nestlé-Aquarel erkauft. Für mindestens drei Millionen, so war es zu lesen. Etwas weniger, aber auch noch fast einen Millionenbetrag, zahlt die Gruppe der acht »offiziellen Partner« der Tour ein. Es sind die Firmen France-Telecom, Festina, Nike, Coca-Cola, PMU, der Restaurationskonzern Sodexho, Astra-Satellit und die Versicherungsgruppe AGF. Die dritte Kraft im Sponsorenring der Tour sind die »offiziellen Ausrüster«. Zu ihnen gehören u. a. Reifenhersteller Michelin, Kawasaki, Grand'Mère Café, Würstchenfabrikant Cochonou und die Käsemarke Cœur de Lion. Dienstältester der »großen Partner« der Frankreichrundfahrt ist der Crédit Lyonnais. Die Großbank ist seit 1981 dabei, sponsert das Gelbe Trikot und wirbt mit dem kessen Spruch »CL kommt immer als Sieger auf den Champs-Élysées an.«

Die besten »Start«-Plätze für die Fahrzeuge von Direktion und Jury. Journalisten marschieren manchmal einen Kilometer.

3. ETAPPE: 38 Jahre »Gelb« aus nächster Nähe

Merckxismus –
oder: »Eddy, der Kannibale«

Das Kolonialwarenhändlerehepaar Jules und Jenny Merckx aus dem Brabanter Dorf Meensel-Kiezegern hatte seinem Sohn am 17. Juni 1945 eigentlich die Vornamen Eduard, Louis und Joseph gegeben. Doch die Sportwelt kennt ihn nur als Eddy.

Diese vier Buchstaben wurden zu den Initialen des Radsports schlechthin. Mehr als ein Dutzend Jahre, eine Sportepoche lang Eddy Merckx. Vom ersten Erfolg am 16. Juli 1961 bis zu seinem Rücktritt am 19. Mai 1979 waren das genau 1800 Straßenrennen.

Im Vélo-Gotha sind für diese Zeit, kurz Merckxismus genannt, 525 Siege verbucht und verbürgt. Viermal war Merckx Straßenweltmeister; je fünfmal triumphierte er bei der Tour de France und im Giro d'Italia. Sein Name steht in den Siegerlisten von Vuelta, Tour de Suisse, Paris–Nizza, Tour de Romandie und, und …

Dass man ihn »den Kannibalen« nannte, dazu haben auch seine 32 Erfolge in den berühmten Eintages-Klassikern beigetragen. Mailand–San Remo, Flandern, Lüttich–Bastogne–Lüttich, Paris–Roubaix und die Lombardeirundfahrt – Merckx hat sie im Siegeshunger gleich mehrmals verschlungen.

Nichts hat dieser »Rennfahrer mit den drei Beinen« ausgelassen. Auch den Stunden-Weltrekord riss er an sich, damals am 25. Oktober 1972, als er in Mexico City mit 49,431 Kilometer einen Weltrekord fast für die Ewigkeit aufstellte, der erst zwölf Jahre später von Francesco Moser und seinem medizinisch-technischen Professorenteam überrollt wurde, und danach auch noch von Chris Boardman und Tony Rominger. Mein Gott, was hat dieser Eddy Merckx dem Radsport alles geboten!

Unsere Bekanntschaft begann 26. März 1966, einem Ostersamstag, beim klassisch-traditionellen 3-E-Preis von Harelbeke. Mein Kameramann hatte alle Favoriten im

Eddy Merckx: Fünf Tour-Gewinne, 34 Etappensiege. Einer der eindrucksvollsten am 15. Juli 1969. »Der Flug des Adlers« über die Pyrenäen. Ein Solo von 140 km.

So sah er aus, der Eddy Merckx des Jahres 1966, den wir am Start vergeblich gesucht haben.

Kasten: Rik Van Looy, Jan Janssen, Rolf Wolfshohl. Nur einer war uns irgendwie durch die Lappen gegangen, Belgiens Jungstar Eddy Merckx, der – noch keine 21 – eine Woche zuvor sein erstes Mailand–San Remo (von später sieben) gewonnen hatte.

Aber dann gab es kurz nach dem Start einen Zwangsstopp an einer Eisenbahnschranke. Und dort, im Gewimmel, entdeckte ich ihn und rief: »Drehen! Der da, der sich die Hosenträger überstreift und das schwarze Peugeottrikot anzieht, der ist es!«

Merckx hatte sich ganz einfach am Start etwas verspätet und keine Zeit mehr zum Umziehen gehabt.

Gewonnen hat das Rennen damals Belgiens Altidol Rik Van Looy, der zwölf Jahre ältere »Kaiser von Herentals«. In späteren Jahren habe ich Merckx dann mehr als einmal als Muster an Pünktlichkeit erlebt, und als einen Profi, der

seine Verabredungen stets einhielt. Beispiel: Rund um den Henninger Turm am 1. Mai 1975. Eddy hatte versprochen, eine halbe Stunde vor dem Start mit uns für eine Gagaufnahme auf Frankfurts modernes Wahrzeichen zu fahren. Der Weltmeister war pünktlich zur Stelle und ich konnte den für 10 000 DM verpflichteten Star der Masse der Autogrammjäger entreißen.

In Sekundenschnelle brachte uns der Fahrstuhl die 100 Meter nach oben, wo wir über die schmale Feuerleiter nach draußen auf die Plattform kletterten. Ein Blick nach unten in den Brauereihof. Dort war eine Kamera mit Teleobjektiv vorbereitet. Nur leider stand der Kameramann nicht Gewehr bei Fuß.

Merckx an der windigen, kühlen Brüstung wurde ungeduldig, unser Gag schien zu platzen. Nach schier endlosen fünf Minuten – Merckx wollte schon gehen und ich die 100 Meter in die Tiefe springen – wurden wir unten entdeckt. Innerhalb von 30 Sekunden war Merckx auf 16 Millimeter gebannt: der Größte des Radsports, wie er vom Henninger Turm auf sein Rad-Volk herabblickt.

Dieser großartigste Radfahrer des Jahrhunderts war nicht nur siegeshungriger »Kannibale«, sondern er zeigte auch Herz. Beispiel Tour de France 1970, Etappe Grenoble–Grap: Sieger Mori aus Italien und andere Fahrer sind schon im Ziel. Ungewohnt lange muss man auf das Gelbe Trikot warten, eben auf Eddy Merckx. Der kam drei Minuten später, weil er seinem schwer gestürzten und erheblich verletzten Landsmann Hermann Van Springel (Jochbeinbruch) geholfen hatte, das Ziel zu erreichen. Merckx, der Samariter.

Einmal hatten der Belgier und ich uns heftig in der Wolle. Das war 1977, als Didi Thurau ganz Deutschland mit Gelbfieber infizierte. Freiburg im Breisgau war Etappenstadt, die Menschen waren begeistert, und die Fahrer wurden fast erdrückt. Auch Merckx kam im Jubel-Trubel in Bedrängnis. Sein Zorn darüber entlud sich beim gemeinsamen Mittagessen der Fahrer in einem Sportlerheim. Als wir beim Filmen am Tisch der Merckx-Mannschaft angelangten, fauchte mich der gestresste Meister vor seinem kompletten Team aufgebracht an. Schweinerei hier in Freiburg, schlechte Organisation ... alles nur Thurau, Thurau ... diese Verrückten!

Na, darauf musste ich Eddy etwas erwidern! In seiner Muttersprache, also flämisch, habe ich ihm erklärt, dass diese Verrückten die gleichen wären, die sonst am Henninger Turm oder anderswo in Deutschland »Eddy, Eddy« geschrien hätten. Und dass auch in Belgien oder Frankreich manchmal die Dämme der Begeisterung brechen würden. Am Tisch der Merckxisten war es ob dieser Erwiderung still geworden. Tags darauf Versöhnung: »Klaus, so böse habe ich das nicht gemeint.«

Merckx ist ein Großverdiener gewesen und hat für damalige Zeiten Supergagen kassiert, für sein Geld aber immer etwas geboten. Und er hat sogar »Rabatt« gegeben, soll heißen, dass er bei kleinen Veranstaltern manchmal auch für eine etwas niedrigere Gage gefahren ist. Da hat ihn sein Manager Jan Van Buggenhout stets gut beraten. Ja,

Auch als Geschäftsmann hat er guten Durchblick. Der Fahrradfabrikant Merckx ist ausgebucht. 8000 handgefertigte Renner verlassen im Jahr die Edelschmiede in alle Welt.

sogar zum Nulltarif ist Eddy Merckx erschienen. Beispiel: Ball des Sports, die große Benefizveranstaltung der Deutschen Sporthilfe, 1982 in Mainz. Für den sportlichen Teil »Von der Draisine zum Fahrrad 2000« hatten Stars wie Rudi Altig, Gustav Kilian oder Klaus-Peter Thaler zugesagt, nur von Eddy Merckx kam ein Nein. Sohn Axel, damals neun, hatte in seinem Schulinternat bei Ostende das heiß ersehnte erste Eltern-Besuchswochenende. Da stand Papa Merckx natürlich in der Pflicht. Im Auftrag von Josef Neckermann bohrte ich aber weiter. Und Merckx kam doch noch nach Mainz! Das war keine Frage der Gage, sondern eine Frage der Ehre und eine Geste der Freundschaft. Dementsprechend wurde der Stargast gefeiert.

Der Applaus von so viel deutscher Prominenz und das Fluidum dieses Balls Nummer 1 ist ihm bis heute unvergessen geblieben. Ebenso freilich der undurchdringliche Nebel, der am Sonntagmorgen in Frankfurt den Flugverkehr lahmlegte und Merckx zwang, sich einen Leihwagen zu nehmen. Sohn Axel sollte wenigstens am zweiten Besuchstag etwas von ihm haben. An diesen »Heimflug im Auto« erinnert Freund Eddy immer wieder einmal, wenn wir uns begegnen. Auch an seinen Tombolagewinn, den er mir aus reisetechnischen Gründen überlassen hatte – einen Staubsauger ... aber der, lieber Champion, saugt schon lange nicht mehr.

Geste der Freundschaft: E. M. trotz privater Verpflichtung 1982 beim »Ball des Sports« in Mainz. Am Mikrofon der Autor.

Gespannte Atmosphäre im Hause Merckx. Der Ausschluss vom Giro im Juni 1969 gefährdete Eddys ersten Tourstart. Berge von Zuschriften: Ganz Belgien glaubt an die Unschuld seines Idols, schließlich auch die UCI. Freispruch. Links Claudine, Eddys Ehefrau.

1969: Ein Sieger ohne Lächeln

Merckx gab seinen Einstand in die Tour de France – klug beraten von seinem Mentor, Ex-Rennfahrer Verwaecke – erst mit 24 Jahren. Dass er so eindrucksvoll werden würde, hatte niemand gedacht. Nicht nur ein Sieg auf Anhieb – wie er zuvor Coppi (1949), Koblet (1951), Anquetil (1957) und Gimondi (1965) gelungen war – sondern sogar ein kompletter Triumph: 30 Jahre nach dem letzten belgischen Toursieger Sylvère Maes gewann Merckx neben dem Gelben auch das Grüne Trikot sowie die Bergwertung und die Kombination, außerdem sieben der 22 Etappen. Die kolossale Vorstellung des Belgiers ließ altgediente Tourbeglei-

ter tief in die Kiste der Superlative greifen. Sie gipfelten im »Merckxissimo« des Tour-Chefs Jaques Goddet und der Kreation »Kannibale« durch einen entnervten Rennkollegen namens Christian Raymond.

Die Teilnahme Eddy Merckx' an der 56. Tour de France war bis wenige Tage vor dem Start durch eine Dopingsperre bedroht. Man hatte bei ihm während des Giro d'Italia Spuren von Amphetaminen festgestellt und den Souverän im Rosa Trikot disqualifiziert. Merckx beteuerte, nichts außer der Trinkflasche eines unbekannten Tifosi genommen zu haben. Er sprach von Sabotage. Seine Argumente und Tränen sowie die Tatsache, dass fast die gesamte Fachwelt und ein »Belgien in Flammen« hinter dem bis dato Unbescholtenen standen, führten schließlich zum Freispruch.

Die Basis zum ersten Tourerfolg legte Merckx nach einem siegreichen Mannschaftszeitfahren mit seiner FAEMA-Truppe bereits auf der 6. Etappe von Mülhausen zum Vogesengipfel Ballon d'Alsace. Im Stile eines René Poittier aus den Gründerjahren fährt er den Hauptkonkurrenten davon. Poulidor, Gimondi, Pingeon und Jan Janssen verlieren viereinhalb mitentscheidende Minuten. Rudi Altig, *le colosse allemand*, der beim Auftakt in Roubaix zum vierten und letzten Mal das Gelbe Trikot erobert hatte, schlug sich als Dritter mit nur zwei Minuten Rückstand sehr beeindruckend, wenngleich er an diesem Tage noch einmal Größeres geplant hatte ...

Das absolute Glanzlicht dieser Tour – ein historisches – setzte Merckx auf der Pyrenäenetappe von Luchon nach Mourenx bei Pau. Nach den Gipfeln Peyresourde und Col d'Aspin sprengt er am Tourmalet (Kilometer 75) die Spitzengruppe und gewinnt sprintend die Bergwertung. 140 Kilometer vor dem Ziel beginnt er ein Solo, von dem sein Sportlicher Leiter Guillaume »Lomme« Driessens zunächst annimmt, es diene bei Tempo 80 nur der sicheren Abfahrt. Doch dann, längst im Tal, Merckx hatte neue Marschverpflegung übernommen, Richtung Anstieg Col d'Aubisque schon, setzt er noch immer seinen Alleingang fort. Driessens befürchtet zu große Kraftver-

Alleskönner Merckx stellte auch in den Abfahrten alles in den Schatten. Und hinter ihm quietschten die Bremsen.

geudung und befiehlt »Eddy, stopp er mee«, das brächte nichts. Der aber schaut zur Seite und schreit »Verdoeme – verdammt, wenn die nicht kommen, ziehe ich durch.« Merckx führt, als hätte er tatsächlich drei Beine, vergrößert den Vorsprung bis zum Aubisque auf sechs Minuten. Bei der Abfahrt platzt dem Mannschaftswagen ein Reifen. Driessens steigt zwischenzeitlich in das Fahrzeug der Gazet van Antwerpen um, wo der Sportliche Leiter den Zeitungsleuten zum Dank exklusiv verrät, dass Eddy sich mit seinem Solo die Wut über den am Vorabend verkündeten Wechsel eines Teamgefährten aus dem Bauch fährt.

In der schwülen Hitze der 17. Etappe litt der Tour-Novize 30 Kilometer vor dem Ziel dann so gewaltig, dass er seinen Sportlichen Leiter zur Stärkung um einen Schluck Champagner bat. Der erfahrene Betreuer, dem nichts mehr fremd war in diesem Beruf, sagte, »Naturlijk, jonge«; reichte Eddy aber ein Bidon mit Zuckerwasser. Und tatsächlich, der »Champagner« hauchte Merckx neues Leben ein, sodass »die Flucht des Adlers« (Jaques Goddet in L'Équipe) am Ende noch mit acht Minuten Vorsprung belohnt wurde. Und die Tour damit eigentlich gewonnen war.

»General« Driessens, erfuhr ich von meinem unvergessenen Brüsseler Kollegen Lucien Berghmans, mogele nur selten, meist erfülle er seinem Schützling jeden Wunsch. So habe er nach einer Etappe, als Eddy und sein Team gerne Forellen essen wollten, dem angebotenen »Hotelfisch« misstraut und stattdessen per Kurier zehn frischgeschlagene Forellen aus einer 40 Kilometer entfernten Zucht kommen lassen.

Eddy Merckx fuhr seine Ehrenrunde am 19. Juli 1969 in Paris wenige Stunden, bevor die ersten Menschen den Mond betraten. Mit Sicherheit war die historische Landung von Neil Armstrong und Edwin Aldrin für die Welt von größerer Bedeutung; doch der »Triumph der Legende« (Journal du Dimanche) des Eddy Merckx eröffnete gleichfalls eine neue, außerordentliche Ära – im Rahmen des Sports. Deshalb gehörten – zumindest in Frankreich – am Morgen danach die Schlagzeilen und Titelseiten der Zeitungen beiden Ereignissen.

Wenn Eddy Merckx selbst bei der Siegerehrung und den Ovationen von 20 000 Zuschauern im Vélodrome zu Paris-Vincennes nicht jener jubelnde Strahlemann war, den man sehen wollte, so lag das vor allem daran, dass der sensible Belgier die Schmach des Giro-Ausschlusses noch lange nicht vergessen hatte.

Das fehlende Siegerlächeln war nur die Äußerlichkeit. Das alles überstrahlende Fazit seines ersten Tour-Sieges war, »dass er dem Straßenrennsport viel von seinem Nimbus zurückgegeben hat« (Sport-Zürich); dass er überdurchschnittliche Leistungen auf allen Terrains vollbracht hatte – als Roller, als Sprinter, als Bergfahrer, als Taktiker und als Zeitfahrer. Und schließlich beeindruckte seine

Art, unentwegt auf Angriff zu fahren, den Gegnern keine Ruhe zu gönnen und überall präsent zu sein. Das haben wir im Zeitalter des Merckxismus immer und immer wieder erlebt und bewundert. Manchmal fehlt es uns heute.

56. Tour de France 1969

22 Etappen – 4 117 km – kein Ruhetag.
13 Fabrikteams – 130 Fahrer – 86 am Ziel.

1. Eddy Merckx (FAEMA) 116 h16'02"
   (Stundenmittel = 35,296 km/h)
2. R. Pingeon (Peugeot) 17'54" zurück
3. R. Poulidor (Mercier) 22'13"
4. F. Gimondi (Salvarani) 29'24"
5. A. Gandarias (KAS) 33'04"
6. M. Wagtmans (Willem II-Gazelle) 33'57"
7. P. Vianelli (Molteni) 42'40"
8. J. Agostinho (Frimatic de Gribaldy) 51'24" ...
10. J. Janssen (BIC) 52'56" ...
12. L. Van Impe (Sonolor) 56'17"...
15. E. Schütz (Molteni) ...
18. H. Van Springel (Mann-Grundig) ...
52. W. Peffgen (Salvarani) ...
86. und Letzter A. Wilhelm (Sonolor) 3 h 51'53" zurück

Aufgaben: u.a. R. Altig (Salvarani) 18. Etappe, Verletzung

FAEMA – die siegreichen Zehn:

Eddy Merckx, Frans Mintjens, Guido Reybroeck, Pietro Scandelli, Josef Spruyt, Julien Stevens, Roger Swerts, Georges Vandenberghe, Martin Vandenbosche, Victor van Schil.

1969, 17. Etappe Luchon–Mourenx, Anstieg Tourmalet, kurz bevor er sein 140 km-Solo beginnt: Merckx ganz außen, Teamgefährte Vandenbosche (59) hält das Tempo hoch. Hinter dem Gelben Trikot Raymond Poulidor (78). Ganz links der Franzose Gutty (83).

1970: Marsch, zurück ins Lyzeum!

Wie ungerecht ist doch die Welt. Da gewinnt E. M. seine zweite Tour mit »nur« zwölfeinhalb Minuten Vorsprung und acht Etappensiegen plus Mannschaftszeitfahren, schon wird gemäkelt, »aber so stark wie im letzten Jahr war er diesmal nicht«. Dabei hatten wir erneut Merckxismus pur erlebt, waren aber von 1969 her vielleicht zu sehr verwöhnt, weil das ganz große Spektakel diesmal ausblieb. Merckx, der schon den Giro gewonnen hatte, zermürbte die Konkurrenz diesmal anders. Er machte die ersten acht Tage zu einem Geschwindigkeitsrennen. 30 Fahrer mussten aufgeben und die Konkurrenten wie Poulidor, der junge Zoetemelk oder Ocaña mehr Kraft einsetzen, als ihnen vor den Bergen recht war. Der einzige Deutsche, Rolf Wolfshohl, sagte: »Es ist deprimierend, er fährt nicht nur schneller, sondern ist im Gegensatz zu Anquetil früher auch überall präsent.«

Keinerlei gegnerische Präsenz duldete Super-Eddy bei seinen Soli von Thonon-les-Bains nach Grenoble und am Mont Ventoux. Am kahlen, vor Hitze glühenden Riesen der Provence, der Teer der Straße war aufgeweicht, zog Merckx anderthalb Kilometer unter dem Gipfel seine Rennmütze vom Kopf und grüßte hinüber zum Gedenkstein Tom Simpsons, dessen Leben 1967 am Ventoux erloschen war. Wenige Minuten nach der Zieldurchfahrt zog es dem Etappensieger die Beine weg. Während eines Fernsehinterviews sackte Eddy am Mikrophon der belgischen Kollegen ohnmächtig zusammen. Der Schreck war groß, doch eine Sauerstoffdusche von Tour-Arzt Dr. Dumas stellte den total Verausgabten bald wieder auf die Beine. Apropos Beine! Die hat die Rennleitung dem FAEMA-Team am Abend der Zielankunft in St. Gaudens gemacht. Merckx und seine Mannschaft waren aus dem heißen, stickigen und lauten Massenquartier aller Fahrer, einem Mädchenpensionat, aus- und als einzige in ein angenehmes Hotel umgezogen. Dort erschien während des Abendessens Sportdirektor Jacques Lohmuller und stellte das Ultimatum, entweder Rückkehr ins Lyzeum oder Rennausschluss. Es war das einzige Mal, dass sich Merckx zu einem Rückzug entschloss.

Grund zum Schmunzeln gab auch ein Protokoll der Jury, das in Bordeaux im Pressesaal verbreitet wurde: »Die Fah-

Man hat sich auf Anhieb gut verstanden – das ist auch heute noch so zwischen Merckx und dem Autor. Im Hintergrund Guillaume »Lomme« Driessens, Merckx' Sportlicher Leiter.

rer Jan Janssen, Luis Ocaña und Jean-Marie Leblanc (der heutige Tour-Direktor) werden wegen unerlaubter Verpflegungsannahme mit einer Geldbuße von jeweils 50 Francs und 30 Strafsekunden belegt.« Die drei Sünder aus dem BIC-Rennstall hatten sich am Wohnort ihres Teamkollegen Ocaña in Mont-de-Marsan von dessen Familie regionale Zusatzverpflegung zustecken lassen.

Im Protokoll von Bordeaux stand 1970 aber auch der Name Rolf Wolfshohl – als Fotofinishsieger der 20. Etappe. Die letzte, seine Nummer acht, gewann Eddy Merckx. In diesem 54-Kilometer-Zeitfahren von Versailles nach Paris unterstrich der »Kannibale« mit seinen zwei Minuten Vorsprung noch einmal, dass es ihm nicht genügte, nur zu gewinnen; seine Siege duldeten keinen Widerspruch. Viel Beifall erhielten in Paris aber auch die jungen Männer hinter Merckx, die Tour-Neulinge Joop Zoetemelk und Gösta Pettersson. Sie wurden Zweiter und Dritter. Mit einer hervorragenden kämpferischen Leistung, zwei Etappensiegen und immer mannschaftsdienlich (!) erkämpfte sich Klassiker-Jäger Walter Godefroot das Grüne Trikot. Die Berg- und Kombinationswertung ging wie gehabt an Eddy Merckx.

57. Tour de France 1970

4 369 km – 23 Etappen, kein Ruhetag – 15 Fabrikteams
– 150 Fahrer – 100 am Ziel

1. Eddy Merckx (FAEMA), Durchschnittsgeschwindigkeit 36,490 km/h
2. J. Zoetemelk (Mars-Flandria) 12'41" zurück
3. G. Pettersson (Ferretti) 15'54"
4. M. Vandenbosche (Molteni) 18'53"
5. M. Wagtmanns (Willem II-Gazelle) 19'54"
6. L. Van Impe (Sonolor) 20'34"
7. R. Poulidor (Fagor-Mercier) 20'35" ...
19. J. Schleck (BIC) ...
26. J. Janssen (BIC) ...
29. W. Godefroot (Salvarani) ...
31. L. Ocaña (BIC) ...
37. R. Wolfshohl (Fagor-Mercier) ...
83. J.-M. Leblanc (BIC) ...
100. und Letzter F. Hoogerheide (Willem II-Gazelle) 3 h 53'12" Rückstand

1971: Orcières-Merlette – Marseille – Col de Menté

Merckx traf diesmal auf seine bisher stärkste Gegnerschaft. Diese Zweckgemeinschaft mit Ocaña (BIC), Gösta Petterson (Ferretti), Thévenet (Peugeot), Van Impe (Sonolor) und Zoetemelk (Mars-Flandria) jagte dem Patron auf der zehnten Etappe nach Grenoble – dessen Reifenschaden ausnutzend – das Gelbe Trikot ab. Zoetemelk vorn! Das aber war nur der Prolog des Aufbegehrens. Die Revolution gab es einen Tag später: Grenoble–Orcières-Merlette, 134 Kilometer, Bergankunft auf 1 817 m Höhe. Bereits nach 20 Kilometer »zündelte« Agostinho. Der Ex-Buschkämpfer entfachte damit auch das Feuer bei Luis Ocaña, seinen Schlachtplan – wenngleich früher als geplant – zu verwirklichen. Auch der kleine Lucien Van Impe, Frankreichs Hoffnung Thévenet, Giro-Sieger Gösta Petterson, der kesse Guimard und natürlich Zoetemelk attackierten mit. Alle gegen den Kannibalen. Als Merckx die Ausreißer ohne jegliche Unterstützung endlich erreichte, hatte sich Luis Ocaña 70 Kilometer vor dem Ziel bereits zu einem einzigartigen Solo aufgemacht. Der in Frankreich lebende Spanier wusste allerdings Bundesgenossen hinter seinem Rücken. Kein einziger der »Verfolger« unterstützte den sich aufbäumenden, isolierten Merckx. »Sie kleben an Eddys Hinterrad wie die Fliegen am Schwanz einer Kuh« ist aus dem Molteni-Mannschaftswagen empört in einer Radioreportage zu hören. Ocañas Leistung an diesem Tag soll das nicht schmälern. Etappensieg, 8'42" Vorsprung auf Merckx und das Gelbe Trikot. »Die Tour ist für ihn gewonnen«, sagte selbst der deprimierte Belgier und gestand, »eigentlich wollte ich aufgeben«. Doch das blieb Zeit seiner Laufbahn ein Fremdwort für Eddy. Wenige Stunden nach der sportlichen Demütigung sah man ihn mit seinem Mechaniker Marcel Rijkaert ein neues Rad mit einer anderen Sitzposition zusammenbauen.

Orcières-Merlette, zweifellos eine ganz große Etappe in den Tour-de-France-Annalen, trotzdem, unter die »10 schönsten aller Zeiten« wurde sie nicht eingereiht. Stattdessen wählte eine Jury langjähriger journalistischer Begleiter die Etappe danach in die ewige Bestenliste, den »Tag der Rache« von Orcière nach Marseille.

Während die Karawane der Begleiter beim Picknick am Ruhetag unter heißem Himmel zehn (!) gegrillte Hammel vertilgte und Luis Ocaña im Mittelpunkt von Medien und Fans stand, hatte Eddy Merckx mit seiner Mannschaft in aller Stille Kriegsrat gehalten. Das Resultat: Kaum war um 8 Uhr 10 der Startschuss zur 250-Kilometer-Etappe nach Marseille gefallen, jagte der erste »Merckxist« los, Marinus Wagtmans; als zweiter folgte Joseph Huysmans; dann Eddy. Drei Franzosen, zwei Italiener und ein Holländer sprangen noch auf den Zug auf – unbedeutende Fahrer, die eine Chance witterten. Spitzenreiter Ocaña erkannte die Gefahr erst, als die Gruppe Merckx schon 1'30" Vorsprung hatte. Dabei sollte es trotz hartnäckiger Verfolgung bis zum Ziel bleiben! Verletzter Stolz und unbändiger Siegeswille peitschten den Belgier zu einer Ausnahmeleistung, bei der die Begleiter nur helfende Statisten waren. Die Marschtabelle für diese Marathonetappe hatte eine maximale Durchschnittsgeschwindigkeit von 38 km/h vorgesehen. Die Ausreißer steigerten sie um 20 Prozent, d. h. auf 45,351 km/h. Sie zwangen damit die vorausfahrende Reklamekolonne auf ihre »heiligen«

»Beschwörung 1971«. Der modisch gestylte Jacques Anquetil bestärkt Luis Ocaña in seiner Siegeszuversicht gegen Merckx.

Mittagsstopps zu verzichten und das Fernsehen zu einem früheren Übertragungsbeginn. Dass die Lokomotive Merckx am Vieux Port von Marseille schließlich nur Zweiter wurde, war sicherlich mehr ein Dank an den italienischen »Mitheizer« Armani als mangelnde Spurtschnelligkeit. Wie dem auch sei, Merckx hatte inklusive Zeitbonifikation gegenüber Luis Ocaña 2'06" gutgemacht. Angesichts dessen Guthabens von noch immer siebeneinhalb Minuten war das allerdings wenig mehr als ein Tropfen auf den heißen Stein.

Merckx erfuhr für sein »Zeitfahren über 250 Kilometer« Lob im Superlativ. Trotzdem tobte er und drohte an Ort und Stelle seinem zweiten Sportlichen Leiter Giorgio Albani mit der Entlassung. Der Italiener hatte während der Hochgeschwindigkeitsverfolgungsjagd Ocañas den Fehler begangen, vier Molteni-Fahrer für den durch Panne zurückgefallenen Joseph Buyère als Helfer abzustellen. Dadurch, dass selbst zu fünft der Anschluss nicht gelang

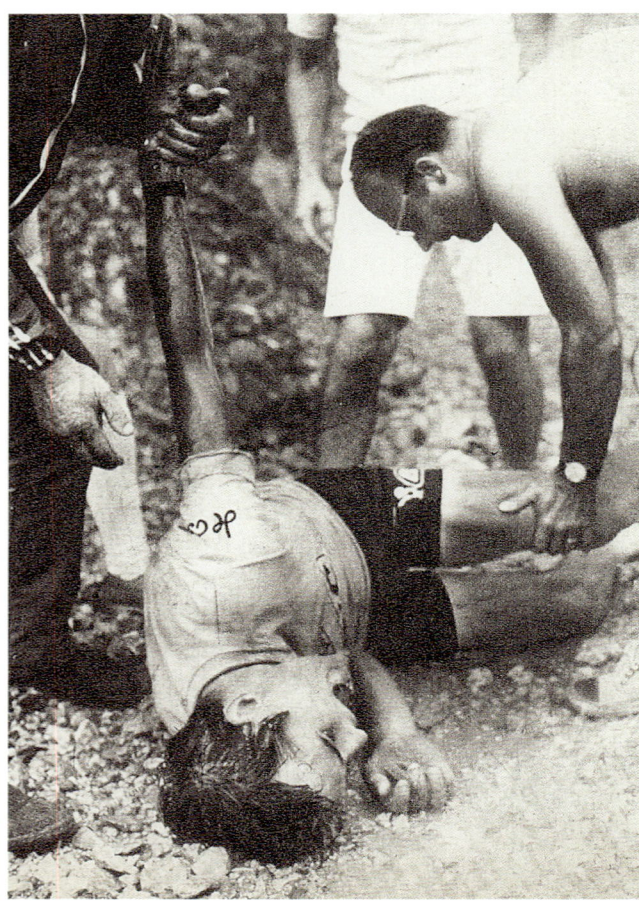

Das Schicksal wollte es anders. Unwetter am Col de Mente. Favoritensturz in Gelb. Der Spanier ein Häufchen Elend.

und der Rückstand bis Marseille auf gigantische 20 Minuten anwuchs, hatte Albani ihren Anschluss riskiert und Eddy beinahe um die Hälfte seiner Mannschaft gebracht. Ein Opfer Eddy Merckx' wurde an diesem Tage auch ARD-Radioreporter Günther Isenbügel. Der geschätzte Kollege traf uns bereits wieder am Parkplatz und fragte ahnungslos: »Wann kommen denn die Säcke?« Dass schon alles vorbei war, konnte einen Isenbügel allerdings nicht aus der Ruhe bringen. Mit unserem handgeschriebenen Resultatszettel in der Hand setzte er das Nagra-Tonband in Bewegung und begann mit seiner sonoren Stimme »Bitte schneiden, bitte schneiden ... Unter dem blauen Himmel am Alten Hafen von Marseille sehe ich die Spitzengruppe heranpreschen ...« Ja, Isenbügel, das war die alte Schule, die Kunst, auch aus Nichts eine packende Live-Reportage zu machen.

Die dramatischsten und entscheidenden Phasen der Tour '71 erlebte ich zusammen mit meinem Kollegen Christian Posselt – Debüt einer langjährigen Tour-Partnerschaft – im geparkten Dienstwagen. Wir hatten auf dieser 14. Etappe von Revel nach Luchon der Stimme von Radio Tour gehorcht, die eindringlich alle Begleitfahrzeuge aufgefordert hatte, am Col de Menté aus Sicherheitsgründen weit vorauszufahren. Da war es noch trocken gewesen. Als dann Eddy Merckx, der tags zuvor im Einzelzeitfahren nur elf winzige Sekunden auf Ocaña gutgemacht hatte (»Das französische Fernsehen hat ihn bevorteilt!«), das Tempo immer höher trieb und Ocaña wie eine Klette an ihm hängen blieb, wurde aus Hitze plötzlich Kühle und der Himmel schwarz. Zuerst nur Regen. »Merckx-Wetter«, frohlockte Driessens im Molteni-Mannschaftswagen. In der Abfahrt des Menté dann ein regelrechtes Unwetter. Es hagelte. Radio Tour brüllt »Sturz Merckx, Sturz Ocaña!« Kurze Pause. »Sturz Zoetemelk, fällt auf Ocaña.« Sekunden später – »Doktor Judot dringend kommen!« Was beinahe wie das dramatische SOS der Titanic klang, ließ sich später so analysieren: Merckx fuhr trotz des Wolkenbruchs mit vollem Risiko, Ocaña, direkt hinter ihm, über seine Verhältnisse. Während Merckx nur leicht stürzt und sich das Knie aufschlägt, haut es den Spanier voll auf den Asphalt. Sekunden später stürzt Zoetemelk über ihn und rammt ihm dabei den Lenker auf den Brustkorb. Ocaña kollabiert, verliert kurz das Bewusstsein. Chaos. Selbst Tour-Direktor Goddet springt in seinen Bermudashorts auf die Straße und kann doch nichts mehr retten. Bestürzt vernehmen alle: »Abandon, le Maillot jaune, Luis Ocaña«. Das Gelbe Trikot aus dem Rennen, und viele der Spanier, freudestrahlend, erwartungsvoll am Straßenrand – die Tour fährt im trockenen Tal von Aran 20 Kilometer auf spanischem Territorium – wissen noch gar nicht, dass ihr Landsmann k.o. gegangen ist. Ein anderer Spanier, José Manuel Fuente gewinnt diese Wasserfall-Etappe. Wen interessierts. Eddy Merckx weist empört das Gelbe Trikot zurück, in das man ihn – welche Taktlosigkeit! – zwängen

Eddy und das Maßband ... Der Perfektionist schraubte sogar bei Tempo 80 am Sattel. Interessierte Kiebitze hier: Schwiegervater Accou und ZDF-Kollege Norbert Thielmann.

Lucien Berghmans, belgischer Kollege und Freund, besucht den Pechvogel Ocaña. 1973 hat der Spanier endlich Glück und gewinnt.

61

Relaxen am Ruhetag. Zu Merckx' Zeiten durften Journalisten den großen Eddy sogar auf seinem Zimmer besuchen ...

58. Tour de France 1971

3 608 km – 20 Etappen – 2 Ruhetage – 13 Mannschaften – 130 Fahrer – 94 am Ziel

1. Eddy Merckx (Molteni) 96 h 45'14"
   Durchschnittsgeschwindigkeit = 32 290 km/h
2. J. Zoetemelk (Mars-Flandria) 9'05" und zurück
3. L. Van Impe (Sonolor) 11'06"
4. B. Thévenet (Peugeot) 14'50"
5. J. Agostinho (Hoover-de Gribaldy) 21'00"
6. L. Mortensen (BIC) 21'38"
7. C. Guimard (Fagor-Mercier) 22'58" ...
22. J. Schleck (BIC) ...
71. R. Wolfshohl (Fagor-Mercier) ...
94. und Letzter G. Chappe (Fagor-Mercier)
   3 h 04'54"

Grünes Trikot und Kombination: E. Merckx,
Bergkönig: L. Van Impe

will. »Sagt mir lieber, wie es Ocaña geht«, schnauzt er. Gottlob hat der Spanier nichts gebrochen und auch keine allzu ernsthaften Verletzungen. Natürlich, Trost ist unmöglich. Aber auch der sensible Merckx muss sich Tränen trocknen und sagt: »Diese Rundfahrt interessiert mich nicht mehr.« Trotzdem, die Tour geht weiter. Es bedarf aber groteskerweise eines Jurybeschlusses, damit Merckx auf der folgenden Etappe das Gelbe Trikot noch nicht tragen muss. Bis Paris demonstriert der Belgier dann noch zweimal seine ungebrochene Klasse, in Bordeaux und im 54-Kilometer-Zeitfahren von Versailles. Die Frage aber, ob er seine sieben Minuten Rückstand auf Ocaña auch unter normalen Umständen hätte wettmachen können, ist sogar heute noch ein Reizthema an den Radsportstammtischen. Einig sind wir uns indes allemal: Nichts war bei einem Merckx unmöglich. Aus dieser Kenntnis widmete L'Équipe 1971 König Eddy für seinen dritten Toursieg ohne Einschränkung die Schlagzeile »Paris krönt einen Giganten«.

1972: Le patron, c'est moi

Der Chef bin ich. Darüber ließ Merckx vom ersten Tage an keine Zweifel aufkommen. Nach dem »Geschenk« des Vorjahres ging es um sein Prestige. Aber weder Ocaña noch Gimondi, Poulidor, Thévenet, Van Impe oder Zoetemelk konnten die Souveränität des Belgiers erschüttern. Selbst als ihm der Bretone Guimard für ein paar Tage das Gelbe Trikot abgenommen hatte, zeigte sich Merckx nicht beunruhigt. Unterstützt wiederum von einer starken Mannschaft, holte er sich die Führung auf der 8. Etappe, dem Pyrenäenklassiker Pau–Luchon, endgültig zurück. Er baute sie in den Alpen aus und setzte beim Zeitfahren in Versailles mit seinem siebten (!) Etappensieg den Schlussakkord. Der Pechvogel des Vorjahres Luis Ocaña scheiterte erneut, diesmal an einer Bronchitis nach der 15. Etappe (Aix-les-Bains–Mont Revard). Doch zuvor hatte sich der Spanier an Merckx – diesmal auch in Orcières-Merlettes – die Zähne ausgebissen. Sehr bedauert wurde die Aufgabe des Franzosen Cyrille Guimard. Zwei Tage vor Paris

Wer hat hier die schönsten Beine? Ganz sicherlich Lucien Van Impe! Belgiens sympathischer Klettermaxe war sechsmal ein wahrer König der Berge (1971-72-75-77-81-83) und gewann 1976 sogar die Tour.

59. Tour de France 1972

3 846 km – 20 Etappen – 2 Ruhetage – 12 Mannschaften – 132 Fahrer – 88 am Ziel

  1. E. Merckx (Molteni) 108 h 17'18"
  2. F. Gimondi (Salvarani) 10'41" zurück
  3. R. Poulidor (GAN-Mercier) 11'34"
  4. L. Van Impe (Sonolor) 16'45"
  5. J. Zoetemelk (Flandria) 19'09" ...
20. K.-H. Kunde ...
24. R. Wolfshohl (beide ROKADO) ...
30. J. Schleck (BIC) ...
45. J. Tschan (Peugeot) ...
52. K. H. Muddemann ...
63. W. Peffgen (beide ROKADO) ...
88. und Letzter A. Bellouis (Gitane) 4 h 03'33" Rückstand

Aufgabe wegen Krankheit H. Junkermann (ROKADO), 13. Etappe
Grünes Trikot: Eddy Merckx
Bergkönig: L. Van Impe

musste er als Zweiter der Gesamtwertung und Träger des Grünen Trikots wegen eines entzündeten Knies aufgeben.

Guimard, der einen seiner vier Etappensiege von Merckx, weil dieser zu früh die Arme hochriss, »geschenkt« bekommen hatte, erhielt am Schlusstag vom nunmehr viermaligen Toursieger großzügig noch einmal ein Präsent – ein Grünes Trikot. Menschliche Geste – typisch Merckx und Trostpflaster zugleich.

Wichtig anzumerken ist, dass bei der 59. Tour de France mit dem Dortmunder ROKADO-Rennstall zum ersten Mal eine deutsche Markenmannschaft am Start war. Ihr Sportlicher Leiter: Meistermacher Guillaume Driessens.

1974: Nr. 5 – Eddy wie Maître Jacques

Der Herrscher des Radsports startet zum fünften Mal und gewinnt zum fünften Mal. Merckx erreicht damit den Rekord von Maître Jacques Anquetil, der 1957/61/62/63/64 die Tour beherrscht hatte. Zehn Jahre nach dem Normannen vergleicht man Eddys Nr. 5 mit dem Stil des Franzosen – besonnen, kalkuliert, ein bisschen mit dem »Rechenschieber«. So ganz verkehrt ist das nicht. Nach einem strapaziösen Vorprogramm mit Giro d'Italia und Tour de Suisse – beide siegreich beendet – und mit einer Mannschaft, die nicht die Qualität früherer Teams hatte, war Merckx gezwungen, rationeller zu fahren. Also setzte er seine Kräfte gezielt ein und blieb *supérieur*, ohne diesmal ein großer Sieger gewesen zu sein. Er richtete seine Taktik am Gegner aus, hatte nicht mehr den unerbitt-

1974 am Mont Ventoux: Noch einmal Eddy Merckx und immer noch Raymond Poulidor. Der Belgier feiert den 5. Triumph in Gelb; und Poupou bleibt bis zum Podium am Hinterrad: Zweiter mit 38 Jahren!

lichen Drang des Kannibalen und gewann dennoch acht von 22 Etappen. Dass die Veranstalterzeitung L'Équipe am Montag nach dem Finale ihre Titelseite mit der Überschrift »Poulidor – der Kronprinz von Merckx« versah, war zwar ein großes Lob für den Franzosen, der mit 38 Jahren noch einmal Zweiter geworden war, zugleich aber eine symbolische Ohrfeige für die anderen, jüngeren Konkurrenten. Ob Goddet oder Anquetil – sie kritisierten, dass man Merckx die Kontrolle überlassen habe, anstatt ihn zu attackieren. Für Eddy aber gab es noch ein geradezu lyrisches Lob. Man nannte ihn einen »Michelangelo, der die Fresken des Radsports mit den Pedalen malt«. So ein Wandgemälde à la Merckx hatte der Vélo-Angelo noch am vorletzten Tag abgeliefert. Als sich auf der Etappe Vouvry–Orléans (112 km) die schnellen Männer wie Sercu, Karstens oder Hoban bereits für eine Sprintankunft rüsteten, kam ihnen Gelb-Eddy zuvor. Nur zwölf Kilometer vor dem Ziel brach er aus, und keiner konnte ihn zurückholen. Karstens fehlten ganze 20 Meter ... Merckx erreichte das Ziel 1'25" vor dem gehörnten Feld und konnte sich zusätzlich ins Buch der Rekorde eintragen. Mit 48,532 km/h hatte er die

schnellste Etappe aller Zeiten gewonnen. Knapp 30 Jahre danach hält sich diese Leistung in der ewigen Bestenliste noch immer auf einem sechsten Rang.

61. Tour de France 1974

4 098 km – 22 Etappen – 13 Mannschaften – 130 Fahrer – 105 am Ziel.

1. E. Merckx (Molteni) 116 h 16'58"; Durchschnitt= 35,661 km/h
2. R. Poulidor (GAN Mercier) 8'04" zurück
3. V. Lopez-Carill (KAS) 8'09"
4. W. Panizza (Brooklyn) 10'59"
5. G. Aja (KAS) 11'24"
6. J. Agostinho (BIC) 14'24"...
18. L. Van Impe (Sonolor) 27'35"...
105. und Letzter L. Alaimo (Frisol) 3h 56'46" Rückstand

Ausgeschieden u.a. Thévenet (Peugeot) 11. Etappe, Guimard (Flandria) 20. Etappe
Grünes Trikot: P. Sercu (Brooklyn),
Bergwertung: D. Perurena (KAS)
Kombination: E. Merckx

Was ergibt den perfekten Champion?
Man nehme die Beine von Merckx, den Kopf von Merckx, die Muskeln von Merckx, das Herz von Merckx und die Siegeswut von Merckx.
Rezept nach J. Anquetil

1975: Auch in der Niederlage ein Sieger

Ein Jung-Kolumnist Namens Anquetil hatte den Lesern von L'Équipe zu Beginn der 62. Tour zielsicher seine Ergebniserwartung für Paris genannt: 1. Merckx, 2. Thévenet, 3. Zoetemelk. Nicht unbedingt im Sinne der Franzosen, aber von hoher Wahrscheinlichkeit. Diese Einschätzung wurde vom jüngsten »Ritter der französischen Ehrenlegion« – man hatte Merckx diesen Titel vor dem Start im belgischen Charleroi verliehen – zwei Wochen lang auch bestätigt. Chevalier Eddy hatte zwar fünf Tage gebraucht, um dem Prologsieger und Tour-Neuling Francesco Moser die Kleinigkeit von zwei Sekunden Vorsprung abzujagen; aber an der Atlantikküste, am Sitz des damaligen Tour-Hauptsponsors Merlin, kleidete sich Merckx nach einem 16 km-Zeitfahren dann standesgemäß ein. Unmittelbar nach den Pyrenäen, in Auch, gewinnt er die zweite, gut doppelt so lange Prüfung gegen die Uhr. Sein 34. – und letzter – Etappensieg. Der Belgier vergrößert seinen Vorsprung und nimmt ihn über den giftigen Col du Soulor bis nach Pau mit. Nach dem Tourmalet melden sich zum ersten Mal eindrucksvoll die Kronprinzen: Zoetemelk, Thévenet und Landsmann Van Impe gewinnen in St. Lary das Gipfeltreffen vor dem Gelben Trikot. Aber trotzdem stimmt schon jetzt – wenn auch nur bei einer Zwischenbilanz – die Platzwette des »Propheten« Anquetil: 1. Merckx, 2. Thévenet (1'31" zurück), 3. Zoetemelk (3'53"). Drei Tage später auf der 14. Etappe zum Puy de Dôme, dem grün überzogenen Vulkanberg der Auvergne, bemerkt »Nanard« Thévenet fünf Kilometer vor dem Gipfel bei Merckx eine verräterische Müdigkeit. Instinktiv greift der Franzose sofort an, früher, als es mit seinem Sportlichen Leiter De Muer abgesprochen war. Lucien Van Impe kann dem Antritt folgen, Eddy nicht, »weil ich immer deutlicher spüre, dass ich meine Form Ende Mai noch einmal neu aufbauen muss.« – Er hatte eine schwere Angina und deswegen auch auf den Giro verzichtet. – Bergkönig Van Impe gewinnt die Etappe und Animator Thévenet wird 15 Sekunden zurück Zweiter. Als Merckx in der schmalen Gasse der Begeisterung noch 150 Meter zu kämpfen hat, trifft ihn von der Seite ein Faustschlag in die Leber. Er wankt, aber fällt nicht und schleppt sich ins Ziel. Der französische Fanatiker – man sah seinen Schlag auch im Fernsehen – wird festgenommen und von Merckx identifiziert. Aufregung und Bedauern über den Zwischenfall sind groß; größer aber der Schock und die Schmerzen beim Träger des Gelben Trikots, der von Tour-Arzt Miserez mit Medikamenten behandelt und auch am anderen Tag während des Flugtransfers nach Nizza betreut wird. Seine Zeitreserve beträgt nach der 14. Etappe nur noch 58 Sekunden.

217 Kilometer lang ist der nächste Tagesabschnitt von Nizza nach Pra Loup. Vor dem Schlussanstieg sind in Seealpen und Hochprovence bereits vier Gipfel zu bewältigen.

1975: Eddy Merckx körperlich und moralisch angeschlagen nach dem Leberhaken eines Zuschauers kurz vor der Bergankunft am Puy du Dome. Einen Tag später verliert er das Gelbe Trikot.

Merckx fährt wie in seinen besten Tagen, überquert den Col d'Allos (2250 m) vor Thévenet, Gimondi, Zoetemelk. Die 16 Kilometer lange Abfahrt mit 1 000 Höhenmetern gestaltet der wieder erwachte Kannibale für Verfolger und Begleiter zu einer Horrorjagd. Bis ins Tal – Beginn des 6 500 Meter langen Schlussanstiegs – haben Gimondi 30 Sekunden, Thévenet, Zoetemelk und Van Impe sogar 1'10" auf den Tollkühnen eingebüßt.

La France en fête! Frankreich feiert am 14. Juli den Jahrestag der Revolution von 1789 und 1975 zugleich auch das Gelbe Trikot von Bernard Thévenet. Der spätere Sieger empfängt in Barcelonnette die Glückwünsche des dreifachen Tour-Gewinners Louis Bobet (1953-54-55).

Hinter diesen fünf lässt Jaques Goddet bei Tempo 90 den Molteni-Mannschaftswagen nicht passieren. Der *Directeur* herrscht über den Tour-Funk Eddys Sportlichen Leiter Robert Lelangue an: »Mann, wir sind hier beim Radrennen und nicht bei einer Höllenfahrt!« Aber beinahe hätte ich an jenem Sonntag eine »Himmelfahrt« für die Zuschauer der ZDF-Sportreportage kommentieren müssen.

Plötzlich, völlig unmotiviert, wilde Hubschrauberbilder auf dem Monitor. Die Kamera sucht und sucht, entdeckt schließlich einen fast 100 Meter tief abgestürzten Mannschaftswagen. Entsetzt versucht man zu ergründen, wer die Verunglückten sind. Nicht einmal der allzeit informationsbevorzugte französische Kollege Chapatte weiß es. Dafür der Italiener. »Macchina Bianchi con Ferretti!«, schmettert Adriano De Zan mit Tremolo in sein Micròfono.

Ja, es ist der Bianchi-Mannschaftswagen mit Giancarlo Ferretti, dem Sportlichen Leiter von Gimondi, der da auf dem Dach in den Latschenkiefern des Abhangs hängt. Vermutlich zu riskant gefahren. Exakte Informationen über das Geschehene kann ein Reporter in dieser auch für die Rennleitung extremen Situation nicht verlangen, dafür hofft er mit den Zuschauern, dass die Betroffenen einen Schutzengel hatten. So war es auch – ein Beinbruch des Mechanikers, Kopfplatzwunden beim Sportlichen Leiter. Mehr nicht!

Nach dem Chaos hinter den Spitzenfahrern herrscht ein Gleiches auf dem Bildschirm. Im Anstieg nach Pra Loup ist nur noch einer zu sehen, Thévenet. Folglich muss Merckx vom Franzosen überholt worden sein. Nein, das passiert erst zweieinhalb Kilometer vor dem Ziel. Der Belgier bricht völlig ein. Nun aber, liebe Zuschauer, ist Thévenet Spitzenreiter! Denkste, Herr Reporter. Denn jetzt schwenkt die Motorradkamera, die einzige, die damals vor 30 Jahren im Einsatz war, nach vorn und fängt Felice Gimondi ein. Der Signore hatte – was die etwas chauvinistische französische Bildregie nicht zeigte – Spitzenreiter Merckx im Anstieg nach Pra Loup als Erster überholt. Das Gleiche muss sich der Italiener nun vom Franzosen gefallen lassen. Dem wird dafür euphorisch gedankt. »Thévenet stürmt die Bastille«. Passend zum französischen Nationalfeiertag: Etappensieg in Pra Loup und neuer Träger des Gelben Trikots. Der Umjubelte hat genau 1'56" vor Merckx das Ziel erreicht und aus einem Minus von 58 Sekunden zu Beginn des Tages ein großes Plus gemacht. Als E. M. an jenem 13. Juli 1975 in Pra Loup das *Maillot jaune* ausziehen musste, das er insgesamt 111 Tage getragen hatte, dachte wohl kaum einer, dass er das Symbol des Henri Desgrange nie wieder erobern würde.

Am darauffolgenden französischen Nationalfeiertag weist der neue Regent der Tour seinen Vorgänger erneut in die Schranken. Mit 2'22" Vorsprung beendet Thévenet seinen Alleingang über das »Dach der Tour«, den 2 361 Meter hohen Col d'Izoard. Merckx als Zweiter hinter ihm beklagt, dass einige seiner Begleiter, allen voran Zoetemelk, wohl Komplizen des Franzosen seien; sonst hätten sie ihn bei der Verfolgung des Spitzenreiters unterstützt. War das vielleicht ein bisschen Vergeltung für die lange,

unerbittliche Herrschaft des Merckx? Zoetemelks Reaktion ist kein direktes Nein: »Warum sollte ich mit Eddy fahren? Er hat doch schon fünfmal gewonnen. Nun soll es ruhig mal ein anderer sein ...«

Die letzte Chance, das Blatt zu wenden, Thévenets auf 3'20" ausgebauten Vorsprung doch noch aufzuholen, soll für Merckx die Alpenetappe nach Morzine-Avoriaz sein. Doch auch in Frankreich scheint die »Ein Unglück kommt selten allein«-Regel Gültigkeit zu haben: Der Belgier stürzt! Nicht etwa im Rennen; nein, auf der neutralisierten Fahrt zum *Départ réel*, dem offiziellen Start, berühren sich die Räder von Merckx und des Dänen Ole Ritter. Ohne sich abfangen zu können, fällt Eddy auf die linke Gesichtshälfte. Er bricht sich dabei Oberkiefer und Jochbein. Das weiß der Pechvogel aber erst am Abend nach dem Röntgen. Entgegen dem Rat der Ärzte fährt Merckx die Etappe. Er blutet im Mund, hat Schmerzen im Gesicht; eine Spritze lehnt er ab, bekommt aber mehrmals Medikamente. »Eigentlich hätte er davon einschlafen können, so stark waren sie«, sagt Dr. Lemage der Presse. »Ein ungewöhnlicher Mensch, der sich über die Gesetze der Wissenschaft hinwegsetzt.« Und der trotz erheblicher Schmerzen den Versuch macht, Thévenet noch zu stürzen. Sowohl am Col de Madeleine als auch am Columbière musste der Franzose die eigenen und andere (!) Helfer einsetzen, um den unbeugsamen Champion bei zwei Ausreißversuchen zu stoppen. Erst in Morzine und tags darauf nach dem

Merckx, der unbeugsame Champion. Sogar mit gebrochenem Jochbein und Backenknochen greift er 1975 Thévenet noch an.

Aus der Domäne Mont Redon (im Hintergrund der Ventoux) ein edler Chateauneuf-du-Pape für Eddy aus seinem Geburtsjahr 1945.

Der »Paysan«, der Junge vom Lande, Bernard Thévenet, 1975 und '77 in Gelb nach Paris. Heute ist »Nana« Fernseh-Kommentator.

letzten Zeitfahren ist der »verwundete Adler« (Zitat Jacques Goddet) endgültig besiegt.

Merckx fällt das Essen schwer, er könnte aber aus dem nahen Genf leicht aufnehmbare Astronautennahrung bekommen, informiert mich ein Freund, der Arzt ist. Das Rad-Idol hat am Ruhetag deren drei um sich. Ehefrau Claudine will ihn zum Aufgeben bewegen. Doch Eddy trotzt: »Ich muss für meine Mannschaft nach Paris. Sie hat sich für mich geschunden und verliert, wenn ich aufgebe, viel Geld.« Moralische Unterstützung erhält der Angeschlagene telegraphisch von Belgiens Ministerpräsident Léo Tindemans sowie von Tausenden Landsleuten, die ihn bis Paris mit guten Wünschen überschütten.

Einen »Moralmacher« erhält Freund Eddy auch von mir, ein verspätetes kleines Geburtstagsgeschenk zu seinem Dreißigsten, den er am 17. Juni bei der Tour de Suisse gefeiert hat. Es ist eine Flasche Rotwein aus meiner Lieblingsdomäne »Mont Redon« in Chateauneuf du Pape, Jahrgang 1945. Als ich beim Kauf des Edelgewächses aus Eddys Geburtsjahr den Besitzer des Weingutes nach dem Preis frage, winkt er lachend ab: »Monsieur Journaliste, für sie unbezahlbar ... aber ich schätze Ihren Freund Merckx ebenfalls, also nehmen Sie die Flasche. Bonne chance für ihn!« Vielleicht habe ich die guten Wünsche aus Chateauneuf-du-Pape etwas spät überbracht; aber an diesem

schwarzen Tag haben sie dem Empfänger sichtbar gut getan. In Paris huldigt man natürlich dem Sieger Bernard Thévenet, dem stets freundlichen Landwirtssohn aus der Bourgogne. Auf den Champs-Élysées, wo die Tour zum ersten Mal endet und Walter Godefroot eindrucksvoll die letzte Etappe gewinnt, empfängt auch Eddy Merckx die Glückwünsche von Frankreichs Staatspräsident Giscard d'Estaing für sein ritterliches Verhalten. Ob der Leberhaken vom Puy de Dôme den sechsten Sieg des Belgiers verhindert hat? Merckx behauptet ja. »So konstant und eindrucksvoll Thévenet auch gefahren ist, ich hätte ihn bezwungen. Trotzdem ist er ein sehr guter Gewinner.« Zwei Jahre später kam Merckx noch einmal zurück in die Tour. Erneut gewann Thévenet; bei Merckx spürte man nun deutlich die Strapazen des jahrelangen Pensums von 180 Renntagen. Er verabschiedete sich mit einem ehrenvollen sechsten Rang, einen Platz hinter dem Frankfurter Dietrich Thurau, der damals verhieß, ein ähnlicher Stern wie Merckx am Radsporthimmel zu werden, aber dann nur eine Sternschnuppe geblieben ist. Doch das ist eine andere Geschichte.

62. Tour de France 1975

4000 km – 22. Etappen – 14 Mannschaften –
140 Fahrer – 86 am Ziel

1. B. Thévenet (Peugeot) 114 h 35'31", Durchschnitt = 34,906 km/h
2. E. Merckx (Molteni) 2'47" zurück
3. L. Van Impe (Gitane) 5'01"
4. J. Zoetemelk (GAN-Mercier) 6'42"
5. V. Lopez-Carril (KAS) 19'29"
6. F. Gimondi (Bianchi) 23'05"
7. F. Moser (Filotex) 24'13"
8. J. Fuchs (Filotex) 25'51" ...
11. H. Kuiper (Frisol) 40'45" ...
19. R. Poulidor (GAN-Mercier) 58'57" ...
86. und Letzter J. Boulas (Jobo-Wolber) 3 h 31'21"

Aufgabe u.a. L. Ocaña (Super Ser) 13. Etappe wegen Verletzung

Grünes Trikot: R. Van Linden (Bianchi)
Bergkönig: L. Van Impe (Gitane)

Bernard Hinault:
Die Jahre des Dachses

In der Galerie der Größten des Radsports hat Bernard Hinault zweifellos einen Platz neben Italiens Campionissimo Fausto Coppi, seinem französischen Landsmann »Maître« Jacques Anquetil und Belgiens »Kannibalen« Eddy Merckx. Ihn allerdings mit seinen Vorgängern zu vergleichen, um herauszufinden, wer nun wirklich der Allergrößte war, ist objektiv unmöglich. Auch Hinault hat das abgelehnt: »Ich bin ich, Hinault. Kein Champion ist vergleichbar mit dem einer anderen Epoche.«

So sträubte er sich auch, »der zweite Kannibale« genannt zu werden. »Ich will nicht wie Eddy Merckx alles erobern«, wehrte er ab, »sondern ich stecke mir für jedes Jahr immer nur ein paar Ziele.« Aber das, was Hinault sich vornahm, erreichte er. Das war schon zu seinen Jugendzeiten so. »Mama, heute abend bringe ich dir Blumen mit.« Mit diesem Versprechen verabschiedete sich der 16-jährige Bernard, als er am 2. Mai 1971 zu seinem ersten Radrennen aufbrach. Madame Lucie Hinault musste lächeln, am Abend dann weinen vor Freude. Ihr Sohn brachte tatsächlich die Siegerblumen mit.

Bernard Hinault, geboren am 14. November 1954 in Quessoy-Yffiniac/Côte d'Armor nahe St. Brieuc, Sohn des Eisenbahnangestellten Joseph Hinault, gewann seine erste *course* sogar im Alleingang – immer knapp vor dem Feld her – »weil ich doch noch nicht so gut steuern konnte und zu ängstlich war, inmitten der Meute zu fahren.«

Aus der Masse hob sich Hinault schnell heraus. Der Mittelschulabsolvent, Tankwart-Assistent und Hilfsbriefträger, der ehemalige Crossläufer, der sich sein erstes Rennrad selbst verdient hatte, wurde bereits im zweiten Wettkampfjahr französischer Jugendmeister, nach dem vierten sogar schon Berufsfahrer. Monatsgage seinerzeit stolze 2 200 Französische Francs. Vom Herbst '74 datiert die erste Begegnung mit seinem Idol Eddy Merckx. Es war

Wenn listig, mutig, schelmisch Eigenschaften eines Dachses sind, dann hatte Hinault genau den richtigen Spitznamen: »Le Blaireau«.

ein Kriterium in Chateaulin. Der unbekannte »Unabhängige« aus der Bretagne gewann die erste Prämie, die zweite, die dritte ... dann kam der »Kannibale«, der gerade

Fünf Jahre Gelbes Trikot, fünf Jahre Führungspersönlichkeit im Peloton. Hinault bestimmte, bremste, protestierte.

Stark auf jedem Terrain. Das Grüne Trikot zu Beginn der Regentschaft (1979), das Bergtrikot am Ende (1986).

seine fünfte Tour de France gewonnen hatte, an die Spitze gefahren und sagte ebenso freundlich wie deutlich: »Bravo, mein Kleiner, aber nun gib dich zufrieden.« Doch einschüchtern ließ ein Bernard Hinault sich nie. Er hatte Mut, war offen und ehrlich – manchmal zum Schaden der eigenen Popularität. Er duldete keine Halbheiten; war ein Kämpfer, hartnäckig, aggressiv, selbstbewusst, mutig und schlau. Vielleicht entstand daraus sein Spitzname *Le Blaireau*, »der Dachs«. Zu den Charaktereigenschaften des Natur- und Tierliebhabers (»Wenn nicht Radprofi, so wäre ich gern Förster geworden.«) kamen die sportlichen. Hinault war, wie es in der Fachsprache heißt, ein kompletter Rennfahrer: ein guter Roller, ein ausgezeichneter Zeitfahrer, gut als Sprinter und überdurchschnittlich auch in den Bergen. Versehen auch mit taktischem Instinkt, brachte der Bretone diese Talente wie nur wenige Rennfahrer zur Entfaltung.

Wesentlichen Anteil an Hinaults Karriere hatte sein erster Trainer Robert Le Roux, ein ehemaliger Turnchampion, und danach Cyrille Guimard, sein Sportlicher Leiter von 1976 bis 83. Ebenfalls Bretone und nur sieben Jahre älter, führte der ehemalige Rennfahrer seinen Schützling behutsam-umsichtig, nie etwas überstürzend, an die großen Rennen heran, um ihn dort geschickt zu vielen Triumphen zu lenken.

In Belgien wollten die Merckxisten den jungen Franzosen anfangs nicht zur Kenntnis nehmen. So schrieb eine flämische Zeitung 1977 nach Hinaults erstem Sieg in einem großen Eintagesrennen, es war Gent-Wevelgem, wohl weil Merckx fehlte: »Im Reich der Blinden ist ein Einäugiger König geworden.« Als Hinault kurz darauf aber auch den Klassiker Lüttich–Bastogne–Lüttich für sich entschied, wendete sich das Blatt, lobte doch nun sogar Merckx: »Ich sehe eine ganz große Zukunft für ihn.« Noch im gleichen Jahr 1977 ging »der Dachs« erstmals in die Radgeschichte ein. Millionen Fernsehzuschauer sahen live, wie der Bretone beim Etappenrennen Dauphiné Liberé in der Abfahrt vom Col de Porte eine Kurve verfehlte und über sie hinaus in den Abgrund stürzte; wie er im rettenden Gestrüpp landete und blutend, zerschunden auf die Straße zurückkletterte, um die Fahrt siegreich fortzusetzen. Hinault damals und später: »Jeder Sieg ist das Resultat einer Herausforderung. Um etwas Großes zu erreichen, muss man Opfer bringen.« So gesehen konnte er es sich sehr bald leisten, Kritik an seinen jungen französischen Kollegen zu üben und zu sagen: »Sie haben Talent, aber wenig Charakter.«

Erst nach vier Jahren Profilehre ließ Guimard seinen Schützling 1978 in der Tour de France starten. Debütant Hinault, er war noch 23, gewann die Große Schleife auf

Anhieb; mit der Startnummer 51 übrigens, die zuvor auch Merckx und Thévenet bei ihren ersten Tour-Siegen getragen hatten.

Mindestens genauso beeindruckend wie sein Erfolg – der erste von insgesamt fünf – und seine Äußerung bei einem Interview in Paris »zuerst bin ich Bretone, dann Franzose...«, war Hinaults Haltung bei einem Fahrerstreik in besagter Tour gewesen. Zu Fuß marschierte er im Trikot des französischen Meisters an jenem 12. Juli 1978 mit seinen Kollegen über die Ziellinie der 12. Etappe im südwestlichen Valence-d'Agen. Ich kann mich daran gut erinnern. Es war einer der wenigen ZDF-Sendetage, und die Fahrer kamen und kamen nicht. Bummelstreik wegen unzumutbarer Arbeitsbedingungen. Protest gegen zu große Überbrückungsstrecken und zu geringe Erho-

Etappensieger Hinault – insgesamt 28-mal. Die Hälfte davon im Zeitfahren. Nur Eddy Merckx gewann noch mehr: 34 Etappen.

Für ein Autogramm des Toursiegers kann man schon mal den Herd des Bahnhof-Restaurants verlassen. Bernard Hinault nach einem Zug-Transfer.

lungszeiten. Die Übertragung fiel aus. Etappe annulliert. Unvergessen, wie der erregte Bürgermeister den vermeintlichen Rädelsführer Hinault attackierte. »Monsieur, Sie sind des Trikots der Trikolore nicht würdig«, schäumte das Stadtoberhaupt, das sich erst etwas beruhigte, nachdem Félix Lévitan mit einem baldigen, erneuten und »gebührenfreien« Tourbesuch in Agen Wiedergutmachung versprochen hatte. Sogar Hinaults Vater Joseph empfand damals – bis zu einem klärenden Familiengespräch – die Haltung seines Sohnes als Schande.

Seine stärkste Tour – alle Beurteilung ist subjektiv – fuhr Hinault 1979. Mit seinen sieben Etappensiegen erinnerte er stark an die Ära Merckx, und mit vier dominierten Einzelzeitfahren an die Epoche des »Chrono-Maître« Anquetil.

Wie sehr er sich quälen und überwinden konnte, dieser *Monsieur 1 000 Volt* des *Vélo*, erlebte die Radsportwelt im April 1980: Lüttich–Bastogne–Lüttich, der gefürchtete Ardennenklassiker bei schlimmstem Wetter. Zuerst Regen und Wind; dann Kälte, Schnee und sogar Eis. Von 174 Fahrern erreichten nur 21 das Ziel. Hinault zeigt das imponierendste Solo seiner Laufbahn. 80 Kilometer Allein-

Aha, schwarzes Dessous unter gelbem Trikot! Übrigens, Stecknadeln haben ausgedient. Die Startnummern werden mittlerweile aufgeklebt.

fahrt, Sieger mit neun Minuten Vorsprung! Vermummt und vereist wie ein Polarforscher hebt man ihn vom Rad. Der 25-jährige Bretone hatte sich bei diesen unmenschlichen Bedingungen einen Finger der rechten Hand erfroren und sich möglicherweise noch einen anderen Knacks geholt. Fortan quälte ihn eine immer wiederkehrende Entzündung im linken Knie, so schmerzhaft, dass er wenige Monate später im Gelben Trikot die Tour aufgeben musste.

Diese »Flucht durch die Hintertür« schlug 1980 bei allen Tourbegleitern spät abends in Pau wie ein Blitz ein. Hinault hatte um 20 Uhr nach den Fernsehnachrichten mit Raymond Poulidor noch die Gewinnzahlen des französischen Mittwochslotto gezogen. Wir unsererseits saßen nach einer Forelle mit Mandeln und *Crème caramel* im kleinen, gemütlichen Hotel »L'Horizon« beim obligaten *Café-cognac* und fachsimpelten mit Kollegen von Agence France Press und Telephonisten aus dem Pressebüro, als so gegen 22 Uhr 30 die Patronin hereinplatzte und ziemlich schrill verkündete »Hinault abandonné!« Diese zwei Worte wirkten wie eine kalte Dusche. Die Agentur-Journalisten stürmten zum Telefon, und auch die Jungs vom Telegrafenbüro wussten, es gibt nochmal Arbeit. Vorbei die Ruhe in unserer Oase am Rande der Stadt. Was war passiert? Kurz nach 22 Uhr hatten Hinault und sein Sport-

licher Leiter Guimard im Hotel »Continental« die Herren Direktoren Goddet und Lévitan – sie saßen noch beim Diner – informiert, dass sein seit langem entzündetes Knie nunmehr endgültig die Fortsetzung der Tour verbiete. Während Tour-Vater Goddet die Form des nächtlichen Abgangs in seinem *Éditorial*, dem Leitartikel, als *Coup de théâtre* kritisierte, war der ansonsten kühle Lévitan doch bewegt von den Abschiedstränen des Bernard Hinault. Es stand außer Frage, die Beweggründe seines Ausscheidens nicht zu akzeptieren; es war nur der Stil des *Blaireau*, der kritisiert wurde.

Sechs Wochen nach jener Nacht des 9. Juli von Pau meldete sich Hinault zurück wie Phönix aus der Asche und wurde Weltmeister. In Sallanches, auf einem schweren Bergparcours in den Hochsavoyer Alpen, zermürbte der wieder genesene die Konkurrenz durch ein unbarmherzig hohes Tempo so lange, bis er allein an der Spitze lag und die letzte Rennrunde schon zu einer Ehrenrunde wurde. Hinaults Laufbahn komplett wiederzugeben hieße, ein Buch zu schreiben. Deshalb weitere Stationen im Zeitraffer.

1982 gelingt ihm das Double, Giro und Tour in einem Jahr zu gewinnen. Nur Coppi, Anquetil und Merckx haben das vor ihm fertig gebracht. Das Tandem Guimard-Hinault zeigt Verschleißerscheinungen. Verschleiß körperlicher Art erneut 1983. Es quält ihn wieder eine Knie-Sehnen-

1981: Bernard Hinault nach der Etappe Compiègne–Roubaix. Gelbes Trikot verteidigt, Hass auf Kopfsteinpflaster geblieben.

... das Bad in der Menge zu nehmen. Hinault, der stolze Bretone, der sich erst nach und nach in die Herzen aller Franzosen fuhr.

Achtmal Tour de France – 78 Tage im Gelben Trikot. Und trotzdem, immer wieder schön, die Momente des Stolzes und der Freude und ...

entzündung. Hinault gewinnt zwar die Vuelta; aber sie war »der schwerste Sieg meiner Laufbahn«. Es folgt im Spätsommer die unumgängliche Operation und bald die Trennung von Guimard und dem Renault-Rennstall. Von 1984 an und bis zum Ende seiner Laufbahn fährt der bis dahin viermalige Tourgewinner unter den Farben des Monsieur Tapie. Dieser Großindustrielle hat u. a. eine Ladenkette, die das gesunde Leben propagiert. Dafür zu werben, benutzt er fortan den Rennstall La Vie Claire. Hinault verpflichtet als Sportlichen Leiter und zugleich Trainer den Schweizer »Rad-Professor« Paul Köchli. Der ehe-

malige Amateurmeister plant und steuert das Programm per Computer. Erfolgreich! Und Hinault sieht seinen zweiten Platz bei der Tour '84 hinter Laurent Fignon nicht als Niederlage gegen seinen früheren Helfer an, sondern als persönlichen Sieg. »Die Rückkehr an meinen Platz« (Zitat Hinault) vollzieht sich 1985 noch eindrucksvoller. Zum zweiten Mal gelingt das Double Giro und Tour. Bei der Frankreichrundfahrt demonstriert der Bretone in alter Frische eiserne Härte und fanatischen Willen. Im Gelben Trikot stürzt er auf der Etappe nach St. Étienne schwer, erleidet einen doppelten Nasenbeinbruch und hält – mit dunklen Blutergüssen unter den Augen wie ein k.o. geschlagener Boxer aussehend – die Konkurrenz trotzdem in Schach. Mit enormer Moral und der Unterstützung seiner Mannschaft, allen voran des Amerikaners Greg LeMond, hat Hinault mit fünf Tour-de-France-Siegen nun zu Anquetil und Merckx aufgeschlossen.

Dem blonden Amerikaner mit den hellblauen Augen versprach Hinault zum Dank: »Greg, die nächste Tour gehört dir, ich werde dich voll unterstützen.« Es fiel dem »Dachs« nicht ganz leicht, zu seinem Wort zu stehen. So ging ihm auf der ersten Pyrenäenetappe das Temperament durch, und er eroberte das Gelbe Trikot, während LeMond sich unerwartet mit fünfeinhalb Minuten im Rückstand sah. Es gärte bei La Vie Claire. Das gesunde Innenleben der

Mannschaft war gestört; erst recht, als Hinault noch Öl ins Feuer goss und erklärte, er hätte durchaus noch Lust, zu gewinnen ... Und selbst, als sich LeMond am zweiten Pyrenäentag nach Superbagnères seinem Kapitän bis auf 40 Sekunden nähern konnte – oder durfte? – schien noch alles offen. Erst als der verstimmte Amerikaner auf der Alpenetappe nach Serre Chevalier die sportlichen Fronten eindrucksvoll geklärt und das Trikot übernommen hatte, stand Hitzkopf Hinault zu seinem Wort. Und am Ziel in Alpe d'Huez demonstrierten die Kampfhähne beim Doppelsieg dann händchenhaltend Harmonie. Sie währte bis auf die Champs-Élysées, wo Greg LeMond – durchaus nicht geschenkt – als erster amerikanischer Toursieger gefeiert wurde, und Hinault als ein Sieger über sich selbst.

Bizarr wie er manchmal war, erkärte *Le Blaireau* ein paar Wochen später nach seinem Sieg in der Colorado-Rundfahrt den Rücktritt. Ein Rücktritt ohne Wenn und Aber, ohne Abschiedstournee. »Ich habe alles, was ich wollte; ich bin zufrieden. Und sagte ich nicht schon im Herbst 1979, nach meinem zweiten Toursieg, dass ich meinen 32. Geburtstag bereits als Privatmann feiern würde?«

Es war eine prächtige Fete, diese »Les Adieux du Blaireau« am 9. November 1986 in seinem Wohnort Quessoy-Yffiniac. Tausende feierten, aus Paris

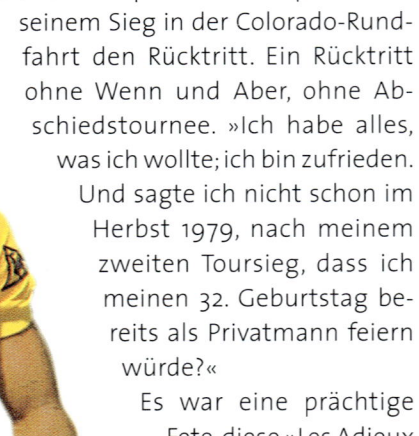

Ein klassisches Bernard-Hinault-Foto: Hoch motiviert, voll konzentriert, jederzeit kampfbereit.

kam ein Sonderzug. Hinault mischte sich unter die vielen Radtouristen, fuhr selbst noch ein Querfeldeinrennen mit und war beim Anschneiden einer riesigen Geburtstagstorte dann schon ganz Privatmann. Fortan wollte er viel Zeit haben für die Familie, für seine Frau und Jugendliebe Martine sowie seine beiden Söhne Alexandre und Mikael. Auch Zeit für die »bretonischen Sünden«, wie er seine Hobbys nannte – ein Pony, zwei Hunde und das Gewächshaus.

Natürlich war's das nicht. Hinault blieb aktiv, wurde Teilhaber einer Spielwarenfabrik, vermarktete seinen Namen bei einem befreundeten Fahrradfabrikanten und machte schließlich ein weiteres Hobby zum Hauptberuf, die Viehzucht. In Calorguen, einem Dorf nahe Dinan in der nördlichen Bretagne, hat der Radchampion ein 50 Hektar großes Anwesen mit etwa 130 Rindern. »Reine Fleischproduktion, das mit der Milch war unrentabel«, erklärt der *paysan*, der Bauer aus Leidenschaft. Das Futter baut Hinault selbst an, Gerste, Weizen, Mais. Und wie einst auf dem Rad schuftet der »Dachs« auch auf seiner Farm. »In den zwei Monaten, wo meine Kühe kalben, stehe ich nachts oft mehrfach auf, um die Geburten zu betreuen. Es gibt für mich nichts Schöneres, als ein zur Welt kommendes Kalb ... Ich kenne alle meine Tiere, manche sogar besser als früher die Gegner auf dem Rad ... Und ich sehe

Hinaults fünf Gelbe Trikots

1978 – 65. Tour de France – Startort Leiden – 3 908 km – 22 Etappen – 11 Mannschaften – 110 Fahrer – 78 am Ziel
1. B. Hinault (Renault-Gitane) 108 h 18'00", Durchschnitt = 36,084 km/h
2. J. Zoetemelk (Miko-Mercier) 3'56"
3. J. Agostinho (Velda-Flandria) 6'54"
4. J. Bruyère (C & A) 9'04"
5. Ch. Seznec (Miko-Mercier) 12'50" ...
35. Kl. P. Thaler (Raleigh) zwei Tage Gelbes Trikot ...
78. und Letzter Ph. Tesnière (FIAT La France) 3 h 52'26"
Grünes Trikot : F. Maertens (Velda Flandria)
Bergkönig: M. Martinez (Jobo – Superia)

1979 – 66. Tour de France – Startort Fleurance – 3 765 km – 24 Etappen – 15 Mannschaften – 150 Fahrer – 89 am Ziel
1. B. Hinault (Renault-Gitane) 103 h 6'50", Durchschnitt= 36,512 km/h
2. J. Zoetemelk (MikoMercier) 3'07"
3. J. Agostinho (Flandria) 26'53"
4. H. Kuiper (Peugeot) 28'02" ...
10. D. Thurau (Ijsboerke) 44'35" ...
89. und Letzter G. Schönbach (DAF) 4 h 19'21" zurück
Aufgaben: u. a. Jürgen Kraft (Teka) 2. Etappe
Grünes Trikot: B. Hinault
Bergkönig: G. Battaglin (Inoxpran)

1981 – 68. Tour de France – Startort Nizza – 3 758 km – 24 Etappen – 15 Mannschaften – 150 Fahrer – 121 am Ziel
1. B. Hinault (Renault) 96 h 19'38". Durchschnitt = 37,844 km/h
2. L. Van Impe (Boston-Mavic) 14'34"
3. R. Alban (La Redoute) 17'04"
4. J. Zoetemelk 18'21"
5. P. Winnen (Capri Sonne) 20'26" ...

49. Kl. P. Thaler (Puch-Wolber) ...
121. und Letzter F. Cueli (Teka) 4 h 29'45" zurück
Grünes Trikot: Freddy Maertens (Sunair)
Bergkönig: L. Van Impe (Boston-Mavic)

1982 – 69. Tour de France – Startort Basel – 3 507 km – 21 Etappen – 17 Mannschaften – 169 Fahrer – 1129 am Ziel
1. B. Hinault (Renault) 93 h 43'44". Durchschnitt = 37,458 km/h
2. J. Zoetemelk (Coop-Mercier) 6'21"
3. J. Van der Velde (TI-Raleigh) 8'59"
4. P. Winnen (Capri Sonne) 9'24"
5. Phil Anderson (Peugeot-Shell) 12'16"
6. B. Breu (Cilo Aufina) 13'21" ...
90. Kl. P. Thaler (Puch) ...
121. und Letzter W. Devos (Sunair) 3 h 04'44"
Aufgaben u. a. R. Dietzen, H. Neumayer (beide Puch) 2. Etappe, D. Thurau (Hoonved Bottecchia) 20. Etappe.
Grünes Trikot: S. Kelly (SEM)
Bergkönig: B. Vallet (La Redoute)

1985 – 72. Tour de France – Startort Plumelec – 4 109 km – 22 Etappen – 18 Mannschaften – 180 Fahrer – 144 am Ziel
1. B. Hinault (La Vie Claire) 113 h 24'23", Durchschnitt = 36,232 km/h
2. G. LeMond (La Vie Claire) 1'42"
3. St. Roche (La Redoute) 4'29"
4. S. Kelly (Skil) 6'26"
5. P. Anderson (Panasonic) 7'44"
6. P. Delgado (SEAT) 11'53"
7. L. Herrera (Café de Colombie) 12'53" ...
144. und Letzter M. Ronchiato (Santini) 4 h 13'48"
Ausschluss 10. Etappe: D. Thurau (Hitachi)
Grünes Trikot: S. Kelly (Skil)
Bergkönig: F. Parra (Café de Colombia)

ihnen sogar an, wenn sie traurig sind.« Der Stolz des Bauern Hinault sind seine Zuchtbullen. »Lino« beispielsweise, benannt nach einem ehemaligen Rennfahrerkollegen. »Dieser Nimmersatt wird jedes Jahr etwa 20-mal Vater«, lobt der stolze Besitzer. *Hors catégorie*, allerhöchste Kategorie, aber ist »Indurain«. Dieses Prachtexemplar hat er so genannt, weil es am gleichen Tag geboren wurde, an dem Miguel Indurain 1993 den Prolog der Tour gewann.

Das andere berufliche Standbein Hinaults ist, natürlich, der Radsport. Die Societé du Tour de France hat ihn in die Direktion berufen, als technischen Ratgeber und als Chef der »Relations Extérieures«. Darunter ist die Betreuung der wichtigsten Ehrengäste während einer Etappe zu verstehen und bei der Siegerehrung ihre persönliche Bekanntmachung mit den Besten der Tour. So ist aus dem langjährigen strengen Patron des Peloton ein überaus sympathischer Zeremonienmeister geworden.

Zitate

»Nie mehr werden Sie mich in ihrem Zirkussaal erleben!« – Hinault zu Jacques Goddet nach seinem 4. Platz bei Paris–Roubaix 1980.

»Und es bleibt doch eine Schweinerei ... bringt mir meine Hausschuhe!« – Nach seinem Sieg bei Paris–Roubaix 1981.

»Cyclocross – das ist eine gute Schule für Rhythmus, das Steuern und den Willen.« B.Hinault

»Ein Champion muss ein Rennen mit seinen Mitteln gewinnen, nicht mit denen der anderen.« B.Hinault.

»Die größten Künstler sind die, denen der Abschied gelingt.« B.Hinault.

Greg LeMond:
Ein Amerikaner in Paris

Wer zur Präsidenten-Audienz ins Weiße Haus nach Washington gebeten und von der mächtigen Zeitschrift Sports Illustrated zum »Sportsman of the Year« gekürt wird, der hat es als Sportler geschafft in den USA. In der Brieftasche muss es natürlich auch stimmen. All das ist bei Greg LeMond der Fall. Als erster Amerikaner hat er 1986 das *Yellow Jersey* der Cycling Tour of France gewonnen und diesen Triumph (1989 und '90) noch zweimal wiederholt. Ein paar Millionen Dollar hat er, *of course,* dabei auch verdient.

Seine Geschichte nimmt ihren Anfang, als der 14-jährige Gregory, der eigentlich »König der Skiartisten« werden möchte, das Radfahren als sommerliches Konditionstraining für den Freestyle-Winter entdeckt. Die Ausfahrten vom heimatlichen Reno/Nevada zum Lake Tahoe oder in den Josemite-Park werden allerdings bis zu 100 Kilometer lang, so dass sich Vater Robert »Bob« LeMond verpflichtet fühlt, als erwachsene Aufsichtsperson mitzuradeln. Als der Senior, von Beruf Grundstücksmakler, merkt, dass der Sohn den Skisport »abgehakt« hat, löst er ihm im Frühjahr 1976 bei den Reno-Wheelmen eine Radlizenz.

Greg gewinnt in der ersten Saison fast alle Rennen und fällt einem gewissen Noël Dejonckheere auf. Dieser junge belgische Rennfahrer ist für die bevorstehende kleine

Greg LeMond, der blonde Strahlemann mit den blauen Augen:1986 Amerikas erster Sieger in der Cycling Tour of France.

Nevada-Rundfahrt »der Star aus Europa« und wird deshalb vom regionalen Fernsehsender beim Training begleitet. Nach 20 Kilometer ist von der Schar jugendlicher Mitfahrer nur einer übriggeblieben, der junge Greg LeMond. Dieser schlanke Blonde mit den blauen Augen, geboren am 26. Juni 1961 in Lakewood/Californien, trainiert noch eine ganze Weile mit dem Belgier und hängt ihn an einer Steigung – das Fernsehen ist nicht mehr dabei – sogar ab ... »Ein Glück, dass dieser Bursche die Rundfahrt noch nicht mitgefahren ist«, schreibt Dejonckheere später nach Hause, »ich hätte sie sonst nicht gewonnen. Ich glaube, ich habe hier den neuen Eddy Merckx gesehen.« Prophetische Gedanken im Juni 1976, zehn Jahre vor LeMonds erstem Tour-Sieg.

Man blieb in Verbindung. Noel und sein Bruder Richard schickten Trainingsanleitungen in die USA, und 1978 kommt LeMond zu einem Radsport-Studienbesuch nach Europa. Selbstverständlich startet der 17-jährige in Belgien; aber auch in der Schweiz, Frankreich und Polen. Acht Rennen – acht Siege! Greg, stellen die Dejonckheeres fest, ist der Idealfall eines Schülers. Die Trainingspartnerschaft mit seinem Vater ist ebenfalls hilfreich. Nicht selten hängt der 25 Jahre ältere Dad den Filius noch ab. Krönung eines steilen Aufstiegs ist 1979 in Buenos Aires der Titel des Juniorenweltmeisters. Ganz nebenbei gewinnt Greg als Nothelfer für einen verletzten Landsmann noch die Silbermedaille in der Einer-Verfolgung. Nach einem Bahn-Schnupperkurs von nur 20 Minuten. Nie zuvor hat er auf einer Bahnmaschine gesessen ... Von da an plant US-Coach Eddy Borysewicz für die Olympischen Spiele 1980 auch LeMond ein.

Doch statt Moskau – die dortigen Olympischen Spiele werden wegen des russischen Einmarsches in Afghanistan von vielen Ländern boykottiert – steuert der knapp 19-jährige Paris an. Der Radsportclub US-Cretail, allererste Adresse und Vermittler für Amateure, die Profis werden wollen, verspricht LeMond Logis, ein Auto und monatlich 4 000 Francs (etwa 1 500 Mark). Die Realität ist ernüchternd, die Resultate sind aber so bemerkenswert, dass Cyrille Guimard, der Macher von Hinault, sich den Vielversprechenden für Renault-Gitane angelt. Mit seiner frisch angetrauten Jugendliebe Kathy zieht der Jungprofi zunächst nach Nantes, dann aber bald ins belgische Kortrijk, in die Nähe der Brüder Dejonckheere, »weil es hier viel angelsächsischer zugeht und auch das englische Fernsehen zu empfangen ist«.

Greg LeMond, vom erfahrenen Guimard klug aufgebaut, gewinnt 1982 die Tour de l'Avenir und wird sogar Zweiter der Straßenweltmeisterschaft in Goodwood hinter dem Italiener Saronni. Der Renault-Rennstall erhöht den Jahresvertrag auf 200 000 Dollar, bezahlt das Haus in Belgien sowie vier Amerikaflüge pro Jahr und stellt auch noch einen Dienstwagen für die Reisen zu den Rennen zur Verfügung. LeMond bedankt sich mit dem Regenbogen-Trikot: Weltmeister 1983 in Altenrhein/Schweiz. Fünf Tage nach dem Titelgewinn, Greg ist gerade aus Europa zurück, ruft ihn ein amerikanischer Journalist an und fragt: »Hey, Sie haben da in Europa gerade ein Radrennen gewonnen, was war das noch für eines?«

Nach drei Lehr- und Reifejahren schickt ihn der »Fuchs« Guimard 1984 endlich in die Tour de France. Das ist sein Rennen. Als erster Amerikaner steigt er in Paris aufs Podium, neben seinem siegreichen neuen Kapitän Laurent Fignon und hinter Hinault, der – weil überworfen mit Guimard – zum neuen Rennstall La Vie Claire gewechselt war. Trotz der Chance, Fignon bald zu beerben und der

1985 hatte Hinault dank Greg seine fünfte Tour gewonnen, 1986 musste er sich wie versprochen bei LeMond revanchieren.

Warnung Guimards, »woanders wirst du die Tour nie gewinnen«, wechselt auch LeMond zur Mannschaft »Das gesunde Leben«. Er folgt dem Ruf des Geldes. Eine Million Dollar für einen Zweijahresvertrag; kein Moneymaker kann da nein sagen.

Damit ist nun wieder Hinault sein Kapitän. Als Kronprinz rettet der Amerikaner 1985 dem König die Krone, soll heißen, er hilft dem angeschlagenen Bretonen, zum fünften Mal das Gelbe Trikot zu gewinnen, das er vielleicht sogar selbst hätte erobern können. Überschwänglich dankt der »Dachs« dem Adjudanten und versichert seine Gegendienste: »Nächstes Jahre führe ich dich zum Sieg.« In der Tat, ein Jahr später, am 27. Juli 1986, heißt es zum ersten Mal – frei nach Gershwin – »ein Amerikaner in Paris«. Mit dem zweijährigen Sohn Geoffry auf dem Arm genießt LeMond die Huldigungen auf den Champs-Élysées. In »seinem« Kortrijk feiern ihn die Belgier, als wäre er Eddy Merckx. Trotz des guten Endes spricht LeMond davon, »in den härtesten drei Wochen meines Lebens von Hinault vor allem psychisch ständig unter Druck gesetzt« worden zu sein. »Meine loyale Haltung von 1985 schien er vergessen zu haben. Als er auf der ersten Pyrenäenetappe (Bayonne–Pau) angriff und mir viereinhalb Minuten abnahm, läuteten das erste Mal die Alarm-

glocken. Am nächsten Tag gleich wieder. Doch bei dieser Attacke (Etappe Pau–Superbagnères) hat er sich übernommen; danach habe ich attackiert und die eingebüßte Zeit zurückgeholt ... Das Händchenhalten am Ziel in Alpe d'Huez war keine Freundschaftsgeste, sondern nur ein Zeichen dafür, dass wir unseren letzten gefährlichen Konkurrenten, den Schweizer Urs Zimmermann, endgültig bezwungen hatten. In der Frage nach dem Sieger – ich oder er – hat er ja noch am gleichen Tag erneut Öl ins Feuer gegossen bei den Journalisten ... Ich habe die Tour allein gewonnen, ohne seine Hilfe. Hinault war sogar mein Gegner. Nun aber ist das Rennen vorbei und damit auch mein Zorn. Schließlich war Bernard jahrelang mein Idol; ich sage aber auch, dass es schwer war, an seiner Seite die Initiative zu übernehmen.«

Weil sich vor allem die französische Presse zu sehr auf die Seite Hinaults gestellt habe, reagierte LeMonds Ehefrau Kathy mit einer »schwarzen Liste«. Auf ihr standen alle missliebigen Schreiber, für die ihr Mann am Telefon vorerst nicht mehr zu erreichen war. Aber es gibt noch ein harmonisches Ende in diesem Kapitel: »Die schönste Belohnung, vor allem für den Radsport« ist für Yellow Greg fünf Tage nach Paris der Empfang im Weißen Haus. Der Präsident, Ronald Reagan, erfreut über ein *Yellow Jersey*, betont, dass er als ehemaliger Sportjournalist die Tour

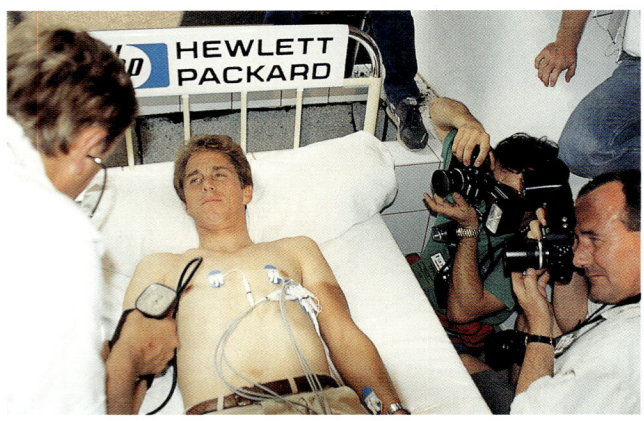

Greg als Fotoobjekt bei der Untersuchung vor dem Start. Besonders attraktiv sein »Reißverschluss«, die Operationsnarbe von 1987.

de France natürlich jeden Tag verfolgt habe. LeMond nimmt den Anlass wahr, mutig zu betonen, dass »unsere Journalisten immer noch nicht begriffen haben, wie wichtig der Radsport ist – und wie schwierig«.

73. Tour de France 1986

Startort Boulogne-Bilancourt – 4 084 km – 23 Etappen – 21 Mannschaften – 210 Fahrer – 132 am Ziel.

1. G. LeMond (La Vie Claire) 110 h 35'19", Durchschnitt = 37,020 km/h
2. B. Hinault (La Vie Claire) 3'10"
3. U. Zimmermann (Carrera) 10'54"
4. A. Hampsten (La Vie Claire) 18'44"
5. C. Criquielion (Hitachi) 24'36" ...
24. J. Zoetemelk (Kwantum Hallen) ...
132. und Letzter E. Salvador (GIS Gelati) 2 h 55'51"

Aufgabe u. a. M. Indurain (Reynolds) 12. Etappe
Grünes Trikot: É. Vanderaerden (Panasonic)
Bergkönig: B. Hinault
Kombination: G. LeMond

1987: Als »Truthahn« von Kugeln durchsiebt

Hermann Moos, der Veranstalter von Rund um den Henninger Turm, freute sich, bei einer Pressekonferenz Anfang April '87 mitteilen zu können, dass auch Tour-Sieger »Lemong« für Deutschlands Rad-Klassiker am 1. Mai zugesagt habe. Nach seinem Sturz bei Tirreno–Adriatico mit angebrochenem Handgelenk bereite er sich daheim in Kalifornien auf das Europa-Comeback vor. Kurz darauf mussten Moos und andere Veranstalter ihren »Goldfisch« wieder von der Startliste streichen; denn am Nachmittag des 10. April verbreiteten die Nachrichtenagenturen eine schockierende Meldung: »Tour-Sieger LeMond bei der Jagd angeschossen. Lebensgefahr.« Greg hatte an jenem Montag trotz eingegipstem Unterarm eine sechsstündige Trainingsausfahrt vorgehabt. Doch wieder einmal ging der Lebenskünstler mit ihm durch, und er folgte vor der sportlichen Arbeit dem Reiz einer morgendlichen Truthahnjagd mit Schwager Patrick und Onkel Rod. Man

zog dafür grüne Tarnkleidung an, maskierte auch das Gesicht und hockte sich dann einzeln mit der Schrotflinte lauernd in die Büsche. Nach langer Wartezeit fallen Schüsse. Doch das raschelnde Etwas, das Patrick voll getroffen hat, war kein Truthahn, sondern sein Schwager Greg. Die beiden anderen schleppen den Schwerverletzten auf eine Lichtung und können – Glück im Unglück – einem tief fliegenden Hubschrauber ihr SOS signalisieren. Eine Dreiviertelstunde nach dem verhängnisvollen Irrtum liegt LeMond im OP. Rund 40 kleine Bleikugeln haben ihn getroffen, etwa 30 stecken in Lunge, Niere und Herznähe. Nur ein Teil davon kann entfernt werden. Sein Zustand ist 24 Stunden lang ernst, bessert sich aber so schnell, dass er nach zehn Tagen in die häusliche Pflege entlassen werden kann. Noch im Krankenhaus hat LeMond die Genesungswünsche von Filmstar Dustin Hoffman und den Besuch von Jean-Marie Leblanc erhalten, seinerzeit Radsport-Chefredakteur bei L'Équipe. Vier Wochen nach dem Unfall entbindet Kathy LeMond Scott, den zweiten Sohn der Familie.

Für Vater Greg sind die Saisonziele natürlich unerreichbar geworden. Noch während der Rekonvaleszenz löst Rennstall Toshiba – Nachfolger von La Vie Claire – den Vertrag mit dem hochbezahlten, aber nun werbeunwirksamen Zwangsrentner. Dafür glaubt man in Holland an die erfolgreiche Rückkehr, und LeMond unterschreibt für 1988 bei PDM. Man spricht und schreibt von 400 000 Dollar, einem Mercedes, diversen USA-Flugtickets und hohen Siegprämien. Woher gewisse Kollegen diese Vertragsdetails haben, ist mir immer wieder schleierhaft. Um es kurz zu machen: PDM spart sowohl die 50 000 Dollar für das Rosa Trikot im Giro als auch die doppelte Summe für das Gelbe der Tour. LeMond startet viel, stürzt viel; laboriert ständig, muss im Juli sogar am Bein operiert werden. Nach dem Jagdunfall nun schon das zweite verlorene Jahr.

1989: Comeback und Tour-Finale des Jahrhunderts

Familie LeMond ist umgezogen, von Kalifornien nach Minnesota. Greg wünscht sich nicht nur Sommer, sondern alle vier Jahreszeiten. Er findet sie in Wayzata am Minnetonkasee. Kanada ist auch ganz nah. So verbringt er den

... Tag in Paris das Zeitfahren und entriss dem Franzosen mit acht Sekunden Vorsprung doch noch den Sieg.

Winter mit täglich mehreren Stunden Skilanglauf, mit Curling und Eisfischen; er fährt Mountainbike und auf der Rolle. Nach wie vor vertilgt er Pizza, Hamburger und Eis, kommt aber trotz der kleinen Sünden Anfang März '89 gut trainiert nach Europa. Jetzt im Trikot des belgischen Rennstalls ADR – einem großen Autoverleih – ist er bei Tirreno–Adriatico (Sechster) und der Dauphiné (Vierter) endlich wieder dabei, feiert in Amiens nach drei Jahren sogar den ersten Sieg. Beim Giro erneut schwarze Stunden. Mit fast einer Stunde Rückstand auf den Sieger Fignon fährt er hinterher; an den Drei Zinnen kann ihn Johan Lammerts, sein holländischer Teamgefährte und treuer Eckart, gerade noch von der Aufgabe zurückhalten ...

Am Ende der Italienrundfahrt kommt LeMond endlich in Form, und er nimmt diesen Silberstreif mit in die Tour de France. Nach dreijähriger Abwesenheit wird der Amerikaner vom ersten Tag an zum großen Gegenspieler des französischen Favoriten Laurent Fignon. Zeitgleich beenden sie den Prolog, an den sich Kenner noch heute kopfschüttelnd erinnern, weil der Vorjahressieger Pedro Delgado exakt 2 Minuten 40 zu spät am Start erschien. Am Ziel der 5. Etappe wird LeMond in Gelb gekleidet. Sensationell hat er das 73 Kilometer-Zeitfahren gewonnen.

Gregs Triumph-Fahrt 1989. Aerodynamisch viel besser ausgerüstet als Fignon, gewann der Amerikaner am letzten ...

Ebenso sensationell dabei die technische Neuerung – ein Triathlonlenker. Erst wenige Stunden vor dem Start hatte die Jury diese amerikanische Überraschung abgesegnet. »Sie bringt einen kleinen aerodynamischen Vorteil«, verrät Greg am anderen Morgen dem ZDF mit verschmitztem Lächeln. Wieviel denn etwa? »Das müsst ihr schlauen Journalisten selber 'rausfinden.« Viel mehr war dem Yankee nicht zu entlocken. Dann sprang er, die Rennschuhe in der Hand, auf Pantoffeln in den hupenden Mannschaftswagen. Keine Zeit mehr für andere Reporter. Der Mister war wie so oft sehr spät dran gewesen; aber zu seinem versprochenen Kurzinterview mit dem German Television stand er. Auch das ist LeMond.

Fünf Tage später, am Superbagnères in den Pyrenäen, nimmt Fignon ihm das Gelbe Trikot wieder ab. Differenz sieben Sekunden. Nach weiteren fünf Etappen, in Orcières–Merlette/Seealpen, ist erneut LeMond vorn, 40 Sekunden vor Fignon. Der Franzose kontert am übernächsten Tag in Alpe d'Huez. LeMond verliert 1 Minute 19. Nur noch vier Etappen bis Paris! Filmen wir an diesem Abend im Hotel »L'Hermitage« für die Mittwoch-Seite unseres Tour-Tagebuchs bereits beim Sieger? Oder ist danach, so gegen 20 Uhr 30, das »Vieux Logis« als allerletzte Drehstation gar die bessere Adresse? Hierher zu gehen, zum Hotel des entthronten LeMond, habe ich meinen abgekämpften Kameramann Fips Saur nur noch mit Mühe überreden können, mit dem Versprechen: »Du holst die Kamera nur 'raus, wenn es sich wirklich lohnt.« Er musste sein »Baby« tatsächlich nochmal auf die Schulter nehmen. Nicht etwa, weil ich Greg entdeckt hätte – nein: ein Mechaniker und ein Rad wurden das späte Motiv. Der mir bislang unbekannte »Mechaniker« stellte sich als Bonne Lennon vor und als Erfinder des Scott-Triathlonlenkers, mit dem LeMond die Konkurrenz in Rennes überrascht hatte. Und just am Abend der scheinbaren Niederlage bereitete Lennon in Alpe d'Huez die Zeitfahrspezialmaschine von Greg für dessen Schlussetappe in Paris vor ... Auch wenn sie dann erst um halb elf endlich eine *Salade savoyarde* vor sich haben, sind sich Reporter und Kameramann spätestens beim zweiten Glas Crépy – einem sehr guten Weißwein der Region – einig: Wir haben etwas im Kasten, was außer uns keiner hat.

Diese Gesichter sprechen Bände. Links der maßlos enttäuschte Verlierer Laurent Fignon; rechts der freudetrunkene Greg LeMond.

Vier Tage später wurde das »Duell auf freiem Felde« (Titelseite L'Équipe) Realität. Fignon ging mit einem Vorsprung von genau 50 Sekunden auf LeMond in das alles entscheidende Zeitfahren. 24,5 Kilometer zwischen dem Schloss von Versailles und den Champs-Élysées. Ein Expertentipp – darunter Godefroot, Kelly, Thévenet – hatte eine 15:2-Prognose zu Gunsten des Franzosen ergeben. Der Amerikaner zeigte sich unbeeindruckt: »Und wenn es mit nur einer Sekunde ist – ich gewinne.« Um das zu erreichen, musste er pro Kilometer 2,1 Sekunden schneller sein

Zwei kleine Löwen als Siegestrophäen für 1986 und 1989. Nummer drei erlegte Jäger Greg 1990. Mehr wurden es nicht.

als der unsichtbare Konkurrent im Gelben Trikot. Der startete zwei Minuten nach ihm – ohne Helm, mit Deltalenker und zwei Scheibenrädern. Und er hatte seinem Sportlichen Leiter Guimard untersagt, ihm Zwischenzeiten zuzurufen. Vielleicht wäre das besser gewesen …
LeMond – mit Giro-Helm, einem Scheibenrad hinten und einem 28-Speichen-Rad vorn, die Arme rechtwinklig auf den Scott-Triathlonlenker gelegt (den in Alpe d'Huez vormontierten …) fährt schneller als Fignon. Von den Beinen kann das niemand ablesen, wohl aber von der Stoppuhr. Bei Kilometer fünf sind es sechs Sekunden … 21 schon bei der 11,7-Kilometer-Passage vor dem L'Équipe-Redaktionshaus in Issy-les-Moulineaux. An Kilometer 21 hat LeMond sogar 44 von 50 Sekunden zurückerobert … 3 500 Meter vor den Champs-Élysées. 500 000 Zuschauer beben vor Erregung. LeMond jagt durchs Ziel, lässt ausrollen, kommt zurück; wartet mit offenem Trikot, keuchend, schwitzend, die aufgerissenen Augen auf die Uhr über dem Ziel geheftet … es müssen mindestens zwei Minuten 51 vergehen … dann darf Fignon ruhig kommen … das Warten wird zur Qual … Speaker Mangeas, die Stimme der Tour, hämmert und hämmert – so wie die beklommenen Herzen der Franzosen … Reporter Jean-Paul Ollivier, neben LeMond stehend, versteht die Regieanweisungen nicht mehr … aber er sieht – wie die ganze Welt – dass die Zeit gegen

Landsmann Fignon läuft … 2 Minuten 51 Sekunden … vorbei!! Es sind genau acht Sekunden, umgerechnet 82 Meter, um die der Franzose seinen dritten Toursieg verfehlt … für ihn im Augenblick gleichsam jene Hölle, aus der sein Bezwinger Greg LeMond nach mehr als zwei Jahren endlich zurückgekehrt ist. Es ist das Comeback des Jahrhunderts, das mit 54,545 km/h schnellste Zeitfahren und zumindest bis 2003 die knappste Tour de France-Entscheidung aller Zeiten. Fignon ist fassungslos, zunächst auch sprachlos; möchte aber seine geheimgehaltene Gesäßverletzung, die ihn die letzten Tage bis Paris gepeinigt hat, nicht als Entschuldigung anführen: »Diese acht Sekunden habe ich nicht in Paris eingebüßt, sondern irgendwo, an einer von 1 000 möglichen Stellen …«
Greg LeMond gesteht, dass er, als sein Sieg feststand, zunächst schockiert gewesen sei und Angst hatte, daran zu glauben. Beeindruckend sein »Dank an Gott, der mich im Unglück beschützt und an die Spitze zurückgebracht hat, sowie an meine Familie, die bei dieser Tour immer in meiner Nähe war«.
Mit dem ganzen Clan, Eltern und Schwager, trinkt er nach Zeremonien und Interviews im Hotel bescheiden ein Bierchen. Bei der Siegesfeier im Moulin Rouge verabschiedet sich der Tour-Triumphator gleich nach dem Festbankett. Doch spät am Abend sieht man ihn mit Frau Kathy auf den Champs-Élysées wieder – in einer Eisdiele.

Nachtrag
Wirklich populär in Amerika war Greg LeMond auch nach seinem zweiten Tour-Sieg noch nicht. Die Ausnahme von der Regel machte da ein Boy namens Yani. Der Zwölfjährige hatte von LeMonds Empfang bei Präsident George Bush senior erfahren und drei Stunden auf gut Glück vor dem Weißen Haus auf sein Idol gewartet. Gerührt vom jungen Fan und dessen selbstgepflücktem Blumenstrauß, holte Greg schnell die Pressefotografen aus Amerikas Heiligtum heraus.
Ebenfalls bemerkenswert ist die »Analyse der acht Sekunden«, die ein amerikanisches Fachblatt erstellte. In ihr wurde nachgewiesen, dass Fignon im dramatischen Zeitfahrfinale einen 15 Prozent höheren Luftwiderstand als LeMond hatte. Verursacht durch Lenker, Position und

Haartracht (!) habe das ein Handicap von 3,5 Prozent auf den Amerikaner ergeben – jene verlorenen 58 Sekunden eben, davon vier auf Kosten des *horse-tail*, des wehenden Pferdeschwanzes.

76. Tour de France 1989

Startort Luxemburg – 3 285 km – 21 Etappen – 22 Mannschaften – 198 Fahrer – 138 am Ziel

- 1. G. LeMond (ADR) 87 h 38'35",
     Durchschnitt = 34,487 km/h
- 2. L. Fignon (Systeme U) 8"
- 3. P. Delgado (Reynolds) 3'34"
- 4. G. J. Theunisse (PDM) 7'30"
- 5. M. Lejarreta (Caja Rural) 9'39"
- 6. C. Mottet (RMO) 10'06" ...
- 17. M. Indurain 31'21" ...
- 96. A. Kappes (Toshiba) ...
- 138. und Letzter M. Hermans (Paternina) 3 h 04'01"

Aufgaben: u. a. R. Gölz (Superconflex) 17. Etappe (Alpe d'Huez)
Grünes Trikot: S. Kelly (PDM)
Bergkönig: G. J. Theunisse (PDM)

1990: »LeMond is the Champs-Élysées«

Das Rennjahr '90 fährt Greg LeMond im Trikot des Weltmeisters. Der Amerikaner hat es fünf Wochen nach dem Tour-Sieg in Chambéry als »The Superman '89« vor Konyschew und Kelly gewonnen. Abermals hat er das Team gewechselt. Anstelle der drei Buchstaben ADR des belgischen Autoleasers Lambert, der ihm mit 200 000 Dollar, übergeben in einer Plastiktüte, nur einen Teil der vereinbarten Gage gezahlt haben soll, hat LeMond nun ein großes Z auf der Brust. Es steht für Zannier. Dieser Roger Zannier ist Frankreichs Modezar für Kinderkleidung. Ein Emporkömmling, sagt man, aber seriös und zahlungskräftig. LeMond macht kein Hehl daraus, dass er für drei Jahre 5,5 Millionen Dollar erhalten hat. Im Voraus. Die neue (Gehalts-)Welt des Radsports.

Seinem neuen Sportlichen Leiter Roger Legeay, gegen den er selbst noch gefahren ist, bereitet er gleich zu Saison-

beginn Kummer. Beim Auftakt in Andalusien wölbt sich der Regenbogen auf dem Trikot des Weltmeisters. Trotz intensiven Trainings im amerikanischen Winter – so versichert Greg – hat er sieben Kilo zu viel mitgebracht aus dem Mittleren Westen. Das ernüchternde Resultat: Aufgabe in Andalusien, Valencia und im Critérium international. Danach vier Wochen Pause: eine Viruserkrankung. Was auch immer – LeMond tritt beim Giro an und bricht noch fürchterlicher ein als das Jahr zuvor. Angesichts seines Rückstandes von 2 Stunden 53 auf Sieger Bugno sprechen Merckx und Moser von »einem Weltmeister ohne Scham«. Der aber sagt, unbekümmert wie immer: »Warum regt ihr euch auf? Meine Zeit kommt doch erst, das wisst ihr, in der Tour de France.«

Sie kam! Allerdings sehr spät. Denn von der zweiten bis zur 20. Etappe wurde die Tour vom Ausreißversuch eines

Mit Rekordgage und sieben Kilo Übergewicht in die Saison 1990 gestartet. Nach Toursieg Nr.3 wird LeMond in den USA »Sportsman of the Year«.

Quartetts dominiert, das, von einem Zehn-Minuten-Vorsprung zehrend, das Gelbe Trikot untereinander wie einen Staffelstab weiterreiche. Zuletzt trug es Claudio Chiappucci. Erst am vorletzten Tag, nach einem langen Einzelzeitfahren bei Limoges, konnte LeMond das »Teufelchen« aus Italien entthronen. Es ist Bernard Hinault nicht zu widersprechen, wenn er sagt: »Ein Champion hat gewonnen, aber er war ein Sieger ohne Glanz.« Und ohne Etappensieg! Man kann auch sagen, es war ein Erfolg des Stärksten mit dem Rechenschieber. Er kämpft über 14 Tage mit erheblichen Schmerzen, verursacht durch eine vier Zentimeter lange offene Wunde am Sitzfleisch. Die Medien feierten ihn allemal als »Sonnenkönig« oder jubelten »Magnifique!« Dieses Wort prangte sogar auf der Titelseite von »Sports Illustrated«. Das 25-Millionen-Blatt hatte wegen der Frankreichrundfahrt seinen Druck sogar um einen Tag verschoben. Zum ersten Mal erkoren die Redakteure mit dem Tour-Sieger einen Radfahrer zum »Sportsman of the Year«. Dieser Titel mit dem Heiligenschein war bislang ein Privileg der Stars von Eishockey, Golf oder Football gewesen. Nun, da ein Amerikaner zum dritten Mal den alten Kontinent *by bike* erobert hatte, musste man endlich Flagge zeigen, denn »LeMond is the Champs-Élysées«.

Greg LeMond ist nach seinem dritten Triumph nie mehr auf das höchste Niveau zurückgekehrt. 1991 wehrte er sich eine Zeit lang erfolgreich gegen die Regentschaft des »Neuen«, Miguel Indurain, trug noch einmal fünf Tage das Gelbe Trikot; am Ende war er nur Siebter. Belastet durch gesundheitliche und geschäftliche Probleme, die auch zur Trennung von seinem Vater Bob führten, war er sportlich nur noch ein Schatten des einstigen Sonnenkönigs. Als er am 8. Juli 1994 auf der 6. Etappe zwischen Cherbourg und Rennes wegen totaler Erschöpfung aufgeben und – es war eine Schmach – in den Besenwagen steigen musste, waren die meisten seiner Freunde sehr betroffen. Zu meinen besonderen Erinnerungen an ihn gehören einige von Herzen kommende Gesten. So hat er beispielsweise 1989 dem todkranken Jungen Randy die Reise zur Tour bezahlt und ihn eine Etappe auf dem Beifahrersitz des Mannschaftswagens erleben lassen. Oder seine spontanen Bemühungen, in Amerika einen Spezialisten für einen jungen deutschen Radrennfahrer zu finden, von dessen Rollstuhlschicksal er durch mich erfahren hatte. Und schließlich sein freudiges »Wow!«, als er am Start der Meisterschaft von Zürich 1990 hörte, dass ein am Abend zuvor gegebenes LeMond-Autogramm einem Fan 1 000 Mark wert war, für einen sozialen Zweck, versteht sich.

---

77. Tour de France 1990

Startort Futuroscope/Poitiers – 3 504 km – 21 Etappen – 22 Mannschaften – 198 Fahrer – 156 am Ziel

1. G. LeMond (Z) 90h 43'20"
   Durchschnitt = 38,621 km/h
2. C. Chiappucci (Carrera) 2'16"
3. E. Breukink (PDM) 2'29"
4. P. Delgado (Banesto) 5'01"
5. M. Lejarreta (Once) 5'05" ...
10. M. Indurain (Banesto) 12'47" ...
87. U. Raab (PDM) ...
88. M. Kummer ...
105. J. Schur (beide Chateau d'Ax) ...
136. A. Kappes (Toshiba) ...
141. O. Ludwig (Panasonic)

Aufgaben: u. a. L. Fignon (Toshiba) 5. Etappe, U. Ampler (PDM) 13. Etappe
Grünes Trikot: Olaf Ludwig (Panasonic)
Bergkönig: Th. Claveyrolat (RMO)

Zitate

»*Man kann die Tour sogar noch mit Zuckerwasser gewinnen.*« Zitat des Schweizer Rennfahrers Niki Rüttimann zu LeMonds Toursieg 1986.

»*Mit den Bleikugeln im Leib komme ich durch keine Flughafenkontrolle mehr.*« Zitat Greg LeMond nach seinem Jagdunfall 1987.

»*Geld ist für mich nicht alles; Glück ist wichtiger. Aber es ist nun mal so, dass man, um glücklich zu sein, auch etwas Geld braucht.*« Zitat Greg LeMond, zeitlos.

Joop Zoetemelk:
Süße Milch wird niemals sauer

Nicht einmal im »Velo-Gotha«, dem bibeldicken Namens- und Erfolgsregister des Radsports, steht er mit seinen richtigen Vornamen Gerardus-Joseph; auch da heißt es nur *Joop* Zoetemelk. Auf gut Deutsch also Jupp Süßmilch. Dieser bescheidene, zurückhaltende, immer höfliche Holländer, Jahrgang 1946, ist ähnlich Raymond Poulidor ein Dauerbrenner der Szene gewesen: 18 Jahre Profi der gehobenen Klasse – nämlich von 1970 bis 1987; ähnlich Poulidor über viele Jahre auch ein »ewiger Zweiter«; doch im Gegensatz zum Franzosen schaffte Zoetemelk neben zweiten Plätzen noch den Tour-Sieg. Da war er fast 34. Und als beinahe 39-Jährigem gelang es diesem »Père-courage« mit einem Überraschungscoup sogar, Weltmeister zu werden.

Das war am 1. September 1985 im italienischen Giavera del Montello. Der Titelträger musste aus einer 14-köpfigen Spitzengruppe kommen. Nachdem alle Einzelvorstöße vereitelt worden waren, konzentrierte man sich auf eine Spurtankunft. Dafür hatte Italien mit Moreno Argentin ein heißes Eisen im Feuer, auch Greg LeMond war schnell, ebenso Marc Madiot und Stephen Roche. Von den drei Holländern Veldscholten, Van der Velde und Zoetemelk galt Joop als der langsamste. Deshalb trat der Oldie als Erster an. 2 000 Meter vor dem Ziel. Verblüffung, Uneinigkeit – wie so oft –, zu spät begann die Verfolgung. »Steher« Zoetemelk hielt durch, beendete die Mär vom ewigen Zauderer und holte sich sensationell das Regenbogentrikot. In diesem Schmuckstück fuhr der in Frankreich verheiratete 1986 seine 16. und letzte Tour de France. Diese Sechzehn ohne Aufgabe sind eine einzigartige, bisher noch nicht wieder erreichte Rekordzahl geworden. Eines der WM-Trikots, die Zoetemelk während seiner Abschiedstour trug, hat er einem jungen Deutschen

Joop Zoetemelk im Wiegetritt am Puy de Dome bei seinem Sieg im Einzelzeitfahren 1978. Der in Frankreich lebende Holländer ist der Rekordmann der Tour: Zwischen 1970 und 1986 16-mal gestartet – 16-mal am Ziel. Einmal Sieger, sechsmal Zweiter!

geschenkt, Rolf-Dieter Wolfshohl, dem Sohn seines früheren Kollegen Rolf, der seit einem Rennunfall im Jahre 1984 an den Rollstuhl gefesselt ist. Joop holte es seinerzeit – es war in Cherbourg/Bretagne – spontan aus dem Koffer, als ich ihm von diesem Schicksal erzählte. Er erinnerte sich bei diesem Gespräch zwischen Massage und Abendessen an seinen eigenen schweren Unfall im Mai 1974. 400 Meter

Als Radsport-Methusalem 1985 in Italien den WM-Titel eroberte. Fast 39-jährig narrte Zoetemelk die Konkurrenz. Ein Trikot schenkte er einem jungen Deutschen ...

vor dem Ziel der 1. Etappe des Midi Libre in Valras am Mittelmeer hatte das Auto eines englischen Touristen bei Tempo 60 einen Massensturz verursacht. Betroffen auch Zoetemelk, der nach der Untersuchung im Krankenhaus (»unbedenklich«) die Heimfahrt antrat. 800 Kilometer bis nach Germigny-L'Évêque bei Paris. Mit qualvollen Kopfschmerzen erreichte er das Domizil, wo seine französische Frau Françoise ihn sofort in ein Hospital brachte. Diagnose: Schädelbasisbruch und Verletzung der Hirnhaut.

Der Holländer lag auf Leben und Tod. Seine Genesung dauerte Monate. Er hatte beim Unfall auch Geschmacks- und Geruchssinn verloren, konnte beispielsweise nicht

mehr zwischen Fisch und Fleisch unterscheiden. Doch der Geschmack am Radsport war erhalten geblieben! Joop setzte die Karriere erfolgreich fort. So gewann er u.a. dreimal Paris–Nizza, den Flèche Wallone und das Amstel Gold Race. Obwohl nett und bescheiden, mochten ihn viele Kollegen nicht so recht, weil er in ihren Augen ein »Lutscher« war, ein Hinterradfahrer. In Belgien gab es zeitweise eine Polemik, weil der Holländer – schon vor dem Unfall – allzu oft und allzu hartnäckig das Hinterrad ihres Lieblings Merckx gehalten hatte. 1975, dem Jahr nach seinem schweren Unfall, wurde ihm für die WM im belgischen Yvoir sogar diskreter Personenschutz verordnet. Aber wer war dazu in Eddys besten Tagen überhaupt in der Lage? »Einzig und allein Zoetemelk – weder Thévenet noch Ocaña oder später Hinault, wenn er gegen ihn gefahren wäre ...« behauptete einmal mein langjähriger, in Frankreich sehr populärer Radiokollege Jean-Paul Brouchon (Tour-de-France-Begleiter seit 1965). Das war dann so etwas wie eine Ehrenerklärung für Mijnheer Süßmilch. Schmunzeln muss man, wenn Zoetemelk, der 1968 in Mexiko 100 Kilometer-Mannschaftsolympiasieger geworden war – mit Den Hertog, Krekels und Pijnen – seinen Tour-de-France-Sieg analysiert: »Ich hatte das Glück, mir in jenem Frühjahr 1980 bei der Mittelmeerrundfahrt im

Tour 1980: Hinault zuerst vor Zoetemelk. Doch der Franzose übernahm sich und trat zur Pyrenäen-Königsetappe Pau–Luchon nicht mehr an. Der Weg war frei für den maßvollen, beständigen Holländer.

Februar ein Schlüsselbein zu brechen ... In der folgenden Zwangspause, ohne Paris–Nizza und die schweren Klassiker, baute ich Kraftreserven auf, die meine Konkurrenten in der Tour nicht besaßen.« Diese Philosophie erklärt den Erfolg natürlich nur zum Teil. Zoetemelks Sieg im zehnten Anlauf war vor allem ein Erfolg seiner Beständigkeit, seiner Askese, seines Fleißes und seines Willens. Das Gelbe Trikot übernahm er am 13. Tag, am Ziel der Pyrenäenetappe Pau–Luchon. Bernard Hinault, Spitzenreiter mit 24 Sekunden Vorsprung, hatte wegen eines entzündeten Knies spät abends überraschend das Handtuch geworfen. Gegen die Häme, ein Sieger von Hinaults Gnaden gewesen zu sein, wehrte sich Zoetemelk vehement: »Ist es meine Schuld, wenn Bernard sich übernommen hat? Vielleicht hätte er sein Programm etwas sparsamer gestalten sollen.«

Vergessen wir bei der Analyse des Zoetemelkschen Erfolges nicht seine Mannschaft! Das von Peter Post geführte TI-Raleigh-Team machte nicht nur Jagd auf Etappensiege (11 von 24 möglichen!), sondern es unterstützte seinen Kapitän auch hervorragend im Kampf um das Gelbe Trikot. Zoetemelk war nach sieben Jahren Frankreich ja gewissermaßen als Ausländer zur Mannschaft der Asse gestoßen, und seine Landsleute, Siegfahrer wie Weltmeister Raas, Knetemann, Van de Velde und Lubberding, hatten ihn durchaus nicht gleich mit offenen Armen aufgenommen. Doch die Zweckehe stimmte. Peter Posts geschicktes Management (Zoetemelk: »Der beste Sportliche Leiter, den ich je hatte.«) und des Schweigers Erfahrung und Können (Post: »Wir reden kein Wort zuviel.«) führten zum Erfolg. Dass der ehemalige Sechstage-Kaiser (65 Siege) ihn zum Alleinkapitän der Raleigh-Mannschaft machte, diese Rolle behagte Joop ganz und gar nicht. »Sollten wir nicht auch Johan Van de Velde zum beschützten Fahrer machen?« warf er ein. »Nein!« Peter Post setzte allein auf die Karte Zoetemelk. Und die konnte weder von Hennie Kuiper, Raymond Martin noch von Joaquim Agosthino übertrumpft werden.

Zoetemelks Zehn-Tage-Fahrt in Gelb wurde bis zum Triumphbogen (»Joop, Joop, Hurra!«) in aller Öffentlichkeit eine Familienangelegenheit. Denn »Garderobier« bei der täglichen Neueinkleidung auf dem Siegerpodest war sein

1978 und '79 war das Gelbe Trikot nur eine Leihgabe für vier bzw. sechs Tage gewesen, 1980 nach der Übernahme in Luchon blieb »Joopi« bis Paris an der Spitze des Pelotons.

Schwiegervater Jacques Duchaussoy. Als Chef der Werbekarawane hatte »Papi« – der Spitzname ließ nicht lange auf sich warten – auch die Protokollaufgabe, dem Ersten der Gesamtwertung ins Gelbe Trikot zu helfen. Obwohl Zoetemelk durch seine Heirat als »halber Franzose« galt, war 1980 zu seiner Huldigung ganz Holland nach Paris gekommen: 350 Sonderbusse und Ministerpräsident Van Agt. In seinem Heimatdorf Rijpwetering bekamen alle Häuser eine gelbe Fassade. Königin Beatrix nahm den »verlorenen Sohn« in den Hohen Ritterorden von Oranje und Nassau auf.

Sesshaft geworden ist Zoetemelk nach 16-mal Tour de France und dabei zurückgelegten 62 719 Kilometern, nach einer Fahrt »als Rad-Methusalem zum Regenbogen« und einer skandalfreien, wenn auch von der »Geißel des Sports« nicht ganz unberührten 18-jährigen Profilaufbahn, in Meaux, 40 Kilometer südwestlich von Paris. Er hat zwei erwachsene Kinder (Sohn Karl und Tochter Laetitia) und ist Eigentümer des 42-Betten-Hotels »Richmont«, das von seiner Frau geführt wird. Wenn er mal daheim ist, geht er leidenschaftlich gern zur Jagd, im Winter auch zum Skilanglauf. Doch die meiste Zeit des Jahres ist er für den Radsport unterwegs – als einer der Sportlichen Leiter im Rabobank-Team. So kann süße Milch niemals sauer werden.

65. Tour de France 1980

Startort Frankfurt-Main – 3 842 km – 22 Etappen –
13 Mannschaften – 130 Fahrer – 85 am Ziel.

1. J. Zoetemelk (TI Raleigh) 109 h 19'14", Durchschnitt = 35,068 km/h
2. H. Kuiper (Peugeot) 6'55"
3. R. Martin (Miko Mercier) 7'56"
4. J. De Muynck (Splendor) 12'24"
5. J. Agostinho (Puch) 15'37" ...
32. K. P. Thaler (Teka) ...
62. H. P. Jakst (Puch) ...
85. und Letzter G. Schönbacher (MARC) 2 h 10'52" zurück

Aufgaben u. a.: R. Haller (Teka) 7. Etappe, D. Thurau (Puch) 10. Etappe
Grünes Trikot: R. Pevenage (Ijsboerke)
Bergkönig: R. Martin (Miko Mercier).
Kombination: L. Peeters (Ijsboerke)

Zoetemelks 16 Tour-Teilnahmen

1970	2. Platz	Sieger: E. Merckx
1971	2. Platz	Sieger: E. Merckx
1972	5. Platz	Sieger: E. Merckx
1973	4. Platz	Sieger: L. Ocaña
1975	4. Platz	Sieger: B. Thévenet
1976	2. Platz	Sieger: L. Van Impe
1977	8. Platz	Sieger: B. Thévenet
1978	2. Platz	Sieger: B. Hinault
1979	2. Platz	Sieger: B. Hinault
1980	1. Platz	Sieger: J. Zoetemelk
1981	4. Platz	Sieger: B. Hinault
1982	2. Platz	Sieger: B. Hinault
1983	23. Platz	Sieger: L. Fignon
1984	30. Platz	Sieger: L. Fignon
1985	12. Platz	Sieger: B. Hinault
1986	24. Platz	Sieger: G. LeMond

Zitate

»Ich sehe nie weiter voraus als meine Nasenspitze lang ist.« Zitat Zoetemelk, typisch für den zurückhaltenden Holländer.

Zu Bernard Hinault: *»Es ist schwer zu sagen, was ich vorziehe – die Tour ohne ihn zu gewinnen, oder mit ihm zu verlieren.«* Zitat Zoetemelk 1980.

»Jetzt muss ich das Hotel ein weiteres Jahr allein führen.« Zitat Ehefrau Françoise Z., als sie beim Wäschebügeln vom Weltmeistercoup ihres Mannes überrascht wurde.

»Ich traue mir selber nicht mehr, so jung fühle ich mich.« Zitat Zoetemelk, als er mit 41 Jahren in seine letzte Saison startete.

»Viel Training, maßvoll leben.« Zoetemelks Rat für die Jugend.

Joop Zoetemelk am Gipfel seiner langen Karriere – dank seiner Beharrlichkeit und Konstanz, dank eines starken, für den Kapitän kämpfenden T.I.-Raleigh-Teams.

Miguel Indurain: Fünfmal auf die sanfte Tour

Fünf Siege wie Anquetil, wie Merckx und wie Hinault – doch Miguel Indurain war der erste, der seinen Namen fünfmal nacheinander in das Goldene Buch der Tour geschrieben hat. Der Spanier aus dem Dörfchen Villava bei Pamplona steht für Souveränität in den Jahren 1991 bis 95. Anders als der nimmersatte »Kannibale« Merckx (34 Etappensiege), anders als der kämpferisch-bissige »Dachs« Hinault (28), ähnlich eher dem »Fahrer mit dem Rechenschieber« Jacques Anquetil (16), begründete Indurain (12 Etappensiege) seine Überlegenheit mit phänomenalen Leistungen im Zeitfahren. In den Bergen ließen ihn die athletische Kraft und die Gleichmäßigkeit seines Trittes das Geschehen mitbestimmen. Bei den Abfahrten imponierte er mit Mut und Steuerkunst. Ein Teil des Erfolges schließlich war seine Intelligenz, die Gabe, das Rennen zu »lesen« und es für seinen Zweck zu gestalten. Dieser Zweck war allein der Sieg in Paris. Das Vorher erschien ihm unwichtig. Ganz selten, dass Miguel, der im Team von Banesto fuhr, Spaniens viertgrößter Bank, einmal ein Feuerwerk abbrannte, oder gar den Sieg durch K.o. suchte. Das soll die Bilanz des sympathischen Ausnahmeathleten aber nicht schmälern. Señor Indurain – geboren am 16. Juli 1964, drei Schwestern, ein Bruder – imponierte mit noch ein paar anderen Superlativen. Im Quartett der Fünfmaligen war er mit 1,88 Meter der Längste und mit 80 Kilo Renngewicht auch der Schwerste. Er besaß sowohl den niedrigsten Ruhepuls (28 Schläge pro Minute!) als auch die größte Lungenkapazität (7,81 Liter). Ebenfalls einzigartig die Kraft seines Herzens, das die Fähigkeit hatte, pro Minute 50 Liter Blut durch den Kreislauf – sagen wir einmal: zu hämmern.

Miguel Indurains Herz besaß noch andere wertvolle Eigenschaften. Sie hießen Freundlichkeit, Bescheidenheit,

Keineswegs symbolisch für Abstieg! Senōr Indurain, mit 1,86 m und fast 80 kg auch körperlich ein Großer, steigt nach dem Einschreiben nur etwas vorsichtig die steile Metalltreppe herunter.

Großmut und Gelassenheit. All das drückten auch seine dunklen Augen aus. Spanisches Feuer – ob nun in Freude oder Zorn – hat man darin so gut wie nie gesehen; meistens war es ein stilles Lächeln, manchmal sogar ein bisschen entrückt. Dazu passt ein Lieblingswort des sanften Riesen: *tranquillo,* »ruhig«. Das war er. Und das hat ihm bei den Rennfahrerkollegen nicht nur den Beinamen *Père tranquillo* eingebracht, sondern in der Öffentlichkeit durch den Einfluss unserer Medien auch den Ruf, ein farb- und temperamentloser Typ zu sein. Ein Champion ohne Glanz. Dem widerspreche ich stellvertretend für Viele: Gerade diese freundliche Zurückhaltung, gepaart mit dem eleganten, unwiderstehlichen Fahrstil, hat Indurains Karriere einen besonderen Glanz gegeben.

Begonnen hat die Laufbahn des »Extraterrestre«, des außerirdischen Rennfahrers (L'Équipe 1992), als er elf Jahre alt war. Vater Miguel senior, Landwirt, Hobbyjäger und Freizeitradfahrer, schenkte dem Rangen, der gern Fußball spielte und auf dem Feld auch schon mal den Traktor lenken durfte, ein grünes Fahrrad. Der Junior meldete sich beim Club Ciclista Villavès an und kletterte schon beim ersten Versuch im benachbarten Elvetea auf das Treppchen – als Zweiter. Beim nächsten Rennen stand Miguel bereits in der Mitte. Pepe Barruso, der Vereinsvorsitzende, wurde sein Mentor. In einem gelben Renault 5 fuhr er Indurain und seine Kumpel zu den Veranstaltungen, die Rahmen auf das Dach gebunden, die Laufräder zwischen die Knie geklemmt. Man wurde bekannt und gefürchtet. Allerdings dauerte es ein paar Jahre, bis Miguel endlich Aufnahme in der Amateurmannschaft der Sportgruppe Reynolds fand. Ihr Leiter, Ex-Rennfahrer Eusebio Unzue, war als Futtermittelhersteller jahrelang Geschäftspartner von Vater Indurain gewesen, und der Sohn hatte – ohne Führerschein – mehr als eine Fuhre Maiskolben aus dem nur vier Kilometer entfernten Villava zu ihm kutschiert. Man kannte sich also.

Dass er mit Miguel einen Rohdiamanten hatte, bekam Unzue spätestens am 16. Juli 1983 bestätigt. Indurain gewann bei 40 Grad Hitze in Elda-Alicante die spanische Amateur-Meisterschaft. Es war der Tag seines 19. Geburtstages. Und José-Miguel Echevarri, der als Sportlicher Leiter des Profi-Teams mit Reynolds gerade eine erfolgreiche

Tour de France bestritt (Angel Arroyo Gesamtzweiter hinter Fignon), rief aufgeregt aus Frankreich seinen Amateurtrainer an: »Ist das etwa unser Neuer, der da gewonnen hat?«

Man beeilte sich, das Talent an die Angel zu nehmen, bevor die Konkurrenz es tat, und gab Indurain für 1984 einen Profivertrag. Der Aufbau wurde behutsam geplant. Trotzdem traute das Tandem Echevarri/Unzue dem Eleven bereits 1985 die – damals noch im Frühjahr gefahrene – Vuelta zu. Der Schnupperkurs Tour de France im gleichen Jahr fiel mit nur vier Etappen dann etwas kürzer als geplant aus. Indurains 90 Kilogramm Körpergewicht waren einfach zu viel. Diese Auffassung teilte bei einem Besuch im italienischen Ferrara auch Professor Conconi. Der berühmte Guru und Macher von Francesco Moser stellte aber gleichzeitig Leistungswerte fest, die genauso gut waren wie bei seinem hochtrainierten Star. Dem freudig überraschten José-Miguel Echevarri stellte der Maestro ein Programm zusammen, das seinen Schützling um zehn Kilo erleichtern sollte, ohne dabei dessen feinfaserige Muskelmasse zu beeinträchtigen. Das Resultat: Ein athletischer gewordener Indurain beendete 1986 erneut die Vuelta, gewann die Rundfahrt der Europäischen Gemeinschaft und sammelte bis zum geplanten Ausstieg in Pau diesmal schon zwölf Tage Tour-de-France-Erfahrung.

1987 dann drehte Miguel stolz die erste Ehrenrunde auf den Champs-Élysées. Er hatte sich – wie auch in den kommenden Jahren – als Helfer seines Kapitäns Pedro Delgado bewährt. Echevarri erinnert sich: »Ich drückte ihm aus dem Auto heraus einen Zettel in die Hand und sagte, ›du hast Paris erreicht, jetzt bist du ein Rennfahrer. Das hier ist dein Ausweis für die Zukunft‹. Auf das Papier hatte ich hastig gekritzelt: ›Du hast eine große Karriere vor dir!‹«

Bevor es 1991 damit soweit war, diente Indurain weiter ergeben seinem Kapitän Pedro Delgado, half ihm 1988, die Tour zu gewinnen, und danach, Dritter und Vierter zu werden. Der lustige, mitteilsame Pedro Delgado war seinerzeit ein spanisches Sportidol und hat bis heute, als Fernsehkommentator, von dieser Popularität kaum etwas verloren.

1991: Mit Goya und Picasso

Am Start in Lyon waren sie noch »gleichberechtigte Partner«, um für Reynolds die 78. Tour zu gewinnen. Genüsslich malte Teamchef Echevarri vor den Medien das Bild, mit Pedro Delgado und Miguel Indurain sozusagen Goya und Picasso in einer Mannschaft zu haben. Über ihr »künstlerisches Gewicht« sollte das Rennen entscheiden. Spaniens Medien – vertreten durch 65 Reporter aller Sparten – waren wie in den Jahren zuvor auf »Perico« Delgado eingeschworen. Daran änderte sich auch nicht viel, als Indurain, der Nordspanier, am achten Tag in Alençon/Normandie zum ersten Mal ein Einzelzeitfahren gewann (acht Sekunden vor Greg LeMond) und Delgado dabei mehr als zwei Minuten einbüßte. Doch der Sieger von 1988 spürte deutlich, dass er »nicht die Form der letzten Sommer« hatte und stellte sich fortan in den Dienst des Teamgefährten, um die Favoriten LeMond und Breukink zu bezwingen. Aber dieses Thema sollte sich auch ohne ihr Zutun erledigen. Breukink schied nach einer mysteriösen Lebensmittelvergiftung mit der gesamten PDM-Mannschaft aus, und der Amerikaner brach in den Pyrenäen ein.

Als die Karten auf jener Königsetappe nach Val-Louron neu gemischt wurden, drängte der erfahrene Fuchs Delgado den zaudernden Indurain, endlich einmal anzugreifen. Der tat es in der Abfahrt (!) vom Tourmalet. Fast eine Minute holte er gegen Chiappucci, Bugno, Mottet und Hampsten heraus. Nur einer holte ihn danach wieder ein, »El Diabolo« Claudio Chiappucci. Das Teufelchen aus Italien schloss mit dem Spanier einen Pakt. Der Riese Indurain, »die Pedale streichelnd wie einst Hugo Koblet« (so schwärmte Raymond Poulidor), und der gedrungene, das Rad fast zerreißende Chiappucci – diese Kampfgemeinschaft distanzierte die Konkurrenz um Minuten. Keine Frage, dass der Etappensieg – wie es der Ehrenkodex vorschreibt – an den Italiener ging, denn Miguel Indurain schlüpfte an diesem 19. Juli 1991 zum ersten Mal in das Gelbe Trikot. »Das muss eine Kindergröße sein«, scherzte er gegenüber seinem Lehrmeister aus Amateurtagen, Eusebio Unzue, »es sitzt so eng, dass ich es bis Paris gar nicht mehr ausziehen kann.« Musste der 27-jährige auch nicht. Unterstützt von Delgado, von einer starken Mann-

Im Kampf gegen die Uhr – schier unschlagbar – legte Miguel Indurain die Basis für seine fünf TdF-Siege in Serie zwischen 1991 und 1995. Meisterwerke der Technik wie 1994 das »Schwert« (Espada) von Maestro Pinarello halfen dabei.

schaft, in der der Franzose Jean-François Bernard ein *Équipier de luxe*, ein Edelhelfer wurde, wehrte Indurain alle Angriffe wie den von Bugno in Alpe d'Huez klug und zugleich generös ab. Soll heißen, er gönnte auch anderen Erfolge.

Nach einem zweiten Zeitfahrsieg in Mâcon zog Indurain gefeiert wie ein Torero in die Arena Paris ein, als der nach Federico Bahamontes (1959), Luis Ocaña (1973) und Pedro Delgado (1988) vierte Tour-de-France-Sieger Spaniens. Unter den 500 000 Zuschauern, die »die Krönung des Königs Miguel I.« erlebten, jubelten die folkloristisch gekleideten 300 Schlachtenbummler aus Villava, dem Heimatdorf des Triumphators der Bescheidenheit, am lautesten. Vater Miguel und Mutter Isabel genossen den Sieg auf der Ehrentribüne. Bei der rauschenden Fete im noblen Restaurant »La Dorada« in der Avenue George V verriet José-Miguel Echevarri in Champagnerlaune, dass sein sonst so gelassener Schützling Miguel just am Abend vor Paris einmal explodiert sei. Als er hörte, dass ihn nach der offiziellen Siegerehrung noch verschiedene andere Empfänge erwarten würden, u.a. im Pariser Rathaus sowie in der spanischen Botschaft, habe er – nicht ganz leise – gedroht: »Wer ist hier eigentlich die Tour gefahren? Ich bin müde und feiere, wo ich will; vielleicht sogar allein!«

Nur etwas verriet der schlaue Sportliche Leiter den neugierigen, mit Indurain (!) und Banesto feiernden 65 spanischen Journalisten nicht – welcher seiner Maler denn nun gewonnen hatte: Indurain alias Goya oder Picasso alias Indurain …

78. Tour de France 1991

Startort Lyon – 3 914 km – 22 Etappen – 22 Mannschaften – 198 Fahrer – 158 am Ziel

1. M. Indurain (Banesto) 101 h 1'20", Durchschnitt= 38,747 km/h
2. G. Bugno (Gatorade) 3'36"
3. C. Chiappucci (Carrera) 5'56"
4. C. Mottet (RMO) 7'37"
5. L. Leblanc (Castorama) 10'10"
6. L. Fignon (Castorama) 11'27"
7. G. LeMond (Z) 13'13" …
9. P. Delgado 20'10" …
32. U. Ampler (Histor) …
63. D. Krieger (Helvetia) …
65. A. Kappes (Histor) …
79. R. Gölz (Ariostea) …
114. O. Ludwig (Panasonic) …
139. J. Schur (Gatorade) …
156. T. Barth (TVM) …
158. und als letzter R. Harmeling (TVM) 3 h 25'51"

Aufgaben: u.a. R. Sörensen (Ariostea) Sturz im Gelben Trikot 6. Etappe … U. Raab, F. Boden (beide PDM) 10. Etappe … R. Stumpf (Histor) 17. Etappe
Grünes Trikot: Dj. Abduschaparow (Carrera)
Bergkönig: C. Chiapucci (Carrera)

1992: »Indurain – ein bestialischer Anquetil«

Ein Traumstart in Gelb für Indurain. Fast vor der Haustür – Villava ist nur 80 Kilometer entfernt – gewinnt der Vorjahressieger in San Sebastian den Prolog. Leider liegen über dem Auftakt im radsportbegeisterten Baskenland Rauchwolken. Die ETA droht und zündelt acht Begleitwagen an. Verhandlungsgeschick und Einsicht bewahren das Sportereignis vor vielleicht Schlimmerem.

Schlimm ist dagegen der Auftakt für den Kölner Marcel Wüst. Sein lang erträumtes Tourdebüt endet auf der ersten Etappe: Schlüsselbeinbruch. Deprimierend später in Alpe d'Huez der körperliche Zusammenbruch des dreimaligen Siegers Greg LeMond. Erfreulich aus deutscher Sicht am Ende der tolle zehnte Platz von Jens Heppner und Olaf Ludwigs Kaisersprint auf den Champs-Élysées. Überragend zum zweiten Mal Seine Exzellenz Miguel I. So blumenreich wie die immer neuen Attribute, so eindrucksvoll ist seine Regentschaft. Dass der Franzose Pascal Lino dank einer Marathonflucht das Gelbe Trikot zehn Tage lang – von Bordeaux bis zum Mont Blanc – trägt, kann den langen Spanier nicht aus der Ruhe bringen. Indurain holte sich »seine« Zeit zweimal im Kampf mit dem unsichtbaren Gegner Stoppuhr und auch zweimal Mann gegen Mann in den Alpen.

Die beiden 92er Zeitfahrsiege sind Legende geworden. Luxemburg, das waren sowohl 65 Kilometer fahrerische Demonstration auf schwerem Parcours mit einer Maximalübersetzung von 54:12 (9,61 Meter pro Umdrehung) und einem Stundenmittel von 49,036 km/h, als auch 65 Kilometer lang eine Lektion für die Konkurrenz. Drei Minuten betrug der Vorsprung auf den Zweiten, Banesto-Teamgefährte De Las Cuevas; umgerechnet eine Differenz von 2,4 Kilometer! Weltmeister Gianni Bugno verlor als Dritter das »kleine Vermögen« von 3 Minuten 41, noch mehr Greg LeMond 4'04" … Alex Zülle 4'29" … Claudio Chiappucci 5'26" … Laurent Fignon 6'01". »So etwas hat es nicht einmal bei Jacques Anquetil gegeben«, stellte Raphael Geminiani bewundernd fest, der Kollege und Freund des größten Zeitfahrers aller Zeiten. Und fügte hinzu: »Ein bestialischer Anquetil, dieser Indurain.«

Einem »Stundenweltrekord auf der Straße« glich das zweite Einzelzeitfahren von Tours nach Blois. Rakete Indu-

79. Tour de France 1992

Startort San Sebastián – 3 983 km – 21 Etappen. –
22 Mannschaften – 198 Fahrer – 130 am Ziel

1. M. Indurain (Banesto) 100 h 49'30",
   Durchschnitt = 39,504 km/h (Rekord)
2. C. Chiappucci (Carrera) 4'35"
3. G. Bugno (Gatorade) 10'49"
4. A. Hampsten (Motorola) 13'40"
5. P. Lino (RMO) 14'37"
6. P. Delgado (Banesto) 15'16" ...
10. J. Heppner (Telekom) 25'30" ...
35. U. Bölts (Telekom) ...
53. D. Krieger (Helvetia) ...
78. M. Kummer (PDM) ...
96. O. Ludwig (Panasonic) ...
128. A. Kappes (Telekom) ...
130. und Letzter F. Quevedo (Amaya) 4 h 12'11" zurück

Aufgaben u. a. M. Wüst (RMO) Sturz 1. Etappe, B. Gröne (Telekom) 5. Etappe, F. Boden (PDM) 7. Etappe, R. Aldag (Helvetia) 8. Etappe, O. Jentsch (Tulip) 10. Etappe, U. Ampler (Telekom) 12. Etappe, R. Stumpf (Telekom) 13. Etappe, R. Gölz (Ariostea) 14. Etappe
Grünes Trikot: L. Jalabert (Once)
Bergkönig: C. Chiapucci (Carrera)

rain erreichte auf der 64 Kilometer langen Strecke eine Durchschnittsgeschwindigkeit von 52,349 km/h. Sie ist seit über zehn Jahren die unangetastete Rekordmarke in einem Zeitfahren länger als 60 Kilometer. Im Gegensatz zu Luxemburg waren die Zeitabstände in Blois nicht so krass und deklassierend. Mit nur 40 Sekunden Rückstand auf den »Unersättlichen« verdrängte Weltmeister Bugno den Amerikaner Andrew Hampsten vom dritten Platz und nahm diesen zwei Tage später auch auf dem Podest in Paris ein.

Zu den wenigen, die Miguel Indurain auf dieser Tour angriffen, zählte Claudio Chiappucci. Der Italiener, der sich wenige Wochen zuvor schon im Giro gegen die Dominanz des Spaniers – wenn auch erfolglos – aufgelehnt hatte, probierte sein Glück noch einmal von St. Gervais

nach Sestrières. Zuerst in Gesellschaft, dann in einem grandiosen 125-Kilometer-Alleingang. »Il Diablo – wie einst Fausto Coppi«, feierte ihn Radsport-Italien. 40 Jahre nach dem Campionissimo hatte Chiappucci in Sestrières die Etappe, die Herzen und – wie im Giro – den zweiten Platz gewonnen. Indurain passte nur auf, dass das Teufelchen nicht zum Teufel für sein Gelbes Trikot wurde, was beinahe der Fall gewesen wäre. Denn zwei Kilometer vor dem Ziel im Olympiaort 2006 bekam er einen bösen »Hungerast«, konnte aber den Schaden mit 1'45" Rückstand in Grenzen halten.

Am Tag darauf, nach Alpe d'Huez, wollte es Chiappucci gleich noch einmal wissen. Doch diesmal zeigte Indurain sofort die Zähne, und der Italiener hatte Mühe, in den gefürchteten, steilen Kehren dessen Hinterrad zu halten. Sieger in Alpe d'Huez zum ersten Mal ein Amerikaner, Andrew Hampsten! Doch die Schlagzeile nach dem Alpen-Wochenende war dem Duo Indurain-Chiappucci gewidmet, dem »Abflug der Könige«. Bei der Bilanz in Paris gefragt nach einem seinem Tour-Sieger vergleichbaren Athleten, zögerte José-Miguel Echevarri nicht lange, den achtmaligen Olympiasieger Carl Lewis zu benennen:

Mutiger Herausforderer Indurains in den Bergen war »Teufelchen« Claudio Chiapucci, links hinter Indurain. Unvergessen sein Solo 1992 nach Sestrières.

»Seine Überlegenheit und Fairness; seine athletische Eleganz und seine Freundlichkeit – in ihm sehe ich Miguel!« Indurain machte natürlich wieder große Kasse: Generös entlohnte er alle Helfer und überließ ihnen die rund 800 000 Mark, die er eingefahren hatte. Dafür hatte der Tour-Sieger bei den kleinen, gut besuchten »Rennen der Revanche« seine ganz persönlichen Zahltage. Man sprach von 40 000 Mark pro Start.

Eine schöne Anekdote erzählte man sich im Herbst 1992. Miguel hatte zur Audienz bei Papst Johannes-Paul seinen über alles verehrten Vater mitgenommen. Stolz berichtete der danach: »Als der Papst meine Hand nahm, staunte er und sagte: ›Was haben sie doch für eine große Arbeiterhand.‹ Ich erwiderte: ›Heiliger Vater, fassen Sie mal die zweite an, die ist genauso.‹« Demütig, doch selbstbewusst.

1993: Pech und Pannen und das verhinderte Duell

Sie kamen beide als Sieger zum Startort Puy du Fou in der Vendée: Miguel Indurain hatte erneut den Giro gewonnen, Tony Rominger zum zweiten Mal die Vuelta. Die 80. Tour de France versprach ein 50:50-Duell. Es platzte leider viel zu schnell. Denn bereits auf der zweiten Etappe bei der hektischen Jagd der Sprinter (Abduschaparov, Cipollini, Ludwig, Nelissen) nach des Spaniers im Prolog gewonnenen Gelben und Grünen Trikot verlor Rominger seine wertvollen Helfer Olano und Arsenio Gonzales durch Sturzverletzungen. 48 Stunden später ein neues Handicap: 60 Strafsekunden für unerlaubtes Schieben nach einer Panne im Mannschaftszeitfahren.

Der Rückstand Romingers auf Indurain beträgt nun schon drei Minuten! Und erhöht sich im Einzelzeitfahren der 9. Etappe am lothringischen Lac de Madine auf beinahe sechs, weil der Schweizer durch einen Wolkenbruch und obendrein noch einen Reifenschaden regelrecht ausgebremst wird: »Meine Geschwindigkeit sank von 53 auf 33 km/h und das über drei Kilometer. Als das Schlimmste vorüber und ich wieder im Rhythmus war, bekam ich den Platten ...« Zwei Stunden später fegte – wieder bei schönstem Wetter – der »gelbe Tornado« Indurain über den 59 Kilometer langen Rundkurs. In Bestzeit und 2'42" schneller als Pechvogel Rominger. Auch er hatte einen Pannenstopp. »Zum Glück«, freute sich sein vier Jahre jüngerer

Bruder Prudencio, der seine erste Tour bestritt. »Miguelino wäre sonst noch schneller gewesen und ich wegen Zeitüberschreitung aus dem Rennen geflogen.« Mit 17 Minuten 48 Rückstand war Prudencio deutlich auf dem letzten Platz gelandet.

Rein äußerlich war der Unterschied zwischen großem und kleinem Bruder keineswegs wie Tag und Nacht. Ab und zu wurden sie von Autogrammjägern sogar verwechselt. »Damit entlaste ich Miguel ein bisschen« schmunzelte Prudencio. »Im Rennen bin ich wie alle anderen sein Ayudante, sein Helfer; erst am Abend wieder der Bruder.« Und Zimmerkumpel wie in der Kindheit. Gemeinsam gingen sie im heimischen Villava auf Rebhuhnjagd, gemeinsam »jagten« sie auch Pins. Diese nicht erwartete Sammelleidenschaft offenbarte Miguel höchstpersönlich während des gemeinsamen Eisenbahntransfers von Bordeaux in Richtung Tourfinale Paris. Kollege Fips Saur, als Kameramann auch im ZDF-Studio Madrid gewesen, hatte meine Interviewfragen zur Freude Indurains in bestem Spanisch gestellt. Anschließend überraschte uns Miguel mit der Bitte um zwei der damals sehr beliebten Anstecknadeln: »Dos pins alemán, por favor!« Tatsächlich hatte ich ein paar in der Westentasche, als Honorar gewissermaßen für besondere Gefälligkeiten; es waren sogar Pins von den Olympischen Spielen in Barcelona, mit denen wir uns bei den Indurain-Brüdern bedanken konnten.

Zurück zur Renngeschichte 1993: Wie Indurain erwartet hatte, ging Tony Rominger in den Alpen in die Offensive. Der Schweizer griff ihn mehrmals an, besonders massiv am Col du Télégraphe (10. Etappe) und am Tourmalet (11. Etappe). Beide Versuche scheiterten an der Kraft und Intelligenz des spanischen Tour-Tegenten; aber auch, weil der polnische Aufsteiger Zenon Jaskula am zweiten Tag nicht bereit war, Rominger zu unterstützen, als dieser, mit ihm im Schlepptau, Indurain am Tourmalet schon fast eine Minute abgenommen hatte. Der Schweizer konnte im Duell der Großen zwar keine Zeit gutmachen, dafür aber in Serre Chevalier und Isola 2000 zwei der schönsten Siege seiner Laufbahn feiern: »Sie sind vielleicht wertvoller als ein Podestplatz in Paris.«

Im Sog des Zweikampfes der beiden Spitzenfahrer hatten sich überraschend zwei »Neue« durch die Tour-Hierarchie

In Tony Rominger (rechts) fand Indurain 1993 dreimal seinen Meister: zweimal in den Alpen, einmal sogar im Zeitfahren!

Bühne Tour de France. Der Sieger von 1988, der Indurain zuerst Lehrmeister und später »Leutnant« und Helfer war, charakterisierte seinen Nachfolger beim *Adiós:* »Miguel ist kein Übermensch. Er leidet in der Attacke genau wie wir; aber er trägt eine Maske und keiner weiß, ob es ihm gut oder schlecht geht. Das ist seine Stärke ... Er ist ähnlich wie Bugno ein bisschen zu ernst; aber genau wie guter Wein wird er im Laufe der Jahre immer besser, jedoch nie ein Humorist ... Auf einer Tour sah ich ihn abends mit einem Buch im Bett: ah, du liest ... hm ... Das Jahr darauf hat er das Buch wieder dabei ... Immer noch das gleiche? ... Ja, bin noch nicht ganz fertig ... Und noch ein drittes Mal: Miguel, du liest es ja immer noch ... Ja, immer nur eine Seite – danach schlafe ich ein.« *Buenas noches,* bis zur nächsten Etappe!

nach vorn gekämpft, der schmächtige schwarzhaarige Kolumbianer Alvaro Mejia und der kompakte blonde Pole Jaskula. Beide verteidigten auch bis nach den Pyrenäen ihre Plätze zwei und drei hinter Chrono-Maître Indurain, während Rominger – als Nummer vier und im Leibchen des Bergkönigs führend – bis zum Schluss von der Hypothek des Pechs und der Pannen vom Tour-Beginn belastet wurde. Er tilgte sie am vorletzten Tag im Einzelzeitfahren von Brétigny-sur-Orge nach Montlhéry (48 Kilometer). Sein Sieg – 42 Sekunden vor Miguel Indurain – war eine Lektion für die Konkurrenz, wie sie sonst nur der Spanier zu erteilen pflegte; zudem eine Botschaft an gewisse Kritiker, die seine Siege in den Alpen hatten schmälern wollen. Tony Rominger ist damit doch noch Zweiter geworden vor Zenon Jaskula. Diskussionen über einen möglichen Sieg, wenn er vom Pech verschont geblieben wäre, ließ der ehrliche und faire Schweizer nicht zu: »Ich hätte diesen Indurain nicht schlagen können«.

Mit der Tour '93, die den Gastgebern eine schwere Niederlage einbrachte – kein Franzose unter den besten Zehn –, und bei der Olaf Ludwig in Montpellier ebenso einen Etappensieg feierte wie in Verdun der Neuling Lance Armstrong, in der die Vorjahresdritte Gianni Bugno völlig unterging, verabschiedete sich Pedro Delgado von der

80. Tour de France 1993

Startort Puy du Fou – 3 714 km – 20 Etappen – 20 Mannschaften – 180 Fahrer –136 am Ziel

  1. M. Indurain (Banesto) 95 h 57'09".
     Durchschnitt = 38,709 km/h
  2. T. Rominger (Clas) 4'59"
  3. Z. Jaskula (G.B.M.) 5'48"
  4. A. Mejia (Motorola) 7'29"
  5. B. Riis (Ariostea) 16'26"
 25. Udo Bölts (Telekom) ...
 56. R. Aldag ...
 62. J. Heppner ...
 87. Ch. Henn ...
 98. U. Raab ...
 99. G. Audehm ...
111. M. Kummer (alle Telekom) ...
126. P. Indurain ...
136. und Letzter E. Van Hooydonck (Wordperfekt)
     3 h 30'15" zurück.

Aufgaben u. a. Fignon (Gatorade) 11. Eappe, Armstrong (Motorola) 12. Eappe, O. Ludwig (Telekom) 15. Eappe, E. Breukink und L. Jalabert (beide Once) 17. Etappe Grünes Trikot: D. Abduschaparow (Lampre-Polti) Bergkönig: T. Rominger (Clas)

1994: Die vierte Dimension

»König Miguel gestürzt – und reif für Tony« schrieb Kollege Martin Born Mitte Juni '94 aus Mailand für seine Schweizer Zeitung SPORT. Grund zu dieser Feststellung war Indurains erste Niederlage im Giro und Romingers imposanter dritter Erfolg in Spanien. Es schienen das Tief von Sponsor Banesto und die Knieprobleme des Frühjahrs an der Form Indurains genagt zu haben, und vielleicht auch der laute Zorn in Spaniens Medien, dass er zum dritten Mal der Vuelta einen Korb gegeben hatte und dem »Ruf des Berlusconi-Geldes« nach Italien gefolgt war. All das erwies sich im Juli als Spekulation. Indurain beherrschte die Tour auch in der vierten Dimension.

Bevor aber seine Zeit kam, hatte es ein paar andere Höhepunkte gegeben: Neuling Chris Boardman eroberte auf einem Lotus-»Wunderrad« im Prolog von Lille das Gelbe Trikot. Die Marke von 55,152 Stundenkilometer (für 7,2 Kilometer) ist unübertroffen. Unvergessen der durch einen fotografierenden Polizisten verursachte Sturz beim Zielsprint der 1. Etappe. Der Belgier Wilfried Nelissen und Laurent Jalabert kamen schwer verletzt ins Krankenhaus. Eindrucksvoll das Zwei-Tage-Gastspiel in Brighton und Portsmouth. Zwei Millionen Zuschauer und eine Jung-

Auch am Berg stilistisch eine Augenweide. Doch gewonnen hat er dort nie. Dem generösen Don Miguel genügten die Zeitfahren. Hinter ihm: Zülle und Riis.

fern-Werbefahrt durch den Eurotunnel ... Ein bisschen Wehmut beim endgültigen *good bye* des zum Schattenmann gewordenen Greg LeMond auf der 6. Etappe. Etappe neun ist nach den Vorgefechten – Johan Museeuw fährt in Gelb – der erste Tag der Wahrheit; das 64-Kilometer-Einzelzeitfahren von Périgueux nach Bergerac. Es ist so gnadenlos heiß, dass der Asphalt an manchen Stellen aufweicht. Tony Rominger klebt das schwarze Pech im wahrsten Sinne des Wortes am Rad ... ein Reifenschaden kostet den Schweizer wertvolle 30 Sekunden; doch als Miguel Indurain nach seinem Sturmlauf genau zwei Minuten schneller gewesen ist, bekennt er offen: »Miguel ist nicht zu besiegen.« Wie aber erst ergeht es den anderen! Der Sieger von Lille, Boardman, bekommt fünfeinhalb Minuten, die beiden, die zwei Wochen später in Paris neben dem Spanier stehen sollten, Ugrumow und Pantani, büßen sechs und elf Minuten ein. Indurains »Schwert« – spanisch: *Espada,* so heißt die Zeitfahrmaschine aus der Werkstatt Pinarello – hat zugeschlagen. Ebenso gnadenlos wird der einzige ernste Konkurrent des Gelben Trikots von der so genannten Rache Montezumas getroffen: Rominger plagen und schwächen in den Pyrenäen Magen-Darmprobleme und Durchfall. »Als ich Tony auf dem Weg nach Luz-Ardiden nicht an meiner Seite sah, wusste ich, dass mit ihm etwas nicht stimmen konnte«, sagt Indurain später. Der Schweizer, der mit einem fast vierwöchigen Höhen-Spezialtraining in Colorado/USA alles für eine erfolgreiche Tour getan hatte, muss sie, ausgehöhlt, verlassen. »Die größte Enttäuschung meiner Karriere.«

Der Spanier aber ist mit seiner starken Mannschaft fortan nur noch Kontrolleur des Rennens. Die Franzosen feiern die Siege von Luc Leblanc in Luchon-Hautacam und Richard Virenque in Luz-Ardiden. Bewundernswert ist das 171 Kilometer lange Solo von Eros Poli. Der lange Italiener (1,93 Meter!) gewinnt in Carpentras. Auf dieser Etappe wird Indurain in der Abfahrt vom Ventoux von einem Schutzengel begleitet. Mit blockierendem Hinterrad entgeht er nur um Zentimeter einem Absturz. Als der Dominato(u)r auch in den Alpen keinen Siegeshunger zeigt und sich der Lette Piotr Ugrumow dort nach vorn schiebt, wird es manchen langweilig. »Aber das ist nicht

Indurain war auch am Mikrofon bescheiden. Am liebsten antwortete er auf Spanisch und seine zweite Stimme Francis Lafargue übersetzte.

Miguels Schuld«, verteidigt ihn Bernard Hinault. »Er will in Paris gewinnen und ist nicht verpflichtet, unterwegs ein Feuerwerk abzubrennen. Seine Konkurrenten sollten ihm Feuer machen!«

Indurains vierter Triumph der Vernunft ist so beeindruckend, dass man es dem Herrn und Meister schon für das nächste Jahr schriftlich gibt: »Indurains Nachfolger heißt Indurain.«

Aus deutscher Sicht beeindruckend – und von mir mit einem Sternchen der Sympathie versehen – die Leistung von Udo Bölts. Nach einer starken Alpenwoche erreicht das Telekom-Urgestein Paris als Neunter – die beste Platzierung in seinen (bis 2003) immer vollendeten zwölf Frankreichrundfahrten.

So wie Udo Bölts sehr bald für Bjarne Riis und noch mehr für Jan Ullrich ein besonderer Helfer werden sollte, war es der Franzose Jean-François Bernard viermal an der Seite Miguel Indurains. 15 589 Kilometer *Équipier de luxe* – »für mich eine Ehre«, zog der Franzose aus der Weinregion Burgund beim *adieu* Bilanz. »Mein persönlicher Spitzname für Miguel war Père-Noël, eben weil er wie ein Weihnachtsmann im Rennen gelegentlich Geschenke verteilte. Er wollte nicht alles an sich raffen, sondern auch anderen Erfolge gönnen ... als ich neu war im Team und er zum Abendessen im schicken Trainingsanzug erschien,

während wir im T-Shirt saßen, dachte ich, hoppla, der Typ ist nicht wie alle anderen gestrickt ... Das trifft auch auf meine vorherigen Chefs zu: Bernard Hinault – das war die kesse Lippe mit Herz und Courage, manchmal wie ein großer, frecher Bruder ... Greg LeMond war mehr Businessman als Rennfahrer. Der kam aus einer anderen Welt, aber immer super-sympathisch und bereit, ein bisschen zu spinnen ... Miguel ist von allen Dreien der größte für mich gewesen: Auf dem Rad *magnifique*, eine Verkörperung der Klasse – und menschlich ein Diamant.«

Sehr sympathisch ist mir dieser Jean-François Bernard während meiner Reporterzeit bei Eurosport geworden –

81. Tour de France 1994

Startort Lille – 3 978 km – 21 Etappen – 21 Mannschaften – 189 Fahrer – 117 am Ziel

1. M. Indurain (Banesto) 103 h 38'38",
   Durchschnitt = 38,381 km/h
2. P. Ugrumow (Gewiss-Balan) 5'39"
3. M. Pantani (Carrera) 7'19"
4. L. Leblanc (Festina) 10'03"
5. R. Virenque (Festina) 10'10"
6. R. Conti (Lampre) 12'29"
9. U. Bölts (Telekom) 25'19" ...
14. B. Riis (Gewiss-Balan) ...
28. G. Audehm ...
38. R. Aldag ...
60. J. Heppner (alle Telekom) ...
80. J. Museeuw (GB-MG) ...
84. U. Raab ...
97. M. Kummer ...
105. O. Ludwig ...
106. C. Henn (alle Telekom) ...
117. Letzter J. Talen (Mercatone) 3h 39'03"

Aufgaben: u. a. G. LeMond (Gan) 6. Etappe, C. Chiappucci (Carrera) 12. Etappe, T. Rominger (Mapei-Clas) 13. Etappe, E. Zabel (Telekom), G. Bugnos (Polti) beide 14. Etappe, L. Armstrong (Motorola) 15. Etappe
Grünes Trikot: D. Abduschaparow (Polti)
Bergkönig: R. Virenque (Festina)

als hilfsbereiter Kollege und als Bonvivant. Kein Rotwein nach getaner Arbeit, der nicht von ihm empfohlen worden war!

Nachtrag: Tony Rominger kam nach seinem Tour-de-France-Pech noch einmal groß in Form. Er stellte am 5. November 1994 in Bordeaux mit 55,291 Kilometern einen neuen Stunden-Weltrekord auf, wurde die Nummer eins der UCI-Weltrangliste und bekam von der Elite der internationalen Radsportjournalisten und der renommierten französischen Zeitschrift Vélo das Goldene Fahrrad 1994 verliehen.

1995: Fünf von fünf – Indurain im Pantheon

Es war kein neuer, wohl aber ein etwas anderer Indurain, den wir auf dem Weg in den »Tempel der Götter« kennen lernten: Miguel, den Angreifer. Diese bei ihm lang vermisste Tugend gab seinem fünften Tour-Triumph, mit dem er zu Jacques Anquetil, Eddy Merckx und Bernard Hinault aufschloss, einen zusätzlichen Glanz.

So verblüffte der Spanier in Belgien mit einer »Ardennen-Offensive«, in den Alpen mit einem Sturmlauf nach La Plagne und in den bizarren Steigungen von Ardèche und Lozère mit einer verbissenen Attacke, als Gefahr im Verzug war: Drei willkommene Supplements zu seiner pro-

Meistens rollte Indurain sehr spät zur Einschreibekontrolle. Er wollte dem Heer der Journalisten entgehen. Trotzdem fing ich ihn einmal an der Treppe ab: »Miguel, un minuto solamente ...«.

grammgemäßen Überlegenheit im Zeitfahren, an der allerdings ein Kronprinz Namens Bjarne Riis zweimal sanft rüttelte. Es setzten sich aber auch andere Dauphins in Szene: Alex Zülle in La Plagne, Marco Pantani in Alpe d'Huez und Guzet-Neige, Laurent Jalabert am französischen Nationalfeiertag. Doch dass sie den »Außerirdischen« hätten in Gefahr bringen können, so lang ließ er die Leine auch diesmal nicht. Und auf den Flachetappen konnten die Sprinter sowieso wie eh und je schalten und walten. Zum ersten Mal mischte Erik Zabel erfolgreich mit: zwei Etappensiege in Charleroi und Bordeaux gegen Cipollini, Blijlevens, Abduschaparov und Compagnons. Ein Jahr später sollte das Grün bei ihm in Serie gehen ...

Indurain setzte sein erstes Ausrufezeichen, als keiner damit rechnete, nämlich am Tag vor dem ersten großen Einzelzeitfahren, auf der 6. Etappe von Charleroi nach Lüttich. »Der Angriff war eigentlich nicht geplant; als jedoch Rominger und Berzin auf den Steigungen unerwartete Mühe hatten, dachte ich, hoppla, das ist eine Chance«, erzählt er später. Und die Côte du Mont Theux, berüchtigt vom Frühjahrsklassiker Lüttich–Bastogne–Lüttich, ging als Ausgangspunkt des Vorstoßes in die Geschichte der Tour '95 ein. Dass Indurains einziger Gefolgsmann auf diesen tempogeladenen 25 Kilometern ausgerechnet ein Belgier war, und dass dieser Johan Bruyneel nicht nur die Etappe, sondern auch das Gelbe Trikot gewann, versetzte das Radsportland in Begeisterung. Bruyneel – heute Teamchef bei Lance Armstrong – berichtete danach, er habe sich »hinter dem Turbo Indurain wie im Sog eines Motorrades gefühlt«. Die beiden Mitfavoriten aber, denen der Psychocoup des Spaniers gegolten hatte, Giro-Sieger Tony Rominger und Vize Ewgeni Berzin, verloren 50 wertvolle Sekunden. Sehr bald bestätigte ihre Form die Vermutung, dass eine auf Sieg gefahrene Italienrundfahrt und anschließend eine erfolgreiche Tour kaum noch möglich sind. Während Berzin nach zehn Etappen aufsteckte, zeigte der Schweizer – viel gelobt – wie immer Format und erreichte Paris als Achter.

Zum zweiten Temperamentsbeweis wurde der »spanische Stier« von Romingers Landsmann Alex Zülle gereizt. Der hatte auf der Alpenetappe nach La Plagne das von Indurain im Zeitfahren gewonnene Gelbe Trikot bereits

»virtuell« auf den Schultern. Als der Spanier davon erfuhr, lag er fünf Minuten zurück, und von Aime im Tal waren es nur noch 18 Kilometer bis nach oben zum Ziel. Nun, den Lift nahm Indurain nicht gerade, aber seine Beine, diese langen »Orgelpfeifen«, die bei einem Test 30 Minuten lang 550 Watt getreten hatten, trugen ihn fast genauso schnell nach La Plagne, sodass Sieger Alex Zülle nur noch zwei Minuten Vorsprung hatte. »Wenn Indurain auf diesem Niveau weiterfährt, müssen wir noch eine Menge mitmachen«, stöhnte der Schweizer, für den das Gelbe Trikot nur ein kurzer Flirt gewesen war, während der in La Plagne erkämpfte zweite Platz eine schöne Realität bis Paris bleiben sollte.

Die Ankunft im Ort der olympischen Bob- und Rodelwettbewerbe von 1992 wird mir unvergessen bleiben, brach doch dort eine Viertelstunde nach Zülles Zieldurchfahrt ein Unwetter aus, das den bis dahin herrlichen Hochsommertag regelrecht hinwegspülte. Mehr noch, mein Team und ich warteten mit Telekom-Betreuer »Eule« Rutenberg am Ziel pudelnass und frierend eine Ewigkeit auf Olaf Ludwig. Wir ahnten, dass der 35-jährige geschwächte Thüringer an diesem Tage seine letzte Etappe fahren würde. Nur deshalb zeichneten wir seine Ankunft, 55 Minuten nach dem Sieger und außerhalb der Kontrollzeit, mit der Kamera auf – als ein Dokument des Respekts vor einem, der in Deutschland erfolgreich und sympathisch Radsportgeschichte geschrieben hat wie nur wenige andere.

Ein paar Tage später, am *Quatorze*, dem französischen Nationalfeiertag, versuchte Laurent Jalabert – im Grünen Trikot – den »Sturm auf die Bastille«, d.h. er wollte bei einem Rückstand von neun Minuten Indurain das Gelbe Trikot abjagen. Unglaublich, aber fast wäre das Unternehmen 14. Juli geglückt! Assistiert von zwei Teamgefährten und zwei hilfsbereiten Italienern, fuhr Jalabert auf der Achterbahnstrecke zwischen St. Étienne und Mende runde zehn Minuten heraus. Erst dann schrillten beim etwas leichtsinnigen spanischen Leader die Alarmglocken. Da auch Zülle und Riis ihre Felle wegschwimmen, sprich: die Plätze zwei und drei in Gefahr sahen, leisteten sie Indurain bei der von ihm diktierten Aufholhatz Gesellschaft. Jalaberts Siegessolo über 198 Kilometer zu ver-

Ein Leader fährt zur Sicherheit auch in den Abfahrten weit vorn. Indurain – Erkennungsfarbe Gelb – hier an vierter Position.

hindern, gelang nicht mehr, dafür aber Schadensbegrenzung. Indurain und Zülle blieben vorn. Lediglich Bjarne Riis sah seinen Podiumsplatz nun von Jalabert gefährdet.

Die Tour war spannend und schön – bis sich zu Beginn der letzten Woche Trauer über sie legte, als der Italiener Fabio Casartelli in den Pyrenäen sein Leben verlor. Das Unglück geschah bei Kilometer 34 der 15. Etappe von Saint-Girons nach Cauterets. Casartelli versteuerte sich in einer Kurve bei der Abfahrt vom Col de Portet d'Aspet, stürzte und schlug mit ungeschütztem Kopf gegen einen Begrenzungsstein aus Granit. »Selbst wenn in 50 Meter Nähe ein Hospital gewesen wäre«, beschrieb Tourarzt Dr. Gérard Porte die Situation, »hätten wir ihn nicht retten können.« Fabio Casartelli, 24 Jahre alt, Olympiasieger 1992 in Barcelona, Profi im US-Motorola-Rennstall, starb zweieinhalb Stunden nach dem Unfall im Krankenhaus von Tarbes. Tour-Chef Jean-Marie Leblanc gab die Katastrophe am frühen

1995 in Saint-Girons (französische Pyrenäen): Geburtstagsüberraschung zum »31.« für den spanischen Bauernsohn. Aus dem Kalb ist in Pamplona eine gute Zuchtkuh geworden, versicherte mir Miguel 2003.

Nachmittag über Radio Tour bekannt. Das Rennen lief weiter, aber die Sportlichen Leiter zögerten, ihre Fahrer zu informieren. Selbst die von Motorola erfuhren das tragische Geschehen, bestürzt und fassungslos, erst am Ziel. Richard Virenque, der nach 120 Kilometern Alleingang diese traurige Königsetappe gewann, durfte – uninformiert – noch Handküsse verteilen und seine Siegesblumen ins Publikum werfen. Gesten, anzulasten einem unsensiblen Tour-Protokoll, die Virenque später bedauerte und die ihn veranlassten, am Abend in der Krankenhauskapelle von Tarbes persönlich Abschied von Casartelli zu nehmen. Während ich das Geschehen vom Jahre 1995 noch einmal nachzeichne, kommt die Nachricht vom Renntod des Kasachen Andrej Kiwilew bei Paris–Nizza 2003. Auch er trug wie Casartelli keinen Sturzhelm ... Dieser tragische Zufall vertieft die Empfindungen von damals. Der Start am Tag danach: Als Journalist hat man Skrupel, die Emotionen mit der Kamera festzuhalten; den Schmerz des Motorola-Teams, das sich – auch auf Wunsch der Witwe – entschlossen hatte, weiterzufahren; das mit rauer Stimme fast geflüsterte Statement Hennie Kuipers; die bei der Gedenkminute den Lenker umkrampfenden Hände des Miguel Indurain oder die Tränen Erik Zabels, der

Vierter wurde, als Casartelli olympisches Gold gewann. Danach ein Krankenhausbesuch bei Dirk Baldinger. Der junge Südbadener aus dem Polti-Team war ein paar Meter oberhalb des unglücklichen Italieners gestürzt und mit einem Beckenbruch relativ glimpflich davongekommen, wie auch der Franzose Rezze, der zehn Meter in die Tiefe geschleudert, aber von dichtem Gebüsch aufgefangen wurde. Fünf Stunden später sehen die ZDF-Zuschauer in den Heute-Sportnachrichten unseren Tagesbericht und hören von Baldingers Optimismus, trotz Todesnähe wieder Rennen »wie vorher« fahren zu können. Realisiert haben wir diese Kurzreportage dank der Unterstützung der französischen Kollegen, bei denen wir die Bilder schneiden und nach Mainz überspielen konnten, bevor die Fahrer Pau erreichten.

Diese 16. Etappe am Tag danach war ungewöhnlich, war einmalig. 237 Kilometer ohne Rennhandlungen, keine Sprints, keine Duelle um Bergpreispunkte. Das Feld fuhr bei 38 Grad Hitze acht Stunden lang geschlossen im 30er Tempo. Es war eine von Richard Virenque und dem Italiener Davide Cassani angeregte Hommage für Casartelli. Bewegt hatte Tour-Direktor Leblanc diese Huldigung akzeptiert, so dass gleichsam ein bunter Trauerzug durch die Pyrenäen fuhr. Auch das Publikum, an der Strecke wie im Fernsehen, hat diese Geste verstanden. Kurz vor dem Ziel formierten sich die sechs Motorola-Fahrer zu einer geschlossenen Reihe, zu der die anderen, in 100 Meter Abstand respektvoll folgend, sie aufgefordert hatten. Symbolisch als Erster überquerte Andrea Peron die Linie, der beste Freund und Zimmergenosse Fabio Casartellis. Keiner wurde auf dieser Etappe ohne Sieg und Wertung gefeiert und Miguel Indurain überbrachte das ihm zugedachte Ehrenbouqet der Mannschaft des Verunglückten. Am 23. Juli 1995 ging Miguel Indurain in Paris endgültig in die Legende ein – als erster fünffacher Sieger (ohne Unterbrechung) der Tour de France. Aber selbst als ihn 600 000 Menschen auf dem Pariser Prachtboulevard für diese Einmaligkeit feierten, zeigte Don Miguelon nur die gewohnte distanzierte Freude, vielleicht auch, »weil nach dem Unfall nichts mehr so wie vorher war«. Nach fünf Frankreichrundfahrten mit 19 224 Kilometern bezeichnete er die erste, 1991, als »die schönste, die beeindruckendste. Da gibt es nichts Vergleichbares. Der härteste Gegner war Claudio Chiappucci. Wie der mir zwei Jahre zusetzte, war das schon ein kleiner Teufel.«

Als Indurain 1996 auszog, die Tour ein sechstes Mal zu gewinnen, war seine Macht gebrochen. Er scheiterte – physisch, mental und unter Wert – an der Generation der Riis, Ullrich und Virenque und wurde Elfter. Bei Olympia in Atlanta allerdings zeigte er noch einmal *panache* und holte sich mit Glanz die Goldmedaille im Zeitfahren. Es war sein 99. und zugleich letzter Sieg. Danach geriet das Verhältnis zu Banesto und seinem Mentor Echevarri in die Krise. Man sprach von einem millionenschweren Wechsel zu Once. Nichts von alledem: Am 2. Januar 1997 erklärte Indurain in Pamplona seinen Rücktritt. An diesem Tag hielt Spanien den Atem an.

Inzwischen ist der Ex-Rennfahrer erfolgreicher Geschäftsmann. Er besitzt u. a. eine Auto-Generalvertretung, einen Sport-Supermarkt, ist Tourismus-Repräsentant und gefragter Kolumnist. Auch ein paar private Domizile hat er sich geschaffen: an den Hängen des Puerto Olaz in der Region Navarra, an der Küste bei Benidorm und in San Sebastian die »Villa Manolita« mit einem Traumblick auf die berühmte Concha.

»Stolz wie ein Spanier«: Fünfmal ging Miguel Indurain im Gelben Trikot mit seinem Banesto-Team auf die Ehrenrunde in Paris.

82. Tour de France 1995

Startort Saint-Brieuc/Bretagne – 3 635 km – 20 Etappen – 21 Mannschaften – 189 Fahrer – 115 am Ziel

1. M. Indurain (Banesto) 92 h 44'59", Durchschnitt = 39.191 km/h
2. A. Zülle (Once) 4'35"
3. B. Riis (Gewiss-Ballan) 6'47"
4. L. Jalabert (Once) 8'24"
5. I. Gotti (Mapei) 11'34" ...
8. T. Rominger (Kelme) 16'46"
9. R. Virenque (Carrera) 17'31" ...
11. C. Chiappucci (Carrera) ...
13. M. Pantani (Gewiss-Ballan) ...
36. L. Armstrong (Motorola) ...
38. U. Bölts ...
58. R. Aldag ...
66. J. Heppner ...
90. E. Zabel (alle Telekom) ...
115. Letzter B. Cornillet (Chazal) 3 h 36'26"

Aufgaben: u.a. Boardman (GAN) Sturz Prolog, O. Ludwig (Telekom) 9. Etappe, Berzin (Gewiss) 10. Etappe, D. Baldinger (Polti) Sturz 15. Etappe
Grünes Trikot: L. Jalabert (Once)
Bergkönig: R. Virenque (Festina)

Zitate und Erinnerungen

»Er hält den Lenker so locker, als wär's eine Angelrute.« – Altrennfahrer Raphael Geminiani über M. Indurains Fahrstil.

»Eigentlich bin ich gar kein richtiger Spanier, denn ich habe Angst vor Stieren.« – M. Indurain zu seiner Nationalität.

»Er ist der Adler – ich der Spatz!« – Prudencio Indurain über den Unterschied zu seinem Bruder.

»Mit Miguel habe ich den Himmel berührt.« – Jose-Miguel Echevarri, der aus einem baskischen Holzstamm eine kunstvolle Radsport-Skulptur formte.

»Mit dir habe ich die Hölle erlebt!« – Claudio Chiapucci, alias das »Teufelchen«, in einem Brief an M. Indurain.

Lance Armstrong:
Strong, stronger, Armstrong

Es traf mich fast der Schlag. Am späten Montagabend, gerade von der Jubiläums-Tour 2003 aus Frankreich zurückgekehrt – k.o., froh und ein bisschen champagnerselig – erfuhr ich bei SAT.1, mit welchen Tricks Lance Armstrong seine fünfte Tour de France gewonnen haben soll: »Der Amerikaner hat im Zeitfahren der vorletzten Etappe sämtliche auf Rot stehenden Verkehrsampeln missachtet. Statt zu stoppen, hat er Gas gegeben und dadurch enorm viel Zeit ergaunert« behauptet der Sender anhand optischer Beweise. Und dass Jan Ullrich zu guter Letzt auch noch auf einem Ölfleck zu Fall kam, weise »eindeutig in Richtung Öl-Land Texas, also Armstrongs Heimat« ...

Aber Vorsicht ob dieser Enthüllungen! Wurden sie doch bei »Dirty Harry« verkündet, in Harald Schmidts nicht immer ganz seriöser Comedy-Kult-Show.

Der Fernseh-Beweis: Trotz Regens zu erkennen – die Ampel (Pfeil) steht für Armstrong auf Rot. Foto: [M] ARD/BONITO.

Bitter wahr jedoch ist, dass für den fünffachen Tour-Triumphator die Ampeln des Lebens tatsächlich einmal auf Rot gestanden haben: am 2. Oktober 1996, als die Ärzte den damals 25jährigen Radprofi in Austin mit der Diagnose Hodenkrebs konfrontierten. Hinzu kamen ein Dutzend Metastasen in der Lunge und zwei Tumore im Kopf. Die ihm genannte Überlebenschance von 50:50 war geschönt: Sie stand – das ahnte auch Lance – in Wirklichkeit bei 1:99. Ein früherer Teamgefährte Armstrongs, Paul Sherwen, informierte Freunde in der Radszene behutsam und dennoch deutlich genug: »Wenn ihr Lance noch etwas zu sagen habt ...«

Es kam anders. Armstrong war stärker als der Tod. Zwei Operationen, drei Monate Chemotherapie: »Ich hustete Krebs, ich pinkelte Krebs, ich erbrach Krebs.« Schmerzen, Verzweiflung, Hoffnung, schließlich die Heilung. Medizinische Kunst, eiserner Wille und eine verschworene Gemeinschaft hatten ein Wunder möglich gemacht, nicht nur des Überlebens, sondern auch das eines sportlichen Comebacks des Jahrhunderts.

Die »Verschworenen«, das war allen voran seine Mutter Linda. Als 17-jährige hatte sie Lance geboren, ihn unter Entbehrungen großgezogen und ihm geholfen, ohne Sponsor die US-Triathlon-Hoffnung Nr. 1 zu werden – in einem Trikot mit der Aufschrift »I love my Mum«. Eingeschworen auf Lance und wahre Freunde beim Überlebenskampf waren auch sein Entdecker für den Radsport Chris Carmichael, der Mann, der schon 1990 zum damals 19-jährigen gesagt hatte »eines Tages wirst du die Tour de France gewinnen«; seine Rennkollegen Kevin Livingston (Lance: »mein jüngerer Bruder«) und Tyler Hamilton; sein Agent und Manager Bill Stapleton sowie sein Sportlicher Leiter beim Motorola-Team, von dem er gerade zu Cofidis gewechselt war, Jim Ochowicz. »Och« verlegte in Armstrongs kritischster Zeit sogar seinen Wohnsitz von Wisconsin für drei Monate nach Texas – rund 1500 Kilometer entfernt – und wurde »mein Ersatz-Vater« (Zitat).

Alle diese Freundschaften bestehen heute noch. Gleichermaßen intensiv sind die Kontakte zu den medizinischen Kapazitäten und Kliniken, denen der Tour-de-France-Rekordsieger verdankt, »dass ich ein Mensch bin, der den Krebs besiegt hat«. Deshalb gründete er die Lance-Armstrong-Foundation, eine Stiftung zur Bekämpfung der Krebskrankheit. Ihr stellt Armstrong nicht nur einen erheblichen Teil seiner Siegprämien und alle Wohltätigkeitshonorare zur Verfügung, sondern er organisiert für sie alljährlich im Frühjahr auch das Ride for the Roses, an dem neben tausenden Sympathisanten aus ganz Amerika sogar Radstars aus Europa teilnehmen: Armstrong-Freunde wie Eddy und Axel Merckx, Miguel Indurain und Tony Rominger.

Armstrongs Profikarriere hatte im August 1992 begonnen – mit einem 250 000 Dollar-Vertrag bei Motorola und dem ernüchternden Einstand eines 111. und letzten Platzes in der Classica San Sebastian. Lance ruhte nicht eher, bis »diese Schmach« drei Jahre später, 1995, mit einem Sieg an der Concha endlich getilgt war. Eine erste Hochsaison hatte der kantige, ungestüme Texaner schon 1993 gefeiert: Sieg im Eine-Million-Dollar-Championat von Philadelphia; Etappengewinn beim Debut als jüngster Fahrer der Tour in Verdun und Solo-Triumph bei der Schlecht-Wetter-WM in Oslo – vor Indurain und Olaf Ludwig. Als der frischgekürte Weltmeister sodann zur königlichen Audienz geladen wurde, demonstrierte er texanische Hartnäckigkeit: »Nur mit meiner Mutter Linda zusammen – oder gar nicht!« Monarch Harald empfing sie beide. Schmerz und Freude für Armstrong in der Tour '95. Er weinte um seinen verunglückten Teamge-

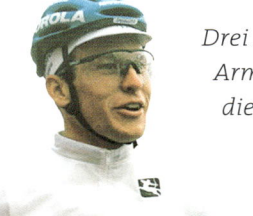

Drei Jahre vor der Krankheit, 1993: Armstrong gewinnt überraschend die Regen-WM von Oslo.

fährten Fabio Casartelli, und er jubelte, weil er dem toten Freund in Limoges einen Etappensieg weihen konnte. »Armstrong wie ein Flugzeug« lobte L'Équipe den Amerikaner dann im Frühjahr 1996 für seinen Sieg im Flèche Wallonne und den Ehrenplatz bei Lüttich–Bastogne–Lüttich. Doch im Prestige-Monat Juli war er ein Turbo ohne Power. Rätselhafte Müdigkeit, Aufgabe nach nur einer Woche in der Tour de France. Knapp drei Monate später wusste man – es war die Krake Krebs …

Nach der Operation sowie einem Jahr Zwangspause und sportlicher Ungewissheit verlor Armstrong bei Cofidis in Frankreich seinen 1,25 Millionen-Dollar-Jahresvertrag. Mehr Vertrauen in seine Zukunft hatte US Postal, auch wenn es nur 250 000 Dollar waren, 1998 beim Neubeginn. Und der endete geradezu katastrophal. Schon am zweiten Tag von Paris–Nizza sein entnervter Ausstieg; danach die Wohnungsauflösung an der Côte d'Azur und eine fluchtartige Rückkehr nach Texas: »Nie wieder werde ich eine Startnummer tragen …« Doch da waren wieder die Freunde – Carmichael, Stapleton, Och und Tom Weisel – da war auch Kristin, die im Mai seine Frau wurde, und Lance Armstrong kam zurück! Zwar noch nicht als Big Tex, aber immerhin als Vierter der Vuelta und auch der WM. »Lance, Sie werden eine gute Figur machen auf dem Podium der Tour de France 1999« lautete der Gruß, den Armstrong von seinem neuen Sportlichen Leiter Johan Bruyneel aus Belgien zu Weihnachten empfing … Sieben

Links: Freunde im Unglück – Freunde für das Leben: Jim Ochowicz – inzwischen US-Rad-Präsident – und Lance.

Monate später empfing ihn Präsident Bill Clinton im Weißen Haus – als Winner der Tour de France.

»Der unglaubliche Armstrong ... von einem anderen Planeten« war 1999 ein tatsächlich anderer: »Ein besserer Mensch und besserer Rennfahrer«, wie er sagte. Fast zehn Kilo leichter als früher, setzte er nicht mehr auf pure Kraft, sondern auf Technik, auf eine viel höhere Zahl von Pedalumdrehungen. Italiens Rad-Guru, der Wissenschaftler Dr. Michele Ferrari, hatte Armstrong dazu geraten. Und prompt: Nach seiner Dominanz im Prolog – sein erstes Gelbes Trikot! – in den Zeitfahren von Metz (56,5 km) und Futuroscope (57 km) sowie dem Alpentriumph von Sestrières und schließlich den siebeneinhalb Minuten Vorsprung auf den Zweiten Alex Zülle sah sich Lance Armstrong Zweifeln und Verdächtigungen ausgesetzt. Der Amerikaner habe möglicherweise Genesungsmittel, die zur Krebs-Nachsorge bestimmt waren, zu seiner Leistungssteigerung benutzt, argwöhnten Journalisten, für die außergewöhnliche sportliche Leistungen nur noch mit Doping möglich sind. »Dabei hat Armstrong vielleicht 20 oder 30 Millionen Menschen Hoffnung gegeben, dass sogar Krebs zu besiegen ist«, stellte sich Manolo Saiz, einer der führenden Sportlichen Leiter, vor den Amerikaner, der 1999 auf den Champs-Élysées ja erst nur den Anfang machte – von seiner fünffachen Siegesserie.

Tour '99: Armstrongs Angriffe am Berg zermürben selbst die Spezialisten, hier Fernando Escartin (später Dritter).

25. Juli 1999: Die erste Ehrenrunde auf den Champs-Élysées. Inzwischen sind es fünf geworden.

Von »Armstrong II« wird sein Duell mit Jan Ullrich unvergessen bleiben, der mit seinem Talent ein paar Jahre so verschwenderisch-leichtsinnig umgegangen ist. Da war die Etappe nach Hautacam, wo King Lance dem Merdinger mehr als drei Minuten abnahm; da war Ullrichs Revanche nach Morzine – als Armstrong ein Hungerast hatte. Oder: das Ringen zweier Giganten im Zeitfahren von Freiburg nach Mülhausen. Nach 58 Kilometern Armstrong 28 Sekunden vor Ullrich bzw. 420 Meter ... Und schließlich des Amerikaners Geste am Mont Ventoux, dem »verlorenen Sohn« Marco Pantani respektvoll den Etappensieg zu überlassen – eine menschliche Geste, die der Italiener noch heute als Demütigung betrachtet. Armstrong 2000 war letztendlich das zu Herzen gehende Schlussbild in Paris: Papa Lance und sein neun Monate alter Sohn Luke – auch das ein Triumph über den Krebs.

Mit »Armstrong III« verbinde ich vor allem die sagenhafte 10. Etappe von Aix-les-Bains nach Alpe d'Huez. Lance als Schauspieler! Grimassen schneidend, Leiden vortäuschend fährt der Amerikaner am Col de la Madeleine in den hinteren Regionen. Rudy Pevenage im Telekom-Teamwagen lässt sich am Mini-Fernsehschirm von den Bildern täuschen und veranlasst Heppner, Bölts, Klöden und Co. zum Sturm auf die Bastille, den scheinbar angeschlagenen Armstrong. Reporter Angermann hat Zweifel an

Juli 2000: Glück zu dritt – King Armstrong nach zweitem Sieg mit Sohn Luke und Ehefrau Kristin.

der Echtheit, Freund und Co-Kommentator Tony nicht. Duell am Mikrophon.

Das andere startet Armstrong dann in den allerersten Kehren nach Alpe d'Huez, überfallartig. Ullrich ist perplex. Am Ziel hat er zwei Minuten verloren. Die Bastion Armstrong ist auch in Chamrousse und St. Lary uneinnehmbar. Fairplay zeigt der Tour-Napoleon, als Ullrich sich in der Abfahrt vom Peyresourde versteuert und von der Bildfläche verschwindet. Da wartet Armstrong, bis der Konkurrent aus dem Gebüsch wieder auf die Straße gekrabbelt ist.

Mit vier Etappensiegen und seiner Souveränität war der Armstrong von 2001 vielleicht der beste Armstrong aller Zeiten.

»Ihm zu folgen, brauchte man ein Motorrad«, bemerkte Berg-König Laurent Jalabert fast resignierend. Ein Sportlicher Leiter der neidischen Konkurrenz bemerkte gar spitz: »Leblanc sollte ihn nicht mehr einladen ...«

»Lance IV.« und seine US-Posträuber dominieren auch 2002. Nach dem Start in Luxemburg – Armstrong gewinnt den Prolog – toben sich zunächst die Sprinter aus, Freire, McEwen, Kirsipuu, Zabel. Danach, Etappe neun, im Einzelzeitfahren von Lorient (52 km) findet der Sieggewohnte erstmals seinen Meister im Kampf gegen die Uhr. Santiago Botero, der im Herbst Weltmeister wird, ist elf Sekun-

den schneller. Aber nur dieses eine Mal. Armstrong herrscht und gewinnt zweimal in den Pyrenäen; kontrolliert in den Alpen, setzt beim Zeitfahren von Macon (50 km) ein letztes Siegeszeichen.

Was den Texaner wütend macht, sind die Schmähungen am Mont Ventoux »dopé, dopé!« Eddy Merckx tröstet den Freund: »Beliebt wurde ich in Frankreich erst, als ich nach fünf Tour-Siegen zum erstenmal verlor.« Doch daran dachte der Sieger mit dem harten Blick ganz sicher nicht, als er bei der Zeremonie in Paris den jüngsten Familienzuwachs gleich im Doppelpack präsentierte, die Zwillinge Grace und Isabell.

»Armstrong V.« Nach Jacques Anquetil, Eddy Merckx, Bernard Hinault und Miguel Indurain gelingt dem 31-Jährigen zum Hundert-Jahre-Jubiläum der Tour als fünftem Fahrer der fünfte Sieg. Es ist der Eintritt in die Legende. Vorausgegangen ist ein großes Duell mit dem auf höchstem Niveau zurückgekehrten Jan Ullrich. Ein Triumph, der

17. Juli 2001: Armstrongs früher Angriff in Alpe d'Huez. Unwiderstehlich. Ullrich verliert 2 Minuten – und die Tour.

*2003, erstes Zeitfahren: Bei glühender Hitze deprimieren-
de Niederlage gegen Ullrich. Armstrong verliert 1'36" und
zweifelt an sich, wie er später zugibt.*

mit nur 61 Sekunden Vorsprung am seidenen Faden hing.
Der dennoch verdient war.

Dass er, von Durchfall geschwächt, zu Beginn der 20-Tage-
Tour nicht 100 Prozent hatte, ließ *The Boss* niemanden wissen und konnte nach dem siegreichen Mannschaftszeitfahren des 4. Tages die Konkurrenz auch nicht vermuten.
Mit 28 Sekunden Vorsprung auf Ullrich ging Armstrong in
die erste Schlüsseletappe nach Alpe d'Huez. In Gelb und
mit 2 Minuten 10 übernahm er am Gipfel das Zepter. Jan
Ullrich aber offenbarte in Savoyen, dass er ein paar Tage
Fieber und ans Aufgeben gedacht hatte. Vier Tage später
wähnte sich Armstrong vor dem K.o. Beim Zeitfahren nach
Cap Découverte, 48 Kilometer in glühender Hitze, nahm
ihm sein deutscher Konkurrent 1'36" ab. Schon einen Tag
später, nach der ersten Pyrenäenetappe, hat Ullrich sogar
beängstigende Tuchfühlung. Nur noch 15 Sekunden zum
Gelben Trikot, »das wir sowieso bald haben werden«, soll
ein Bianchi-Chef geäußert und Armstrong damit aufs
äußerste gereizt haben. Dann, 12. Etappe, Ziel Luz Ardiden,
wie vor zwei Jahren ein taktischer Fehler: Ullrich-Pevenage

*2003, Anstieg Luz Ardiden: Armstrong und Mayo stürzen,
Ullrich nutzt die Chance nicht. »Fair Play ist wichtiger« ...*

unterschätzen Armstrong, fahren am Tourmalet auf
Angriff, vergeuden Kräfte, die im Finale bitter fehlen. Der
Amerikaner hat erneut erfolgreich geblufft, den Vorsprung wieder auf 1'07" vergrößert und – das war damals
noch nicht abzusehen – bereits auf der 15. Etappe die Tour
zu seinen Gunsten entschieden. Vergessen sei bei diesem Resümee des Duells der großen Zwei keineswegs
das unbarmherzige Pech des aussichtsreichen spanischen
Herausforderers Joseba Beloki, dessen Sturz zudem Arm-

*... dafür attackiert – kaum wieder auf dem Rad – Armstrong.
Ullrich verliert 40". Eine Vorentscheidung ist gefallen.*

strong zu einer abenteuerlichen Cyclo-Cross-Einlage zwang; das nie erwartete Vorstürmen des Telekom-Kasachen Alexandre Winokurow auf Platz drei; Jan Ullrichs Fair-Play-Verhalten, als Armstrong durch einen Zuschauer zu Fall kam; und schließlich des Deutschen eigenes Pech, als er im Zeitfahren der vorletzten Etappe mit hohem Risiko das Blatt noch wenden wollte und stürzte; vergessen sei auch nicht, dass mit Bianchi, Telekom und Gerolsteiner erstmals drei deutsche Teams mit einer Rekordzahl von 17 deutschen Fahrern vertreten waren – in der hochklassigsten und spannendsten Tour de France seit 1989, der schnellsten aller Zeiten, beherrscht zum fünftenmal – ein letztesmal? – von Lance Armstrong, dem Texaner, der von sich sagt »ohne den Krebs hätte ich die Tour nie gewonnen.«

27.07.2003: Zum fünften Mal der Triumphbogen für Armstrong. Ullrich zum fünften Mal Zweiter. Winokurow zum ersten Mal Dritter.

Armstrongs »Alle Fünf«

86. Tour de France 1999

Startort Le Puy du Fou – 3 686 km – 20 Etappen – 20 Mannschaften – 180 Fahrer – 141 am Ziel

1. Lance Armstrong (US Postel) 91 h 32'16, Durchschnitt = 40,276 km/h
2. A. Zülle (Banesto) 7'37"
3. F. Escartin (Kelme) 10'26"
4. L. Dufaux (Saeco) 14'43"
5. A. Casero (Vitalicio) 15'11"
6. A. Olano (Once) 16'47" ...
17. A. Elli ...
20. G. Totschnig ...
40. U. Bölts (alle Telekom) ...
60. J. Voigt (CA) ...
73. S. Wesemann (Telekom) ...
80. Jaksche (Once) ...
89. E. Zabel ...
110. K. Hundertmarck ...
136. J. Schaffrath (alle Telekom) ...
141. und Letzter J. Durand (Lotto) 3 h 19'09" zurück

Grünes Trikot: E. Zabel
Bergkönig: R. Virenque (Polti)

87. Tour de France 2000

Startort Futuroscope – 3 662 km – 21 Etappen – 20 Mannschaften – 177 Fahrer, 127 am Ziel

1. Lance Armstrong (US Postel) 92 h 33'08", Durchschnitt = 39,545 km/h
2. J. Ullrich (Telekom) 6'02"
3. J. Beloki (Festina) 10'04"
4. C. Moreau (Festina) 10'34"
5. R. Heras (Kelme) 11'50"
6. R. Virenque (Polti) 13'26" ...
15. A. Winokurow (Telekom) ...
24. G. Niermann (Rabo) ...
40. J. Heppner ...
42. U. Bölts ...
60. J. Voigt (CA) ...
61. E. Zabel ...
105. A. Klier (Farm Frites) ...
127. und Letzter O. Perraudeau (Bonjour) 3 h 46'37"

Aufgaben: u. a. M. Wüst (Festina) 12. Etappe, St. Wesemann (Telekom) 14. Etappe/Verletzung
Grünes Trikot: Erik Zabel
Bergkönig: S. Botero (Kelme)

88. Tour de France 2001

Startort Dünkirchen – 3 453 km – 20 Etappen –
21 Mannschaften – 189 Fahrer – 144 am Ziel

1. L. Armstrong (US Postal) 86 Std. 17'28,. Durchschnitt = 40,070 km/h
2. J. Ullrich (Telekom) 6'44"
3. J. Beloki (Once) 9'05"
4. A. Kiwilew (Cofidis) 9'53"
5. I. Gonzales-Galdeano (Once) 13'28"
6. F. Simon (Bonjour) 17'22" ...
16. A. Winokurow (Telekom) ...
19. L. Jalabert (CSC Tiscali) ...
26. A. Klöden (Telekom) ...
29. J. Jaksche (Once) ...
46. J. Voigt (CA) ...
51. U. Bölts ...
80. S. Teutenberg (Festina) ...
96. E. Zabel ...
144. und Letzter J. Casper (FDJ) 3 h 52'17"

Aufgaben: u.a. S. Wesemann 13. Etappe/Verletzung,
J. Heppner 16. Etappe/Verletzung, G. Nierman (Rabo)
17. Etappe/Krankheit
Grünes Trikot : E. Zabel
Bergkönig: L. Jalabert (CSC Tiscali)

---

89. Tour de France 2002

Startort Luxemburg – 3 276 km – 20 Etappen –
21 Mannschaften – 189 Fahrer – 153 am Ziel

1. L. Armstrong (US Postal) 82 h 05'12"
2. J. Beloki (Once) 7'17"
3. R. Rumsas (Lampre) 8'17"
4. S. Botero (Kelme) 13'10"
5. I. Gonzales-Galdeano 13'54"
6. J. Azevedo (beide Once) 15'44" ...
31. J. Jaksche (Once) ...
48. U. Bölts (Telekom) ...
51. G. Niermann (Rabo) ...

72. R. Aldag ...
82. E. Zabel ...
99. S. Wesemann ...
104. D. Hondo (alle Telekom) ...
110. J. Voigt (CA) ...
153. und Letzter I. Flores (Euskatel) 3 h 35'52"

Grünes Trikot: R. McEwen (Lotto)
Bergkönig: L. Jalabert (CSC Tiscali)

---

90. Tour de France 2003

Startort Paris – 3 426 km – 20 Etappen. –
22 Mannschaften – 198 Fahrer – 147 am Ziel

1. L. Armstrong (US Postal) 83 h 41'12, Durchschnitt = 40,940 km/h (Rekord)
2. J. Ullrich (Bianchi) 1'01"
3. A. Winokurow (Telekom) 4'14"
4. T. Hamilton (CSC) 6'17"
5. H. Zubeldia (Euskatel) 6'51"
6. I. Mayo (Euskatel) 7'06" ...
12. G. Totschnig (Gerolsteiner) ...
17. J. Jaksche (Once) ...
28. G. Niermann (Rabo) ...
38. J. Ludewig (Saeco) ...
49. M. Kessler (Telekom) ...
61. U. Bölts ...
92. M. Zberg (beide Gerolsteiner) ...
94. R. Aldag ...
107. E. Zabel (beide Telekom) ...
136. T. Liese ...
145. D. Becke (beide Bianchi) ...
147. und Letzter H. De Clercq (Lotto) 4 h 48'35"

Aufgaben: u.a. M. Rich, O. Pollack (beide Gerolsteiner)
7. Etappe/Sturz, A. Klöden (Telekom) 9. Etappe/Verletzung, T. Steinhauser 11. Etappe, T. Schmidt 13. Etappe,
U. Peschel (alle Gerolsteiner) 20. Etappe/Sturzfolgen
Grünes Trikot: B. Cooke (FDJeux)
Bergkönig: R. Virenque (Quick Step)

Episoden in Gelb

1. Phil Anderson – der erste Australier 1981
2. Steve Bauer – der erste Kanadier 1988
3. Kim Andersen – der erste Däne 1983
4. Lech Piasecki – der erste Pole 1987
5. Mario Cipollini – sprintschnelle Episoden 93/97
6. Erich Mächler (CH) – champagnerschwer 1987

7. Chris Boardman – Gelb nur im Prolog 94/97/98
8. Francesco Moser – doppelte Skepsis 1975
9. Rudy Pevenage – Gelb lange vor Freund Jan 1980
10. Klaus-Peter Thaler – im Jahr nach Didi 1978
11. Laurent Jalabert – im Alter auf Draht 95/2000

4. ETAPPE: Der Berg der Holländer und andere legendäre Cols

Alpe d'Huez:
Hollands höchster Gipfel

Das Wort *hue* wird im Französischen unter Berücksichtigung des sogenannten stummen h ähnlich ausgesprochen wie auch seine deutsche Übersetzung lautet, nämlich (h)ü. Mehr noch in guter alemannisch-gallischer Nachbarschaft steht die gemeinsame Bedeutung des Wortes. Hü! oder (h)ü! – das ist hüben wie drüben der Befehl des Kutschers oder Viehtreibers, das Pferd, die Kuh oder den Ochsen in eine gewünschte Richtung zu lenken ... so wie ich den Leser jetzt nach Alpe d'Huez dirigiert habe, zu einer Kultstätte des Radsports, von der vor gar nicht allzu langer Zeit noch Fuhrwerke das geschürfte Kupfererz und Anthrazit zu Tal transportierten. Mal hü, mal hott!

Die erste durchgehende Straße aus dem Tal erreichte die Alp von Huez allerdings erst im Jahre 1926, zusammen mit den ersten Skifahrern. Zehn Jahre später entstand hier, auf 1 860 Metern Höhe, Frankreichs erster Skilift ... heute sind es 85! Sie befördern in Hochzeiten pro Stunde 90 000 Pistenfahrer, für die zu Füßen des Pic Blanc (3 300 Meter) 32 000 Betten bereitstehen. Fürwahr eine Hoch-Burg des Wintersports, umwirbt Alpe d'Huez (1 700 Einwohner) den Winterurlauber mit den Prädikaten »längste Abfahrt der Welt«, »Sonnengarantie« und »Schnee exzeptionell«. Das einzige Ereignis des Sommers hat Prospekte nicht nötig; es ist der Selbstrenner Tour de France. Nirgendwo in der Radsportwelt hat eine Bergstrecke von 14 Kilometern Länge (Höhendifferenz 1 160 Meter = 7,9 Prozent) einen derartigen Kult-Charakter erreicht wie diese 21 Keh-

Mythos Alpe d'Huez: Jede der 21 Kehren trägt den Namen eines der 23 Sieger. Achtmal waren es Holländer. Inzwischen gibt es »Doppelbelegungen«. So teilen sich Kehre 20 jetzt Joop Zoetemelk (Sieger 1976) und Iban Mayo, der spanische Gewinner von 2003.

ren von Bourg d'Oisans hoch in das einem verbauten Schwalbennest gleichende Alpe d'Huez. Jede der Kurven trägt eine Nummer und den Namen eines Siegers. Die erste von unten, Nr. 21 (gezählt wird von oben), ist Fausto Coppi gewidmet, Italiens Campionissimo, der 1952 zum ersten Gipfelstürmer von Alpe d'Huez wurde. Das Schild der zweiten Kehre hat die Nr. 20 und seit 1976 – die Pause war groß – den Namen Joop Zoetemelk. Ganz oben, auf der Nr. 1, kurz vor dem Ziel, ist Guiseppe Guerini verewigt, der Telekom-Profi, der 1999 durch einen Amateur-Fotografen fast um den Sieg gebracht worden wäre.

Da es nun schon 22 Sieger in Alpe d'Huez gab, aber keine weiteren Kurven mehr, hat man 2001 mit dem – bis dahin – letzten Triumphator wieder ganz unten angefangen. Lance Armstrong also wird seinen Namen unter dem von Fausto Coppi lesen. Zwei ganz Große – jeder zu seiner Zeit. Coppi, der Begnadete mit dem gedrungenen Oberkörper und den ungewöhnlich langen Extremitäten, der 1952 im Anstieg zur Alp seine Rivalen Gino Bartali, Antonin Magne und zum Schluss den zähen Jean Robic abhängte; der Jacques Goddet im Jeep der Direktion bewundernd von »der mechanischen Eleganz« des Italieners sprechen ließ und von einem »Unerbittlichen und Unerreichbaren«.

Fausto Coppi ist 49 Jahre lang der einzige Vincitore von Alpe d'Huez gewesen, der im selben Jahr auch Paris als Sieger erreichte. Erst Armstrong gelang das Double wieder: 2001, wir erinnern uns, als der Texaner zum Pantomimen wurde, am Col du Glandon Grimassen des Leidens schnitt und damit Team Telekom zu einer nutzlosen, aber kraftraubenden Attacke verführte. US-Postals belgischer Mechaniker Jean-Marc Vandenberghe (früher bei Telekom) erzählte später von der diebischen Freude im amerikanischen Mannschaftswagen über den gelungenen

Erst im letzten Augenblick öffnet sich die schmale Gasse vor Fahrern und Begleitern. »Permanent hast du Gänsehaut ... im Ziel ist jeder fast taub«, schildert Udo Bölts die schrille Begeisterung.

Bluff und dass Armstrong kurz vor dem Anstieg nach Alpe d'Huez gescherzt habe: »Jetzt macht mal im Auto alle Schotten dicht, denn gleich gibt es Steinschlag.« Er meinte damit seinen Angriff in schon einer der ersten Kehren, dem auch ein Jan Ullrich nichts entgegenzusetzen hatte. Vor Armstrong hatte es 1992 schon einmal einen amerikanischen Sieger bei diesem Tour-Klassiker gegeben. Für Andrew Hampsten (Kehre Nr. 5) war dieser Erfolg »das emotional größte Erlebnis meiner Laufbahn ... bedeutungsvoller als das Podium in Paris«, das ihm als Viertem auch knapp verwehrt blieb. Er schwärmte von der Begeisterung der 300 000 Zuschauer: »Die bauen sich auf wie eine Mauer ... kein Durchkommen ... und dann öffnet sich im letzten Augenblick doch eine schmale Gasse ... ich hatte das Gefühl mit 60 Stundenkilometern da hindurch zu jagen ... es war einfach das Emotionale und die sich übertragende Energie der Zuschauer.« Seinen Landsmann Greg LeMond hat das am gleichen Tage nicht beflügelt.

Stattdessen erreichte der dreimalige Tour-Sieger an diesem 19. Juli '92 das Ziel im Besenwagen ...

Ähnlich wie Hampsten empfand Udo Bölts die Atmosphäre , der ja 1994 als Dritter die zweitbeste Platzierung eines Deutschen in Alpe d'Huez erreichte und feststellte, »die ersten Kehren wie Nr. 18, 17, 16 sind die schwersten, weiter oben geht es ... aber permanent hast du als Fahrer Gänsehaut ... und immer ein wenig Angst vor den Zuschauern ... ideal, wenn vor dir ein Motorrad durch die Leute pflügt ... die Massen brüllen, dass einem die Ohren wegfliegen ... es ist wie 14 Kilometer Rockkonzert direkt unter einem Verstärker ... am Ziel ist jeder fast taub ...« Oder fertig mit den Nerven. So erging es mir, als ich einmal so kühn war, im Cabrio und mit Kameramann einer Fahrergruppe zu folgen. 14 Kilometer Ekstase, 14 Kilometer Spießrutenfahrt durch Anfeuernde, Fahnenschwenkende, Schiebende, Wasserspritzende, auf die Fernsehleute Wütende. Tausendfach lauerndes Risiko. Nein, nie wieder! Lieber zehnmal Feierabendverkehr in Neapel als noch einmal Alpe d'Huez. Aber einmal mitten im größten Stadion der Welt gewesen zu sein – dieses eine Mal war es wert, vor allem auch für den Fernsehzuschauer. Meistens sind wir nach Alpe d'Huez aber schon am Abend vorher hinaufgefahren. War auch nicht leicht; denn da waren mindestens tausend Kunstmaler zu umkurven; jene Schlachtenbummler, die die Namen ihrer Fans auf die Straße pinseln und deren frische Farbe die Kotflügel der motorisierten Störenfriede mit einer Menge kleiner weißer Punkte besprenkelt ...

Die »Besetzung« der Hänge und ihrer Galerieplätze beginnt – wie auch an anderen großen Bergen – schon zwei, drei Tage vor dem Tag X. Wohnwagen, PKW, Motorräder, Radtouristen; große Zelte, kleine Zelte, Grillgeräte, Feuerstellen; Getränkelager, Eisboxen, Girlanden, Flaggen aller Herren Länder ... Doch halt: die Farbe Blau-Weiß-Rot dominiert noch immer. Obwohl es »Oranje boven« (Holland oben) schon seit 1989 nicht mehr heißt, seit Gert-Jan Theunisse den achten und vorerst letzten Sieg für die Niederlande erkämpfte.

Meine markanteste Erinnerung an diesen Tag ist, dass ich auf der Fahrt zum Zielort am Mittag in einem Tante-Emma-Laden dieser herrlichen Bergregion keine französischen Tomaten bekam. Ohne die ist für Angermann das 15-Minuten-Piquenique am Straßenrand einfach kein richtiger Imbiss ... »Ja, Monsieur«, sagte Madame im kleinen Laden, »in unserer Region machen mittlerweile so viele Holländer Urlaub, dass wir auch deren Tomaten und Käse bei uns führen müssen.« Wahnsinn, ich fahre doch nicht nach Frankreich, um holländische ... also kaufte ich unbesehen ein Glas Cornichons – auch nicht schlecht zu Jambon, Leberpastete und Baguette –, um auf der grünen Wiese festzustellen, dass sie ebenfalls »made in Holland« waren. Das unverhohlene Grinsen meines Kameramannes Klaus Issler holt mich just hier wieder ein ...

Joop Zoetemelk hatte also 1976 die Holland-Festspiele eröffnet. Mijnheer Süßmilch siegte auch 1979 noch einmal, wie Kurve Nr. 16 bestätigt. Die Kehren 15 und 13 wurden dem Lehrer und Hobby-Maler Peter Winnen aus Utrecht zuerkannt, für seine Erfolge 1981 und '83. Landgenosse Stephen Rooks steht für Nr. 9 anno 1988. Vom »Berg der

Notre Dame des Neiges, deren kleines Geläut die Sieger aus den Niederlanden verkündete. Das erste Mal 1976 für Joop Zoetemelk.

Holländer« spricht man nicht zuletzt auch dank Hennie Kuiper. Der sympathische Blonde schrieb hier schon 1977 und 78 Geschichte. Herauszulesen aus den Namensschildern in Kehre 19 und 18 sind die dramatischen Begebenheiten von damals freilich nicht. So wurde 1977 der kleine Belgier Lucien Van Impe sechs Kilometer vor dem Ziel, allein in Führung liegend, von einem Journalistenauto touchiert und über die Leitplanke befördert. Der Tourgewinner von 1976 und sechsmalige Berg-König war zu diesem Zeitpunkt allerdings schon so angeschlagen, dass auch ohne diese »Fremdhilfe« der an diesem Tage sensationell starke Hennie Kuiper die Etappe gewonnen hätte. Sensationell schwach war zur gleichen Zeit sein Teamgefährte Dietrich Thurau, der seinen zweiten Platz mit Rang fünf vertauschen musste. Regelrecht und zum erstenmal überhaupt k.o. ging Eddy Merckx: 14 Minuten Rückstand statt Fahrt zum sechsten Sieg! Ausgelaugt empfing er am Abend eine Handvoll befreundeter belgischer Journalisten, denen er anvertraute, seiner Frau Claudine am Telefon gesagt zu haben: »Ich wollte aufgeben, aber ich konnte nicht. Das verbot mir der Respekt vor der Tour de France.« Er habe schon 1972 bei seinem Stunden-Weltrekord in Mexiko City gedacht, an die Grenze des menschlichen Leistungsvermögens und des Schmerzes vorgestoßen zu sein; doch auf dem Weg nach Alpe d'Huez habe er das korrigieren müssen.

Lucien Berghmans, mein unvergessener, allzu lebensfroher Kollege und Freund, hat mir das erzählt und auch »Klaus, so erschöpft und deprimiert haben wir Eddy noch nie erlebt. Wir bekamen feuchte Augen.« Merckx wurde am Ende Sechster, Sieger Bernard Thévenet 48 Sekunden vor Hennie Kuiper.

Dass der Holländer auch 1978 in der Siegerliste geführt wurde, verdankt er dem Betrug des Belgiers Michel Pollentier. Der versuchte bei der obligaten Dopingkontrolle dem Arzt »sauberen« Urin aus einer unter der Achsel verborgenen Gummiblase unterzuschieben. Der Versuch scheiterte. Pollentier verlor den Sieg sowie das dadurch gewonnene Gelbe Trikot und wurde ausgeschlossen. Ein dunkles Kapitel der Tour de France. Ein schönes dagegen, dass immer, wenn ein »Oranje« an »Hollands höchster Erhebung« gewonnen hatte, zu seinen Ehren die Glocken der Bergkirche Notre Dame des Neiges erklangen. Curé Jaap Reutens läutete sie, der katholische Pfarrer, der aus den Niederlanden stammte. Der bescheidene Diener Gottes stellte »Unsere Dame des Schnees« mit ihren wie ein Hörsaal gebauten Sitzreihen ein paar Jahre lang sogar als Pressezentrum zur Verfügung. Wenn er dann ab und zu das Lied der klappernden Schreibmaschinen mit leiser Musik von der deutschen Orgel begleitete, zog in so manche hektische Journalistenseele etwas Frieden ein.

Aber die Tour wurde größer, die Kirche zu klein. Schon lange weist das Schild »Centre de la Presse« zum nüchternen Kongress- und Sport-Zentrum; schon lange ist der sanftmütige Pater Reutens von einem schweren Leiden erlöst und durch einen belgischen Kollegen abgelöst worden. Auch Joost de Waele, der zuvor als Missionar im Kongo gepredigt hat, lässt die Glocken von Notre Dame

Alle Sieger in Alpe d'Huez		
1952	Fausto Coppi	(ITA)
1976	Joop Zoetemelk	(NL)
1977	Hennie Kuiper	(NL)
1978	Hennie Kuiper	(NL)
1979	a) J. Agostinho	(POR)
	b) J. Zoetemelk	(NL)
1981	Peter Winnen	(NL)
1982	Beat Breu	(CH)
1983	Peter Winnen	(NL)
1984	Luis Herrera	(KOL)
1986	Bernard Hinault	(FRA)
1987	Federico Echave	(ESP)
1988	Steven Rooks	(NL)
1989	G.-J. Theunisse	(NL)
1990	Gianni Bugno	(ITA)
1991	Gianni Bugno	(ITA)
1992	Andrew Hampsten	(USA)
1994	Roberto Conti	(ITA)
1995	Marco Pantani	(ITA)
1997	Marco Pantani	(ITA)
1999	Guiseppe Guerini	(ITA)
2001	Lance Armstrong	(USA)
2003	Iban Mayo	(ESP)

Anm.: 1979 gab es zwei Alpe-d'Huez-Etappen

Zweimal als »fliegender Holländer« Erster in Alpe d'Huez war Peter Winnen. 1981 sogar vor Bernard Hinault (Foto) und Lucien Van Impe.

des Neiges für die Könige der Räder erklingen. Er ist sogar etwas toleranter als sein Vorgänger; für ihn sind alle Sieger gleich. Also läutet Curé de Waele, den seine »Schäfchen« Don Camillo nennen, für jeden Gewinner, gleich

welcher Nationalität. Die aber kamen bei den letzten acht Ankünften sechsmal aus Italien (je 2 x Bugno, Pantani sowie 1 x Conti und Guerini). Sind also doch nicht alle gleich am Berg der Holländer und nun auch der Italiener? Leichten Protest haben inzwischen zumindest die Amerikaner angemeldet und mit Hampsten und Armstrong vielleicht sogar eine neue Ära begonnen – Pardon: eingeläutet.

Triumphe und Schicksale am Mont Ventoux

Er gleicht einem Wachturm zwischen zwei Regionen; mehr noch aber verbindet er sie, die Provence und die Alpen: Le Mont Ventoux – der windige, kahle, fast 2 000 Meter hohe Riese aus Kalkstein. Wer auf der französischen A 7 oder im TGV in Richtung Mittelmeer fährt, kann ihn in der Nähe der Stadt Orange am Horizont glitzern sehen, unschuldig-weiß wie Schnee. Doch der Riese der Provence steckt voller Tücke. Er kann so heiß sein wie ein Backofen und so kalt wie ein Iglu – zur selben Jahreszeit! Die Winde auf seinem Gipfel – exakt sind es 1 909 Meter – erreichen Orkanstärke. Und erst im Jahre 2000 führte so ein Sturm, begleitet von Kälte und Schnee, zum vorzeitigen Ende einer großen Radtouristikfahrt. Es war die Originalstrecke der Tour de France, deren Zielankunft selbst zwei Tage danach nur mit äußerster Anstrengung gegen die höhere Gewalt durchgesetzt wurde: ohne die aufblasbaren Zielbauten und Reklamegebilde, ohne Pressezelt und – bei Windstärke sieben hochnotpeinlich – ohne ein einziges Toilettenhäuschen. Tony Rominger und ich mussten uns damals, in dicke Anoraks vermummt, den Weg vom Parkplatz bis in den sturmfesten Reporter-Container stolpernd über fast 1 000 Meter Geröll bahnen. Die wesentlich angenehmere Route auf der Straße verwehrte uns, dreieinhalb Stunden (!) vor Ankunft der Fahrer, uniformierte irdische Gewalt.

Es war die 12. Etappe am 13. Juli 2000, auf der sich Marco Pantani, wie Phönix aus der Asche aufsteigend, Spitzenreiter Lance Armstrong ebenbürtig zeigte. Der Amerikaner im Gelben Trikot, beeindruckt von der Rückkehr des 1999 aus dem Giro verbannten (oder von dessen gelben Rennschuhen?), überließ dem Konkurrenten großherzig den Etappensieg. Eine Geste, die der bizarre Italiener, geistig fehlgelenkt, mit verletzender Geringschätzung beantwortete.

Der Blick vom 1909 Meter hohen Gipfel auf die Mondlandschaft des kahlen Riesen der Provence. Steine, nichts als Steine.

Der Mythos des Mont Ventoux beginnt genau 21 Kilometer unterhalb des Gipfels, kurz hinter dem Dörfchen Bedoin. Hier startet das Rendezvous mit dem Mond. Von nun an müssen auf dem schweren Asphalt der D 974 bis zum Ziel 1 595 Höhenmeter abgearbeitet, also 7,6 Prozent Steigung überwunden werden. Nach etwa fünf Kilometern ist es dann endgültig vorbei mit dem romantischen Ambiente von Sonnenblumen, Lavendelblüten und Weinfeldern. Hinter der Ortschaft St. Estève taucht man in einer Linkskurve in den *fôret* von Bedoin ein. Es ist ein Wald so gut wie ohne Schatten. Dieses im 19. Jahrhundert angepflanzte sogenannte »Massiv der Zedern«, durchsetzt

Bis drei Stunden vor der Tour ist die Strecke auch für Rad-Touristen offen. Viele halten am Gedenkstein für Tom Simpson.

auch mit kargen Laubbäumen, schluckt dermaßen viel Sauerstoff, dass den Fahrern gleichsam der Hals zu eng wird. »Du kommst dir vor wie ein Fisch ohne Wasser«, schildert Éric Caritoux die schlimmsten acht Kilometer am Ventoux. Caritoux kann das beurteilen wie kein anderer. Er hat nicht nur zwölfmal die Tour beendet, sondern er ist hier auch zuhause. Der Gigant gehörte früher zu seinem Trainingsterrain. Heute baut er Wein an. Seine Flasche »Cuvée Spéciale Éric Caritoux«, Jahrgang 1985, Nummer 8 803, wird in einem kleinen Wiesbadener Weinkeller wohl ein ewiges Souvenir von den *Côtes du Ventoux* bleiben ... Sechseinhalb Kilometer vor dem Ziel ist in etwa 1 400 Metern Höhe die Baumgrenze erreicht. Die Fahrer können wieder besser atmen. Zugleich öffnet sich hinter dem Knotenpunkt Chalet Reynard eine Mondlandschaft. Nichts als Steine und Geröll, zwischendurch immer wieder ein freier, aber keineswegs befreiender Blick auf die Radarstation am Gipfel. Wenn die Zuschauer, mit dem Auto hochgefahren am Abend vorher oder am frühen Morgen; mit Rennrad oder Mountainbike sich selbst betätigend oder gar kilometerweit zu Fuß pilgernd; wenn

diese Fans dann endlich ihren Galerieplatz eingenommen und erwartungsfroh *piquenique* machen, können sie da und dort in der Steinwüste auch ein paar kleine Sträucher und winzige Kräuterpflanzen entdecken. Man findet diese botanischen Exoten normalerweise nur in Grönland und Spitzbergen. Doch was ist schon normal am Mont Ventoux? Dieser Berg, der für einen »der Sieg für das Leben« war ... der einen anderen so auslaugte, dass er am nächsten Tag seine Karriere beendete ... der das Herz eines Maßlosen schier verglühen ließ ... und der sogar auch einmal den Größten in die Knie zwang. Das war 1970 nach der 14. Etappe. Eddy Merckx hatte sie bei infernalischer Hitze, die sogar manchem Begleitwagen die Luft zum Weiterfahren raubte, mit enorm hoher 75er Drehzahl im Alleingang vor seinem »Leutnant« Martin Vandenbosche und Lucien Van Impe gewonnen. Eddy sprach auf der Fernsehtribüne gerade davon, »Feuer in der Brust« gespürt zu haben, als ihm die Beine wegknickten. Die Ohnmacht dauerte nur zwei, drei Minuten. Dann war er dank einer Sauerstoffdusche wieder da. Umgekippt war zuvor auch Eddys baumlanger Helfer Vandenbosche ...

Gekippt wäre an diesem Tag fast die abendliche Eurovisions-Zusammenfassung. Dieser in der Regel acht Minuten lange »Film des Tages« wurde ausnahmsweise nicht am Ziel, sondern aus technischen Gründen in Carpentras geschnitten, dem Etappenort. Startbereit saßen wir auf den im Freien improvisierten Sprecherplätzen, denn die große Stahlrohrtribüne vom Nachmittag war längst abgebaut worden und unterwegs in Richtung nächstes Etappenziel.

Doch der Hubschrauber kam und kam nicht, immer näher rückte der Sendebeginn von 19 Uhr 45. Wir hatten eine so genannte Null-Zeit. Das heißt, unmittelbar nach uns, nämlich Punkt 20 Uhr, strahlte Paris auf der gleichen Leitung die Nachrichtensendung aus – auch in Frankreich eine Heilige Kuh. Endlich nahte der Helikopter. Zu eng der Platz, um zu landen, also wurde die Blechdose mit dem Film im Tiefflug abgeworfen. Doch anstatt in den Händen des gestikulierenden und schreienden Regisseurs zu landen, purzelte sie zu aller Entsetzen auf den geröllübersäten Steilhang. Sendung schmeißen? Niemals! Auf dem Hosenboden rutschte der Fernsehmann zum Goldenen

Vlies hinunter; auf allen vieren krabbelte er wieder hoch. Im Laufschritt wickelte er auch noch ein paar Meter Film wieder auf; endlich, es war schon 19 Uhr 56, leuchtete das erlösende Rotlicht auf, wir kommentierten ... und die französischen Nachrichten wurden fünf Minuten später ausgestrahlt.

Vielleicht erinnerten sich die TV-Verantwortlichen am Eiffelturm bei ihrer sportfreundlichen Entscheidung an eine Pioniertat aus dem Jahre 1952. Damals wurden an eben diesem Mont Ventoux die allerersten Fernsehbilder von der Tour de France aufgenommen, als das Energiebündel Jean Robic nicht direkt am Gipfel, sondern im nahen Avignon gewann. Robic, der Tour-Sieger von 1947, den sie – weil er so komisch auf dem Rad saß – den »Geißbock« nannten. 1955 brach am Ventoux der Franzose Jean Mailléjac zusammen. Im Delirium stürzte er vom Rad und entging dem Tod dank Dr. Dumas um Haaresbreite. Mailléjac, ein Bretone, war »voll bis unter die Haarspitzen«. Der Tour-Arzt reichte Klage ein gegen Unbekannt wegen Dopings ...

Dem Zusammenbruch nahe war am gleichen Tag auch der Schweizer Ferdi Kübler. Der Tour-Sieger 1950 war zu Beginn des Schlussanstieges losgestürmt wie die Feuerwehr. Der Franzose Raphael Géminiani hatte ihn noch gewarnt: »Attention, der Ventoux ist kein Berg wie jeder andere!« Worauf Ferdi-National antwortete: »Und Ferdi ist ein Fahrer, auch nicht wie jeder andere.« Das Ende vom Lied: zuerst sechs Minuten Vorsprung, dann die totale Schwäche. Kübler fuhr zickzack, stieg vom Rad und wieder auf; er phantasierte und redete auf Deutsch auf die Franzosen ein. Am Ende verlor der 36-jährige Held früherer Tage auf Etappensieger Louison Bobet schmachvolle 26 Minuten.

Nach dem Rennen, beim Bier in einer Brasserie, stöhnte der Gequälte: »Ferdi ist krank und zu alt. Der Ventoux hat ihn getötet.« Am nächsten Tag trat er nicht mehr an und beendete seine Laufbahn. Noch heute genießt Ferdi Kübler in der Schweiz größte Popularität. Zuletzt traf ich den Adler von Adliswil im April 2003 – mittlerweile stolze 84! – bei Lüttich–Bastogne–Lüttich, den Ardennen-Klassiker, den er vor einem halben Jahrhundert gewonnen hatte.

Viele hat er gequält, doch einem Fahrer ist der Mount Everest der Tour – so genannt vom Luxemburger Charly Gaul, der 1958 am Ventoux den Grundstein zu seinem Gesamtsieg legte – zum tödlichen Verhängnis geworden. Es ist Tom Simpson, Weltmeister, Mailand–San-Remo- und Flandernrundfahrt-Sieger; ein fröhlicher, allseits beliebter Brite, beseelt von Kampfeslust und brennendem Ehrgeiz. Dieser muss ihn dazu verführt haben, diverse Pillen und Präparate zu schlucken, um am 13. Juli 1967 am Ventoux mit den Besten Schritt halten zu können – Aufputschmittel, die in Verbindung mit höchster körperlicher Anstrengung und gnadenloser Hitze zu einem Kreislaufkollaps führten, von dem sich das Herz nicht erholte. Da, wo der Unglückliche trotz intensivster Rettungsmaßnahmen sein Leben ließ, nur 1 500 Meter unter dem Gipfel, erinnert rechts am Hang ein großer Gedenkstein an Tom Simpson und sein viel zu großes Opfer. Jacques Goddet, der Tour-Direktor, warf sich vor, den Berg in die Strecke eingebaut zu haben und dadurch mitschuldig geworden zu sein. Er hatte den Gedanken, zurückzutreten, tat es aber nicht und begann einen intensiven Kampf gegen die »geheime Peitsche«. Er wird noch immer geführt, und die Liste der Toten im Radsport ist trotzdem groß geworden. Viel zu groß.

Tom Simpson. Das Leben des fröhlichen Briten verglühte am Ventoux (13.7.1967). Zu hoch war sein Einsatz aus Leidenschaft und Siegeshunger.

Der Gedenkstein für Tom Simpson. Ein Mahnmal eigentlich. Verkommen jedoch zu einer kitschigen Wallfahrtsstätte.

Die allerbesten Erinnerungen mit dem Ventoux verbindet Jean-François »Jeff« Bernard. Der Franzose wurde nach seinem überraschenden Triumph im Einzelzeitfahren 1987 (Startort Carpentras/36 Kilometer) über Luis Herrera, Pedro Delgado, Stephen Roche so populär, dass er – damals Dritter der Gesamtwertung – heute sagt: »Man siegt am Mont Ventoux für das Leben. Es ist der Grundstein für meine Zukunft gewesen.«
Eindrucksvoller noch als Jeff Bernard ist der Italiener Eros Poli in die Geschichte des Ventoux eingegangen. Der 1,94 Meter lange »Funkturm« aus Verona, jahrelang nur bekannt als Spurt-Lokomotive für Mario Cipollini, startete 1994 auf der 231 km langen Etappe von Montpellier am Mittelmeer nach Carpentras sehr früh einen Ausreißversuch. Es waren noch 171 Kilometer zu fahren ... aber hatte er nicht 1984 den 100-Kilometer-Straßenvierer der Azzurri zum Olympiasieg und 1987 zum WM-Titel geführt? Und wem konnte der Drittletzte der Gesamtwertung gefährlich werden? Miguel Indurain hatte sein Schäfchen schon ins Trockene gebracht und das Peloton war müde. Poli fuhr in der Hitze wie ein Uhrwerk, näherte sich dem Ventoux mit 25 Minuten Vorsprung und kalkulierte kühn: Wenn ich auf dem Anstieg pro Kilometer nur eine Minute verliere, könnte ich tatsächlich Etappensieger werden. Für die Zuschauermassen war es ein begeisterndes Spektakel – für Eros Poli eine heroische Herausforderung. Fast 100 Kilo Gewicht musste er über den Ventoux bringen. Ausnahmsweise »lächelte« der Gigant der Provence und ließ den Italiener gewähren: viereinhalb Minuten vor Pantani, sechs vor Indurain und Virenque am Gipfel ... schon auf der Talfahrt nach Carpentras durfte Poli vom ersten Sieg seiner Profilaufbahn träumen. Es sollte der größte bleiben. 171 einsame Kilometer hatten aus Eros einen *héros* gemacht, aus dem Gott der Liebe einen Helden.

Eros Poli – ein positiver Held am Mont Ventoux. Der lange Italiener (1,94 m) trotzte 1994 bei einem 171 km langen Solo auch den Zumutungen des Giganten und gewann die Etappe.

Tourmalet – ohne Worte ...

5. ETAPPE:
Rudi, Olaf, Ete
und andere grüne Jungs

Rudi Altig: Der erste Deutsche im Grünen Trikot

Monsieur Rudi Altig – Coureur – Deutschland« Wenn ein so adressierter Brief aus Frankreich sein Ziel ohne Ortsangabe und Postleitzahl dennoch erreicht, heutzutage ein kleines Wunder, dann muss dieser Herr Altig bekannt sein wie ein bunter Hund. Das ist er ja auch, der 66-Jährige, bekannt und beliebt wie nur wenige Sportler in Deutschland. Selbst wenn seine Großtaten nun schon rund 40 Jahre zurückliegen: vier Weltmeistertitel auf Straße und Bahn, acht Tour-de-France-Etappensiege, das erste Grüne Trikot für einen Deutschen, 18 Tage in Gelb; Siege in San Remo und Flandern, in der Spanienrundfahrt ... die Liste der Erfolge ist stolz und lang.

Doch sie allein ist es nicht, die Altigs Popularität in Frankreich, Belgien, Italien und natürlich in Deutschland so jung gehalten hat. Es ist sein Erscheinungsbild, sein Auftreten; die Art, wie er Rennen gefahren und mit den Kollegen umgegangen ist; seine Hilfsbereitschaft; die Natürlichkeit, der Witz, die Komik, die Nähe zum Zuschauer. All diese »Funken« sind übergesprungen und tun es noch heute, wenn Altig auftaucht als Rennleiter, auf Fahrradmessen, bei Jedermann-Rennen, Wohltätigkeitsveranstaltungen oder als Experte auf dem Bildschirm der ARD. Ob Rudi Altig auch als Fußballspieler so erfolgreich und beliebt geworden wäre, diese Frage bleibt offen.

Im Herbst 1951 musste Mutter Altig angesichts magerer Haushaltskasse ihren zwei Buben die Gretchenfrage stellen: Entweder ein neues Rennrad für Bruder Willi oder neue »Töppen« für den zwei Jahre jüngeren Rudi. Beides zu finanzieren, war unmöglich. Also verzichtete Rudi auf die Fußballschuhe und bald auch auf die weitere Karriere bei Phönix Mannheim; denn er erbte vom großen Bruder dessen alte Rennmaschine. Auf ihr gewann er im Winter 1952 in Böhl-Iggelheim in der Pfalz seinen ersten Sieger-kranz – es war ein Querfeldeinwettbewerb. Mehr Platz bekam der Radsport bei Rudi allerdings erst, nachdem er die Lehre als Elektro-Installateur beendet hatte. Sehr bald sprach man von »den Altigs«. Willi, der Besonnene, war der Taktiker, Rudi, der Temperamentsbolzen, mehr der Sprinter. Vor allem bei den zahlreichen Bahnrennen räumten sie ab – einzeln und als Zweier-Mannschaft; mit Bernd Rohr und Hans Mangold, ihren Kameraden von Endspurt Mannheim, auch im Vierer. Ob ihrer Kraft hießen die Altig-Brüder bei den Kollegen respektvoll »die Ochsen«.

26. Juli 1959: Rudi Altig (rechts) gewinnt mit Bruder Willi in Berlin die Deutsche Meisterschaft im Zweier-Mannschaftsfahren.

Rudi und Willi Altig waren erfolgreich und unzertrennlich, vor allem nach dem Unfalltod ihrer Mutter, die bis zum September 1956 die stolze Dritte im sportlichen Bunde und im kleinen gebrauchten »Dienstwagen« war.

Kopf stand die Fachwelt, als Rudi Altig im August 1959 in Amsterdam zum ersten Mal bei einer Bahn-WM antrat. Erstens, weil sich der 21-jährige Amateur so unbekümmert und überlegen den Titel im 4 000-Meter-Verfolgungsfahren holte; zweitens, weil der Deutsche vor oder nach den Rennen im Innenraum »Männchen« machte. Es war dies eine Yoga-Übung, ein Kopfstand auf angewinkelten Ellenbogen und mit angewinkelten Knien, der so genannte Skorpion. Karl Ziegler, Altigs Trainer und väterlicher Berater, hatte das empfohlen – zur Erholung und Entlastung seiner schon früh geplagten Wirbelsäule.

Ein Jahr später, 1960, stellte er dann in Leipzig die Radrennbahn auf den Kopf. Altig, inzwischen Profi im französischen Rennstall St. Raphaël, gewann erneut das Regenbogentrikot, und die Mehrheit der 20 000 Zuschauer sang spontan das Deutschlandlied, nachdem die »BRD-Hymne« bei der Siegerehrung nach den ersten Takten rigoros abgewürgt worden war.

Rudi mit Mentor Karl Ziegler, Meistermacher bei Endspurt Mannheim, auf der WM-Ehrenrunde 1959 in Amsterdam.

Ein Stern geht auf

Nach dem dritten Bahn-WM-Titel 1961 in Zürich und zuvor der Eheschließung mit der Kölner Zahnarzt- und Hotelierstochter Christa Büdenbender ging im April/Mai 1962 auch der Stern des Straßenfahrers Rudi Altig auf. Er glitzerte gleich mehr, als es seinem Teamkapitän Jacques Anquetil recht war. Denn »Rüüdi« gewann die Spanienrundfahrt, die eigentlich der Franzose im Visier hatte. Doch es ließ sich nicht ändern: Nach bereits zwei Etappensiegen war Altig im Zeitfahren, Domäne von Chrono-Maître Anquetil, besser als sein Chef. Ein faires, unsichtbares Duell über 82 Kilometer, auf das der Besiegte mit seiner vorzeitigen Abreise reagierte. Die Mannschaft verlor durch diese Unsportlichkeit viel Geld. Anquetil aber fürchtete den 24-jährigen Deutschen als Rivalen so sehr, dass er dessen Tour-Teilnahme verhindern wollte. Er biss damit auf Granit, weil sich Raymond Louviot, der Sportliche Leiter, und die Mannschaft eindeutig für Altig aussprachen. Längst war er ihr *copain* geworden, ein prima Kumpel, der gehörig was in die Kasse fuhr und dazu eine Stimmungskanone war.

Kein Respekt vor Tradition

Jacques Anqetil hatte später keinen Grund, sich bei seinem dritten Tour-de-France-Sieg über fehlende Unterstützung durch den Deutschen zu beklagen. Fürchten musste er ihn auch nicht; denn mit Maßen von 1,79 Meter und 75 Kilogramm waren dem hausinternen Konkurrenten ab 2 000 Meter im Gebirge sowieso Grenzen gesetzt, die ein Gelbes Trikot in Paris ausschlossen. Nicht aber zuvor. Rudi zog das begehrte Hemd mit den Initialen des Henri Desgrange 1962 sogar schon am ersten Tag an. Und zeigte im belgischen Spa bei seinem Spurtsieg über die Sprinterkönige Darrigade und Van Looy keinerlei Respekt vor Traditionen. Fünfmal hatte der Blitz aus Biarritz, Darrigade, zuvor die erste Etappe gewonnen und daraus beinahe ein Gewohnheitsrecht gemacht. Altig war auch noch in Amiens/Normandie und in Antibes an der Côte d'Azur erfolgreich. Vier Tage gehörte ihm das Gelbe und am Ende stand er gar auf dem Podium im Prinzenpark – neben Sieger Jacques Anquetil als erster deutscher Gewinner des Grünen Trikots, das seinen Träger als den

»Grand mit Dreien«. Aus der Palette der Autogramm-karten ...

Besten in der Punktewertung der Zielankünfte auszeichnet. Der Schweizer Fritz Schär hatte 1953 in ihm die erste Ehrenrunde gedreht.

Am Ende der ersten großen Saison als Straßenfahrer erhielt Altig aus Frankreich ein unverhofftes »Geschenk«. Sein Pariser Manager Daniel Dousset verpflichtete ihn, an der Seite Jacques Anquetils die Trofeo Baracchi zu fahren. Dieses berühmte Paar-Zeitfahren in der Lombardei fehlte Anquetil noch in seiner Siegerliste. Deshalb bestand er auf den starken deutschen Partner, der daraufhin dem Frankfurter Sechstagerennen einen Korb geben musste. Immerhin zahlte der Veranstalter in Bergamo, Kühlschrankfabrikant Baracchi, Altig die gleiche Gage wie in Frankfurt. 10 000 Mark – für allerdings nur zweieinhalb Stunden Arbeit. Welche Schwerarbeit aber! Anquetil hatte sich verkalkuliert. Seine Form reichte nur für etwa 90 Kilometer. Da führte das deutsch-französische Duo mit 40 Sekunden Vorsprung. Doch das Rennen war 110 Kilometer lang. Maître Jacques konnte keine Ablösungen mehr fahren, klebte nur noch an Altigs Hinterrad. Gestenreich und lautstark feuerte der Partner den Erschöpften an. Mehrfach musste der König der Zeitfahrer sogar geschoben werden.

Altig zahlte es Anquetil jetzt für den kalten Krieg heim, den dieser gegen ihn geführt hatte. Zehntausende Rad-tifosi wurden Zeugen dieser Demütigung und letztendlich auch des hauchdünnen Sieges mit sieben Sekunden Vorsprung. Ein Glück, dass die Zeitnahme vor der Einfahrt ins Stadion erfolgte. Denn unmittelbar nach dem Kontrollpunkt fuhr der halb ohnmächtige Anquetil in das Zuschauerspalier und Altig wurde zunächst solo gefeiert.

Ohne Siege oder gar Triumphe das Jahr 1963. Altig musste unters Messer: Bandscheiben-Operation. Als »magnifique und edel« wird sein Comeback 1964 bezeichnet. Mit vier Minuten Vorsprung gewinnt der Zurückgekehrte die Flandernrundfahrt. Frankreichs Starjournalist Pierre Chany vergleicht »Altigs fantastische Demonstration« und 55-Kilometer-Alleinfahrt mit dem 25 Jahre zurückliegenden Paris–Roubaix-Triumph des legendären Campionissimo Fausto Coppi.

Zum ersten Mal in Deutschland

Als Champion wird »Rudi Nationale« ein paar Monate später, am 26. Juni 1964, in Freiburg im Breisgau gefeiert. Zum ersten Mal endet eine Tour-Etappe in Deutschland. Altig gewinnt sie zwar nicht – wie am Vortag in Metz –, erobert aber das Gelbe Trikot. Wie er es dem Journalisten und Schriftsteller Hans Blickensdörfer prophezeit hatte: »Hör zu, ich brauche morgen das Gelbe Trikot. Ob's dem Jacques (Anquetil) passt oder nicht. Das ist meine Etappe, und alle, die's nicht wissen wollen, können mich ...«

Drei Tage trägt Altig das *Maillot jaune*. In den Alpen, fünf Kilometer unterhalb des Galibier-Gipfels, muss er passen. Denn jenseits der 2 000 Meter reichen Organkraft und Willensstärke nicht mehr aus, um die Sauerstoffschuld seines massiven Körpers auszugleichen.

Fortan als Edelhelfer für Anquetil hat der *Colosse Allemand* großen Anteil an des Franzosen fünftem, äußerst knappen Sieg über Raymond Poulidor. Altig beendet seine zweite Tour als imponierender Fünfzehnter, einen Rang vor Landsmann Karl-Heinz Kunde. Bester Deutscher 1964 wieder Hennes Junkermann auf Platz neun. Zum Saisonende trennen sich die Wege von Anquetil und Altig. Sie bleiben Konkurrenten, werden aber Freunde fürs Leben.

Der »Colosse Allemand« Rudi Altig feierte 1962 als Neuling drei Etappensiege und gewann als erster Deutscher das Grüne Trikot.

1965: Das Pech scheint bei Altig das Gesetz der Serie bestätigen zu wollen. Im Gedränge der Zielankunft zur vierten Etappe der Spanienrundfahrt bricht er sich beim Sturz den linken Oberschenkel. Man schrieb den 2. Mai. Dr. Schneider in Köln operierte erfolgreich – wie auch schon das Rückgrat – und stabilisierte den Bruch mit drei Schrauben. Zweieinhalb Monate danach, am 14. Juli, Tag der Zielankunft meiner ersten Tour de France, begegneten wir uns im Pariser Prinzenpark: Stehaufmännchen Altig hatte im Vorprogramm mit Anquetil sein Comeback gefeiert. Sechs Wochen später war er Vizeweltmeister, in einem kalten Regenrennen bei San Sebastian nur knapp geschlagen von Tom Simpson.

Rote Ampeln zählen nicht
1966 trägt Altig das Trikot des italienischen Fleischwarenfabrikanten Molteni und ist natürlich verpflichtet, den Giro zu fahren. Als Lotse steuert er Italiens Hoffnung Gianni Motta mit zum Sieg, gewinnt auch selbst zwei Etappen und wird Dreizehnter der Gesamtwertung.

In den zwölf Tagen Pause bis zum Tour-Beginn besucht das ZDF Altig in seiner Wahlheimat im Bergischen Land. Hier wohnt der Radstar – nur 200 Meter von Familie Junkermann entfernt – seit Dezember 1963 im Dörfchen Eikamp mit Ehefrau Christa und Töchterchen Iris. Als der Hausherr uns mit Besitzerstolz den Bungalow vorstellt, die Kellerbar mit den Trophäen und vielen so gut wie unberührten Raritäten (»das ist mal für später«), dazu die hauseigene Radwerkstatt, da fällt mir zum ersten Mal auf, dass Rudi am linken Zeigefinger zwei Glieder fehlen: »Die hat mir der Willi beim Bau einer Holzbank mit dem Beil abgesäbelt, als wir gegen Kriegsende, in Mannheim ausgebombt, bei den Großeltern in der Nähe von Ingolstadt wohnten.«

Besagten Bruder Willi hatte Rudi an jenem Junitag zwischen Giro und Tour von Mannheim nach Eikamp beordert – mit dem Rad, versteht sich. Als Abschlusstraining für die Frankreichrundfahrt, die sie zusammen im Molteni-Team bestreiten sollten. Die Generalprobe Teil zwei, die gemeinsame Rückfahrt der »Bären« nach Mannheim, begleiteten wir ein Stück mit unserer Kamera. So weit das möglich war; denn für Radrennfahrer existieren anscheinend keine Ampeln. Rot galt nur für uns im Auto. Am damaligen Bundeshaus in Bonn gaben wir das Verfolgungsrennen auf und wünschten – nach einem kurzen Interview – den Altig-Brüdern viel Glück bis Mannheim und dann bei der Tour in Frankreich.

Altig, der Wiederholungstäter
Rudi Altig glückte am Starttag 1966 ein ähnlicher Coup wie vier Jahre zuvor. Erneut düpierte er die Elite der Sprinter – darunter Van Looy, Willy Planckaert, Karstens, Reybrouck – diesmal jedoch mit einem Ausreißversuch. Der alte Fuchs Altig kam im lothringischen Charleville allein an, ließ sich verschmitzt lachend ins Gelbe Trikot einkleiden, und das neun Tage in Folge immer wieder neu. Bis zur 10. Etappe verteidigte der zum Publikumsliebling avancierte den Platz an der Sonne. An einem Tag wurde sogar Anquetil zu seinem Komplizen; als es für

den Franzosen darum ging, dem Erzrivalen Poulidor eins auszuwischen. Der beste aller Mitstreiter war natürlich Bruder Willi. Er spendete Windschatten, fuhr Löcher zu, holte Getränke, war der Polizist an seiner Seite. Der Große der Altigs zerriss sich für den Kleinen im Gelben Trikot. Als in den Pyrenäen zwischen Bayonne und Pau die Karten neu gemischt wurden, verlor »Schwergewicht« Altig, nicht unerwartet, die Führung. Überraschend dafür seine Leistung auf der klassischen Etappe Pau–Luchon. Verbissen behauptete er sich da in der kleinen Spitzengruppe der Besten und ließ im Endspurt gar Anquetil und Poulidor hinter sich ... und hatte trotzdem nicht gewonnen, wie er für ein paar Momente glaubte: Altig war in der Anstrengung entgangen, dass sich vor ihm noch der Italiener Marcello Mugnaini befunden hatte ... Für dieses »Versehen« revanchierte er sich postwendend und gewann die 12. Etappe Luchon–Revel im Endspurt gegen Weltmeister Tom Simpson. Neben ihm auf dem Podium strahlte an diesem Tage noch ein anderer Deutscher, Karl-Heinz Kunde. Der um einen Kopf kleinere Kölner hatte das Gelbe Trikot erobert. David und Goliath nebeneinander – ein schöner Schnappschuss für die Fotoreporter.

»Lokomotive Rudi« ließ sich auch zum Finale am französischen Nationalfeiertag noch einmal feiern. Und es klang fast so, als würden die 30 000 Zuschauer im Pariser Prinzenpark dem *Allemand* nach seinem Sieg im 51-Kilometer-Zeitfahren (vor Bracke und Poulidor) mehr applaudieren als Lucien Aimar, dem Tourgewinner und Landsmann aus Frankreich. Für ihn hatte Jacques Anquetil, noch einmal alle taktischen Tricks einsetzend, den Weg zum Sieg geebnet. Danach war der gesundheitlich Angeschlagene ausgeschieden.

Drei Etappensiege, neun Tage im Gelben Trikot und mit nur elf Minuten Rückstand zum Sieger Zwölfter der Gesamtwertung – Rudi Altig hatte eine tolle Tour gefahren und Bruder Willi ihm bis in die Alpen treu zur Seite gestanden.

Die Krönung der Saison und seiner gesamten Laufbahn erfuhr der damals 29-jährige sechs Wochen später bei der Weltmeisterschaft auf dem extrem schweren Nürburgring. Von 100 000 Zuschauern angetrieben, gewann Rudi Altig nach einer außergewöhnlichen Energieleistung und

Tour '66: Konkurrenten und doch Freunde, Rudi Altig (drei Etappensiege, neun Tage Gelb) und Jacques Anquetil, der bei seiner letzten Tour dem Teamgefährten Aimar den Weg zum Sieg ebnete.

schier unglaublicher Aufholjagd in der letzten Runde das Trikot mit dem Regenbogen. Jacques Anquetil, Raymond Poulidor, Gianni Motta, Tour-Sieger Aimar, Felice Gimondi und der junge Eddy Merckx zählten an jenem 28. August zu den von Altig Bezwungenen. Einer seiner deutschen Mitstreiter, der getreue Hennes Junkermann, konnte es nicht fassen: »Nein, der Rudi, das ist kein Mensch mehr; das ist ein Tier ...« Für diesen tierisch-sympathischen Rad-Athleten, der sich unter den tausend Glückwünschen mit am meisten über die von Sepp Herberger und Fritz Walter freute, zogen Deutschlands Sportjournalisten am Jahresende den Joker und wählten ihn mit Riesenvorsprung zum Sportler des Jahres.

1 000 Meter – der Abstand von Rot nach Gelb

Die kleine Überschrift riecht nach Farbenlehre. Etwa eine

28. August 1966: Rudi Altig wird Weltmeister auf dem Nürburgring.

Tour-Neuling aus Belgien nicht verdrängen können. Schwer lag die kleine Metallstoppuhr in meiner Hand, als wir am »Checkpoint Rudi« in Position gingen, an der letzten lang gezogenen Linkskurve, 200 Meter vor der rechtwinkligen Einfahrt ins *Vélodrome*. Dort waren auf der alten Betonpiste noch 800 Meter zurückzulegen. Unsere Herzen pochten mindestens doppelt so schnell wie der Sekundenzeiger vorwärts tickte. Elf Minuten ... elf dreißig ... vierzig ... Altig jagt heran: »acht plus!« brüllen wir ihm zu und ein zweitesmal schnell hinterher. Elf zweiundfünfzig wäre zu lang gewesen. Altig wusste damit: Er lag acht Sekunden unter seinem Zwölf-Minuten-Plan. Wir hasten ins Stadion, wo vor drei Monaten Walter Godefroot gefeiert worden war, als Bezwinger der Hölle des Nordens und von Eddy Merckx. Und wo diesmal der Jubel über Altig zusammenschlägt. 13 Minuten glatt, sieben Sekunden ist er schneller als der Belgier. Altig, der den letzten Kilometer in Bahnfahrermanier in bravourösen 1'08" zurückgelegt hat, gehört das Gelbe Trikot! Nur Fernsehaufnahmen gibt es von seiner Rekordfahrt leider nicht. Die französischen Kollegen hatten, überheblich wie sie manchmal waren, den 32-jährigen Deutschen nicht auf ihrer Liste ... Um so perfekter stimmte Altigs Kalkulation; Pardon, seine

28.6.1969: Die kalkulierte Sensation. Altig gewinnt in Roubaix den Prolog vor E. Merckx – und das Gelbe Trikot.

neue Definition? Aus der Sicht des Radfahrers Altig ganz bestimmt, gültig allerdings nur für den 28. Juli 1969. An jenem Samstag, Tag des Prologes der 59. Tour de France in Roubaix, nahm Rudi die Journalisten Boelsen und Angermann in die Pflicht, ihm an der *Flamme rouge*, dem kleinen roten Wimpeldreieck, das die letzten 1 000 Meter anzeigt, die Zwischenzeit zuzurufen: »Wenn ich dort knapp unter zwölf Minuten bin, könnte ich die Zeit von Eddy unterbieten«, so war seine Kalkulation. Merckx war als erster der 130 Fahrer gestartet, und seine Bestmarke von 13'07" für die 10,4 Kilometer stand auch zwei Stunden später noch wie eine eins. Sogar Spezialisten wie der Elsässer Charly Grosskost (13'17") und Belgiens Verfolgungsweltmeister Ferdinand Bracke (13'18") hatten den

Rudi in den Mund gelegt: »Felice, keine Sorge – auch wenn ich Gelb trage, bleibst du im Team die Nummer 1.« Gimondi wird am Ende Vierter der Tour '69.

Mit Altig, De Vlaeminck, Merckx und dem Spanier Joaquim Galera lag schließlich eine Viererbande an der Spitze. Aus ihr sollte sich der Deutsche zugunsten seines Kapitäns Felice Gimondi zurückfallen lassen. Doch der »Manneemer Dickkopf« widersetzte sich der Stallregie und blieb stur am Hinterrad von Merckx kleben. Der aber war im steilen Anstieg zum Ballon so schnell, dass Altig hinter ihm »ho, ho« rief, was heißen sollte, etwas weniger Gas, bitte. Eddy erinnerte sich 30 Jahre später grinsend, »ik stak nog een tandje meer bij«, dass er nämlich, statt zu drosseln, noch einen Zahn zulegte. Das brachte sogar seinen Mechaniker Marcel Rijkaert zum Staunen: »Ich hatte Eddy ja schon viele Schläge austeilen sehen, doch als er am Ballon d'Alsace auf den 18er (Zahnkranz) schaltete, musste ich mit den Augen blinzeln...« Ähnlich muss es Altig gegangen sein, dem Herausforderer, der sich von diesem Super-Eddy dennoch nur zwei Minuten abnehmen ließ, während die – bis dahin – Mitfavoriten Pingeon, Poulidor und Gimondi gleich vier verloren. Merckx, der Unwiderstehliche, feierte in den Vogesen seinen ersten Etappensieg von insgesamt 34 und übernahm auch das Gelbe Trikot. Der Beginn einer langen Regentschaft.

revolutionäre Farbentheorie der letzten 1 000 Meter: Der Abstand von Rot nach Gelb.

Leider war der Abstand von Gelb zu Gelb sehr kurz, was heißen soll, daß Altig das Gelbe Trikot, das 1969 seinen 50. Geburtstag feierte, nur einen Tag lang tragen durfte. Eddy Merckx nahm es ihm ab – im Mannschaftszeitfahren in seiner belgischen Heimat. Danach »verlieh« E.M. es an seinen Teamkollegen Julien Stevens. Am fünften Tag schmückte sich der Franzose Letort damit. Aber Altig hatte es nie aus den Augen, noch weniger aus dem Sinn verloren – und mit nur 17 Sekunden Rückstand wollte er es auf der sechsten Etappe von Mülhausen zum Ballon d'Alsace (1 178 Meter) zurückholen. Vielleicht hätte er das auch geschafft, wenn seinem Vorstoß nicht der Belgier Roger de Vlaeminck gefolgt wäre. Diesen Rivalen konnte Merckx einfach nicht ziehen lassen.

6. Etappe '69, Mülhausen–Belfort: Altig wollte das Gelbe zurück. Doch am Ballon d´Alsace stoppte Merckx den Rebellen.

Das Hochgebirge war sein Feind. Doch Altig kämpfte immer.

In Atem- und Erklärungsnot

Es kamen die Alpen. Drei Tage Qual für Rudi Altig. Atembeschwerden brachten ihn an den Rand der Aufgabe. Auf der Drei-Pässe-Etappe von Chamonix nach Briançon mit dem Col de la Madeleine (1 993 Meter), mit Télégraphe

(1 670 Meter) und dem majestätischen Galibier (2 556 Meter) fuhr er mit seinen treuen Helfern Wilfried Peffgen und Pietro Guerra lange Zeit sogar dem Gruppetto hinterher. Das ist die Solidargemeinschaft der Zurückgefallenen, der erschöpften Helfer und Sprinter, all jener, die sich als manchmal 40, 50 Fahrer große Gruppe zusammenfinden, um mit kluger Kalkulation das Ziel vor Ablauf der Zeitgrenze zu erreichen.

Um Altig und seine Salvarani-Musketiere vor dem an diesem Tage drohenden Ausschluss zu bewahren, agierte unser Redaktionsauto ausnahmsweise mal als neutraler Wagen. Wir stoppten für das Altig-Trio die Zeitabstände zum rettenden Gruppetto und beschummelten dabei die Kämpfenden, indem wir die Differenz immer ein bisschen geringer angaben, als sie in Wirklichkeit war. Wir – das waren noch ZDF-Kollege Hennes Henn und Freund Helmer Boelsen – organisierten auch eine Art Getränkedienst und drückten Zuschauern am Straßenrand Bidons, also die Plastiktrinkflaschen, mit Wasser oder Cola in die Hand: *C'est pour Rüüdi Altig!* Das ist für Altig! Die überraschten Franzosen waren mächtig stolz, den beliebten Deutschen unterstützen zu können, und wir Journalisten verletzten auf diesem indirekten Weg die sportlichen Gesetze nicht. Ein schönes Gefühl, als Rudi, der »Peff« und Guerra schließlich das Gruppetto und damit praktisch das Ziel erreicht hatten.

Am dritten schweren Alpentag, auf der 11. Etappe von Briançon nach Digne, griff sogar ein Tour-Polizist rettend mit ein. Altig, wieder weit zurück, hatte Reifenschaden. Kein Mannschaftswagen da! Wut und Erschöpfung, diese unheilvolle Mischung, führte bei Rudi zum Kurzschluss: entnervt riss er die Startnummer ab; aus, vorbei, Tour zuende! Dass er aber tatsächlich in den Besenwagen stieg, verhinderte ein Motard der *Garde Républicaine*. Mit französischem Wortschwall und voller Leidenschaft appellierte der schnauzbärtige Motorradfahrer an Altigs Ehre. Und tatsächlich: Rudi setzte sich wieder auf das Rad, das inzwischen vom hilfsbereiten Mechaniker einer anderen Mannschaft – auch nicht ganz legal – repariert worden war. Altig erreichte ein zweites Mal das vom holländischen Sprinter Gerben Karstens dirigierte Gruppetto – auch Autobus genannt – und in ihm das Ziel.

Vorn Wilfried Peffgen, Altigs jahrelanger treuer Helfer; hinten der Motorrad-Polizist, der gerade Rudis Aufgabe verhindert hatte.

Inzwischen machte im Begleitkonvoi und besonders im Pressesaal ein Gerücht die Runde: Fünf Fahrer sollten positiv getestet worden sein. Darunter auch Rudi Altig. Von der kleinen intimen Schar der deutschen Journalisten mehrfach dazu befragt, lautete seine Antwort stets: »Das existiert nicht«. So auch am Abend der 13. Etappe noch, als die deutsche Tour-Kolonne es sich im Urlauberort Palavas am Atlantik bei köstlichen Meeresfrüchten und einem kühlen Blanc-de-Blanc gut gehen ließ. Dort, im »Chez Alexandre«, verbrachte Rudis größter Fan, Paul Rosenzweig alias »Betten-Paul«, traditionell seinen Urlaub. Von diesem Basislager an der Küste zog der radsportverrückte Inhaber eines Kölner Hotels (daher Betten-Paul) dann während der Tour los, um vornehmlich in den Pyrenäen, ausgerüstet mit einer riesigen Kühlbox, Samariter zu spielen für die Junkermann, Wolfshohl, Kunde, Puschel, vor allem aber für Altig. »Rudi, wo soll ich am Tourmalet stehen und wat

Rudi, nur noch zehn Minuten zum rettenden Gruppetto, signalisiert ZDF-Kollege Henn. Doch das war untertrieben.

willste trinken?« war seine Standardfrage am Abend vorher. »Paul, du stehst genau zwei Kilometer unter dem Gipfel. Da, wo in einer Linkskurve der Kilometerstein ist. Und hast dabei Mineralwasser, gekühltes König-Pilsener, Rotwein und auch einen Schluck Schampus. Was ich davon trinken will, rufe ich dir zu.« Es waren herrliche und herzliche Begegnungen in jenen Jahren mit Betten-Paul, zu dessen Klientel bald auch Eddy Merckx gehörte. Entlohnt wurde er übrigens in Naturalien – mit so manchem wertvollen Originaltrikot, das der Köllsche Jong abends stolz in der Disco trug.

Altig »existiert nicht«

Schrille Töne am Abend der 14. Etappe. Napoleon Félix Lévitan, der Co-Direktor der Tour, verkündet im Pressesaal von Revel endlich auch offiziell die fünf positiven Dopingbefunde. Wir alle sind von Altig enttäuscht, am meisten Helmer Boelsen, der Frankfurter, der wie kein anderer Journalist des Mannheimers Laufbahn von Beginn an begleitet hat. Auf Rudis Unaufrichtigkeit – »das existiert nicht« – antworten die deutschen Berichterstatter mit einem kleinen Boykott. Altig, der wie damals noch üblich, nicht mit Ausschluss, sondern mit einer 15-minütigen Zeitstrafe bedacht wurde, »existiert« jetzt auch ein paar

Tage für sie nicht mehr. Es gibt weder den lustigen Plausch mit ihm am Start noch das Kurzinterview am Ziel oder gar die kleine Runde manchmal abends in seinem Hotel. Auch in den Pyrenäen litt Altig weiterhin an unerklärlichen Atembeschwerden, auch hier musste er Unterschlupf im »Autobus« suchen. Zu allem Pech stürzte er noch, stauchte und prellte sich das rechte Handgelenk so schmerzhaft, dass er damit den Lenker nicht mehr halten konnte. Der Unfall passierte nach dem Aubisque, dem allerletzten der Gipfel. Es war an jenem Tag, als Eddy Merckx seinen historischen Alleingang nach Mourenx-Ville-Nouvelle mit acht Minuten Vorsprung beendete. Rudi Altig aber musste aufgeben. Es sollte seine letzte Tour gewesen sein. Gut zwei Jahre später, im November 1971, beendete er auf ärztlichen Rat seine Laufbahn mit dem Sechstagerennen von Münster.

Zugleich folgte der 34-Jährige der Berufung zum Bundestrainer der Amateure, wo er und sein Lehrmeister Karl

Rudi Altig war viele Jahre WM-Teamchef der Berufsfahrer. Hier mit Udo Bölts vor dem Start 1994 in Agricento.

Ziegler Partner im Amt waren. Auch an diese Zeit gibt es schöne Erinnerungen. Zum Beispiel an Altig, den Hilfsbereiten: Als beim total verregneten Dezember-Lehrgang 1971 in Andalusien am Abreisetag plötzlich die Sonne strahlte, ließ er die Fahrer noch einmal aufsitzen: »Jungs, eine Stunde für die Mainzelmännchen, damit die endlich ein paar schöne Bilder bekommen!« Oder: Rudi, der Organisierer ... Als 1972 bei der Algerienrundfahrt das rasselnde Protestkonzert der Bestecke und Blechteller von 100 hungrigen Fahrern gegen die dürftige Verpflegung kein Gehör fand, formulierte der deutsche Trainer den Unwillen in der Küche derart eindrucksvoll, dass es ab sofort anstelle von Couscous mit zwei winzigen Fleischbällchen Steaks mit Reis oder Spaghetti gab. Dann: Altig, der Medizinmann ... Als der Autor, auch in Algerien, vor dem Start zu einer Etappe von kaum zu bremsendem Durchfall

Als Trainer der Amateur-Nationalmannschaft 1972 in Marokko. Von links: Mario Sobottka, Winfried Trott, Rudi Altig, Burkhardt Brehmer, Olaf Paltian.

geplagt wurde, bat Rudi seinen russischen Kollegen Viktor Kapitonow um Hilfe. Der kam mit einer 0,5-Liter-Flasche Wodka und befahl »trinken!« Absetzen duldete der Sowjet, Olympiasieger von Rom, nicht. »Dallsche, weiter trinken!« Bis zur Hälfte ... danach war der Kranke nicht nur halb blau, sondern auch schon fast kuriert.

Schließlich: wie Altig mich zum Schmuggler machte ... Marokko-Rundfahrt 197... (genaue Jahreszahl kann aus zolltechnischen Gründen nicht genannt werden). Rudi ruft spät abends – schon in König Hassans Land – in Wiesbaden an: »Wenn ihr übermorgen kommt, bringst du bitte einen Fernsehapparat mit.« Marke soundso. Den Einwand von wegen Zollkontrolle bügelt er weg: »Keine Sorge, du wirst am Flughafen erwartet.« Tatsächlich, als ich mit schwerstem Handgepäck und erhöhtem Blutdruck beim Zoll ankomme, scheint Allah seine schützenden Hände auf den Ankömmling aus Deutschland gelegt zu haben – und ganz besonders auf den mitgebrachten Fernsehapparat.

Rudi Altig machte als Trainer die Erfahrung, dass ein Meister nicht unbedingt auch ein Meistertrainer sein muss. Nach vier Jahren voller Engagement, aber ohne Fortune, endete im Spätherbst 1975 die Zusammenarbeit mit dem Bund Deutscher Radfahrer. Aber Rudi, der Rastlose, blieb präsent. 26 Jahre lang setzte er seine Erfahrung, sein technisches Verständnis, seine vielseitigen Kontakte als Berater und PR-Mann beim Fahrradproduzenten Schauff in Remagen ein. Auch gibt es kaum ein großes deutsches Radrennen, das er nicht als umsichtiger und sprachgewandter Rennleiter gelotst hätte. Altig, der sympathische Zeitlose, ist gern gesehener Gast bei Bällen und Benefizveranstaltungen. Waren es früher die Fußballlegenden Seppl Herberger und Fritz Walter oder der Düsseldorfer Journalist Dieter Stein, die zu seinen Freunden zählten; so sind heute u. a. die Politiker Norbert Blüm und Rudolf Scharping mehr als nur Bekannte, dazu die alten Radsportkollegen wie Peffgen, Kunde, Wolfshohl oder Junkermann. Den Hennes hat Rudi nach dessen Operation im April 2003 als einer der Ersten besucht.

Privater Ruhepol ist die Familie, mit der Altig in der Umgebung von Bad Neuenahr lebt. Die Schweizerin Monique ist seit 1981 seine »bessere Hälfte« und die Kinder Cindy und Steven sind ihr gemeinsamer Stolz. Zum Großvater gemacht hat ihn Iris, die Tochter aus erster Ehe. Mit der eisernen Energie und Disziplin des Sportlers hat der Ex-Rennfahrer 1994 einem schweren gesundheitlichen Rückschlag getrotzt. Doch selbst ohne Magen ist er ein Genießer geblieben. Den Radsportfreunden begegnet Altig, der Stehaufmann, seit vielen Jahren im Schaufenster Fernsehen. Als ARD-Experte sind seine Einschätzungen der Rennsituation ebenso beliebt wie die Anekdoten aus der guten alten Zeit. Eine gute erste Fernsehzeit hatte Rudi zuvor bei Eurosport an der Seite des bescheidenen, kenntnisreichen Peter Woydt. Als ich nach dessen viel zu frühem Tod – auch er hatte Krebs – 1998 an seine Stelle trat und mich auf die Partnerschaft mit dem Rad-Idol freute, hatte sich diesen in aller Stille die ARD geangelt. Doch das ist eine ganz andere Geschichte.

Zuerst mit Peter Woydt bei Eurosport, jetzt Experte der ARD. Hier Altig und der Rennkollege von einst, Johny Schleck aus Luxemburg: »Bei uns, früher, war alles viel gemütlicher ...«

Olaf Ludwig:
Der Champion in zwei Systemen

Wir schrieben Dezember 1990. Seit gut zwei Monaten war Deutschland wieder vereint. Trotzdem hatte das Treffen im Dunkeln an der Autobahnausfahrt Gera irgendwie etwas Konspiratives an sich; weckte Erinnerungen an die Zeit, als Kontakte zwischen Ossis und Wessis an den Transitstrecken der DDR streng verboten waren. Das war uns allen noch sehr nah, als ich – auf dem Weg zu meiner Mutter nach Dresden – spät abends die Autobahn-Verabredung mit Werner Marschner hatte, jenem Trainer, dem wir Olaf Ludwig verdanken.

Marschner, 1919 geboren, gewissermaßen im Sternzeichen des Gelben Trikots, hatte herzlich um eine Videokassette gebeten: die Tour de France '90 mit seinem Musterschüler Olaf Ludwig, dem Gewinner des Grünen Trikots. Deshalb also gab es auf dem Weg zu Muttern die zeitsparende Verabredung an der Autobahn, bei der Marschners fürsorgliche Ehefrau Rita mir auf der Kofferraumhaube schnell einen mitgebrachten frisch gebrüh-

Als Eddy Merckx der Amateure u.a. Etappen-Rekordsieger der Friedensfahrt. Hier, '86 in Ostberlin, einer von 36 Erfolgen.

ten Kaffee servierte. Der Muntermacher und des alten Trainers Freude (»Olaf ist ein Stück von meinem Leben!«) ließen auf der weiteren Fahrt meine Gedanken immer wieder zurückschweifen in die Vergangenheit, in die erste Halbzeit der großartigen Karriere des »Eddy Merckx der Amateure«. So tauften die Franzosen einmal Olaf Ludwig, der an Erfolgen und Beliebtheit dem DDR-Sportidol Gustav-Adolf »Täve« Schur ebenbürtig ist. Die Rad-Ikone der 50er Jahre kam aus Magdeburg; mit Olaf Ludwig verbindet man Gera. Um ganz genau zu sein, es ist der Ortsteil Thieschütz, wo er am 13. April 1960 geboren wurde. Und wo noch immer sein Zuhause ist, auch wenn der Radsportberuf ihn bei Aachen sesshaft werden ließ.

Dem Fahrrad verfiel Olaf Ludwig, nachdem er vorher Fußball gespielt hatte und auch ein talentierter Mittelstreckler gewesen war, am 9. Mai 1972. An diesem Tag gewann ein gewisser Karl-Heinz Oberfranz im Geraer Stadion der Freundschaft die 5. Etappe der 25. Friedensfahrt – und Olaf Ludwig auf dem Nachhauseweg das erste »Rennen« gegen seine Kumpel. So unglaublich es klingen mag, vier Monate später, im September 1972, stand Olaf im DDR-Finale des so genannten Spartakiade-Kilometers. Das war ein landesweiter populärer Talentwettbewerb, und der zwölfjährige Steppke aus Thüringen zeigte als Zweiter in 1'28", dass er Zukunft hatte.

Der kleine Ludwig stand zuerst unter der Obhut des Übungsleiters Heinz Hiepe, der seine Schützlinge von der SG Dynamo Gera im Winter sogar schon ein paar Tage auf der legendären 171-Meter-Bahn der Berliner Werner-Seelenbinder-Halle kurven ließ. Als für Olaf 1973 die privilegierte Delegierung zum großen Sportclub Dynamo Berlin anstand, sagte Mutter Sieglinde resolut nein zum Umzug ihres Dreizehnjährigen von Gera in die Hauptstadt der Republik. Wer weiß, ob Olaf Ludwig dort die

Werner Marschner – der Trainer, der Olaf Ludwig »gemacht« hat. Zudem ein väterlicher Freund, auch heute noch.

fantastische Entwicklung genommen hätte, wie er sie von 1974 an bei Werner Marschner in der SG Wismut seiner Heimatstadt Gera erfuhr. Der ehemalige DDR-Auswahl-Fahrer, gelernte Bäcker, Fahrradmechaniker, Technologie-Ingenieur und Diplom-Trainer formte aus vielen, vielen Talenten Weltklassefahrer. Die Bahn-Weltmeister Gerald Mortag und Lutz Haueisen kamen aus seiner Schule; und solche Straßenasse wie Thomas Barth, Jens Heppner und eben Olaf Ludwig.

Marschner hat seine »Burschen« mit großem pädagogischen Geschick trainiert. Ratschläge erteilte er nicht mit barscher Autorität, sondern bei aller Strenge in fast väterlichem Umgangston. Seine Stärke lag in der Überzeugungskraft. Aber kritisch sich selbst gegenüber und diskussionsbereit forderte »Masche« die jungen Sportler auch auf, den Trainingsprozess mit zu gestalten. So kam man gemeinsam voran, und Olaf Ludwig hatte »unbegrenztes Vertrauen zu ihm«, wie er im Ostberliner Sport-Echo einmal bekannte. Diese Lehrjahre, in denen Ludwig – dank Marschner – nicht im Internat der Kinder- und

Flieg', Taube, flieg' und verkünde den Frieden! Symbol und Namensgeberin des »Course de la Paix«, der großen Drei-Länder-Fahrt Deutschland–Tschechien–Polen.

Jugend-Sportschule wohnen musste, sondern daheim übernachten konnte, umfassten die komplette radsportliche Palette auf Straße und Bahn und im Querfeldeingelände. Eine ideale Ausbildung, bei der die Winterbahnrennen auf dem engen Seelenbinder-Oval vor allem Steuerkunst, Reaktionsvermögen und Trittfrequenz schulten, aber auch Mutproben waren – stets vor einer stimmungsvollen Kulisse.

Die ersten großen internationalen Erfolge erntete der Geraer mit den Junioren-Weltmeistertiteln im 75-Kilometer-Mannschaftsfahren 1977 in Österreich und 1978 in Washington. In seiner Autobiographie »Höllenritt auf der Himmelsleiter« erinnert sich Ludwig an seine erste »Westreise«, eben 1977, und das dabei sorgsam angelegte 10-DM-Tagegeld: »Bei mir reichte es für die Investition in eine Jeanshose, eine verspiegelte Sonnenbrille und drei Postkarten.« In diesem mit Unterstützung des Erfurter Journalisten Helmut Wengel herausgegebenen Buch liest man nicht nur die Erfolgsgeschichte des Ausnahme-Radsportlers aus Thüringen, sondern offen, humorvoll und witzig (ganz seinem Charakter entsprechend), erfahren wir auch Hintergründe, lesen u. a. von periodischen Höhentrainingslagern in Mexiko und Äthiopien; von Simulationen in den Niederdruckkammern der Volksarmee-Jagdflieger; von »Straßenschlachten im Sattel« (Zitat Ludwig) mit den Sowjets bei der Friedensfahrt 1983 und dass bei den Zielankünften auf der Berliner Karl-Marx-Allee das Politbüro stets einen DDR-Sieg erwartete ... und dass Olaf, als er 1980 den Staatsauftrag erfüllt hatte

und zum ersten Mal Erich Honecker gegenüberstand, perplex war: »Mein Gott, so klein ist der Erich!«

Es ist auch die Rede von zentralen Leistungsdirektiven für das Training, die Werner Marschner als »erfüllt« unterschrieben nach Ostberlin zurückschickte, um dann doch nach eigenem Erfolgsrezept weiterzuarbeiten; und von dem »Onkel aus Berlin«, der immer am Jahresende mit dem Prämienkoffer aufkreuzte, und dass Cheftrainer Wolfram Lindner den Funktionären die Zustimmung abrang, den Fahrern einen Teil der West-Preisgelder zu belassen … Es stellt sich heraus, dass die Dreizehn nicht nur für Olafs Geburtstag steht, sondern dass er an einem 13. auch sein erstes Regenbogentrikot erkämpfte und gleichfalls an einem 13. der Frau fürs Leben begegnete, seiner Ehefrau Heike, 1977 mit 17 Jahren. Dann muss die Dreizehn seine Glückszahl sein.

Mein schönster Schnappschuss 1988 in Seoul. Olaf Ludwig als Olympiasieger, »durch die Blume« fotografiert.

36 Friedensfahrt-Etappen … goldenes Seoul

Wer von Olaf Ludwigs Erfolgen spricht, spricht automatisch von der Friedensfahrt. Zehn Jahre hat er die faszinierende Dreiländerfahrt durch Polen, ČSSR und DDR mitgeprägt wie zuvor die Protagonisten Jan Veselý, Täve Schur, Ryszard Szurkowski. Unter dem Zeichen der Picasso-Taube 36 Etappen gewonnen, zweimal den Gesamtsieg gefeiert. Es waren seine Erfolge und die des Kollektivs, des silbergrauen DDR-Teams, mit Fahrern wie Thomas Barth, Falk Boden, Mario Kummer, Lutz Lötzsch, Andreas Petermann, Uwe Raab, Uwe Ampler. Ludwig, der mit 19 das Abitur gemacht und sich dann zum Studium an der DHfK eingeschrieben hatte – Examen ist noch immer möglich – besitzt in seiner riesigen Trophäensammlung auch die WM-Goldmedaille von 1981 im 100-Kilometer-Mannschaftszeitfahren. Boden-Drogan-Kummer-Ludwig hieß das Quartett, das in Prag so unwiderstehlich die Russen besiegte.

Als bei den beiden nächsten Welttitelkämpfen im »Viertakter« Ludwigs »Zylinder« gleich zweimal blockierte, wollte der selbstkritische Geraer fortan nie mehr »Titelverhinderer« sein. Dafür verhalfen ihm seine Zeitfahrerqualitäten 1983 zum Sieg in der Open-Tour de l'Avenir und zu so viel Popularität in Frankreich, dass im folgenden Jahr in einem Kreuzworträtsel nach einem »L'Avenir-Sieger aus Allemagne de l'Est / RDA« gefragt wurde. Gefragt war Ludwig auch in Paris bei der Verleihung der Goldenen Palme für den weltbesten Amateur 1983. Doch das erfuhr der Eddy Merckx des Ostens erst hinterher aus der Zeitung. Der DDR-Sportverband hatte Ludwig die Einladung nach Paris vorenthalten und ihm später als Begründung erklärt, dass sein Reisedevisen-Etat schon erschöpft gewesen wäre.

Weil der Alleskönner aus Thüringen sich auch bei Bahn-Weltmeisterschaften zweimal im Punktefahren bewährt hatte (1986 Zweiter in Colorado / 1987 Vierter in Wien) setzten medaillensüchtige Funktionäre auch bei den Olympischen Spielen in Seoul 1988 auf ihren Paradefahrer und schickten ihn vor dem Straßenrennen in den Punkte-Wettbewerb. Das Unternehmen ging schief: »Ich schob mein Rad als Vierzehnter von der Bahn, verfluchte Trainer, Taktik und Schicksal.« Verbandstrainer Wolfram

Lindner hingegen verfluchte Ludwig ganz und gar nicht. Er ließ an seiner Nominierung für das Straßenrennen keinen Zweifel aufkommen und sorgte sogar dafür, dass der Enttäuschte nicht von unzufriedenen Funktionären belästigt wurde.

Zweieinhalb Tage später grüßte der »Versager« als Olympiasieger! Selten war Ludwig so motiviert, so konzentriert in ein Rennen gegangen wie an diesem 29. September morgens um neun in Tongil-ro außerhalb von Seoul. Und selten war er so lange ruhig geblieben. Vier Stunden waren seit dem Start schon vergangen – bei 35 Grad und hoher Luftfeuchtigkeit – da saß der Geraer noch immer eiskalt im Hauptfeld. Als vom deutschen UCI-Kommissär Günther Koch die zwölfte und letzte 16,4-Kilometer-Runde eingeläutet wurde, führte eine bunt gemischte Elfer-Gruppe mit 27 Sekunden Vorsprung, vertreten darin Australien, Belgien, Italien, Neuseeland, CSSR, USA, Andorra (!), zweimal sogar die Bundesrepublik (mit Bernd Gröne und Christian Henn), nicht aber die DDR! Nach dem grandiosen Vierersieg von Ampler, Kummer, Landsmann, Schur nun im Einzelrennen mit Ludwig eine Schlappe? »Als er an unserer Materialbox vorbeifuhr, signalisierte mir der kurze Blickkontakt zu ihm, dass es noch nicht vorbei war«, sagte Trainer Lindner eine Dreiviertelstunde später schmunzelnd in die Mikrofone.

Das stumme Zeichen von Olaf zur Box war gewissermaßen auch das Signal, sich umgehend aus dem Haupt-

Die historische Zieldurchfahrt von Seoul 1988. Olaf Ludwig vor dem Dortmunder Bernd Gröne. Dritter wurde Christian Henn (Heidelberg).

feld abzusetzen. Nur den russischen Sprinter Abduschaparow, Konkurrent in vielen Friedensfahrt-Duellen, konnte er bei seinem Antritt nicht abschütteln. Mit dem Usbeken im Schlepp erreichte Ludwig die Elfer-Spitze, als aus dieser gerade der lange Dortmunder Bernd Gröne davonjagte. Sieben Kilometer nur noch bis zum Ziel – bei Ludwig schrillten die Alarmglocken: Der »Bundi« (DDR-Jargon für Bundesdeutsche) ist gefährlich! Statt kurzer Verschnaufpause gab es für ihn nur eins: durchstarten! Diesmal ohne den gefährlichen »Abdu«. Der und alle anderen hatten gegen die deutsch-deutsche Allianz keine Chance.

Vor einem Vierteljahr erst hatte DDR-Sportführer Manfred Ewald in Ost-Berlin Ludwig wegen zu langer Gesprächszeit mit einem Westdeutschen während der Friedensfahrt (Stasi-handgestoppte 33 Minuten!) noch gemaßregelt, in Seoul ließ ihn Ludwigs erneuter West-Kontakt jubeln. Und lange geredet wurde mit dem Klassenfeind diesmal auch nicht! Was Herr Ewald nicht wusste: Ludwig und Gröne arbeiteten in stummer Übereinstimmung. 20 Sekunden Vorsprung! Keine Chance mehr für die Verfolger. Die seltene deutsche Gemeinsamkeit fand erst 400 Meter vor dem Ziel ihr Ende, als Ludwig auf der leicht abfallenden Straße auf den hohen Sprintergang schaltete, antrat und mit der Kraft seiner 80 Kilo und unbändigem Siegeswillen Gröne keine Chance ließ, erfolgreich zu kon-

Der »große Bruder« gratuliert dem kleinen: UdSSR-Trainer Kapitonow (links) und DDR-Erfolgscoach Wolfram Lindner.

30. Juni 1990, Prolog in Futuroscope. Ein 30-Jähriger startet zu seiner ersten Tour de France. Es wurde Olafs beste ...

tern. Olaf Ludwig aus Gera Olympiasieger! Silber für Bernd Gröne (Dortmund) und Bronze im Sprint der Verfolger für Christian Henn (Heidelberg). »Ein historischer Tag für den deutschen Sport!«, habe ich damals gejubelt, »ganz egal, wer da aus Ost oder West kommt, aber für Olaf Ludwig freue ich mich ganz besonders.«

Ein Medaillen-Dreiergipfel am Mikrophon scheiterte damals aus Leitungsgründen, weil die Fahrer bei der Dopingkontrolle unterschiedlich lange »Leitungen« hatten und weil unsere Interviewleitung zeitlich begrenzt war. Ein Glück, dass der schon oft kooperative Wolfram Lindner für Olaf in die Bresche sprang, immerhin mit dessen Goldmedaille in der Hand ... bis ihr Besitzer im letzten Augenblick doch noch kam, um – 16 Jahre nach dem Spartakiade-Kilometer – »all denen zu danken, die zu mir gestanden und die an mich geglaubt haben, besonders meiner Frau Heike und Werner Marschner, meinem Trainer«.

Als Rotkäppchen beim Wolf vorsprach ...

Dass er gut ein Jahr später einen Vertrag als Profi in der Tasche haben würde, ahnte Ludwig damals noch nicht. »Das stand überhaupt nicht zur Debatte. Ich dachte eher ans Aufhören und wollte endlich mein Studium zu Ende bringen ...« Doch dann kam die Wende, von der der Olympiasieger auf Dienstreise im fernen Australien erfuhr. Und

plötzlich war für den fast 30-jährigen »Staatsamateur« das Thema Profi doch ein Thema geworden. Zusammen mit ein paar anderen DDR-Assen bat die ehrliche Haut Ludwig bei der noch existierenden Sportführung in Ost-Berlin um Unterstützung bei diesem Vorhaben. Doch da hatte Rotkäppchen beim Wolf vorgesprochen. Also mussten Kontakte auf eigene Faust gesucht werden. Der Thüringer hatte Glück und fand in dem ehemaligen Bahn- und Straßenprofi Hans Hindelang aus dem Allgäu einen ehrlichen Vermittler. Der präsentierte Ludwig zuerst ein gutes Angebot beim Team Stuttgart (aus dem später die Telekom-Mannschaft wurde); doch vielversprechender war eine Last-Minute-Offerte aus den Niederlanden ... also unterschrieb der Olympiasieger bei Peter Post und dem Panasonic-Rennstall. Besiegelt zwei Tage vor Silvester 1989 in einer fränkischen Autobahnraststätte, sollte sich diese Entscheidung als goldrichtig herausstellen ...

Panasonic-Teamchef Peter Post (Holland, links) und Walter Planckaert (Belgien) – zwei erfahrene Profis als Ludwigs Sportliche Leiter.

Mit 30 Jahren die zweite Karriere

Nach 17 Rennjahren, zu einem Zeitpunkt, an dem für viele Sportler die Laufbahn zu Ende geht, startete Olaf Ludwig seine zweite Karriere: Mit 30 Jahren wird der Merckx der Amateure noch einmal zum Lehrling ... ein Lehrling allerdings, der so viel gar nicht lernen musste, weder Härte noch Raffinesse, weder Selbstdisziplin noch Teamgeist. Neu dagegen die längeren Distanzen, der oft hektische Rhythmus und – dass ein paar alte Freunde aus dem DDR-Kollektiv nun Konkurrenten in anderen Rennställen waren, wie Ampler und Raab (bei PDM), wie Kummer und Schur (beide Château-d'Ax). Neu auch, aber durchaus nicht unangenehm, dass die »großen Brüder« von einst, die Russen, nun ebenfalls Neoprofis, gewisse rüde Manieren abstellen mussten. Für Leute wie Konyschew oder Pulnikow weniger ein Problem, ein ewiges aber für Djamolidin Abduschaparow. Der usbekische Kosak fuhr mit seinem Stahlross bis zum Ende seiner Karriere Kamikaze-Sprints ... nur einmal nicht – das war im Oktober 1996 beim Abschiedsrennen von Olaf Ludwig in Gera ... Doch bis dahin sind es ja noch sieben überaus erfolgreiche Jahre.

Sie begannen mitten im Winter, am 6. Februar 1990: Ruota del Sol in Andalusien ... Ludwig, zum ersten Mal im Panasonic-Trikot, gewinnt die Startetappe, tags darauf die zweite ... und noch eine dritte. Peter Post hat seine helle Freude am Frischling aus Deutschland und nominiert ihn nach weiteren sechs Frühjahrssiegen auf dem Rückflug von der Trump-Tour in den USA für die Frankreichrundfahrt. Ludwig bleibt die Spucke weg.

Die Rundfahrt beginnt im visionären Freizeitpark Futuroscope bei Poitiers. Und Olafs Einstand ist grandios: zusammen mit Wjatscheslaw Jekimow, dem Bahnvierer-Olympiasieger von Seoul, führt er Panasonic zum Sieg im 44,5-Kilometer-Mannschaftszeitfahren. Lokomotive Ludwigs Einsatz beeindruckt das Team. Weniger begeistert ist man, als er auf der vierten Etappe in der Normandie der Konkurrenz zum Erfolg verhilft. Zu ungestüm, zu früh hat er in Mont Saint-Michel den Sprint begonnen ... als willkommener Schrittmacher für den schlauen Johan Museeuw, der die Etappe gewinnt. Ludwig, dennoch Dritter, wird verdutzt zum Podium gerufen: Er hat das Grüne

Königs Olafs neue Kleider ... das Grüne Trikot noch vor dem ersten Etappensieg, nach der 4. Etappe in Mont St. Michel.

Trikot erobert! Speaker Mangeas feiert den sprachlosen Stolzen als das erste *Maillot vert* der Tour aus der République Démocratique Allemande. Noch stand sie ja auf dem Papier, die DDR. Uneingeschränkt war die Freude im Panasonic-Team nicht gerade; und die Glückwünsche der Kollegen Jean-Paul Van Poppel und Eddy Planckaert kamen spürbar aus enttäuschten Herzen. Beides exzellente Sprinter, beide schon Gewinner des Grünen Trikots (Van Poppel 1987, Planckaert 1988) und beide wieder voller Ambitionen, sahen sie ihre Pläne zunächst durchkreuzt. Aber Ludwig war nun mal der zur Zeit schnellste und auch an den nächsten Tagen der bestplatzierte Fahrer von Panasonic.

Die Krönung – zumindest fürs Erste – brachte die 8. Etappe von Epinal nach Besançon: Olaf Ludwig triumphiert im Finale einer 13 Fahrer großen Ausreißergruppe. Mannschaftsgefährte Van Lancker hatte den Sprint wie aus dem Lehrbuch lanciert, und diesmal kam auch Johan Museeuw nicht vorbei. Da es ein so genannter »ZDF-Sonntag« war, konnte ich mich in meiner Reportage freuen wie noch gar nicht lange zurück in Seoul. Im holländischen Valkenburg aber geriet Olafs Ehefrau Heike mit den Kindern aus dem Häuschen. Sie waren am Tag zuvor, dem Geburtstag von Tochter Madlen, von Gera in ihr neues, radsportnahes Domizil an der deutsch-niederländischen Grenze umgezogen, ins Haus der gastfreund-

Endlich! Nach fehlerfreiem, unwiderstehlichem Sprint gewinnt Ludwig in Besançon die 8. Etappe vor Museeuw und Kiefel (USA). Und das Zielfoto macht deutlich, wie klar der Sieg war.

lichen Familie Römling. Verständlich, dass Vater Olaf an diesem Tage etwas länger als sonst mit »daheim« telefonierte. Trotzdem schaute er etwas komisch aus der Wäsche, als er am anderen Morgen im Hotel die Extras beglich: 645 Französische Franc für Telefonate. Das waren um die 200 Mark ...

»Ludwig – der Wind aus Osten«, ein schönes Attribut von L'Équipe – doch was nützte es dem Roller und Finisseur, dem 1 Meter 82 großen und 82 Kilo schweren Athleten, im

Hochgebirge? Das wusste Werner Marschner nur zu gut, und deshalb war Olafs sportlicher Vater vor den Alpen aus Gera angereist, um durch seine Anwesenheit »dem Burschen zusätzliche Moral zu geben«. Überraschungseffekt hoch drei, strahlende Augen, als Ludwig am Ziel der 9. Etappe in Genf seinen »Masche« hinter dem Absperrgitter entdeckte. Vielleicht war es tatsächlich die Nähe des verehrten Trainers, die dem Grünen Trikot half, sich zuerst bis zum Fuße des Mont Blanc zu quälen und am anderen Tag über Madeleine, Glandon nach Alpe d'Huez.

Vom Ehrgeiz mitgerissen, ging er die ihm unbekannten Gipfel zu schnell an, verlor ein paarmal den Kontakt zum rettenden »Autobus« und bekam Fluch und Segen des

K.o. wie ein Boxer war Ludwig nach der Ankunft in Alpe d'Huez zu Boden gegangen und musste dennoch sofort zum Zeremoniell ...

Grünen Trikots zu spüren: Ein Fluch, weil die Kollegen versuchten, ihn abzuhängen, weil hinter ihm im Panasonic-Wagen ein Kommissär saß, der dadurch, dass er das *Maillot vert* überwachte, zugleich auch jede kleine Unterstützung der anderen durch barmherzige Zuschauer verhinderte. Darum entzogen sie sich seiner Gesellschaft. Das Grüne Trikot ein Segen: weil Alpe d'Huez der »Berg der Holländer« ist und zigtausende Oranjes den für ein niederländisches Team fahrenden Deutschen wie einen Landsmann mit Beifall und Anfeuerungsrufen zum Durchhalten ermunterten.

Merkwürdig, dass Panasonic-Chef Peter Post seinem deutschen Ass in den Alpen keinen Helfer zur Seite stellte, wie das üblich ist, wenn es gilt, ein wichtiges Trikot zu verteidigen. Vielleicht hatte er Olaf von vornherein abgeschrieben. Eine Fehleinschätzung. Ludwig, der Kämpfer, erreichte – wenn auch zickzack fahrend – das Ziel ... 37 Minuten nach dem Sieger Bugno, getrieben vom fanatischen Willen, ausgepumpt, mit hohlen Augen und schlappen Beinen zu Boden sinkend ... K.o. wie ein Boxer. Nach zwei in die Kehle gestürzten Dosen Cola schleppte man den Apathischen auch noch schnell zur Siegerehrung. Protokollpflicht selbst für Einen, der mehr tot als lebendig das Grüne Trikot verteidigt hatte ... wie auch Ronan Pensec noch einmal das Gelbe, dessen Besitzer vor ihm für neun Tage der Kanadier Steve Bauer dank eines Überraschungscoups auf der ersten Etappe gewesen war.

Luz Ardiden – gehen da die Lichter aus?

An die Leidensfähigkeit des Mannes im Grünen Trikot wurden auch an den folgenden Tagen erhebliche Ansprüche gestellt, im Zeitfahren von Villard-de-Lans, auf der mühseligen Fahrt nach St. Étienne oder durch das rüde Kurven-Labyrinth der Gorge du Tarn. Aber all das waren kleine Fische gegen die Königsetappe in den Pyrenäen am 16. Tour-Tag von Blagnac bei Toulouse nach Luz Ardiden. Nichts gegen die Hohe Tatra oder die Steile Wand von Meerane in der Friedensfahrt, aber hier hießen die Peiniger Col d'Aspin (1 489 Meter, 12 Kilometer Anstieg, 5,9 %) und Col du Tourmalet (2 114 Meter, 13 Kilometer, 8,7 %) und als Hauptgang schließlich Luz Ardiden (1 715 Meter, 13,5 km, 7,1 %). Für diesen Schlussanstieg hatten wir

In waghalsiger, aber gekonnter Abfahrt – wie hier nach dem Tourmalet – machte das Grüne Trikot verlorene Zeit gut. Vor ihm sein Panasonic-»Leibwächter« Eric van Lancker.

vom Stellvertretenden Direktor der Tour Albert Bouvet vertrauensvoll die Sondererlaubnis bekommen, das Grüne Trikot begleiten und aus dem Cabrio heraus sogar filmen zu dürfen: »Monsieur Angelmann«, gab uns die grauhaarige, herzlich-raue Tour-Eminenz aus der Normandie allerdings mit auf den Weg, »wenn du deinen Olaf mit dem Auto ziehst, fliegt ihr raus, voilà tout!« Das wäre alles! In der Tat. Doch Freund Bouvet, der wirklich »Angelmann« zu mir sagte, hatte keinen Grund zu Strafmaßnahmen. Außerdem saß ja bei Panasonics zweitem Sportlichen Leiter Walter Planckaert ein Rennkommissär im Auto, der nicht nur das Grüne Trikot, sondern auch uns gut im Auge hatte.

Bevor wir Olaf Ludwig bei seinem Duell mit den Pyrenäen begleiteten, haben wir an jenem Morgen das Erwachen des Tourmalet gedreht, den Sonnenaufgang über dem Gipfel, die Stunden zwischen sechs und neun, wenn Tausende Radfans aus Wohnmobilen und Zelten kriechen, aus Schlafsäcken im Freien oder ungelenk aus Autos steigen ... das Bad im Bach nehmen ... das Frühstück auf dem Klapptisch vorbereiten. Wenn aus dem Tal die große Völkerwanderung per Rad oder zu Fuß einsetzt. Wir waren auch dabei, als fünf Stunden vor Ankunft der Fahrer auf

Der »tierische« Anstieg nach Luz Ardiden. Für den Sprinter in Grün eine Qual, ...

2 114 Metern Höhe die Banderole für den Bergpreis hochgehievt wurde und erlebten mit den erwartungsfrohen Zuschauern das Spektakel der Reklamekolonne. Anschließend fuhren wir ohne Hektik ins Tal, machten endlich Frühstück, und schließlich suchten wir eine Kameraposition, um die Hochgeschwindigkeitsabfahrt vom Tourmalet möglichst eindrucksvoll einzufangen.

Fast 20 Minuten mussten wir, am Ausgang einer Kurve platziert, warten und auch ein bisschen bangen, ehe nach den Spitzenfahrern wie Claudio Chiappucci, der das Gelbe Trikot trug, Greg LeMond, Bergkönig Claveyrolat und zum ersten Mal Miguel Indurain und fast allen 150 anderen Fahrern endlich das Grüne Trikot heranjagte: Olaf Ludwig, geführt vom Teamgefährten Eric Van Lancker. Zum ersten Mal gab es tatsächlich Panasonic-Geleitschutz für den Deutschen, die wie alle Tage bei den beiden Zwischensprints auf dem ersten flachen Teilstück erfolgreich um Punkte gespurtet war, damit sein Polster auf den Belgier Museeuw nicht zu sehr schrumpfte. Der steile Weg nach Luz Ardiden, Station für Winter- und Wandersport in den Hoch-Pyrenäen, einen Katzensprung nur von Spanien entfernt, wurde für den Sprinter und Roller, das Radschwergewicht Ludwig zu einer ähnlichen Herausforderung für Kraft und Willen wie schon in Alpe d'Huez. Eigentlich wollten wir nur ein paar Bilder von ihm für unser Tour-Tagebuch drehen und dann zur Spitze vorpreschen. Doch darauf verzichteten wir, in der Befürchtung, dass bei Olaf auf dem Weg zum »Gipfel des trickreichen Lichtes« tatsächlich das »Licht« ausgehen und er es trotz Unter-

... doch fünf Minuten vor Toresschluss war er im Ziel.

stützung durch den Mannschaftskollegen nicht schaffen könnte, innerhalb der Kontrollzeit anzukommen.

Zwar informierte ihn Coach Planckaert ständig, wie es um die Karenzzeit zur Spitze aussah – man war noch im grünen Bereich – aber Olaf litt fürchterlich: der Berg, die Hitze, die Erschöpfung, die nervliche Anspannung. Da entschloss ich mich – die warnenden Worte von Tour-Vize Bouvet wohl im Ohr – ihn wenigstens moralisch zu unterstützen, fuhr auf seine Höhe, munterte ihn auf und erzählte von den großen Grünen-Trikot-Gewinnern Walter Godefroot und Rudi Altig, die im Gebirge auch ihre Last hatten. Ich machte Ludwig Komplimente, die gewachsen waren im Laufe vieler Jahre der Bewunderung seiner großartigen Laufbahn, die aber von West nach Ost – außer bei den Olympischen Spielen, wo es gelegentlich Kontaktmöglichkeiten zu den DDR-Fahrern gab – gar nicht rübergebracht werden konnte. Es hat ihn, wie er mir später einmal gestand, zuerst überrascht, ihm dann aber doch sehr gut getan. Walter Planckaert, der Sportliche Leiter, merkte das sehr schnell und bat mich auf diesen schweren Kilometern mindestens fünfmal: »Fahr jetzt wieder zu Olaf, Klaus ...!« Fast schämte ich mich, zu meinem Kameramann zu sagen, dreh mal wieder: das gequälte Gesicht, die stampfenden Beine, den ganzen Kerl.

Es war fast unheimlich zu wissen, dass der Sieger schon am Ziel war – Miguel Indurain vor LeMond, der das Gelbe holte – Ludwig aber noch mehr als zehn Kilometer vom Gipfel entfernt war, und dass nun der Countdown gegen das Grüne Trikot lief. Ihm blieben noch 35 Minuten bis zum Kontrollschluss. Er musste sie gar nicht in Anspruch nehmen. Schon fünf Minuten früher – als 156. von 161 Fahrern – hatte der Geraer den Kampf gewonnen. Die Lichter waren also doch nicht ausgegangen! Als er 24 Stunden später in Pau, wo Dimitrij Konyschew als erster Russe eine Tour-Etappe gewann, im guten Mittelfeld das Ziel erreichte, war das Grüne Trikot fast schon gewonnen. Endgültig natürlich erst vier Tage später in Paris, wo Ludwig im Schlusssprint der letzten Etappe von seinem großen Widersacher Johan Museeuw bezwungen wurde. Aber der 30-jährige Profi- und Tour-Neuling aus der DDR hatte 28 Jahre nach Rudi Altig (1962) als zweiter Deutscher das Grüne Trikot des besten Sprinters errungen. Stolz und bewegt fuhr der Friedensfahrt- und Olympiasieger aus Gera mit Greg LeMond, der sich zum dritten Mal als Tour-Gewinner feiern ließ, vor 100 000 Zuschauern seine Ehrenrunde am Triumphbogen auf den Champs-Élysées. Wie sagte doch Walter Godefroot, als »Stimme der Alten«, voller Anerkennung: »Ludwig ist ein großes Grünes Trikot, eine Naturgewalt. Liebend gern hätte ich den Ostdeutschen in meiner Mannschaft.« Drei Jahre später hatte er ihn – im Team Telekom.

20 000 bei der Olaf-Ludwig-Parade

Würde ich nun fortfahren, die weiteren sechs Profi-Jahre Olaf Ludwigs zu beschreiben, entstünde ein Buch im Buche. Deshalb alle wichtigen Resultate dazu im »Zeitraffer« im Anschluss an die Olaf-Ludwig-Parade. Sie war am 3. Oktober 1996 in Gera das große Finale einer 24 Jahre währenden einmaligen Karriere. 20 000 Zuschauer feierten den Ehrenbürger Ludwig bei seinem letzten Straßenrennen, einem 60-Kilometer-Kriterium, und mit ihm seinen 57. Profi-Sieg. Die gesamte Telekom-Truppe von A bis Z, von Aldag bis Zabel, ebnete ihrem fast 37-jährigen Leitwolf den Weg zum erfolgreichen letzten Endspurt. Und sogar der Erzrivale aus Friedensfahrt- und Profizeiten, Djamulidin Abduschaparow, seit 1987 in die »Gefahren-

Für Panasonic gewann Ludwig 1992 das Finale in Paris, im Telekom-Trikot 1993 die Etappe nach Montpellier vor dem Erzrivalen »Abdu«.

klasse eins« eingestuft, war im finalen Duell – vielleicht nur dieses einzige Mal – zahm wie ein Täubchen. Der Usbeke (Ludwig: »Feinde waren wir nie«) zählte zu den vielen Ehren- und Überraschungsgästen, die Heike Ludwig in aller Stille zur abendlichen Abschieds-Gala eingeladen hatte, Weggefährten und Idole: Heike Drechsler, Wolfgang Hoppe (ebenfalls Olympiasieger) und auch Box-Goldmedaillist Wolfgang Behrendt, der spätere Friedensfahrt-Meisterfotograf und exzellente Hobby-Trompeter. Da erschien DDR-Rad-Ikone Täve Schur zum Talk auf der Bühne, Lehrmeister Werner Marschner, »VT« Wolfram Lindner, der ehemalige Verbandstrainer, die Sportlichen Leiter Peter Post und Walter Godefroot, die Gastgeber-Familie Römling aus Valkenburg. Adidas-Repräsentant Otto Wiedemann ehrte den Freund mit einem extra kreierten »Goldenen Rennschuh«. Als Höhepunkt der Reminiszenzen erschien ein »großer Unbekannter« – es war jener Friedensfahrt-Etappensieger, der im Mai 1972 bei Olaf Ludwig den Funken zündete, Karl-Heinz Oberfranz, jahrzehntelang aus dem Blickfeld verschwunden. Bis Ehefrau Heike ihn aus Hamburg nach Gera zauberte.
Olaf Ludwig, als Sportler erfolgreich in Ost und West, frei von Affären, als Persönlichkeit geradeaus – auch was sein

3. Oktober 1996: Abschieds-Gala für »König Olaf von Thüringen« in seiner Heimatstadt Gera. Mit dabei u. a. Wolfram Lindner.

Verhältnis zum DDR-Staat betrifft (»Als Sportler verdanke ich ihm meine Karriere«) – ist, wenn ich auf 40 Jahre Radsport zurückblicke, mein Lieblingsfahrer gewesen. Die Begründung dafür hat man – indirekt – in manchen Reportagen heraushören können; schriftlich und golden umrahmt hat sie ein Holländer – auch in meinem Sinne – gegeben, Peter Post beim Abschied: »Als Mensch fand ich ihn so gewaltig!«

Sechs Profi-Jahre im Zeitraffer

1991: Etappensiege in Murcia, Tour de Suisse, Irland (2) und Holland (Gesamtzweiter). Gewinner E-3-Preis Harelbeke. Zweiter Paris–Tours, Dritter Gent–Wevelgem. Tour de France: 4 x Dritter, 2 x Zweiter, u. a. Schlussetappe. Dabei Behinderung durch Abduschaparows Sturz im Zielsprint. Dritter Platz Grünes Trikot hinter Sieger »Abdu« und Jalabert. 9. Platz FICP-Weltrangliste.

1992: Gewinner des Weltcuprennens Amstel Gold Race, Kuurne–Brüssel–Kuurne, GP Rik Van Steenbergen, GP Fourmies und Vier Tage von Dünkirchen (plus 1 Etappe). Etappensiege in Aragon (2), Mittelmeer (2), Tour de Suisse (2). Zweiter Paris–Roubaix 34 Sekunden hinter Sieger Duclos-Lassalle. Aufholjagd zu spät begonnen. Dritter Paris–Tours. Tour de France: Sieger Mannschaftszeitfahren mit Panasonic und Schlussetappe Champs-Élysées vor Van Poppel und Museeuw. Gesamtsieger Weltcup. 5. Rang FICP-Weltrangliste.

1993 (jetzt Team Telekom): 3. Platz Weltmeisterschaft Oslo hinter Solosieger Armstrong und Miguel Indurain. Vierter Museeuw. Mehrere Reifenschäden, Sturzpech im Regen, eine der größten Leistungen von O.L. Etappensiege Mittelmeerrundfahrt, Aragon, Dünkirchen. Zweiter Het Volk, 3. Platz Roubaix 2 Minuten 09 hinter Sieger Duclos-Lassalle und Ballerin. Tour de France: Sieger 13. Etappe Montpellier nach toller Vorarbeit von Rolf Aldag, Brian Holm und Uwe Raab vor Abduschaparow. Aufgabe 15. Etappe Perpignan–Andorra wegen Erkrankung. 11. Platz.

1994: Gewinner Henninger-Turm. Sichert Fortbestand des Teams. Etappensiege Aragon, Dünkirchen (Zweiter), Großbritannien (Dritter). Vierter Paris–Roubaix. Tour de France: 3 x Zweiter, 1 x Dritter. 19. UCI-Rangliste.

1995: Sieger Veenendaal. 4. Amstel-Gold. Tour de France: Wegbereiter des ersten Etappensieges von Erik Zabel in Charleroi. Schwerer Sturz im Finale von Le Havre. Zeitüberschreitung bei Zielankunft 9. Etappe La Plagne. 62. UCI-Weltrangliste.

1996: Gewinner Rheinland-Pfalz-Rundfahrt (plus 2 Etappen). Etappensiege Del Sol, De Panne (Dritter), Dünkirchen (Dritter), Holland. 3. Het Volk, schwerer Sturz und Aufgabe bei Paris–Roubaix. 16. Olympische Spiele Atlanta. 35. UCI-Weltrangliste. 3. Oktober: Ende der Straßenkarriere mit Sieg in Gera vor Abduschaparow und Erik Zabel.

Ein Geschenk, selbst »komponiert«, zum Ende von Ludwigs einzigartiger Karriere.

Erik Zabel: Grüner Außenminister schon vor Joschka F.

Sieben Jahre hat Erik »Ete« Zabel, Ur-Berliner und Wahl-Westfale, erfolgreich grüne »Sportpolitik« für Deutschland betrieben: Sechsmal hat er zwischen 1996 und 2001 das Trikot des punktbesten, vielseitig-schnellsten Fahrers der Tour de France gewonnen. Im verflixten siebten Jahr 2002 hat es der Telekom-Sprinter erst auf den Champs-Élysées einem Schnelleren überlassen müssen. Ingesamt 83 Tage in Grün, dazu zwölf Etappensiege, zweimal kurze Bekanntschaft auch mit dem Gelben Trikot – Zabel, ein Dauergast auf dem Podium der Besten. Mit seinen dort rund 100 Besuchen, übertroffen nur von Merckx und Hinault, gehört er auch zu den am meisten geküssten Fahrern der Tour-Geschichte. Befragt zur Wirkung der obligatorischen Schmuseszene mit den hüb-

Paris 2001: Erik Zabel »am sechsten Grün«, Ehefrau Cordula wartet mit Blumen. Gratulation zum Rekord für die Ewigkeit!

schen Hostessen auf die Familie daheim, vermutete Zabel in der MDR-Talkshow Riverboat schalkhaft: »Det müssen für unsere Frauen die Luder der Tour sein ...« Zabel punktet also nicht nur als risikobereiter Sprinter auf dem Rad. Markenzeichen seiner Persönlichkeit sind auch seine Schlagfertigkeit und der Berliner Mutterwitz, Offenheit und Fairness, Herzlichkeit und Gerechtigkeitssinn, seine Vielsprachigkeit (Englisch, Französisch, Flämisch, Russisch) sowie die Gabe, sich in Interviews unbefangen, präzise und wortgewandt auszudrücken. Doch wehe, wenn man ihm im Zielauslauf, unmittelbar nach einer heiß umkämpften Etappe, ein Mikrofon unter die Nase hält! Da gleicht Zabel noch einem wilden Pferd, da brodelt in seinem Innern noch der Vulkan. Schnaufend, dampfend, vibrierend sucht er das an Körper und Nerven zerrende Geschehen zu verarbeiten. Gut gemacht, Zabel! Tolle Vorarbeit vom Team! Oder aber: Mist, warum ist der »Zug« heute schief gelaufen? In solchen Augenblicken stellt der Reporter besser keine Fragen, lässt lediglich die Kamera beobachten. Sogar »Eule«, der Masseur, hält Erik in solchen Situationen oft nur stumm den erfrischenden Schwamm, das Handtuch und die Getränkedose hin. Und 'ne frische Telekom-Mütze! Meistens baut Zabel den Stress sehr schnell ab und ist dann bereit für ein Blitz-Interview; aber blitzschnell wird er auch vom Protokoll abgeführt: »Sabell, Sabell, lö Podjüm!« Diese Aufforderung und die grimmigen Muskelmänner der Security dulden keinen Aufschub. Das Fernsehen sendet live, das Publikum will die Helden des Tages jetzt lachen sehen, und ein Erik Zabel auf dem Podium ist für Arbeitgeber Telekom die Werbung pur ...

Doch Zabel ist nicht nur Rekordmann der Grünen Trikots. Mit seinem Namen verbinden sich Siege bei Paris–Tours 1994, Amstel Gold Race 2000, HEW Cyclassics Hamburg 2001, im Gesamtweltcup 2000, am Henninger Turm 1999 und 2002, die Deutsche Meisterschaft 1998 sowie die Wahl zum Sportler des Jahres 2001.

Besonders stolz ist der »Ben Hur des Radsports« (FAZ-Sonntagszeitung) auf den Ehrennamen »Signor San Remo«. Vier Triumphe in diesem berühmten ersten Frühjahrs-Klassiker (1997, 98, 2000, 01) haben Erik Zabel in die Legende der Primavera eintreten lassen – nach Rekord-

mann Eddy Merckx (7 Siege), nach Italiens allererstem Campionissimo Costante Girardengo (6) und Seite an Seite mit dem »radelnden Mönch« Gino Bartali (4).

Die italienische Classicissima ist für Deutschlands Paradefahrer der Gegenwart das schönste Radrennen der Welt: »Aus dem Smog von Mailand und dem Grau der Po-Ebene kommst du plötzlich an die Riviera, siehst strahlend blauen Himmel, Palmen und riechst den Duft der Frühlingsblüten ...« Für das – wie er sagt – Podium der Extraklasse und zuvor für das brutale Finale über die Hügel der Cipressa und des Poggio, für den massiven Sprint auf der Via Roma von San Remo und vielleicht das große Glücksgefühl schindet sich der in Unna wohnende Berliner gut vier Monate lang. Er wird im Winter zu einem Stachanow des Trainings. Stachanow, so hieß der Erfinder der berühmt-berüchtigten sowjetrussischen Akkordarbeit. Denn wenn einer mit 16 000 Trainingskilometern – zurückgelegt in Kalifornien, auf Mallorca, im winterlichen Westfalen oder bei den ersten Frühjahrsrennen in Andalusien, Valencia und Tirreno–Adriatico – dann zu Mailand–San Remo kommt, ist er schon so eine Art »Held der Arbeit« wie einst Genosse Stachanow.

Natürlich hat Zabel, bevor er von La Gazzetta dello Sport als »Il Kaiser« oder »der Blumenkönig« gefeiert wird, bis zum Poggio zumindest, die totale Unterstützung vieler selbstloser Helfer gehabt. Sie hießen im Laufe der Jahre u. a. Aldag, Bölts, Heppner, Hundertmark, Schaffrath, auch Riis, Ullrich, Wesemann sowie Lombardi und Fagnini, seine italienischen Chef-Piloten. Letzterer soll ihn im Jahr 2000 mit 45 Stundenkilometer die letzte Rampe hochgetrieben haben. Der lustige »Lomba« Lombardi benutzte dagegen – nicht nur bei Mailand–San Remo – auch psychologische Mittel. Um Zabel richtig heiß zu machen, fragte er den Favoriten im Finale immer wieder: »Willst du noch eine Trinkflasche? Wenn er dann mal schrie, ›halt die Schnauze‹, wusste ich, jetzt ist er giftig, jetzt ist er bereit ...« Nach der mannschaftlichen Vorbereitung bis zum Poggio entscheiden dann nur noch Konzentration, Courage, Intelligenz und Feeling; ganz am Ende die pure Kraft des Sprinters, die – laut Mario Cipollini – für ein paar Augenblicke um die 1 000 Watt entwickeln soll. »Normales« Maximum bei Zabel sind 480 ...

Vom Ringen zum Radfahren

Das Rennrad ist Erik Zabel, als er am 7. Juli 1970 im Ostberliner Stadtteil Marzahn seinen ersten Schrei tat, praktisch mit in die Wiege gelegt worden. Nicht, weil an jenem Dienstag Eddy Merckx im fernen Divonne-les-Bains eine Tour-de-France-Etappe gewann, sondern weil auch Vater Detlef Zabel ein sehr guter Straßenfahrer war. Zwar nicht Weltklasse wie später Erik, immerhin aber DDR-Auswahl und mit ihr Neunter der Friedensfahrt von 1955, die er dem später legendär gewordenen Täve Schur zu gewinnen half ...

Zunächst freilich schien sich die Erbmasse verirrt zu haben. Denn mit acht tobte sich Steppke Ete auf der Ringermatte aus, danach bei den Fußballern. Doch erst, als er im Talent-Test von Dynamo Hohenschönhausen ohne Treffer blieb und aussortiert wurde, fand er zur wahren sportlichen Bestimmung: »Ich will nun doch Radfahrer werden.« Die Radsport-Grundschule besucht Erik bei der BSG Rotation, die Oberschule beim TSC Berlin. In dessen Kinder- und Jugendsportschule macht er 1988 auch das Abitur. Die Zementbahn von Weißensee und die Holzlatten im »Nudeltopp« Werner-Seelenbinder-Halle werden nachmittags zu seiner zweiten Heimat und die ein Jahr jüngeren Jan Schaffrath und Jens Voigt zu beinahe täglichen Trainingspartnern. Zabel Juniors Stärken sind Schnelligkeit und Tempohärte. Trainer Jens Naye sieht in seinem Schützling aber weder den reinen Sprinter noch den echten Verfolger heranreifen, sondern vielmehr einen überdurchschnittlichen Punktefahrer. Und noch mehr ein künftiges Straßen-Ass! Doch das durfte der Übungsleiter in der Bahn-Hochburg TSC nicht allzu laut sagen ...

Mit beiden Prognosen lag Naye goldrichtig: Erik Zabel wurde, gerade 18-jährig, Fünfter der Weltmeisterschaft im Punktefahren; mit neunzehn gewann er den Europa-Cup und mit zwanzig, kurz vor der Wiedervereinigung, die DDR-Kriteriums-Meisterschaft. Es war, am 2.9.1990 in Guben, das letzte Rad-Meistertrikot in der Geschichte des Arbeiter- und Bauern-Staates.

Fünf Monate vor dieser letzten Ehrenrunde war Erik Zabel zum ersten Mal in Frankreich auf das Podium gestiegen, als Sieger im Circuit Champardennais. Seinem Vater Detlef brachte er von dieser Fünf-Etappenfahrt in den Arden-

nen herzliche Grüße von Hennes Junkermann mit. Der Trainer von Olympia Dortmund hatte Erik gefragt, ob er mit einem gewissen Detlef Zabel in Ost-Berlin verwandt sei ... Beide Oldies hatten sich Mitte der 50er Jahre bei Rennen getroffen und auch einmal im Winter in Thüringen. Bei dieser Gelegenheit wollten DDR-Funktionäre den Noch-Amateur Junkermann mit einem lukrativen Angebot in den Osten locken: Für monatlich je 1 000 Ost- und Westmark sowie freie Unterkunft. Friedensfahrt statt Tour de France. Junkermann lehnte ab. Drei andere Westler nahmen an ...

35 Jahre später glühten nach Eriks Rückkehr aus Frankreich die Drähte zwischen Dortmund und Berlin-Marzahn. Jun-

Humor aus L´Équipe. Soll ausdrücken: wenn »Sprinter-Kater« Zabel auftaucht, tanzt auf der Straße keine Maus mehr.

kermann wollte den jungen Zabel (»Dat wird mal 'ne janz Große«) unbedingt in seine Mannschaft holen, aus der er schon Bernd Gröne, den Olympiazweiten; Rolf Aldag, Udo Bölts und Kai Hundertmarck an die Profis verloren hatte. Bei einem Wiedersehenstreffen anlässlich des Dortmunder Sechstagerennens – Erik gewann mit Partner Bleikirch bei den Amateuren – wurden die Weichen endgültig von Berlin in Richtung Westfalen gestellt.

Hennes Junkermann hat tatsächlich einen guten Fang gemacht: »Bahnspezialist« Zabel fährt unter seiner und Gregor Brauns Anleitung 1991 auf Anhieb in die Straßen-

Das Foto und das Dokument: Erik Zabels erster Tour-de-France-Etappensieg – Charleroi/Belgien, 7. Juli 1995.

Nationalmannschaft. Er wird Zweiter der Deutschen Meisterschaft und – welch einmaliges Ruhmesblatt! – Berg-König der Rheinland-Pfalz-Rundfahrt. Drei Superlative, drei Trikots für Zabel in der Friedensfahrt 1992: Punktbester, Kampffreudigster, Vielseitigster. Dazu der Prolog und eine Etappe. Tagessiege in der Regio-Tour, in Rheinland-Pfalz und an der Costa Blanca. Bei den Olympischen Spielen in Barcelona (Sieger Fabio Casartelli) gewinnt er überlegen den Sprint der Verfolger, bleibt als »undankbarer« Vierter aber ohne Medaille. Telekoms Teamchef Walter Godefroot ist dennoch beeindruckt. Dieser 22-jährige selbstbewusste Finisseur erinnert ihn an sich selbst ... Obwohl der Belgier für 1993 schon acht (!) Fahrer eingekauft hat – darunter Olaf Ludwig, Rolf Aldag, Mario Kummer, Uwe Raab, Steffen Wesemann – und Ende August in Zürich noch jammerte, »Klaus, ich habe keinen Platz mehr in die Ploeg«, wird Erik Zabel sein neunter Neuer ... Schade für Hennes Junkermann in Dortmund, der erneut einen sehr guten Amateur an die Profis verliert. Aus heutiger Sicht gesehen sogar den besten, den er je betreute. Entschädigt hat ihn, dank Erik, das Wiedersehen mit dessen Vater Detlef, das zu einer dauerhaften schönen Freundschaft führte.

Ete selbst blieb, wenn auch nicht direkt Dortmund, so doch schließlich Westfalen treu. In Fröndenberg hat er seinen Fan-Club, in Unna lebt er mit Ehefrau Cordula, Sohn Rik (Jahrgang '93) und der betagten Terrier-Hündin Hexe. Seiner Liebe fürs Leben übrigens, erzählen Eingeweihte, sei ein kleines Missverständnis vorausgegangen. Erik habe bei einem Rundstreckenrennen die wiederholten Anfeuerungen einer hübschen Zuschauerin auf sich bezogen. Musste aber, als er sich mit klopfendem Herzen dafür bedanken wollte, von der Unbekannten hören, dass sie eigentlich ihrem in Zabels Windschatten fahrenden Bruder applaudiert hatte. Das jedoch hat sich nach jenem Rennen sehr schnell geändert.

Tradition geworden ist in der Rennfahrerfamilie Zabel, dass Frau Cordula und Sohn Rik bei den ersten Etappen jeder Tour de France in Eriks Nähe sind – unaufdringlich, nie im Mannschaftshotel wohnend, nie die professionellen Pflichten störend. Dafür aber mal ein kleines Schwätzchen vor dem Start oder ein Küsschen hinter dem Ziel.

Mehr nicht. Und während der Etappe unterwegs, wenn's nicht gerade hektisch zugeht, entdeckt Ete seine kleine Familie ab und zu auch unter den Zuschauern am Straßenrand. In den Mittelpunkt der Öffentlichkeit rückt sie allerdings – beziehungsweise der junge männliche Teil – bei der Abschlusszeremonie in Paris. Wann immer Vater Erik zwischen 1996 und 2001 ohne Unterbrechung auf den Champs-Élysées zum Gewinner des Grünen Trikots ausgerufen wird, ist Sohn Rik auf dem Podest mit dabei. Beim ersten Mal hat der Vater den Dreikäsehoch noch auf dem Arm, später thront er auf den Schultern; beim sechsten Grünen steht der junge Mann schließlich neben Vatern – stolz mit grün gefärbten Haaren. Eingeführt hat diese Ehrung im Doppelpack Greg LeMond 1986 mit seinem Sohn Geoffry. Der Amerikaner ist – wie auch Hinault und Olaf Ludwig – ein Idol von Ete Zabel gewesen. Im Jahr 2002, als der Berliner zum ersten Mal auf dem Ehrenpodium fehlte, präsentierte sich da oben ein richtiger kleiner Kindergarten: Lance Armstrong plus drei ... Laurent Jalabert plus drei ...

Als Sieger zur Audienz beim König von Belgien

Erik Zabels Aufstieg in den Sprinter-Adel der Tour de France vollzieht sich 1995. Das Jahr vorher hatte Ete seinem Vorbild Olaf Ludwig noch assistiert; zwölf Monate später quasi ein Rollentausch: Der Altmeister führt den Kronprinzen ins Etappenfinale, imposant erkämpft Zabel zunächst die Plätze zwei und drei. Beim dritten Versuch, auf der sechsten Etappe von Dünkirchen nach Charleroi, pilotiert ihn der routinierte Ludwig in einem furiosen, hektischen Finale auf den letzten 500 Metern so geschickt in eine gute Ausgangsposition, dass Erik Zabel, einmal in Front, auf der ansteigenden Zielgeraden alle Konkurrenten niederkämpft. Jubel über seinen ersten Etappensieg gegen Koryphäen wie Jalabert und Abduschaparow. Und das an seinem 25. Geburtstag! Und unter den Augen von Roi Albert II, König der Belgier, der von Eddy Merckx zuvor doch ganz andere Favoritennamen gehört hatte ... nämlich Cipollini, Abduschaparow, Blijlevens und Jalabert. »Zur Strafe« dafür musste der Rad-Kaiser dann Seiner Majestät gleich zwei Zabels vorstellen: Monsieur Erik und Dauphin! Denn zur königlichen Audienz hatte der deut-

Erster Etappensieg und dann auch noch 25. Geburtstag – da ließ »Ete« am Abend im Hotel ein paar Korken knallen.

sche Etappensieger seinen 18 Monate alten Kronprinzen Rik auf dem Arm mitgebracht ...

Zehn Tage später – die Tour trauert um den in den Pyrenäen tödlich verunglückten Italiener Fabio Casartelli – triumphiert Erik Zabel in Bordeaux Le Lac ein zweites Mal. Seine Teamgefährten Aldag, Bölts, Heppner und der Ukrainer Pulnikow hatten durch eine erfolgreiche Verfolgungsjagd auf den französischen Ausreißer Thierry Marie überhaupt erst dafür gesorgt, dass es nach 246 Hitzekilometern in der Metropole des Rotweins zum »Sprint der Tradition« kommen konnte. 800 Meter Zielgerade: Zabel, der Finisseur; Zabel, der Puncher; Zabel, der Sieger!

Mit Sohn Rik – damals zwei Jahre – stieß Erik natürlich auch an. Im Hintergrund ein Freund, der unvergessene Wim Poot.

Vor Abduschaparow! Danach befragt man ihn nach einer angeblichen Behinderung durch den wilden Usbeken: »Keinesfalls. Abdu macht im Sprint, was alle tun – er geht bis an die Grenze; aber nicht darüber.« Freund Olaf, der sich auf der 9. Etappe aus gesundheitlichen Gründen verabschieden musste, hätte Erik bestimmt andere Stories erzählt ... Aber: Zabel, auch ein Monsieur Fair Play. In allen seinen Rennen! Das Grüne Trikot gewinnt er 1995 noch nicht – sondern Laurent Jalabert. Aber mit zwei Etappensiegen hat er den Tour-de-France-Organisatoren bewiesen, dass die erzwungene 6:3-Liaison Telekoms mit Selle Italia eine Fehlentscheidung war. Noch wichtiger aber ist, dass sich dank Zabel der lange unschlüssige Telekom-Konzern entschließt, sein Radsport-Engagement fortzusetzen.

1996: Vater Detlef kam zu früh
Stolz las Vater Detlef Zabel ein Jahr später, im Juli 1996, vor seinem kleinen Zelt auf dem Campingplatz des Lac-de-Madine in L'Équipe die Lobeshymnen auf Sohn Erik. Wie couragiert der »Balancierkünstler Zabel« am Tag vorher in Nogent-sur-Oise die 3. Etappe vor Mario Cipollini und

9. Juli 1996: Erik Zabel erobert in Gap dank seines Etappensieges sein erstes Grünes Trikot. 82 sollten bis 2003 noch dazukommen.

Vater Detlef Zabel mit Iglu-Zelt und Rennrad als Schlachtenbummler am Lac de Madine. Ein paar Tage zu früh fürs Grüne ...

Frédéric Moncassin gewann; wie toll der »Dreier-Zug« Bölts-Heppner-Henn den Sprint lancierte und wie sehr sich Walter Godefroot über die Siegerblumen zu seinem 53. Geburtstag gefreut hat. Um den Junior allerdings im Grünen Trikot ans Herz zu drücken, war der pensionierte Fernseh-Toningenieur eine Woche zu früh gekommen. Das sollte erst in Gap der Fall sein. Doch wer konnte das ahnen oder gar planen? Fakt war, dass Bjarne Riis das Gelbe Trikot gewinnen wollte; dass sich alle Telekom-Fahrer für dieses Ziel zu engagieren hatten, die Aldag, Bölts, Henn, Heppner, Holm, Kummer, Tour-Neuling Ullrich und auch Zabel. Der hatte den einzigen ihm zugestandenen Helfer, Mario Kummer, durch einen schweren Sturz gleich auf der ersten Etappe verloren, wollte aber nach seinem

Etappensieg – anders als Cipollini – unbedingt Paris errei-chen. »Weil das eine Frage der Ehre ist und die Champs-Élysées ein ganz unglaubliches Erlebnis.«

Auch als Einzelkämpfer behielt Zabel die Tuchfühlung zum Grünen Trikot. Dass er es tatsächlich gewinnen könnte, davon träumte er erst in Gap. Kapitän Riis hatte bei der Bergankunft der 9. Etappe in Sestrières mit einem unwiderstehlichen Sturmlauf das Gelbe erobert. Am nächsten Tag kämpften der menschlich so fantastische Däne, Jan Ullrich und erneut Udo Bölts dafür, dass ihr Supersprinter wieder in eine aussichtsreiche Spurtposi-tion gelangte. Zabel vollendete ein zweites Mal durch K.o.: Etappensieg Nummer zwei vor Abduschaparow, und tatsächlich – das Grüne Trikot gehörte jetzt ihm! Frédéric Moncassin, der Franzose aus Toulouse, Punktbester bis-lang, hatte an einem fünf Kilometer langen Anstieg vor dem Ziel den Anschluss verloren ... er sollte ihn, trotz eines Etappensieges in Bordeaux, auch nicht wieder herstellen. Dafür sorgte Erik Zabel ... bis er schließlich zum ersten Mal im »grünen Himmel« von Paris schwebte. 51 Punkte vor Frédéric Moncassin.

Zabel 1998: ein Tag in Gelb! Doch nach der 3. Etappe Roscoff–Lorient (Sieger Jens Heppner, links) hieß das Ziel wie immer »Grün«.

Deutsche Fans honorieren die Erfolge vom Team Telekom, speziell natürlich die von Jan Ullrich und Erik Zabel.

Telekom-Kapitän Bjarne Riis aber krönte seine Laufbahn mit dem Gesamtsieg, dem ersten eines Dänen! Und neben ihm war der Stern des Jan Ullrich aufgegangen.

1997: Nicht nur ein Ullrich-Jahr

1997 nennt man in unserem Lande allenthalben das Jan-Ullrich-Jahr. Und erwähnt nur am Rande, dass auch Erik Zabel eine Riesen-Tour gefahren ist: drei Etappensiege – eigentlich waren es sogar vier ... – und 18 Tage »grüne Welle« bis zum Triumphbogen in Paris.

Obwohl mit Ullrich und Riis diesmal gleich zwei Gelb-Joker die erste Geige im Team spielen, setzt sich auch die kleine grüne Fraktion mit San-Remo-Sieger Zabel und sei-nem neuen Bundesgenossen Giovanni Lombardi, dem Olympiasieger 1992 im Punktefahren, sehr eindrucksvoll in Szene. Bei Zabels erstem Sieg im Bretagne-Dorf Plu-melec kann der Italiener allerdings wenig helfen. Im Finale der hektischen, fast im 46er-Schnitt gefahrenen dritten Etappe baut sich vor dem Ziel eine zwei Kilometer lange Rampe auf. 6,2 % Steigung. Gift für alle Sprinter. Bis auf Zabel! Voll geht dieser das Tempo der Jalabert, Rebellin, Olano, Virenque und Co mit. Und wie vorher abgespro-chen, nehmen Riis und Ullrich ihren Kollegen so lange ans Rad, bis Zabel selbst das Diktat übernimmt und keinen mehr an sich vorbeilässt – am Poggio von Plumelec.

Stocksauer quittiert der Belgier Franck Vandenbroucke seinen zweiten Platz. VDB hatte seiner Freundin einen Sieg versprochen ... Zabel, der Vielseitige, nahm dem Rivalen Mario Cipollini auf den letzten 2 000 Metern elf Sekunden und das Grüne Trikot ab.

Drei Tage später in Marennes am Atlantik ein turbulenter Kaisersprint. Zabel bezwingt das ganze Dutzend der Spurtspezialisten; wird geehrt; geht zur Dopingkontrolle, danach zur Pressekonferenz. Auf der Fahrt ins Hotel erreicht ihn im Mannschaftswagen die Nachricht: Sieg aberkannt wegen eines Kopfstoßes im Finale. Im gleichen Atemzug schließt die Jury Tom Steels aus. Der Belgische Meister hatte im Endspurt wutentbrannt eine Trinkflasche nach dem Franzosen Moncassin geschleudert. Fall Nummer drei – der Ausschluss von Djamulidin Abduschaparow. Der dreimalige Gewinner des Grünen Trikots hatte erneut gegen die medizinischen Regeln verstoßen. Die Karriere des sympathischen bunten Vogels aus Usbekistan ist damit zu Ende. Schade, dieser Abgang. Nicht zu Ende die Diskussion um Zabels Distanzierung: Es war bei

1997 – nicht nur Ullrichs Jahr! Drei Etappensiege für Ete. Nr. 1 in Plumelec, wo eigentlich gar kein Sprinter gewinnen konnte …

Tempo 60 ein Sprint Mann gegen Mann, wo schon mal Körper oder Köpfe aneinandergeraten, da sind sich die Fachleute einig. Zabel Absicht unterstellt hat nicht einmal der betroffene Franzose Damien Nazon; nur die Jury, die sich vorwerfen lassen muss, nie selbst auf dem Rad gesessen zu haben … Zur Verdeutlichung der Sprinterkämpfe sagt Walter Godefroot, selbst achtmaliger Etappensieger: »Als Sprinter kennst du manchmal deinen besten Freund nicht mehr …« Einspruch gegen den Schuldspruch ist zwecklos. Zabel nimmt die Fehlentscheidung trotz allem gelassen hin, will nur »bei Gelegenheit mit den Herren der Jury im *village* mal einen Café trinken«. Er gibt seine Antwort am nächsten und am übernächsten Tag. Ein Doppelschlag. Siege, nein, Sprint-Lektionen in den klassischen Etappenstädten Bordeaux und Pau. Die Blijlevens, Kirsipuu, Moncassin, McEwen, Minali, Jalabert finden kein Mittel, den Telekom-Zug mit seinem tempobesessenen Lok-Führer zu bremsen. Noch heute zählt die Etappe nach Pau mit einer Durchschnittsgeschwindigkeit von 47,8 Stundenkilometer zu den zehn schnellsten aller Zeiten und Zabels katzenhafter Panthersprung ins Ziel nach Art seines belgischen Erfinders »Poeske« Scherens als Musterbeispiel einer Sprintentscheidung.

Meister in den Bergen sind die schnellen Leute bekanntlich nicht. Doch ein Erik Zabel hat auch im Hochgebirge ein Beispiel gegeben. In all den Jahren, in denen er das Grüne Trikot über die Berge trug – und dabei, bevor die großen Brocken kamen, noch ein paar Pünktchen bei den Zwischenspurts sammelte – habe ich ihn so gut wie nie im *Gruppetto* alias Autobus entdeckt, jener großen Fahrergruppe, die gut kalkuliert, mehr oder weniger knapp innerhalb der Kontrollzeit das Ziel der schweren Bergetappen zu erreichen versucht. Sprinterkönig Zabel fuhr im eigenen Rhythmus der wesentlich langsameren Solidargemeinschaft meistens erheblich voraus. Und souverän wie Teamgefährte Jan Ullrich in der Gesamtwertung den ersten Sieg eines Deutschen herausfuhr, errang »Zabel, der Mann der Ehre« (L'Équipe) zum zweiten Mal das Grüne Trikot. Diesmal sogar mit 127 Punkten Vorsprung erneut vor Frederic Moncassin. Verwehrt blieb ihm allein der heißbegehrte Etappensieg auf den Champs-Élysées, für ihn »ein Sieg für die Ewigkeit«.

1998: Zabel am dritten Grün

Zuerst, beim Auftakt in Dublin, schien es nur ein Fehlstart Festinas zu sein, doch daraus entwickelte sich ein Skandal mit Enthüllungen, Verhaftungen, Ausschlüssen, Streiks – eine Tour de France, die unmittelbar vor dem Abbruch stand. Ein dunkles Kapitel, das an anderer Stelle beschrieben wird. Hier setzen wir die Geschichte des Erik Zabel fort, der die grüne Insel Irland etwas überraschend in Gelb verließ. Chris Boardmans sprichwörtliches Pech stand Pate bei seinem ersten Yellow Shirt. Kaum auf dem Festland, verlor er es aber auch schon wieder an Bo Hamburger, den Dänen, der mit einer kleinen Ausreißergruppe erfolgreich gewesen war. Wie auch Jens Heppner, der an diesem 14. Juli in Lorient endlich »seine« Tour-Etappe gewinnen konnte.

Im Team Telekom spielte man vorrangig wieder die Karten Ullrich und Riis. Für das Punktetrikot agierte das Ein-Mann-Unternehmen Zabel. Natürlich auch mit finaler Unterstützung durch Aldag, Bölts, Heppner, Toschnig. Für einen Etappensieg reichte es nicht. Viermal Zweiter – da fehlte auch ein bisschen Glück. Zabel schaffte den grünen Hattrick durch das Punkten bei den Zwischenspurts und dadurch, dass er zehnmal unter die ersten Zehn sprintete. Die großen Etappenjäger aber hießen Tom Steels, dem bei seinen vier Siegen (ohne Flaschenwurf ...) das gesamte Mapei-Team zur Verfügung stand; Stuart O'Grady, der bei seinen drei Erfolgen vom Einsatz der kompletten GAN-Mannschaft (mit Jens Voigt) profitierte; und Mario Cipollini, der beim gewohnt kurzen Gastspiel zweimal von Saecos berühmtem Expresso Rosso auf Siegesfahrt gebracht wurde. Letztendlich aber triumphierten Zabels Kontinuität und Beharrlichkeit: 97 Punkte mehr als Känguru O'Grady!

Drei Grüne Trikots hatten vor dem Telekom-Ass bislang nur vier Fahrer gewonnen: Jan Janssen, der Holländer (1964/65/67), war ein Allrounder, der selten ganz vorn lag, aber sehr oft vorn mit dabei war. Eddy Merckx, der »komplette« Fahrer (1969/71/72), hat das Grüne Trikot – es soll nicht abwertend verstanden werden – quasi als schöne Zugabe gewonnen bei seinen zahlreichen Trium-

Hat Sammlerwert: Zabel-Startnummer von 1999 mit dem Autogramm des grünen »Außenministers«.

phen auf allen Terrains. Sein Landsmann Freddy Maertens, ein Kraftpaket (1976/78/81), holte sich die grünen Punkte hauptsächlich als brachialer Sprinter (zwölf Etappensiege), aber auch als hervorragender Zeitfahrer (drei Erfolge) und gelegentlich sogar auf Bergetappen. Das war bei Djamolidin Abduschaparow (1991/93/94) ganz und gar nicht der Fall. Der Usbeke, Hobby Ziervögel, galt ausschließlich als Rassesprinter, der neben den Beinen ebenso die Arme erfolgreich benutzte. Er gewann das Punktetrikot auch in Vuelta und Giro!

Zabel schaut auch gern mal nach dem Material und kann dann den Mechanikern – hier Jean-Marc Vandenberghe – »danke für die Arbeit« sagen.

1999: »... a great Green Jersey ...«

Im Jahr der triumphalen Rückkehr Lance Armstrongs setzt Erik Zabel seine erfolgreiche Serie fort, schließt mit dem Gewinn des vierten Grünen Trikots auch die Lücke, die vier Telekom-Leistungsträger gerissen haben: Ullrich, Riis, Heppner, Aldag – alle verletzt. Erneut gibt es zwei Schnellere im Peloton: Cipollini, der auf vier Etappen das Spektakel macht und sich dann verabschiedet ... und Tom Steels, der dreimal der Beste ist. Keiner aber ist drei Wochen lang so ausdauernd schnell wie Erik Zabel. Bei zehn Zielankünften unter den besten Acht, bei vieren sogar Zweiter. Wieder fehlen nur ein paar Zentimeter Glück. Das hat Teamgefährte Giuseppe Guerini, als er in Alpe d'Huez von einem knipsenden *tifoso* vom Rad gerissen, gottlob aber nicht um den Sieg gebracht wird. Als Erik Zabel in Paris geehrt wird, höre ich vom übernächsten Reporterplatz die temperamentvolle Stimme meines englischen Eurosport-Kollegen David Duffield »... Erik is a great Green Jersey ...« und Sean Kelly an seiner Seite macht mir ein Victory-Zeichen. Er ist seit dem 25. Juli 1999 nun nicht mehr alleiniger grüner Rekordmann, der einst rotblonde, sommersprossige Ire: 14 x die Tour gefahren zwischen 1978 und 92 ... zwölfmal am Ziel ... viermal unter den ersten zehn (zum Podest fehlten einmal nur 117 Sekunden) ... stark am Berg, gut im Zeitfahren ... Er gewann die Vuelta

Zabel – ein Monsieur auch beim Interview: ehrlich, fair, witzig, mehrsprachig, souverän.

und war ein Classique-Jäger: Mailand–San Remo (2 x), Paris–Roubaix (2 x), Lüttich–Bastogne (2 x), Lombardeirundfahrt (3 x) und siebenmal Paris–Nizza!

2000: Erlösung nach drei Jahren

Wenn Frau Cordula alle Grünen Trikots ihres Erik seit 1996 gesammelt hätte, müssten es nach der Tour 2000 – wenn ich richtig gerechnet habe – 65 sein; ein Bestand, ausreichend für die Eröffnung einer kleinen Boutique. 15 Exemplare davon sind sogar aktuellste Mode, denn zwei Wochen lang, von Dax bis Paris, gab es für Erik jeden Tag ein neues Spitzenreiterhemd. Das letzte, Nummer 15 der Kollektion 2000, wird in »Zabels Green Shop« – könnte doch so heißen – vermutlich nur als unverkäufliches Modell ausgestellt sein. Es handelt sich um jenes Exem-

Ob flach oder bergig, Rolf Aldag ist für die Kollegen da, besonders für Ete. Dem humorvollen Westfalen den Oscar der Helfer!

plar, das Zabel auf den Champs-Élysées überreicht wurde für seinen einzigartigen Rekord als fünfmaliger Gewinner der Punktewertung. Doppelt glücklich machte ihn, dass er nach einer dreijährigen Durststrecke endlich wieder eine Etappe gewonnen hat. Am vorletzten Tag auf einem 254-Kilometer-Rad-Marathon von Belfort nach Troyes: »Mein schönster Tour-Etappensieg von allen acht. Weil er eine Erlösung war.« Zu dieser Befreiung von einem großen Druck hatte das ganze Telekom-Team in einer Verfolgungsjagd beigetragen und eine Ausreißergruppe gerade noch 2000 Meter vor dem Ziel gestellt. Anschließend fighteten Udo Bölts, Jan Ullrich – Gesamtzweiter hinter Armstrong – und der neue »Chefpilot« Gian-Mateo Fagnini mit ihrem Evergreen im Windschatten um dessen gute Ausgangsposition für die letzten 200 Meter. Danach war es an Zabel, sich bei Tempo 60 gegen die Hincapie, Magnien, Van Heeswijk Vainsteins, Blijlevens und McEwen durchzusetzen, den schnellsten der am vorletzten Tag besonders Siegeshungrigen. Alles oder nichts. Und diesmal, auf dem Boulevard Victor Hugo von Troyes, war es endlich wieder Alles! »Zabel en Paix«, schrieb eine Sonntagszeitung. In der Tat, Zabel hatte seinen Frieden wiedergefunden. Den ließ er sich auch von Stefano Zanini

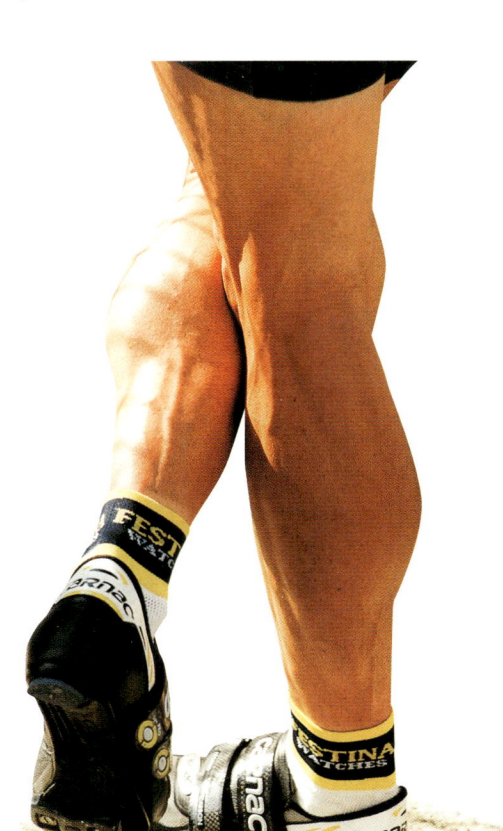

Links: Die Beine des Sprinters. In der Tour 2000 brachten sie ihren Besitzer, Marcel Wüst, sogar als Bergkönig auf das Podium (oben).

nicht nehmen, obwohl der Italiener ihm den alles krönenden Sieg auf den Champs-Élysées wegschnappte.

Ganz schön wüst, der Auftakt

Radsport-Deutschland freute sich bei dieser Tour 2000 nicht nur über Zabel und Ullrich. Auch Marcel Wüst, der Kölner im Festina-Team, bekam eine Menge positiver Schlagzeilen. Bekannt als Sprinter-König der Spanienrundfahrt, eroberte er zum Auftakt der Tour im Futuroscope überraschend das erste Bergtrikot. Raffiniert ausgedacht, setzte Wüst beim 16-Kilometer-Zeitfahren seine

Erik Zabel nicht nur König der Grünen, sondern auch ein Signore Mailand–San Remo. Vier Siege in der Primavera: u. a. 1997 vor Alberto Elli und Francesco Casagrande.

ganze Kraft auf einer 1000 Meter langen Steigung (3,7 %) kurz nach dem Start ein. Wer auf diesem extra gemessenen Teilstück Bestzeit fuhr, bekam das weiße Trikot mit den schönen roten Punkten. Marcel, der schlaue Jäck, verausgabte sich total, fuhr tatsächlich »Kilometer-Rekord« und wurde, obwohl über die Gesamtstrecke nur 142., der erste Bergkönig. Vier Tage »verteidigte« Wüst seine Krone ... weil es auf diesen nur flachen Etappen gar keine Bergwertungen gab. Selten so gelacht. Als er die Leihgabe abgeben musste, wurde nicht etwa getrauert, sondern gleich wieder gejubelt: Etappensieg in Vitré vor ... Erik Zabel! Zwei Tage später, am Ziel der 7. Etappe in Limoges, erkämpft Wüst sogar das Grüne Trikot ... am 30. Geburtstag von Erik Zabel. Zwei Tage verteidigt er es. Dann ist Schluss mit lustig und Telekoms Ete tritt sein Abonnement an – bis Paris. Dem lustigen Marcel aber vergeht leider das Lachen. Eine Bronchitis zwingt den Hecht im Karpfenteich zur Aufgabe.

Sogar noch Mister Weltcup!

Erik Zabels Saison 2000, die am 18. Januar in Adelaide/Australien begonnen hatte, ging am 21. Oktober in Bergamo zu Ende. Neun Monate Radrennen, die am Ziel der Lombardeirundfahrt noch einmal extra belohnt wurden: mit dem Kristall-Pokal des Weltcupsiegers. Der Berliner aus Unna hatte eine noch nie dagewesene Serie hingelegt und alle zehn Rennen bestritten. Er trug sich dabei in das Goldene Buch von Mailand–San Remo (zum dritten Mal) und des Amstel Gold Race ein. Er belegte Ehrenplätze bei Paris–Roubaix (Dritter), der Runde von Flandern und den HEW-Cyclassics in Hamburg (jeweils Vierter). Es war für ihn auch eine Frage der Ehre, im weißen Trikot des Weltcup-Spitzenreiters das Ziel bei Lüttich–Bastogne–Lüttich und der Clasica San Sebastian zu erreichen, diesen für Sprinter besonders schweren Prüfungen. Aber Erik Zabel ist ja auch ein ganz besonderer Radsportler.

2001: Entscheidung im letzten Spurt

Nur fünftes Rad am Wagen zu sein, das Gefühl hat wohl jeder schon einmal gehabt. Erik Zabel überkam es vor dem Start zur 88. Frankreichrundfahrt in Dünkirchen. Keinen einzigen Helfer hatte die Teamleitung ihm zugestanden, weder Gian-Matteo Fagnini, der seinen vierten Mailand–San-Remo Triumph so phantastisch vorbereitet hatte, noch den langjährigen Kumpel Rolf Aldag, der für ihn im Finale so oft den Lenker – und vor allem sich selbst – verbogen hatte ... Jan Ullrich in Gelb hieß das große Ziel; Grün war eine schöne Nebensache. »Ich muss ja froh sein, dass man mich überhaupt mitgenommen hat«, kommentiert Zabel die Situation sarkastisch. »Gar nicht starten? Nee, is auch Quatsch. Ich hab schließlich einen Vertrag zu erfüllen.« Als er dann gleich auf der ersten Etappe der schnellen Konkurrenz den Fehdehandschuh hinwarf und in Boulogne-sur-Mer die Phalanx der Sprinter besiegte, konnte der Zuschauer an einen Erfüllungsgehilfen Namens Zabel nicht recht glauben. Mister 100 Prozent hatte den Ballast abgeworfen, vor allem, nachdem er gemerkt hatte: Hallo, die Jungs helfen dir ja! Winokurow, Wesemann, sogar der Jan. Die Plätze hinter Zabel bleiben für Weltmeister Vainsteins, Jimmy Casper (die Deutschland-Tour lässt grüßen ...), Kirsipuu.

Zwei Tage später, dritte Etappe Antwerpen–Seraing. Die Tour ist in Belgien und im Finale warten ein paar der kraftraubenden, giftigen Steigungen von Lüttich–Bastogne–Lüttich. Das Telekom-Team nimmt sie fast wie in einem Mannschaftszeitfahren und führt Ete demonstrativ zum Massenspurt. Noch Fragen? Die lässt Zabel nicht zu. Weder am Schlussanstieg mit einem zehnprozentigen 200-Meter-Stück noch auf der 400 Meter langen Zielgeraden. Die besiegten Konkurrenten heißen Magnien, Garzelli, Baldato ... Armstrong ... Boogerd. Versprengt ist die Garde der Sprinter: 6'30" Rückstand für Kirsipuu, Vainsteins, Hunter; 14'45" für Steels, Blijlevens, Casper ... Noch Fragen zu Zabel? Nur einer von seinem Schlag – ihm ähnlich an Schnelligkeit, Charakter und Kampfbereitschaft – der Australier Stuart O'Grady, behielt auf der 3. Etappe die

Zabel-Superjahr 2000: 1. Mailand–San Remo, 1. Amstel Gold, eine Touretappe, fünftes Grün, Weltcup-Gewinner.

Im Jahr 2001 ist auch Zabels Ostberliner Weggefährte Jens Voigt ein Strahlemann. Ein Tag im Gelben Trikot und nach langer Flucht auch ein Etappensieg für den in Frankreich beliebten und populären Mecklenburger.

Tuchfühlung zu ihm. Sie bleibt bestehen bis Paris und wird zu einem Krimi um das Grüne Trikot. Jetzt hat es zunächst Zabel, O'Grady dafür Gelb.

Für die nächsten Höhepunkte sorgt Laurent Jalabert. Der 33-jährige Südfranzose, der in Bjarne Riis' dänischem CSC-Tiscali-Team seinen zweiten Frühling erlebt, beherrscht die Etappen von Huy/Belgien nach Verdun und von Strasbourg nach Colmar. Die Elsässer feiern ihn und den 14. Juli, die zahlreichen deutschen Fans ihren Landsmann Jens Voigt. Der allzeit kampfbereite Berliner, mit Jalabert zusammen ausgerissen, erobert sensationell das Gelbe Trikot! Zabels Jugend-Weggefährte beim TSC Ostberlin, jetzt Teamkollege und Freund Stuart O'Gradys bei Crédit Agricole – damit bleibt das Trikot in der Familie –, jubelt zehn Tage später ein zweites Mal, diesmal über den Etap-

von 13 Punkten auf die Bergetappen. Dort aber – zunächst in den Alpen, dann in den Pyrenäen – entschied sich nur der Kampf um die Gesamtwertung. Big-Tex Armstrong beherrscht Jan Ullrich, Joseba Beloki und alle anderen. Zum dritten Mal erwartet den großen Texaner in Paris der Triumphbogen. Das Duell um das Grüne Trikot dagegen nimmt dramatische Formen an. Stuart O'Grady besitzt vor den beiden Schlussetappen einen Vorsprung von zwölf Punkten.

Der vorletzte Tag. Orléans–Évry, 150 flache Kilometer, eine Sprintankunft ist wahrscheinlich. Dort gibt es 35 Punkte für den Sieger, 30 für den Zweiten, 26/24/22/20/19 usw. Zwei Wertungen aber auch schon unterwegs mit 6/4/2 Punkten nur für die ersten Drei. Also muss Telekom auf-

Tour 2001: Mit diesem Etappensieg in Evry stieß sich Ete Zabel am vorletzten Tag das Tor zum Grünen Trikot wieder auf (rechts Sven Teutenberg, Festina) ...

pensieg in Sarran, der Sommerresidenz von Staatspräsident Chirac im Corrèze. An dem Tag, als Jens Heppner sich ein Schlüsselbein brach.

Das *Maillot jaune* trägt der in Frankreich sehr beliebte Voigt nur einen Tag. Dann ist es wieder bei O'Grady. Der Australier gehört zu einer 14-köpfigen Ausreißergruppe, die in Pontarlier (8. Etappe) mit 36 (!) Minuten Vorsprung auf das gesamte restliche Feld von 161 Fahrern ins Ziel kommt. Regen und Kälte hatten im Jura zu einer blamablen Bummelfahrt und einer gewaltigen Überschreitung der Karenzzeit geführt. Lediglich die Anwendung eines Sonderparagraphen rettet die Tour 2001 vor der Fortsetzung mit einem mickrigen Peloton von nur 14 Fahrern. Stuart O'Grady entriss beim kollektiven Husarenritt Erik Zabel auch das Grüne Trikot und ging mit einem Polster

... und holte sich danach von Junior Rik den Lohn – sowie Tags darauf in Paris tatsächlich das Grüne Trikot Nr. 6.

passen, dass keine Ausreißer weggehen, die Zabel die wichtigen Punkte wegschnappen. Trotz aller Aufmerksamkeit jagt plötzlich Jens Voigt davon, kurz vor der ersten Wertung bei Kilometer 62. Taktischer Zug von Crédit Agricole. Telekom pariert nicht, bewacht weiterhin O'Grady und schickt Winokurow als Helfer für Zabel mit in den Sprint. Es funktioniert: Zabel hält O'Grady in Schach und holt zwei Punkte auf. Rückstand nur noch neun ... Der zweite Bonifikationsspurt steht nach 125 Kilometern an. Erst drei Kilometer davor kann der Telekom-Express eine Ausreißergruppe zurückholen. Zum zweiten Mal spurtet Winokurow als Adjudant von Zabel und zum zweiten Mal nimmt Ete dem Australier zwei Punkte ab. Rückstand nur noch sieben ... Das Finale mit ständigem Windwechsel, unebenen Straßen, Sturzgefahr. Schnurgerade die letzten 500 Meter. Winokurow, an diesem Tag ein Löwe, Jan Ullrich und Andreas Klöden fighten für Zabel, der plötzlich Sven Teutenberg vor sich hat, willkommen als Schutzschild vor dem Wind und als Tempomacher. Danke für diese Sekunden, denkt der alte Fuchs. Dann ist es an ihm, endgültig aus dem (Wind-)Schatten zu treten. Die letzten zwei-, dreihundert Meter! Hier nun muss er seine ganze Klasse, sein enormes Sprint- und Stehvermögen, seine Kaltschnäuzigkeit beweisen, um erfolgreich zu vollenden, was der »Telekom-Zug«, die immer kleiner gewordene Formation von fünf, vier, drei, zwei Teamgefährten auf den letzten 20 Kilometern für ihn und mit ihm vorbereitet hat. Zabel erkämpft den so wichtigen Etappensieg – seinen elften insgesamt in der Tour – und 35 Punkte für das Grüne Trikot. Zweiter O'Grady, Dritter Weltmeister Vainsteins. Der unfreiwillige Schrittmacher weniger Augenblicke Sven Teutenberg, der eine imponierende erste Tour fuhr, ist undankbarer Vierter. Und die Punktwertung? Noch liegt der Australier vorn, Zabel aber nur noch zwei winzige Punkte im Rückstand. Beim Verlassen des Kommentatoren-Containers sehe ich, wie hinter der Siegertribüne Erik Zabel und Sohn Rik stolz einander abklatschen und fotografiere gleich danach eine zärtliche Vater-Sohn-Geste. Der Reporter als Paparazzo ... Das Grüne Trikot 2001 wird also doch erst auf den Champs-Élysées entschieden! Wie 1984, da hat es der Belgier Franck Hoste im allerletzten Spurt Sean Kelly noch entrissen ... »Für die

Erik alias Ete Zabel – der einzige Fahrer, der bis 2003 vor dem Arc de Triomphe sechsmal auf dem Podium stand. Weder Hinault noch Indurain und Armstrong gelang das bis 2001. »Grün Nr. 6« für das Telekom-As, flankiert von Jalabert, Armstrong und Oscar Sevilla.

Zuschauer wird das die absolute Show«, ist Zabel sicher, »und für uns ein irrer Kampf.« Der Deutsche gewinnt ihn! Zweimal Erster bei den Sprintwertungen kurz vor Paris ... vier Punkte Vorsprung, damit schon halb in Grün ... Zweiter im Schlussspurt nach 3 200 Kilometern, hinter dem Tschechen Svoarada, aber vor Stuart O'Grady. 150 000 Zuschauer feiern den Sieger Lance Armstrong und ihren Helden, den Bergkönig Laurent Jalabert, doch die Hochachtung gilt nicht weniger dem Evergreen aus Deutschland. Erik Zabel hat zum sechsten Mal das Grüne Trikot erkämpft und angesichts des dramatischen Duells mit dem Australier bereits vor der letzten Etappe im französischen Fernsehen ein schönes Schlusswort gesprochen: »Der Gewinner wird in jedem Fall ein glücklicher sein und der Zweite auf keinen Fall ein so genannter großer Verlierer.«

Robbie McEwen beendete Zabels tolle Serie und gewann 2002 als erster Australier das Grüne Trikot. Hier siegt er vor Zabel im Sprint der 8. Etappe von Saint Martin de Landelles nach Plouay.

Zabel handgemalt. Das Geschenk eines Freundes am Start 2002 in Luxemburg. Ehefrau Cordula und Sohn Rik jonglieren das Werk nach Hause: Ete Zabel in der Galerie der Großen der TdF.

Telekoms Immergrüner beendet sein Marathonjahr 2001 mit einem Rekord für die Ewigkeit und nach 147 Renntagen an der Spitze der Weltrangliste. Auch Deutschlands Sportjournalisten sind beeindruckt. Mit seltener Einmütigkeit votieren sie im Dezember im Kurhaus von Baden-Baden: Erik Zabel ist der »Sportler des Jahres«.

2002: Das Ende einer großen Serie

In Telekoms Tour-de-France-Team 2002 gibt es für Walter Godefroot zum erstenmal seit fünf Jahren kein gelb-grünes »Luxusproblem«. Jan Ullrich selbst hat es gelöst, auf für sich zuerst schmerzhafte, später schmachvolle Art. Doch es ist wohl mehr seine Knieverletzung als die außersportlichen Eskapaden, die Erik Zabel unverhofft zum Begünstigten in Sachen Tour de France macht. Leider gehen die Wünsche des neuen Kapitäns nicht ganz in Erfüllung. Er gewinnt zwar in der Normandie gegen den versammelten Sprinteradel wieder eine Etappe; er wird in Reims, der Hauptstadt des Champagners, für einen Tag sogar mit dem Gelben Trikot ausgezeichnet; doch am begehrten siebten Grün scheitert der Weltranglistenerste. Bis zur Hälfte des Rennens hat er geführt, knapp vor Robbie McEwen. Auf der 13. Etappe nahm ihm der Australier das Grüne Trikot ab. Und, was es in der Geschichte der Tour noch nie gegeben hatte: fünf Etappen lang stand das Punkte-Duell pari, also unentschieden. In den – wie im Vorjahr – alles entscheidenden Schlussspurt auf den Champs-Élysées ging McEwen schließlich mit drei Punkten Vorsprung. Alles war noch offen, bis 200 Meter vor dem Ziel: Zabel abgedrängt – dafür McEwen mit einem Sprint Royal: Etappensieg und König der Sprinter der Tour 2002. Der 30-Jährige ist nicht unverdient der Beste der Schnellsten geworden: In neun von elf gemeinsamen Zielankünften hatte er das Rad vor dem Deutschen gehabt. Erik Zabel, der sich nach dem Vorjahres-Marathon und durch ein auch 2002 enormes Vorprogramm vielleicht sogar selbst besiegt hat, sagt noch in Paris: »So werde ich die Tour nicht verlassen. Ich komme zurück.« Und wenn es nicht so wäre: Dieser Rennfahrer hat nichts mehr zu beweisen. Sein Kapitel in der deutschen Radsportgeschichte ist bereits geschrieben – eines der besten. Es kann nur noch ergänzt werden.

Asse in Grün

1. Jan Janssen (NL)
2. Walter Godefroot (BEL) 1975
3. Freddy Maertens (BEL)
4. Hermann Van Springel (BEL) 1973
5. Patrick Sercu (BEL) 1974
6. Sean Kelly (IRL)
7. Djamolidin Abduschaparow (USB)

Grün, grüner, am grünsten: Die Mehrfachträger des Sprintertrikots

6 x Erik Zabel (D) 1996, 97, 98, 99, 2000, 01	D. Abduschaparow (USB) 1991, 93, 94
4 x Sean Kelly (IRL) 1982, 83, 85, 89	2 x Stan Ockers (BEL) 1955, 56
3 x Jan Janssen (NL) 1964, 65, 67	Jean Graczyk (FRA) 1958, 60
Eddy Merckx (BEL) 1969, 71, 72	André Darrigade (FRA) 1959, 61
Freddy Maertens (BEL) 1976, 78, 81	

6. ETAPPE:
Jan Ullrich und die anderen deutschen Tour-Größen

Hennes Junkermann:
»Watt soll isch denn mache?«

30 Jahre galt Hans, genannt Hennes, Junkermann als Deutschlands erfolgreichster Etappenfahrer aller Zeiten. Bis Jan Ullrich kam. Nun ist er Zweiter in der ewigen Bestenliste. Und von diesem Platz wird der Krefelder des Jahrgangs 1934 so schnell nicht mehr verdrängt werden. Da müsste schon einer kommen, der wieder mindestens viermal unter die besten zehn der Tour de France fährt, so wie der Hennes: als Vierter (1960),

Hennes Junkermann – ein Monument deutscher TdF-Geschichte. 1960 erkämpfte er, fast ohne Helfer, im Nationaltrikot Platz vier.

als Fünfter (1961) und zweimal als Neunter (1963 und 64). Er müsste aber auch im Goldenen Buch der Tour de Suisse vertreten sein, so wie der Hennes, zweimal an allererster Stelle: 1959 und 1962. Außerdem verewigt in den Annalen des Giro d'Italia, so wie der Hennes als Sechster 1961, und in der Spanienrundfahrt, wo er 1965 Siebter wurde. 17 Jahre – von 1955 bis zum Frühjahr 1973 – war Hennes Junkermann Berufsfahrer. Da gab es auch eine Menge Erfolge in Eintagesrennen. Das Prädikat »Besonders wertvoll« tragen die Siegerkränze der Meisterschaft von Zürich (1957) und von Rund um den Henninger Turm (1963). Einen ganzen Wäschekoffer füllen seine deutschen Meistertrikots – 17 an der Zahl, gesammelt auf der Straße (4), am Berg (5) und auf der Bahn. Einmal war der Bergspezialist sogar Meister im 5000-Meter-Verfolgungsfahren! Neunmal ging Junkermann auch bei Sechstagerennen auf die Ehrenrunde, u.a. mit den Bahncracks Rudi Altig, Klaus Bugdahl, Fritz Pfenninger und Peter Post. Ein Weltrekord – wenn er denn geführt würde – wäre die Zahl seiner Teilnahmen an Straßenweltmeisterschaften: 18 waren es, zwischen 1953 und 1972, Amateure und Profis zusammengerechnet. Damit ist Hennes sogar Poupou um eine Radlänge voraus: Raymond Poulidor, Frankreichs Nationalheld, brachte es »nur« auf 17.

Junkermanns erste Tour de France von insgesamt acht, die von 1960, war seine beste. Zum erstenmal nach dem Krieg durfte Deutschland wieder mit einer eigenen Nationalmannschaft starten. Allerdings nicht wie die großen Radsportländer mit 14 Fahrern, sondern nur mit acht. Es fuhren damals unter Leitung des Kölner Radpioniers Pitter Kanters u.a. der Saarländer Lothar Friedrich und Franz Reitz aus Wiesbaden, die in den Jahren zuvor schon in gemischten Teams (Schweiz/Deutschland) die Tour erfolgreich bestritten hatten. Friedrich war 1958 sogar Zwölfter

1962, 11. Etappe: Da half auch das Schieben durch Team-kollege Dieter Puschel nicht mehr. Die »Fische von Luchon« hatten Junkermann und dreizehn anderen den Magen verdorben. Aufgabe.

geworden. Auch ein gewisser Manfred Donike trug das Nationaltrikot, der spätere Doktor der Chemie und weltweit anerkannte Doping-Analytiker.

Neuling Hennes Junkermann steckte sehr früh seine Nase in den Wind und gehörte zu einem Quartett, das am sechsten Tag in der Bretagne zum Tanz aufspielte. Frankreichs

Typisch für Hennes: Oft skeptisch, zweifelnd; sodass Journalisten wie der Frankfurter Helmer Boelsen ihm ab und zu Selbstvertrauen »impften«.

Liebling, Stunden-Weltrekordmann Roger Rivière, spielte darin die erste Geige. Doch auch der Italiener Gastone Nencini, der die Attacke inszeniert hatte, und Belgiens Jan Adriaenssens musizierten munter mit. Alle drei zählte man zu den Favoriten der Tour. Am Ende dieser Etappe von St.-Malo nach Lorient gehörte auch der Deutsche Junkermann dazu. Mit einem Schnitt von 44 Stundenkilometer hatten diese vier Fahrer 14 Minuten Vorsprung herausgefahren. Roger Rivière gewann seine zweite Etappe. Frankreichs Teamkapitän Henri Anglade aber musste – »Verrat, Verrat!« – sein Gelbes Trikot an den Belgier Adriaenssens abtreten; Nencini war Zweiter, Rivière Dritter und Hennes Junkermann sensationeller Vierter.

Diese Viererkonstellation blieb eine Woche lang bestehen. Es gab lediglich eine interne Veränderung: Nencini übernahm in den Pyrenäen die Spitze vor Rivière, Adriaenssens und Junkermann, der allerdings auf dem Wege nach Millau in der Gorge du Tarn (13. Etappe) seinen vierten Platz an den Italiener Battistini abgeben musste, die Nummer zwei in der übermächtigen Streitmacht der Azzurri. Doch was sind schon ein paar Sekunden Zeitverlust im Vergleich zu einem schicksalhaften Unglücksfall – wie jenem katastrophalen Sturz, den Roger Rivière am 14. Tour-Tag bei der Talfahrt vom Col du Perjuret in den Cevennen nicht vermeiden konnte.

Bremsfehler oder Bremsversagen – Hennes Junkermann sah den kurz vor ihm fahrenden Franzosen bei Tempo 60 aus einer Kurve in die Tiefe schleudern: »Aber da ahnte man ja noch nicht, was passierte ...« Es waren schwere Verletzungen an der Wirbelsäule. Sie beendeten eine der hoffnungsvollsten Karrieren des Radsports. Zu 80 Prozent invalide blieb Rivière auch als Geschäftsmann ohne Fortune. Er scheiterte in St.-Etienne mit seinem Café Vigorelli – auf der Mailander Bahn hatte er den Weltrekord gefahren – und ging mit einem Feriendorf Konkurs. Betäubungsmittel mussten seine Schmerzen verdrängen. Zehn Jahre nach dem Unfall starb Roger Rivière. Er ist nur 40 Jahre alt geworden. Das Finale der Tour 1960 wurde von der italienisch-belgischen Zange kontrolliert. Nencinins Vorsprung auf Battistini und Adriaenssens war so groß, dass Frankreichs Staatspräsident Charles de Gaulle während eines Ehrenstopps in seinem Wohnort Gastone Nencini schon am vorletzten Tag zum Tour-Sieg gratulierte. Hennes Junkermann, in den Alpen mit nur noch zwei Helfern, verzichtete darauf, die Großmächte Italien und Belgien anzugreifen. Er war mit seinem vierten Platz hochzufrieden. Und ist es heute noch immer, wie auch mit den Resultaten in den folgenden Jahren. Viele Augenzeugen seiner besten Jahre, wie Helmer Boelsen oder Dieter Stein – ich war damals noch zu jung – haben Junkermann, den starken Bergfahrer mit dem schönen runden Tritt, den Kämpfer, den Bescheidenen, den Liebenswürdigen, auch mit dem Attribut Zauderer bedacht und geschrieben, dass er mit mehr Selbstvertrauen die Tour hätte gewinnen können. »Dat is alles Quatsch!«, sagt er noch heute. »Ich hatte keine Chance. Ich war in den Klauen von denen! Du siehst doch, wie das heute läuft mit der Mannschaftsarbeit. So war das schon damals bei den Italienern, Belgiern oder Franzosen ...«

Hennes Junkermann habe ich 1965 bei meiner ersten Tour erlebt, auch 1967 und 1972 bei seiner letzten. Da startete er, schon 38-jährig, noch einmal für den Dortmunder ROKADO-Rennstall. Sein Sponsor, der Möbelfabrikant und Rad-Idealist Robert Kahl, hatte ihn persönlich gebeten, Deutschlands erstes Markenteam in der Tour de France überhaupt zu unterstützen. Zusammen mit Rolf Wolfshohl, Karl-Heinz Kunde, Wilfried Peffgen, Dieter Puschel, Karl-Heinz Muddemann und Bernd Rasing stand Hennes seinen Mann – solange er gesund war. Dann bekam er eine hartnäckige Bronchitis, nahm Medikamente – und war »positiv«.

Junkermann erfuhr es nach der 12. Etappe in Orcières-Merlette. Ein paar Stunden später, am Abend, vertraute er mir das Geheimnis an; noch wussten davon nur sein Teamchef Florent Van Varenbergh und Rolf Wolfshohl. Für eine offizielle Bekanntgabe musste die Tour-Leitung das Resultat der Gegenanalyse abwarten. Das dauerte anfangs der Siebziger fast eine Woche. Darin sah Routinier Rolf Wolfshohl eine Chance: »Lass uns zu Félix Lévitan gehen, vielleicht lässt er Gnade walten«, und bat mich Überraschten, ihn bei diesem Bittgang zu unterstützen. Heute würde man so einen Versuch überhaupt nicht in Betracht ziehen, doch vor 30 Jahren war das noch ein bisschen anders. Auch humaner – so hatten wir gedacht.

1960, 6. Etappe, St.-Malo–Lorient: Junkermann legt den Grundstein zum 4. Platz. Die Ausreißer v.l.n.r.: Etappengewinner Roger Rivière, Junkermann, Gastone Nencini (späterer Toursieger), Jan Adriaenssens (später Dritter).

Aber alles Bitten und Argumentieren, er möge die Zukunft des jungen deutschen Profiteams durch einen »Dopingfall Junkermann« nicht gefährden, ließen den allgewaltigen Monsieur Lévitan kalt. Eigentlich hatte er ja Recht ... Deprimiert hörte Junkermann, hüstelnd und bei Kamillentee, die ablehnende Antwort. »Klaus, jib mich 'ne Rat; watt soll isch denn mache?«, fragte er am anderen, dem Ruhetagsmorgen, unter vier Augen.

Oho! Welchen Rat soll man da geben? – »Hennes, ich würde wegen Krankheit aufgeben. Die Gegenanalyse liegt erst vor, wenn du schon ein paar Tage zu Hause bist. Das ist weniger spektakulär und erregt weniger Aufsehen, als wenn du dabeibleibst und dann bekanntgegeben wird: ›positiv und zehn Strafminuten‹.« Nach Rücksprache mit dem Teamchef gab Junkermann das Rennen wegen sei-

1972 Angers: Junkermann, 38 Jahre, hat sich überreden lassen, für das deutsche ROKADO-Team noch einmal an den Start zu gehen.

ner Bronchitis auf. Was nun, Hand aufs Herz, auch wirklich nicht geschwindelt war. Der alte Kämpe kam tatsächlich ganz gut weg in der Öffentlichkeit. Auch in meinem Wochenbericht im Aktuellen Sportstudio. Trotzdem hatte ich nie das Gefühl, zum Komplizen geworden zu sein. Junkermann ist nach seiner aktiven Laufbahn dem Radsport treu geblieben. Er war Trainer des Landesverbandes Nordrhein-Westfalen, beim RSV City Neuwied und bei Olympia Dortmund. Gleich Gustav Kilian hat er nie ein Trainer-Abitur gemacht; aber die Namen seiner Schützlinge von einst sprechen Bände. Sie heißen u.a. Bernd Gröne, Winfried Trott, Udo und Hartmut Bölts, Christian Henn, Kai Hundertmark und Erik Zabel. »Den Ete hab' ich mir direkt nach der Wende nach Dortmund geholt«, verriet Hennes. »Zu seinem Vater Detlef hatte ich seit den

Amateurzeiten der Fünfzigerjahre immer Kontakt – Ardennenrundfahrt und so. Noch heute fahren wir jeden Winter gemeinsam mit unseren Frauen eine Woche in den Urlaub.«

Ansonsten sitzt Junkermann noch beinahe täglich auf dem Rad. Wie könnten sonst um die 20 000 Kilometer im Jahr auf seinem Tacho stehen? Nur zu den legendären 250-Kilometer-Trainingsfahrten von Krefeld nach Wiesbaden zu seinem Freund und Rennkollegen Franz Reitz kommt es nicht mehr. Man brach damals, vor fast 50 Jahren, nach einem kurzen Telefonat zur gleichen Zeit auf, traf sich in der Mitte, fuhr gemeinsam die eine Hälfte zurück, übernachtete beim Kumpel. Am nächsten Tag ging es zurück. Immer halbe-halbe ... nur einmal ging das mit dem Treffpunkt schief. Sie wurden bei der getrennten Anfahrt im Westerwald von so dichtem Schneetreiben überfallen, dass beide abstiegen und im schützenden Wald Zuflucht suchten. Einsam fror und fluchte man, und ahnte nicht, dass der andere nur 100 Meter weiter saß ... Schnee von gestern? Das sagen Sie mal Franz Reitz oder Hennes Junkermann!

47. Tour de France 1960

Startort Lille – 4 173 Kilometer – 21 Etappen – 8 Nationalmannschaften, 1 Internationale, 4 Regionale – 128 Fahrer – 81 am Ziel

1. G. Nencini (ITA) 112h 8'42"
   Durchschnitt = 37,210 km/h
2. G. Battistini (ITA) 5'02"
3. J. Adriaenssens (BEL) 10'24"
4. H. Junkermann (D) 11'21,
5. J. Planckaert (B) 13'02", ...
8. H. Anglade (FRA) 19'17"...
51. L. Friedrich (D) ...
56. E. Reinecke (D) ...
81. und Letzter: J. Berrendero (ESP) 4 h 58'59" zurück

Aufgaben: u. a. Bahamontes (ESP) 2. Etappe ... W. Altig (D) 6. Etappe, M. Donike, H. Jaroscewicz (beide D) 11. Etappe, H. Tüller (D) 14. Etappe, F. Reitz (D) 18. Etappe
Bergpreis : F. Manzaneque (ESP)
Punktewertung: J. Graczyk (FRAU)

Karl-Heinz Kunde:
»Eichhörnchen« im Gelben Trikot

Hat man ihn vielleicht übersehen, weil er mit seinen 1,60 Meter tatsächlich ein Kleiner war? Tatsache nämlich ist, dass man im 766 Seiten dicken Vélo-Gotha den Namen Karl-Heinz Kunde nicht findet. Alle bekannten Rennfahrer sind in der belgischen Bibel des Radsports vertreten; allein unter der Rubrik K fehlt uns

das Porträt des »Eichhörnchens« aus Köln. Kunde hat schließlich ein Jahrzehnt erfolgreich an der internationalen Radsportgeschichte mitgeschrieben.

Er war der kleinste Fahrer, der je das Gelbe Trikot getragen hat und kam als Neunter, Elfter, 16. und 20. in Paris an. Das war in den Jahren zwischen 1964 und 1972. In diesem Zeitraum fielen auch ein dritter Platz in der Dauphiné Liberé (1965 hinter Anquetil und Poulidor) und Rang fünf bei der Schlechtwetter-Straßen-WM 1965 in San Sebastian, die damals Tom Simpson vor Rudi Altig gewann. Außerdem erkämpfte der 1938 am Dreikönigstag geborene drei Deutsche Meisterschaften – 1961 bei den Amateuren auf der Straße sowie 1963 und 1970 bei den Profis den Titel am Berg. Denn Klettern war die besondere Stärke des Karl-Heinz Kunde, eine andere seine Pfiffigkeit, seine Rennintelligenz. Man schätzte an ihm aber auch Schlagfertigkeit und Humor.

Der Realschulabsolvent und Schlosserlehrling »Hein« Kunde machte sein Rad-Diplom bei Jupp Arents. Der Deutsche Meister der Jahre 1936/38 und zweimalige Tourfahrer betreute zur gleichen Zeit als Ziehvater auch Rolf Wolfshohl. Arents besaß in Köln ein großes Fahrradgeschäft und war Deutschland-Konzessionär für die Peugeot-Fahrräder. Durch diese einflussreiche Beziehung kam nach Kundes ersten belgischen Profijahren – mit Junkermann bei Wiels Groene Leeuw – 1966 der Vertrag mit dem Peugeot-Rennstall in Frankreich zustande. Es wurde des 50-Kilogramm-Fliegengewichts bestes Tour-de-France-Jahr und sowieso eine »deutsche Tour«: Von der ersten bis zur zehnten Etappe trug Rudi Altig (Molteni) das Gelbe Trikot; von der zwölften an Karl-Heinz Kunde. *Le Petit* war in den Pyrenäen unauffällig nach vorn geklettert, hatte sich auf dem Weg von Luchon nach Revel pfiffig der Kontrolle des führenden Franzosen Lebaube entzogen –

Trotz 1,60 m eine Größe: Karl-Heinz Kunde, der kleinste Fahrer, der je das Gelbe Trikot trug, fuhr u. a. für Wiels Groene Leeuw.

Als Schwarz-Weiß-Dokument von 1966: Karl-Heinz Kunde (vorn) im Gelben Trikot. Der Kölner verteidigte es, fast ohne Helfer, vier Tage lang.

mit ihm war er zeitgleich! – und im Sog von Etappensieger Altig das Gelbe Trikot erobert. Sonntag, 3. Juli 1966: Zwei Deutsche zusammen auf dem Tour-de-France-Podest. Unvergessen das Bild, wie Riese Altig seinen pagenhaft wirkenden Landsmann umarmt, dem der Protokollchef ein viel zu großes Gelbes Trikot angezogen hatte.

Kunde war die Sensation und für die Journalisten ein gefundenes Fressen. Denn der Deutsche ernährte sich vegetarisch. Statt früh und abends wie alle anderen saftige Steaks zu verdrücken, bevorzugte das »Eichhörnchen« Reformhauskost, knabberte Haselnüsse und aß jede Menge Obst. Vier Tage verteidigt der Köllsche Jung sein Trikot, genießt die Bewunderung; spürt aber auch, dass er Neider in der eigenen Mannschaft hat. Gaston Plaud, dem Sportlichen Leiter von Peugeot, gelingt es nicht, Individualisten wie Weltmeister Tom Simpson oder Roger Pingeon auf Teamarbeit zugunsten des Deutschen

einzuschwören. Statt zu unterstützen, greifen sie an. Fast allein auf sich selbst angewiesen, muss Karl-Heinz Kunde auf der Alpenetappe nach Briançon, geprägt vom ewigen Duell Anquetil contra Poulidor, die Hauptkonkurrenten ziehen lassen. Im Anstieg zum Galibier verlassen den Bergfloh die Kräfte. Er büßt fast fünf Minuten ein und verliert das Gelbe Trikot an den Holländer Jan Janssen. Der aber muss es schon am Tag darauf an den späteren Sieger Lucien Aimar abtreten. Dessen Kapitän Jacques Anquetil hat den Coup eingefädelt und für seinen Dauphin den Erzrivalen Raymond Poulidor neutralisiert. Nachdem der Plan geglückt ist, gibt der gesundheitlich angeschlagene Anquetil das Rennen auf. Maître Jacques verabschiedet sich an jenem 11. Juli 1966 bei Kilometer 213 der Etappe Chamonix–St.-Étienne für immer von der Frankreichrundfahrt, die er fünfmal gewonnen hatte.

Karl-Heinz Kunde wurde nicht so selbstlos wie Aimar unterstützt. Trotzdem lag der Einzelkämpfer vor der Schlussetappe auf dem sechsten Platz. Die aber war ein 50-Kilometer-Einzelzeitfahren. Für den nur 1,60 m großen Mann ein Marathon mit Handicap, weil er als Minicoureur keine so »dicken« Gänge treten konnte, wie die von der Statur her überlegenen Großen. Am Ende war Karl-Heinz Kunde dennoch imponierender Neunter der Tour de France – das beste Resultat in seinen sechs Frankreichrundfahrten. Das Ziel erreichte auch der Kölner Lokalrivale Rudi Altig, als Zwölfter und mit drei Etappensiegen.

Ich selbst habe Kunde 1966 erst bei seiner Zielankunft im Pariser Prinzenpark »live« erlebt. Da waren wir ein paar Stunden zuvor bereits mit der Tour de L'Avenir angekommen. »Wir« – das ist die Amateur-Nationalmannschaft des Bundes Deutscher Radfahrer, bei der ich Chauffeur des Mannschaftswagens und Mädchen für alles gewesen war. Für dieses »Studium des Radsports« hatte ich im Jahr nach meiner ersten Tour de France Urlaub vom ZDF genommen. Neben *Monsieur le Conducteur* saß in einem blauen VW mit Schiebedach Bundestrainer Otto Ziege, und auf der Rückbank der liebe, oft frotzelnde und ständig Pfeife rauchende Mechaniker Wim Grunewald, sowie täglich ein anderer *Commissaire*. Abends half ich Grunewald, die Räder für den anderen Tag vorzubereiten. Bei dieser Arbeit klärte mich der Wiesbadener Landsmann einmal auf, warum der französische »Kommissar X« mich nach einer Etappe als sehr guten Chauffeur gelobt hatte. Grunewald: »Der war nur froh, dass er lebend aus deinem Auto rausgekommen ist ...«

Die »Tour der Zukunft« rollte damals von Revel (Kunde in Gelb!) bis Paris auf der gleichen Strecke wie die Profis. Allerdings waren die Etappen kürzer, Start und Ankunft ein paar Stunden früher. Kontakt mit den Helden Kunde und Altig gab es dadurch leider nicht. Ein einziges Mal, erinnere ich mich, haben wir abends Rudi Altig besucht – Otto Ziege und ich – um Rennhosen abzuholen. Kumpel Rudi hatte sie für die »armen Amateure« organisiert ... allerdings mit Molteni-Schriftzug. Der musste auf BDR-Geheiß neutralisiert werden.

Karl-Heinz Kunde bestritt seine letzte Tour de France 1972 mit 34 Jahren beim Dortmunder ROKADO-Rennstall, fuhr im Herbst seiner Karriere noch einmal an der Seite seines Freundes seit Pfadfinderzeiten Rolf Wolfshohl und des alten Weggefährten Hennes Junkermann. Auch Wilfried Peffgen und der kesse Berliner Dieter Puschel gehörten dazu.

Das Fahrrad blieb Karl-Heinz Kundes Leidenschaft bis heute. Nicht nur, dass er im Jahr so rund 10 000 Fitness-Kilometer fährt; nein, gerade hat er mit 65 noch einmal ein Fahrradgeschäft eröffnet. »Es war mir zu langweilig ...« Und so baut er – »zwei, drei Jahre noch« – maßgeschneiderte Rennräder, und der Kunde ist wie seit Jahrzehnten König bei »Fahrrad-Kunde«. Verheiratet ist das Eichhörnchen von einst seit 40 Jahren mit Paula, einer Belgierin, die er bei einem Radrennen »entführt« hat. Noch ein paar Jährchen älter ist die Liebe zum RV Liga Köln-Kalk, Kundes erstem und einzigem Verein. Dort treffen sich die Oldtimer gelegentlich und lachen gemeinsam, wenn etwa Jupp Arents junior, der Sohn des Wolfshohl-Kunde-Entdeckers, *stories* von damals erzählt: »Wisst ihr noch, als Hein mit seinem Ami-Straßenkreuzer spazieren fuhr ... hinter dem Lenkrad des Riesenschlittens fast unsichtbar ... und eine Frau die Polizei informierte: Da fährt ein Auto ohne Fahrer!«

Ein Oldsmobil hat Kunde übrigens immer noch, nur keines mehr mit einem die Tankwarte verblüffenden 140-Liter-Spezialtank.

Deutscher Dreier-Gipfel 1965. Links Kunde, rechts Wolfshohl, hinter ihm Junkermann. Sind auch heute noch gute Kumpel.

53. Tour de France 1966

Startort Nancy – 4 329 km – 22 Etappen– 13 Mannschaften – 130 Fahrer – 82 am Ziel

1. L. Aimar (Ford) 117 h 34'21", Durchschnitt = 36, 819 km/h
2. J. Janssen (Pelforth-Sauvage) 1'07" zurück
3. R. Poulidor (Mercier) 2'02"
4. J.-A. Momene (KAS) 5'19"
5. M. Mugnaini (Filotex) 5'27"
6. H. Van Springel (Mann-Grundig) 5'44"
7. F. Gabica (KAS) 6'25"
8. R. Pingeon (Peugeot) 8'22"
9. K.-H. Kunde (Peugeot) 9'06" ...
12. R. Altig (Molteni) 11'18" ...
39. R. Wolfshohl (Mercier) ...
82. und Letzter P. Mannucci (Filotex) 2 h 05'26"

Aufgaben: u.a. W. Altig (Molteni) 15. Etappe
Grünes Trikot: W. Planckaert (Smiths)
Bergkönig: J. Jimenez (Ford)

Rolf Wolfshohl: Ein Großer ohne den ganz großen Sieg

Sein Name ging nur schwer über die gallische Zunge, die kein h ausspricht und oft auch das s negiert. So sagten die Franzosen also meistens »Wolfol« wenn sie Rolf Wolfshohl meinten; doch am liebsten und häufigsten sprachen sie von *Le Loup*, dem Wolf. Das war zwar nur der halbe Familienname, doch er war einprägsam und zugleich charakteristisch für den Deutschen aus Köln. Er war ein Beißer, ein Kämpfer, ein Angreifer; einfach ein Rennfahrer aus und voller Leidenschaft. So einen *coureur*

Aus dem Uralt-Archiv: Wolfshohl – hier in Lauerstellung hinter dem Belgier Van Damme – super auch im Querfeldein. 3 x Champion du Monde, 14 x Deutscher Meister!

tout neuf, der alle Neune gerade sein ließ, liebten die Franzosen. Deshalb hat man im Lande De Gaulles und Anquetils nicht zu Unrecht von »einem der größten deutschen Champions« gesprochen und geschrieben. Aber auch von einem »höchst unruhigen, eigenwilligen, ewig suchenden«. Und von einem Champion ohne Fortune, also ohne Glück für den ganz großen Erfolg. Gemeint sind damit Wolfshohls undankbare zweite Plätze bei Mailand–San Remo oder Lüttich–Bastogne–Lüttich, der legendäre Griff vorbei am Regenbogentrikot, der verpasste Sieg bei Paris–Roubaix, seine Stürze, seine temperamentbedingten Fehleinschätzungen, die darin gipfelten, dass *Le Loup* in der Tour de France des Jahres 1968 nach nur zwei Tagen vom gelben Thron gestürzt wurde, auf dem er mit seiner angeborenen Klasse bis Paris hätte residieren können.

In Deutschland las man deshalb von den »halben Siegen« Wolfshohls. Ein geflügeltes Wort auch heute noch, was aber der Gesamtbeurteilung dieses außergewöhnlichen Rennfahrers nicht gerecht wird. Oder zählen Siege in der Spanienrundfahrt (1965), bei Paris–Nizza (1968) und zwei Tour-Etappen-Gewinne so wenig? Oder drei Weltmeistertitel im Querfeldeinfahren?

Jawohl, Wolfshohl wurde gleich zwei Sätteln gerecht! Was vor ihm auch Jean Robic, Frankreichs Tour-Sieger von 1947, und kurz nach ihm Belgiens Klassiker-Jäger Roger de Vlaeminck ebenfalls erfolgreich praktizierten. Zusammen mit De Vlaemincks Bruder Éric und dem Italiener Renato Longo beherrschte Rolf Wolfshohl von 1958 bis 1974 die internationale Querfeldeinszene. 14-mal war er in dieser Zeit auch Deutscher Meister, wurde zum Symbol einer spektakulären Disziplin sowie zum Vorbild für Klaus-Peter Thaler und Mike Kluge, die leider keine Weltmeister-Nachfolger mehr fanden. Mittlerweile – und das seit Jahren – ist Deutschland im auch für das Fernsehen attraktiven

Rad-Cross international in der Zweitklassigkeit etabliert. Rolf Wolfshohl ist die Tour de France zwischen 1962 und 1972 insgesamt neunmal gefahren. Zwei Etappensiege (1967 und 70), zwei Tage Gelbes Trikot und der sechste Platz 1968 im Gesamtklassement sind seine besten Resultate. Viele Jahre hielt *Le Loup* auch den deutschen Teilnahmerekord. Mittlerweile aber hat Jens Heppner mit ebenfalls neun Frankreichrundfahrten gleichgezogen, und Erik Zabel (zehn) sowie Udo Bölts mit zwölf *Grand Boucles* sind Spitzenreiter geworden.

Die Grundschule des Radsports und einiges fürs Leben erfuhr Wolfshohl – wie Karl-Heinz Kunde Jahrgang 1938 – bei dem auf vielseitige körperliche Ausbildung bedachten Jupp Arents. Im Trikot der RV Liga Köln-Kalk gewann der junge, aggressive Rennfahrer 1956 die Deutsche Junioren-Straßenmeisterschaft. Er lernte den Beruf des Schlossers und Fräsers, verzichtete aber darauf, Maschinenbau-Ingenieur zu werden, »weil einflussreiche Leute aus dem Radgeschäft, darunter Otto Weckerling – der Sportliche Leiter der Dortmunder Westfalenhalle – mit einem Sechstagevertrag zu uns nach Hause gekommen waren. Sie versprachen meiner Mutter, Kriegerwitwe und alleinstehend, aus ihrem Jungen einen Millionär zu machen ... ich dachte, wenn das so einfach ist, warum nicht ... also wurde ich mit 20 Jahren Sechstageprofi ...« Schnell reich zu werden, das war schnell ausgeträumt. Das Debüt in Frankfurt endete mit Sturz und angebrochener Kniescheibe, die zweite Vorstellung ebenfalls abrupt: Nachdem der formschwache Rekonvaleszent von der Drohung gehört hatte, nach Hause geschickt zu werden, packte er wutentbrannt seinen Koffer und sagte nicht einmal mehr seinem auf der Piste wartenden Partner Manfred Donike adieu. So weit, so kurz.

Dank eines Freundes in Paris kam Wolfshohl Ende 1959 beim französischen Rennstall Saint Raphaël unter. Für ganze 250 Francs im Monat, damals rund 200 Mark. Aber er befand sich in der Mannschaft des berühmten Sprinters André Darrigade, des Tour-Vierten Roger Rivière, des lustigen Briten Tom Simpson, fuhr eine Zeit lang auch mit Landsmann Rudi Altig zusammen. Zudem hatte Wolfshohl in Raymond Louviot »den besten Sportlichen Leiter, den ich je kennengelernt habe«. Der im Schweizer Wallis

Rolf Wolfshohl im Gelben Trikot. Doch mit nur noch drei Helfern – hier der Kämpfer Puschel (vorn) – konnte er es 1968 gegen die internationale Übermacht nur zwei Tage lang erfolgreich verteidigen.

geborene Franzose erhöhte die Monatsgage des talentierten ehrgeizigen Deutschen sehr bald auf angemessene 1 500 Mark.

Unter Louviot, der 1969 bei den Vier Tagen von Dünkirchen tragisch ums Leben kam, fuhr Wolfshohl 1962 seine erste Tour de France. Es ist jene Tour, in der Rudi Altig drei Etappen und als erster Deutscher das Grüne Trikot gewinnt; jene Tour auch, in der »die Fische von Luchon« in den Pyrenäen 14 Fahrer – darunter Hennes Junkermann – zur Aufgabe zwingen; schließlich jene Tour, in der Neuling Raymond Poulidor ob seiner Leidensfähigkeit und *gentillesse* den Kosenamen »Poupou« erhält. Während Frankreichs späterer Vélo-Nationalheld auf Anhieb Dritter wurde, ist Wolfshohl mit Rang 15 nicht ganz zufrieden. Gleich in der ersten Etappe hatte es ihn »verblasen«. Diese Viertelstunde kostete ihn am Ende in Paris mindestens fünf Plätze ...

Rolf Wolfshohl war auch spurtschnell. Auf der Bahn von Toulouse gewinnt er 1967 die 15. Etappe vor dem Holländer Hub Zilverberg.

Die zweite Tour – 1963 bei Peugeot – vermasselt er sich selbst. Als der Cowboy im Rennsattel auf der dritten Etappe nach Roubaix die Höhe einer Bordsteinkante unterschätzt, bezahlt er seine Risikofreude mit einer Gehirnerschütterung. 1964 ist Wolfshohl gar nicht erst am Start. Zehn Tage vor Beginn der großen Schleife erleidet er bei einem Kriterium einen Schädelbruch. Lebensgefahr besteht und Gaston Plaud, sein Sportlicher Leiter, zweifelt an Wolfshohls sportlicher Zukunft. Kein neuer Vertrag! Den bekommt er stattdessen für zwei Jahre bei Mercier-BP. Dort ist Raymond Poulidor der Kapitän. Bei dem kommt des Deutschen »Morgengabe«, Wolfshohls Sieg im Frühjahr bei der Spanienrundfahrt, überhaupt nicht gut an. Eigentlich war Poupou dafür vorgesehen gewesen.

Teamchef Antonin Magne, der Tour-Sieger von 1931, musste schwer arbeiten, um seine beiden Spitzenfahrer mit den so unterschiedlichen Temperamenten unter einen Hut zu kriegen. Wolfshohl versprach für die Tour Vasallentreue und – konnte den Schwur nicht halten. Bestform sowie sein ungezügeltes Temperament ließen ihn mit zweieinhalb Minuten Vorsprung auf Kapitän Poulidor in die Pyrenäen gehen. Dort war dann Schluss mit lustig. Schon am ersten Tag im Hochgebirge überfiel den Kölner eine rätselhafte Schwäche. Er brach ein und verlor 21 Minuten. Der zweite Pyrenäenritt, dominiert von den belgischen Sprintern (!) Guido Reybroeck und Rik Van Looy,

brachte für Wolfshohl das dann nicht mehr unverhoffte Aus. Auch der einstige Bergkönig Federico Bahamontes und sogar der Mann in Gelb, Bernard van de Kerckhove, stiegen damals in den Besenwagen.

Die Tour 1966, ganz im Dienst von Poulidor, beendet *Le Loup* als 39. Auch das Jahr darauf – im Trikot der Deutschen Nationalmannschaft – ist Platz 31 alles andere als ein Traumergebnis. Aber Wolfshohl gewinnt nach einem erfolgreichen Ausreißversuch in Toulouse eine Etappe! Es ist dies übrigens auch das Jahr (1967), in dem am Mont Ventoux das Leben des Rennfahrers Tom Simpson verglüht. 1968, endlich, wird wieder ein erfolgreiches Jahr! Das beste sogar. Wolfshohl gewinnt – jetzt bei BIC unter Vertrag – als erster Deutscher das begehrte und stets hervorragend besetzte Frühjahrsrennen von Paris nach Nizza. Der knapp 30-Jährige bleibt auch bei der Deutschen Meisterschaft auf Siegeskurs und holt sich den Titel.

Zur Frankreichrundfahrt bricht er mit einer Zehnermannschaft auf, die schon am dritten Tag drei Fahrer wegen Zeitüberschreitung verliert, zwei weitere in den Pyrenäen. Trotz der Übermacht von drei französischen und auch zwei belgischen Nationalmannschaften schlägt sich das deutsche »Fähnlein der fünf Aufrechten« beachtlich. Es sind neben Wolfshohl der Stuttgarter Pit Glemser, Karl-Heinz Kunde sowie Dieter Puschel (Berlin) und Herbert Wilde aus Schwerte. Das Gelbe Trikot trägt ziemlich unbe-

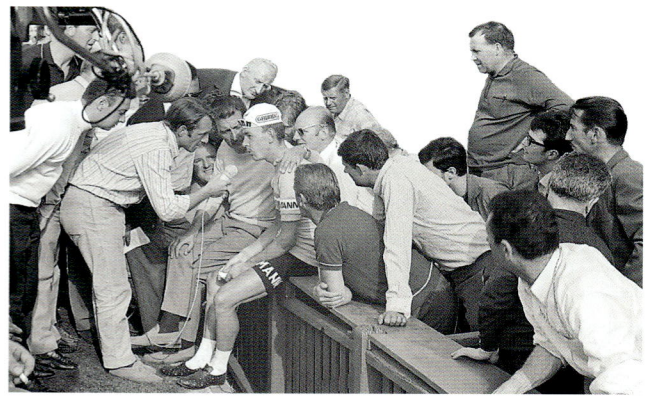

1968: Fassungsloser Belgier Van Springel. Zu Beginn der Schlussetappe noch in Gelb, am Ende mit 38" Rückstand nur Zweiter.

drängt fast 14 Tage der belgische Außenseiter Georges Vandenberghe.

Schlagartig änderte sich das auf der 16. Etappe von Albi nach Aurillac. Favorit Raymond Poulidor (Frankreich A) war am Vortag von einem Begleitmotorrad quasi kampfunfähig gefahren worden, sodass Lucien Aimar (Frankreich B) sich an keinen nationalen Ehrenkodex mehr gebunden fühlte und nun heftigst die eigene Chance wahrnahm. Seiner Attacke schlossen sich ein Dutzend anderer Fahrer an, darunter die Belgier Hermann Van Springel und Ferdinand Bracke, Jan Janssen (Niederlande), der beste Spanier San Miguel sowie Franco Bitossi (Italien) und Rolf Wolfshohl. Mit ihrer Jagd durch die zerklüfteten Cevennen und das Zentralmassiv gaben sie nicht nur dem angeschlagenen Poulidor den Rest, sondern sie fuhren auch Frankreichs Nummer zwei in den Keller. Roger Pingeon verlor neun Minuten.

Wolfshohl mit den Besten an der Spitze – das hätte ihm (wie schlau ist man doch hinterher!) angesichts der bevorstehenden Alpenetappen genügen müssen. Aber diese Besonnenheit besaß er nicht. Heute wollte er das Gelbe Trikot! Deshalb ging der »Wolf« 20 Kilometer vor dem Ziel in Begleitung des Italieners Bitossi noch einmal auf Jagd. Eine Minute fuhr das Duo heraus, und Wolfshohl wusste, das ist das Trikot! Generös konnte er dem Azzurri mit dem verrückten Herzen – Bitossi hatte ab und zu Herzrhythmusstörungen – den Etappensieg überlassen. Im kleinen Lager Schwarz-Rot-Gold feierte man dafür Deutschlands sechsten Träger des Gelben Trikots. Große Hoffnungen keimten auf.

Doch Wolfshohl trug die gelbe Last erfolgreich nur zwei Tage lang. Am zweiten schon, auf der Alpenetappe nach Grenoble mit dem Granier (1 134 Meter), dem Cucheron (1 139 Meter) und Col de Porte (1 326 Meter) jagte ihm die Allianz der Gegner die Trophäe wieder ab. Zwei Kilometer vor dem letzten Gipfel waren Wolfshohls Kraftreserven verbraucht. Als er bei der waghalsigen Verfolgungsjagd in der Abfahrt auch noch stürzte, als es eine Ewigkeit dauerte, bis endlich der deutsche Mannschaftswagen mit dem Ersatzrad erschien, war es auch mit einer durchaus möglichen Schadensbegrenzung vorbei. Der Kölner fiel tief – vom ersten auf den neunten Platz.

Enttäuschung auch im kleinen deutschen Lager: Wolfshohl (Mitte) »nur« Sechster. Rechts Dieter Puschel (36.), links Herbert Wilde (44.).

Es spricht für seine Klasse und seinen Charakter, dass er im Einzelzeitfahren am Schlusstag noch drei Ränge zurückeroberte und Sechster wurde. Nur 43 Sekunden – ein paar Hundert Meter – trennten den enttäuschten Wolfshohl vom Platz auf dem Podest und gut dreieinhalb Minuten nur vom Gelben Trikot, das Jan Janssen in einem furiosen Finale noch dem glücklosen Hermann Van Springel entriss. Mit nur 38 Sekunden Vorsprung, dem bis dahin knappsten Resultat aller 55 Frankreichrundfahrten, triumphierte 1968 zum ersten Mal ein Holländer. Es hätte in jenem Jahr durchaus auch schon ein Deutscher sein können. Rolf Wolfshohl – vielleicht. Doch

Der Wolf in der Wanne. Radsport bestimmt noch immer sein Leben. Gern wäre der Fahrradhändler Cross-Trainer im Bund Deutscher Radfahrer geworden.

unberechenbar zu sein, angriffslustig zu fahren, in entscheidenden Momenten manchmal leider »ohne Kopf« – das gehörte nun einmal zum Charisma des unbequemen, aber immer geachteten Kämpfers aus Köln. Und vielleicht erinnern sich gerade deshalb so viele ältere Franzosen an ihn – auch an Junkermann und Altig – und fragen dann während der Tour, sei es an einer Tankstelle oder in einem Café: »Was macht eigentlich *Le Loup*?« Wir antworten dann: Er hat seit 30 Jahren am Rande von Köln ein Fahrradgeschäft. Er konstruiert und repariert; verkauft Fahrräder von der Kindergröße bis zum maßgeschneiderten Renner. Wolfshohl formt sogar eigenhändig Kohlefaser-Rahmenrohre. »Obwohl das in so einem kleinen Familienbetrieb kaum Gewinn bringt; dafür stellt es mich persönlich zufrieden«.

Vielleicht ist dieses Tüfteln der Ersatz für seinen jugendlichen Traum, einmal Autos oder gar Flugzeuge zu konstruieren. Geschäftlich hätten Freunde ihm etwas mehr Fortune gewünscht. Dafür ist dieser Geradeaus-Typ ein Idealist geblieben. Seit 20 Jahren bemüht er sich im von ihm gegründeten RSC Le Loup Köln vor allem um den Nachwuchs, unterstützt auch Rad-Projekte an den Schulen. Mit dem Bund Deutscher Radfahrer ist er in Sachen Querfeldeinbetreuung leider nicht zusammengekommen. »Ich hatte meine eigenen Vorstellungen.« Schade drum. Vielleicht ginge es der attraktiven Spartendisziplin heute besser. Dem Einzelkämpfer Rolf Wolfshohl hat

Meistert das Schicksal: Rolf-Dieter Wolfshohl mit Tochter Jessica und Vater Rolf als Ehrengäste der Tour de France.

auch das Pech die Treue gehalten. Im Frühjahr 2002 zerquetschte eine fast tonnenschwere Maschine beinahe seine rechte Hand. Die Ärzte operierten 18 Stunden und retteten vier der fünf Finger. Zwei davon behielten ein Handicap.

Doch was ist das alles gegen das Handicap seines Sohnes Rolf-Dieter. Dessen junge Karriere als Fahrer der Amateur-Nationalmannschaft wurde 1984 durch einen Massensturz bei der Deutschen Meisterschaft jäh beendet. Seitdem ist er an den Rollstuhl gefesselt und muss permanent betreut werden. Trotz allem hat sich der gut aussehende Wolfshohl junior nicht unterkriegen lassen – dank seiner Helfer, dank seiner Tochter Jessica, die kurz nach dem Unfall geboren wurde, und vor allem dank seiner Mutter Karin, ehemals Deutsche Meisterin im Eisschnelllauf. Sportliches Können, Pech und Schicksalsschläge – den Namen Wolfshohl verbindet man aber auch mit bewundernswerter Courage. Chapeau, Freunde!

---

55. Tour de France 1968 – Wolfshohls Beste

Startort Vittel – 4 492 km – 22 Etappen – 11 Nationalmannschaften (Frankreich mit drei, Belgien mit zwei) – 110 Fahrer – 63 am Ziel

1. J. Janssen (NL) 133 h 49'42", Durchschnitt = 34,894 km/h
2. H. Van Springel (BEL) 38" zurück
3. F. Bracke (BEL) 3'03"
4. G. San Miguel (ESP) 3'17"
5. R. Pingeon (FRA) 3'29"
6. R. Wolfshohl (D) 3'46"
7. L. Aimar (FRA-B) 4'44"
8. F. Bitossi (ITA) 4'59" ...
36. D. Puschel (D) ...
44. H. Wilde (D) ...
63. und Letzter J. Clarey (GB) 2 h 43'38"

Aufgegeben u.a. S. Adler, W. Gottschalk, C. Großimlinghaus (alle D) 3. Etappe ... E. Streng (D) 11. Etappe, B. Boelke (D) 12. Etappe, R. Poulidor (FRA) 17. Etappe
Sturzverletzungen: P. Glemser (D) 19. Etappe, K.-H. Kunde (D) 20. Etappe
Grünes Trikot: F. Bitossi (ITA)
Bergkönig: Aurelio Gonzales (ESP)

Didi Thurau: Der Engel, der den Himmel nicht erreichte

Es ist unübersehbar, dass Thurau mit neuen Maßstäben zu messen ist. Seine Motivation, sein Können gepaart mit Fleiß und sein Talent zeigen an, dass der BDR in Kürze über einen Fahrer verfügen wird, der bei guter Anleitung eine Ausnahmeerscheinung im internationalen Radsport zu werden verspricht. Er kann der Mann werden, der als erster Deutscher die Tour de France gewinnt.«

Diese Einschätzung schrieb Bundestrainer Karl Ziegler im März 1973 nach einem Trainingslager auf Mallorca, an dem auch der damals 18-jährige Dietrich »Didi« Thurau teilgenommen hatte, an den Bund Deutscher Radfahrer. In vielen Dingen ist die Prognose des Rudi-Altig-Entdeckers aus Mannheim richtig gewesen; nur im letzten Punkt erfüllte sich die Hoffnung des Propheten nicht: Thurau erreichte Paris nie in Gelb.

Der Frankfurter setzte Glanzlichter in der Tour, fuhr aber auch in ihre Tiefen. Er dementierte nicht nur den weisen Karl

Voller Anstrengung und doch mit großer Eleganz: Dietrich Thurau begeistert 1977 zwei Wochen lang nicht nur die Radsportwelt. Und der Traum vom Gelben Trikot hätte für den jungen Frankfurter durchaus wahr werden können.

Aus Thuraus Familienalbum: Als Dietrich tatsächlich noch der »Didi« war ... Schnappschuss von einem Jugendrennen.

Ziegler, sondern auch die Euphorie der ganzen Fachwelt. Thurau befand sich sehr wohl auf der Spur von Merckx und Anquetil; doch den gelben Himmel erreichte »der blonde Engel«, wie ihn Jacques Goddet 1977 genannt hat, leider nicht. Trotzdem – seine 14-jährige Profilaufbahn hat so schöne Erfolge aufzuweisen, dass ihre bizarren Seiten die guten Erinnerungen an ein geniales Rennfahrertalent nicht verdrängen können.

Als Zwölfjähriger schon tat Didi, so nannten die Eltern ihren Dietrich von klein an, den »ersten Schritt« – und beendete diesen Anfängerwettbewerb auch gleich mit einem Sieg. Der Bub aus dem Stadtteil Schwanheim ist Mitglied bei Edelweiß und später der RSG Frankfurt. Er fährt Straßen- wie Bahnrennen und hat in Trainer Siegfried Meinecke den denkbaren besten Lehrmeister, der diesem Rohdiamanten den ersten Schliff gibt. Da der Minderjährige noch nicht selbst Auto fahren darf und Vater Helmut oft durch Schichtarbeit verhindert ist, erwirbt Mutter Irmgard noch den Führerschein, um Didi zu den Rennen zu fahren. Das geschieht sehr häufig. Und regelmäßig kehren sie mit Übergepäck zurück, mit Urkunden, Siegerschleifen, Kränzen und Pokalen. Erstaunlich, dass

Schriftsetzerlehrling Thurau so erfolgreich auf zwei Hochzeiten tanzen kann: Straße und Bahn!

Dieser Spagat gefällt Rudi Altig nicht. Der – zusammen mit Karl Ziegler – verantwortliche Straßentrainer des Bundes Deutscher Radfahrer nimmt den noch 18-jährigen Frankfurter 1973 nicht mit zur WM, obwohl er mit 19 Saisonsiegen der Erfolgreichste im Kader ist: »Er ist zu jung für beides; entweder folgt er meinem Programm, oder ...« Thurau entscheidet sich für »oder« und 1974 für erhöhte Bahnaktivitäten bei Gustav Kilian. Freigeist Didi schnappt den Spezialisten den Titel in der Einerverfolgung weg und wird mit Volker Sprenger auch Deutscher Meister im 2er-Mannschaftsfahren. Bei der Weltmeisterschaft in Montreal glänzt er im Bahnvierer: Goldmedaille! Mit ihm unter dem Regenbogen stehen Hans Lutz, Günther Schumacher und Peter Vonhof. Und Gustav Kilian denkt, das könnte sein Quartett für die Olympischen Spiele in zwei Jahren sein, ebenfalls in Montreal. Doch Thurau denkt mit seinen knapp 20 Lenzen nicht an mögliches olympisches Gold, sondern – wie später manchmal zu intensiv – ans Geldverdienen. Noch in Kanada macht ihm der Holländer Peter Post eine fast befehlende Offerte: »Nächstes Jahr fährst du bei mir als Profi!«

Der damals mit 65 Siegen noch regierende Sechstage-Kaiser und ehemalige Roubaix-Sieger bastelte gerade an seinem ersten Team »T.I.-Raleigh«. Es wurde von 1975 an das Team von Dietrich Thurau – für eine Jahresgage von 22 000 Deutschen Mark. Der Frankfurter hat ein eindrucksvolles Debüt. Geschickt geleitet von Peter Post und im Rennen begleitet von den Ratschlägen des erfahrenen Ferdinand Bracke, gewinnt der Neuling im ersten Jahr die Tour de l'Oise, wird als Sieger des GP Fourmies mit Champagner aufgewogen und behauptet sich in der Weltklasse als Sechster von Paris–Nizza. »Man weiß noch gar nicht, was alles in ihm steckt«, rätselt Veranstalter Leulliot. Sein belgischer Journalistenkollege Louis Clicteur ahnt da bei Lüttich–Bastogne–Lüttich schon mehr. Er schreibt nach Thuraus 20-Kilometer-Solo: »Ich habe 30 Minuten lang einen neuen Hugo Koblet gesehen.« Soll in Anlehnung an den Schweizer *Pédaleur de Charme* heißen, einen Rennfahrer voller Eleganz und Schönheit auf dem Rad; mit einem runden, geschmeidigen Tritt, der die Anstrengung nicht erkennen lässt, weil die Füße die Pedale »streicheln«. Das zweite Jahr bei Raleigh – mit Knetemann, Kuiper, Raas – verläuft ähnlich erfolgreich wie das erste: fünf Etappensiege und Gesamtvierter bei der Vuelta, so eindrucksvoll, dass Toursieger Luis Ocaña glaubt: »In zwei bis drei Jahren gibt es keinen, der diesen Deutschen in einer Rundfahrt schlagen kann.« In der Tour de Suisse allerdings will Thurau aufgeben, steigt an der 21-prozentigen Schlusssteigung am Schloss von Vaduz entnervt vom Rad. Auch der ZDF-Kamerafahrer Fips Rohr steigt vom Motorrad, aber nur, um Didi wieder aufs Rad zu beordern: »Weiterfahren, oben ist das Ziel, nicht unten!« Rohr vom berühmten RC Endspurt Mannheim war zwölf Jahre vor Thurau auch Weltmeister im Bahnvierer gewesen. Zwei Tage später gewinnt der Frankfurter die Etappe nach Chamonix.

Es gibt qualitativ bessere Fotos, doch es ist ein Dokument: Kurvenkünstler Thurau beim Prolog-Sieg 1977 in Fleurance.

Peter Post, Sechstage-Kaiser und Paris–Roubaix-Sieger, als Lenker von T.I.-Raleigh. Oben: Jean Legrand, Mechaniker-As und Artist.

Thuraus Traumjahr 1977 beginnt mit Triumph und Tränen. Acht Etappengewinne und der Gesamtsieg bei der Andalusienrundfahrt; Wut und Enttäuschung am Henninger Turm, weil ihm Mannschaftsgefährte Knetemann auf seiner Hausstrecke den Sieg wegschnappt. Doch all das ist spätestens am 30. Juni vergessen: An diesem heißen Donnerstag gewinnt Didi Thurau im südfranzösischen Fleurance nahe den Pyrenäen den Prolog und damit das erste Gelbe Trikot der 64. Tour de France. Eine Sensation. Oder auch nicht. Wie früher auf ein 4 000-Meter-Verfolgungsrennen hatte sich Thurau speziell für diese fünf Kilometer vorbereitet. Die entscheidende Zeit auf diesem »Rundkurs mit drei Ecken« holte er durch seine Steuerkunst heraus: vier Sekunden auf den Zweiten, Gerrie Knetemann – welch süße Revanche für Frankfurt –, und acht Sekunden auf Eddy Merckx als Drittem – welch Traumsieg über ein Idol! Und acht Jahre nach Rudi Altig (1969) wieder ein Deutscher im Gelben Trikot.

»Ich bin wahnsinnig vor Freude,« sagt der 22-Jährige zu den Journalisten, »bleibe aber auf dem Teppich. Wenn ich allerdings gut über die Pyrenäen komme, kann ich das

»Strahler '77«: Neuling Thurau erobert beim Prolog das Gelbe, das Grüne und das Weiße Trikot. Stolz auch Betreuer Jules de Wever.

Trikot vielleicht sogar bis nach Deutschland, bis nach Freiburg tragen.« Die ausländischen Kollegen erfahren alles über Didi: Größe 1,84 Meter; Gewicht 74 Kilogramm; Lungenkapazität 6,3 Liter; Ruhepuls 45 Schläge pro Minute. Nichts davon ist außergewöhnlich, verblüffend allein Thuraus Sieg. Tourdirektor Jacques Goddet gibt seinem *Éditorial*, dem Leitartikel mit Kultcharakter in L'Équipe, die Überschrift »Ein Thurau – beseelt vom Kampfgeist«. Der 72-Jährige, der so viele große Leistungen erlebt hat, zeigt sich beeindruckt: »…dieser Stil, dieses Temperament, dieser jugendliche Jubel … der junge Deutsche ist mit einem Riesenappetit über diese Tour hergefallen …«

Lob über sich liest am Tag danach auch, völlig perplex, Kollege Helmer Boelsen von der Frankfurter Rundschau. Robert Silva, die Stimme von Radio Tour, hatte in Frankreichs und der Welt angesehenster Sportzeitung geschrieben: »Schon vor fünf Jahren hat mir der deutsche Journalist Boelsen in Frankfurt einen Jungen vorgestellt und

gesagt, dieser Bursche hätte eine große Zukunft. Es war Thurau. Nun ist das bereits Gegenwart.« Meine Gegenwart damals im Gascogne-Städtchen Fleurance war trotz Riesenfreude über Thuraus Triumph etwas getrübt. Das ZDF hatte Tour-Berichte nur für die Seriensendungen vorgesehen, also am Freitag, Samstag und Sonntag. Ein Kamerateam war auch nicht bewilligt worden. Da habe ich Herbert Watterott von der ARD schon ein bisschen beneidet.

Kleines Trostpflaster: Als Didi mich während der Siegerzeremonie als »Fotograf« entdeckte, rief der Strahlemann vom Podest: »Das zweite Gelbe Trikot bekommst du!« Er hat Wort gehalten.

16 Tage im Gelben Trikot

Das Gelbe Trikot Dietrich Thuraus zu beschützen, stand für das Raleigh-Team außer Frage. Obwohl intern gemunkelt wurde, dass der Deutsche mit einem Wechsel nach Belgien zu Ijsboerke flirtete. Aber Peter Post, der Sportliche Leiter, ließ keine Zweifel aufkommen: Es war von Berufs wegen Pflicht der Karstens, Knetemann, Kuiper, Lubberding, für Didi zu fahren. Bei Bert Pronk ohnehin keine Frage. Thuraus Freund und Zimmergenosse galt als das Ideal eines Helfers, vergleichbar später mit Heppner oder Bölts für Ullrich. Pronk zerriss sich für den Frankfurter, dem

T.I.-Raleigh – »fliegende Holländer« mit klangvollen Namen wie Kuiper, Knetemann, Karstens, Lubberding und de Duitse Didi Thurau.

leider niemand sagte, dass sein oft gebrauchtes Wort vom »Domestiken« für diese Rolle etwas zu geringschätzig klang. Auch wenn es in des Wortes freier Übersetzung – nämlich Dienstbote – so falsch gar nicht ist.

Ohne langen Anlauf ging es 1977 bereits am dritten Tag ins Hochgebirge. Zu Recht hatte Thurau die Pyrenäen gefürchtet, denn auf der Fahrt von Auch nach Pau konnte er im Anstieg zum Tourmalet die Attacken von Thévenet und Van Impe – den eigentlichen Favoriten – nicht parieren und verlor bis zum Gipfel zweieinhalb Minuten. Zum Glück befand sich ein Eddy Merckx kurz hinter ihm und das Ziel war noch 120 Kilometer weit. Der 32-jährige Belgier, der die Hoffnung auf seinen sechsten Tour-de-France-Sieg noch nicht aufgegeben hatte, und der fast zehn Jahre jüngere deutsche Rivale wurden Bundesgenossen in einer gemeinsamen Aufholjagd. Nach 50 Kilometern, im Anstieg zum Aubisque, hatte das Duo die zwölf Führenden erreicht. Hennie Kuiper – Raleighs eigentlicher Kapitän und Gelb-Kandidat – der mit den Ausreißern mitgefahren war, erwies sich wie so oft als vorbildlicher Teamkollege und hatte großen Anteil daran, dass Thurau bei der Spurtankunft der vierzehn in Pau sogar noch die Etappe gewann.

Später im Pressesaal, bei der von Claude Sudres, dem Vater des heutigen Tour-Mediendirektors Phillippe, gelei-

Teamgeist: Raleighs Kapitän Hennie Kuiper (links), OLS '72 und WM '75, stellte zugunsten Thuraus lange Zeit seine Siegchancen hintenan.

teten Konferenz, spricht Thurau vom »schwersten Tag meiner Laufbahn ... der Tourmalet war schrecklich ... danke Eddy ... ein toller Kerl.« Danke, Didi, meinerseits! Konnte ich doch für Sport am Freitag nach Deutschland die Fortsetzung der Fahrt in Gelb überspielen. Innerhalb weniger Tage eroberte sich Thurau die Sympathien der Franzosen: Ein Modellathlet auf dem Rennrad; blendendes Aussehen, Freundlichkeit und höfliche Zurückhaltung, sein jungenhaftes Lachen – dieser blonde Deutsche schien für Frankreich und das Gelbe Trikot geschaffen zu sein. Nur nicht sein Name. Also rief man »Allez, Thü-Roh!« Was aus französischem Munde sehr eindrucksvoll klang. Natürlich auch – aber nicht so oft – das von den Deutschen bevorzugte »Didi«.

Eine Flut von Komplimenten und Superlativen ergoss sich über den Frankfurter nach der 5. Etappe in Bordeaux. Bei brütender Hitze hatte er die Konkurrenz im 30-Kilometer-Einzelzeitfahren nicht einfach nur besiegt, sondern ihr

... einen Besseren find'st du nicht: Bert Pronk, Thuraus bester Helfer und Zimmergenosse. Ging mit Didi durch Dick und Dünn.

eine Lektion erteilt. Er war 50 Sekunden schneller als Merckx, der ihm auf dem flachen Kurs am Parc des Expositions das Trikot hatte abnehmen wollen. Über eine Minute besser als Thévenet, Kuiper; fast zwei gegenüber Ocaña und Zoetemelk. Es war die Galavorstellung Dietrich Thuraus in der Tour de France und eines der bestechendsten Zeitfahren in der Geschichte dieser Rundfahrt. Eddy Merckx applaudierte: »Chapeau – ich ziehe den Hut. Was für ein Punch, welche Klasse! Thurau hat auch die Fähigkeit, meinen Stunden-Weltrekord zu brechen. Er ist der Begabteste und lernt auf der Straße, dafür zu leiden. Im Übrigen bin ich ganz froh, dass er auf den kommenden Etappen die Last des Gelben Trikots zu tragen hat.« Bordeaux's Tour-de-France-Sieger von 1937 Roger Lapébie ist am Abend, als sich die Tour-Clique traditionell in seinem »Chez Lapébie« trifft, sogar »bereit, alle Wetten einzugehen, dass Thurau die Tour '77 gewinnt. Und zwar im Lehnstuhl.« Kühn auf andere Art ist die regionale Großzeitung Sud-Ouest. Dreispaltig steht auf ihrer Titelseite vom 6. Juli 1977 »Thurau über alles«. Deutsch geschrieben. Andererseits musste auch der Leser in Deutschland kein Wörterbuch bemühen, um die Schlagzeile von L'Équipe zu verstehen: »Thurau Nouveau Rouleur de Charme«. Chefredakteur Goddet erhebt ihn zum »Gott einer neuen Rennfahrergeneration, strahlend in der Pose des Eroberers.« Und in Deutschland verbreitet sich das »Gelbfieber«. Die Zeitungen erwachen, lassen ihre Redakteure nachträglich akkreditieren. Aus dem schreibenden Trio Helmer Boelsen (Frankfurter Rundschau), Hartmut Scherzer (Frankfurter Nachtausgabe) und Ulfert Schröter (Düsseldorfer Mittag) wird ein Dutzend. Auch die Illustrierten wittern Stern-Stunden. Exklusivität wird erkauft. Mein Kollege Christian Posselt und ich warten »mit gebundenen Händen« nervös auf das von der Zentrale zugesagte Kamerateam. Drei elektronische Berichte am Wochenende, übernommen vom französischen Fernsehen und daher ohne speziellen Thurau-Akzent, das genügt uns nicht. Deshalb Jubel, als am Ruhetag in Bordeaux überraschend ZDF-Kameramann Kurt Berger vor dem Hotel von Raleigh aufkreuzt. Er dreht eine Geschichte

5. Etappe, 30 km-Zeitfahren in Bordeaux. Thurau fährt bestechend, besiegt den Favoriten Merckx (unten links) und Eddy sagt: »Chapeau!«

rund um den Wein ... Keine Frage, dass er, einer der Enga-
giertesten und Besten in den damals rund 70 Filmcrews
unseres Senders, sofort »ansprang«. Didi hatte gerade
die kleine Pressekonferenz auf seinem Zimmer – heute
undenkbar – beendet, spielte aber nochmal mit, ließ sich
interviewen und putzte sogar seine Schuhe. Das war keine
inszenierte Fernsehnummer, denn Thurau war tatsächlich
ein Ordnungs- und Sauberkeitsfanatiker. Ob daheim im
Fahrradkeller, ob im Hotelzimmer oder Reisekoffer: alles
picobello und – was bei Rennfahrern selten ist – immer
aufgeräumt. Seine ganz besondere Sorgfalt galt den
Rennschuhen und der Frisur – beide mussten glänzen. Erst
dann ging es zum Start.

Etwas im Schatten steht während Thuraus tollen Tagen
ein anderer deutscher Tour-Neuling, Klaus-Peter Thaler.
Der Siegerländer im spanischen Teka-Team ist bei fast
jeder Spurtankunft unter den Besten, wird Zweiter, Fünfter, Sechster. Doch in die Schlagzeilen sprintet der vielseitige Querfeldein-Weltmeister erst am neunten Tag mit
einem Etappensieg in Rennes, wo er die Creme der
Schnellsten hinter sich lässt: Sercu, Van Linden, Karstens,
Esclassan.

Via Luftbrücke – man fliegt von Charleroi nach Mülhausen – werden die »Thurau-Festspiele 1977« in Deutschland
fortgesetzt. Etappenstadt ist wie schon 1964 (damals mit
Rudi Altig im Gelben Trikot) und 1971 (Merckx) Freiburg.
Ganz Radsport-Deutschland war in die Breisgaumetro-
pole geströmt, um »Didi – beinahe so groß wie Eddy« zu
feiern. Das begann bereits am für Thurau ruhelosen
Ruhetag vor dem Hotel. Setzte sich fort beim großen
Unterhaltungs-»Spectacle du Tour« auf dem Freiburger
Messeplatz. Erreichte seinen Höhepunkt am Vormittag
des 14. Juli. Es schien, als hätten die Franzosen ihren Nationalfeiertag nach Deutschland zu dieser 13. Etappe verlegt.
Das Feuerwerk gleich mit. Denn nicht viel länger als
ein *feu d'artifice* dauerte in Freiburg das Rennen – ganze
56 Minuten. Eine Unverschämtheit selbst für eine Halbetappe. Félix Lévitan hatte die Distanz von vorgesehenen
70 Kilometern kurzfristig auf 46 gekürzt.

Gleichwohl, das Gastspiel für 110 000 Mark, viermal elfeinhalb Kilometer, begeisterte 80 000 Zuschauer. Wer schnell
genug schauen konnte, sah nach einem Kaisersprint in der

*16 Tage in Gelb – 16 Tage im Brennpunkt der Medien. Thu-
rau – abgekämpft – auch bei Herbert Watterott am Mikro.*

*Thurau und Bernard Thévenet. Hier haben beide herzlich zu
lachen. Am Ende jubelte allein der Franzose: Toursieg Nr. 2!*

*Gestatten, Klaus-Peter Thaler! Tour-Neuling bei Teka. Sprin-
ter. Verantwortlich für den einzigen Außer-Thurau-Etap-
pensieg in Rennes.*

Jubel um Didi beim Tour-Gastspiel in Freiburg. Doch seine Pläne wurden von zwei Belgiern durchkreuzt: Etappensieger Patrick Sercu links vor Rik Van Linden. Des Volkes Liebling Thurau »nur« Dritter.

Eschholzstraße die Belgier Patrick Sercu und Rik Van Linden um Reifenstärke vor dem deutschen »Radprinzen« siegen. Danach brachen alle Dämme ... Menschenmassen schienen die Rennfahrer zu erdrücken ... minutenlang die tausendfachen Ovationen für den Mann in Gelb auf dem Podest. »Freiburg war für mich eines der schönsten Erlebnisse meiner Laufbahn« blickt Thurau im Jahre 2003 auf damals zurück. Und nur ein einziges Mal, erinnert sich der Autor, hat er den Frankfurter so bewegt gesehen wie im Juli 1977 – mit ein paar Freudentränen.

Die Tränen der Enttäuschung – wenn er sie denn hatte – zeigte Thurau niemandem, als er drei Tage nach Freiburg das Gelbe Trikot verlor. Im Einzelzeitfahren von Morzine auf die Höhe von Avoriaz – 14 Kilometer mit einer durchschnittlichen Steigung von 6,8 Prozent – schien Thurau Blei in den Schuhen zu haben. Ein viel zu dicker Gang raubte ihm die Kraft. Er verlor auf die Besten, den später distanzierten Zoetemelk, Van Impe und Thévenet, fast zwei Minuten. Auch Teamgefährte Hennie Kuiper holte eine Minute zurück. 16 herrliche Tage in Gelb waren zu Ende; mit nur elf Sekunden Rückstand zum neuen Spitzenreiter Thévenet die Tour aber noch nicht verloren.

Rückblickend sieht der Frankfurter die Ursachen für seine unerwartete Schwäche in Morzine heute einsichtiger und klarer als 1977. »Ich habe den Riesenfehler begangen, nach der ersten schweren Halbetappe am Vormittag noch die Zeitfahrstrecke abzufahren, und das auch noch viel zu schnell.«

Deprimiert verließ Thurau damals den Zielraum; zusätzlich enttäuscht, dass das französische Fernsehen ihn erstmals ausgeladen hatte, an der fast täglichen Podiumsdiskussion nach dem Rennen teilzunehmen. Die Macht der Gewohnheit hatte Didi auch nach seiner Entthronung dort erscheinen lassen ... Für diese »journalistische Grausamkeit« hat Frankreichs Starmoderator Léon Zitrone, eine Ikone seiner Zeit, den Deutschen in einem offenen Brief via Zeitung um Verständnis gebeten: »Didi Thurau, pardon ...« Ohne Pardon ging Thurau dafür mit seinen Konkurrenten um. Am Tag nach Morzine schlug er, blendend erholt, zurück und gewann die zweite Alpenetappe nach Chamonix. Sein vierter Tagessieg! Mit nur elf Sekunden Rückstand blieb er Thévenet dicht auf den Fersen. Dritter jetzt Van Impe (33 Sekunden zurück), der Merckx abgelöst hatte. »So etwas kann nur ein Fahrer mit

Drei Tage nach Freiburg, beim Bergzeitfahren nach Avoriaz. Blei in den Schuhen. Der Frankfurter verliert das Gelbe Trikot.

echter Klasse«, zeigte sich Jacques Anquetil vom scheinbar unverbrauchten jungen Deutschen beeindruckt und
prophezeite am Fuße des Montblanc, »wenn Thurau morgen in Alpe d'Huez nicht mehr als zwei Minuten preis-
geben muss, ist es fast sicher, dass er die Tour aufgrund
seiner Überlegenheit im Zeitfahren noch gewinnen
kann.«

Statt zwei Minuten wurden es zwölfeinhalb. »Der Todes-
flug des Erzengels« (Jacques Goddet) begann etwa 80
Kilometer vor dem Ziel, als Thurau im gefürchteten
Anstieg zum Glandon das Tempo einer kleinen Spitzen-
gruppe nicht mehr halten kann. Van Impe »überfliegt«
den 1 924 Meter hohen Pass als Erster. Thévenet, Kuiper,
Zoetemelk und der Spanier Galdos folgen mit 1'30" Rückstand. Thurau aber quält sich, mit dem treuen Helfer Bert
Pronk an der Seite, erst nach fünf Minuten über den
Gipfel und gar zehn Minuten später der kränkelnde Eddy
Merckx. Nach der Abfahrt, im Tal de la Romanche, wo
Thurau noch einmal seine Rollerqualitäten auszuspielen
hofft, bremst den Verfolger ein unbarmherziger Gegen-
wind. Der steile Weg zur »Festung« Alpe d'Huez zwingt
ihn endgültig in die Knie.

Erstürmt aber wird der so genannte Berg der Holländer
zuerst von Hennie Kuiper. Raleighs Kapitän hatte nach
Thuraus Schwäche keine Rücksicht mehr auf den Teamgefährten nehmen müssen. Er profitierte ein bisschen –

*Nach 16 Tagen in Gelb musste Thurau das Trikot der Trikots
ausziehen. Er trug fortan das Weiße des besten Jung-Profis.*

*Nobel: Léon Zitrone, eine französische Institution, Kom-
mentator bei Staatsbesuchen, sieht Grund, sich bei Thurau
zu entschuldigen.*

aber nicht entscheidend – sowohl vom Pech des lange an
der Spitze liegenden Van Impe, der durch einen Begleitwagen vom Rad gestoßen wurde, als auch von der langen
Führungsarbeit Bernard Thévenets, der Angst um sein
Gelbes Trikot gehabt hatte. Der Franzose behielt es, hatte
aber nun nicht mehr Dietrich Thurau, sondern – nur acht
Sekunden zurück – Hennie Kuiper im Nacken, den Holländer, zu dessen Etappensieg Jaap Reutens, der niederländische Pfarrer von Alpe d'Huez die Glocken der Bergkirche
von Notre Dame des Neiges läutete. »Alle waren gegen
mich. Keiner außer Pronk hat mir geholfen!«, klagte Didi
Thurau, nachdem er, kurz vor dem Ziel in einer Kurve noch
gestürzt, mit zwölfeinhalb Minuten Rückstand angekommen war. Total erschöpft, zerschunden und so enttäuscht, dass er nicht einmal mehr der Protokollpflicht
genügte, um als nach wie vor bester Jungprofi – und trotz
allem noch Sechster der Gesamtwertung – auf dem
Podium ein neues Weißes Trikot in Empfang zu nehmen.

Hennie Kuiper mit dem Murmeltier, Wahrzeichen von Alpe d'Huez und 2003 Ehrengeschenk für die alten Sieger. Zu ihnen gehörte der Holländer zweimal. So 1977, als Thurau schwach wurde ...

... und er grünes Licht bekam. Zu spät für den Raleigh-Kapitän. Es läuteten für Hennie Kuiper zwar die Glocken von Notre Dame des Neiges, doch die (Tour-)Messe war bereits gelesen ...

Die Pyrenäen gemeistert, in den Alpen am dritten Tag gescheitert – die Beurteilungen Thuraus als Bergfahrer waren unterschiedlich. Endgültig konnten sie auch nicht sein. Auf Etappen wie nach Alpe d'Huez haben auch schon andere Große ein Waterloo erlebt. Thurau kam als Youngster, als Anfänger, hatte mehr als zwei Wochen ein schönes Trikot getragen, zugleich aber auch eine verpflichtende Last. Diese zwölf Minuten schienen vielen Fachleuten weniger ein Einbruch, als vielmehr die normale Reaktion eines blutjungen Fahrers gewesen zu sein. Nicht zu vergessen: Für dessen Gelbes Trikot Hennie Kuiper, Olympiasieger und Weltmeister bereits, zudem in der Form seines Lebens, sich zwei Wochen lang hatte zurückhalten müssen.

Deine Zeit kommt noch, blonder Engel – so ähnlich könnte Direktor Goddet Dietrich Thurau über die verlorene Tour getröstet haben.

Voller Eleganz, aber zu oft auf den Sechstage-Bahnen. Thurau hier mit dem Weltmeister Urs Freuler, Schweiz.

Thuraus Vorbild Eddy Merckx, seit Freiburg geplagt von Magen-Darm-Problemen, büßte sogar 14 Minuten und gleichfalls alle Illusionen, nicht aber seinen Kampfgeist ein. 30 andere Fahrer erreichten Alpe d'Huez erst eine Stunde nach dem Sieger Kuiper. Sechs Minuten zu viel, um im Rennen zu bleiben. Man hatte im *Gruppetto* nicht mit der Strenge von Monsieur Lévitan gerechnet. Also musste sogar der Mann in Grün, Patrick Sercu, die Koffer packen, und leider auch Klaus-Peter Thaler. Die Etappen vor Paris waren geprägt vom Duell zwischen Thévenet und Kuiper, aber auch vom sich aufbäumenden Eddy Merckx, der am jungen Rivalen Thurau noch vorbei wollte. Beim 50-Kilometer-Zeitfahren von Dijon fiel die Entscheidung. Sieger Thévenet war 28 Sekunden besser als der Holländer, und Didi Thurau – als Zweiter – 40 Sekunden schneller als sein belgisches Idol.

Die großartige Leistung des Frankfurters, der in Deutschland eine Welle der Begeisterung und einen Rad- sportboom ausgelöst hatte, fand am Vorabend des Finales in Paris eine außergewöhnliche Würdigung: Das ZDF sendete Das Aktuelle Sport-

studio live aus der französischen Hauptstadt. In der Kulisse eines landestypischen Sommergartens – aufgebaut im Sofitel, dem Hotel aller Mannschaften – präsentierte Hanns-Joachim Friedrichs die Protagonisten der Tour '77. Zuvor und noch während der großen Fahrradshow gab es zum Teil Schwerarbeit hinter den Kulissen, denn nicht alle Trikotgewinner waren davon angetan, abends zwischen zehn und elf noch einmal im grellen Scheinwerferlicht aufzutreten. Aber selbst der »positive« Joop Zoetemelk ließ sich überreden. »Joop, Sie werden fair behandelt«, versicherte ich ihm, »und es ist die Chance, vor einem Millionenpublikum ihre Situation zu erklären.« Auch Tour-Direktor Jacques Goddet erzählte noch einmal, weshalb der »blonde Engel« Thurau ihn und die Radwelt so begeistert hatte und dass er in ihm einen künftigen Sieger sehe. Didi bedankte sich für die Komplimente auf seine Art und gewann am Schlusstag das 6-Kilometer-Zeitfahren auf den Champs-Élysées. Eine halbe Million Franzosen feierte am Prachtboulevard nicht nur »ihren« Sieger Bernard Thévenet, sondern auch den sympathischsten Fahrer der Tour, Dietrich Thurau. Mit seinem fünften Gesamtplatz (14 Sekunden vor Merckx), fünf Etappensiegen und 16 Tagen im Gelben Trikot hatte der 22-Jährige eine Lanze für den deutschen Radsport gebrochen, und – so der damalige Bürgermeister von Paris Jacques Chirac – »für die deutsch-französische Freundschaft so viel getan wie kein Deutscher seit Konrad Adenauer«.

Fortsetzung folgt – nicht

Und hier erreicht der glanzvollste Teil des Kapitels Thurau bereits sein Ende, denn der Frankfurter hat nie wieder das Niveau von 1977 erreicht. Fünfmal kehrte er in die Frankreichrundfahrt zurück, nur einmal noch – 1979 als Zehnter – erreichte er Paris. »Das Gelbe Trikot kann junge Fahrer total verändern.«

Nur noch einmal fuhr Thurau nach 1977 die Tour zu Ende, 1979 als Zehnter. Dann spielte er keine Rolle mehr …

Thurau mit den Söhnen Björn (links) und Lars in der Tour 2003: »Große Talente, die nicht die Fehler des Vaters machen sollen.«

Dieser Satz des fünfmaligen Tour-Gewinners Anquetil, gesprochen in Fleurance, hat seine – so gar nicht gemeinte – negative Bestätigung gefunden. Thurau folgte nach dem Triumph dem Lockruf des Geldes. Er beging den Riesenfehler, Raleigh zu verlassen. Peter Post hätte ihn zum Tour-Sieg geführt. Es fehlte dem Frankfurter auch ein professioneller Berater, wie ihn beispielsweise Merckx in seinem Freund Van Buggenhout hatte.

Didi steuerte sein Schiff selbst. Es schlingerte durch acht verschiedene Rennställe, denen der Straßenrennfahrer

Thurau im Sommer fast immer zu wenig bot, weil er im Winter zu viel auf der Bahn getan hatte. Die Sechstagerennen brachten dem Frankfurter viel Geld. Doch sie verhinderten die glanzvolle Karriere als Straßenfahrer. Nur hin und wieder setzte er – Sternschnuppen gleich – ein Glanzlicht, triumphierte solo bei Lüttich–Bastogne–Lüttich, wurde Zweiter der WM oder Fünfter eines Giro, bei dem er besser schien als sein siegreicher Kapitän Saronni ... Didi Thuraus sportliche Berg- und Talfahrt war auch von Kollisionen im menschlichen und medizinischen Bereich begleitet. Und es schmerzte, von Frankreichs großem Radexperten Pierre Chany lesen zu müssen, »Thurau hat den Grand Prix des Nations wohl mit dem Sechstagerennen von Münster verwechselt«.

Schade, dass der Frankfurter den Radsport-Himmel nicht erreicht hat. Vielleicht hätte es dann geheißen, »Jan Ullrich – ein zweiter Didi Thurau«.

---

64. Tour de France 1977

Startort Fleurance – 4 096 Kilometer – 22 Etappen – 10 Mannschaften – 100 Fahrer – 51 am Ziel

1. B. Thévenet (Peugeot) 115 h 38'30",
   Durchschnitt 35,393 km/h
2. H. Kuiper (T.I.-Raleigh) 48 Sekunden zurück
3. L. Van Impe (Lejeune) 3'32"
4. F. Galdos (KAS) 7'45"
5. D. Thurau (T.I.-Raleigh) 12'24"
6. E. Merckx (Fiat) 12'38"
7. M. Laurent (Peugeot), 17'42"
8. J. Zoetemelk (Miko-Mercier) 19'22"
   (davon 10 Minuten, weil positiv getestet) ...
48. W. Singer (Bianchi) ...
51. und Letzter: G. Karstens (T.I.-Raleigh) 2 h 23'47" zurück

Ausgeschl. u.a. F. Bracke (Lejeune), P. Sercu (Fiat), K.-P. Thaler (Teka) alle 17. Etappe wegen Zeitüberschreitung

Grünes Trikot: J. Esclassan (Peugeot)
Bergkönig: L. Van Impe (Lejeune)
Weißes Trikot (bester Jungprofi): D. Thurau

Jan Ullrich:
Der Sieger von der Waterkant

Er ist – komme in den nächsten Jahren, was da wolle – Deutschlands erfolgreichster Radrennfahrer: Jan Ullrich, 1997 erster und bis heute einziger deutscher Tour-de-France-Sieger. Fünfmal stand er in Paris außerdem als Zweiter auf dem Podest. Von Sydney 2000 kehrte er mit olympischem Gold und Silber zurück; im Goldtrikot auch von der Spanienrundfahrt 1999. Dreimal schließlich feierten ihn die Radsportler der Nation im Regenbogenjersey des Weltmeisters – 1993, 1999 und 2001. Doch welche Stadt, welcher Ort in Deutschland hat die »Urheberrechte« am Radsportler Jan Ullrich? Es sind deren gleich vier, die sich dieses Privileg teilen: Rostock, Berlin, Hamburg und Merdingen, die vier wesentlichen Stationen seiner Karriere.

Rostock, so könnte man sagen, war die »Empfehlung«. Hier, in der alten Hansestadt Mecklenburgs, wurde Ullrich am 2. Dezember 1973 geboren. Hier ging er zur Schule, hier fiel der sommersprossige Rotschopf im Dezember 1982 dem Übungsleiter der Sektion Radsport bei der SG Dynamo Rostock-West auf – als Sieger eines Cross-Laufes. Dieser Trainer mit Kennerblick, Peter Sager, lockte den Neunjährigen mit einem Rennrad in seine kleine Polizei-Sportgemeinschaft.

Nur ein paar Monate später gewann der Überläufer in Warnemünde, direkt an der Ostsee, sein erstes Schüler-Rennen. Sager baute den »Lütten« (*lütt* = norddeutsch für klein) behutsam auf. Auch Querfeldeinwettbewerbe gehörten dazu. Jung-Jan wird Kreis-Spartakiadesieger vor seinem Kumpel André Korff und gewinnt mit ihm und zwei anderen Rostocker Dynamos 1986 auf dem Rad-

94 Jahre nach Gründung der Tour de France feiert Deutschland 1997 seinen ersten Sieger, Jan Ullrich aus der Hafenstadt Rostock.

Mit elfeinhalb die erste Goldmedaille. Der Junge Pionier Jan gewinnt sie 1985 bei der Kreis-Spartakiade Rostock im Rad-Mehrkampf. Zwei Jahre später wird der Steppke nach Ost-Berlin delegiert. Auch im Querfeldein ein Talent.

Rekordkurs von Forst/Lausitz in der Klasse der 14-Jährigen die Mannschaftsmeisterschaft der Polizei-Sportvereinigung. Trainer Sager weiß, die nächste Entwicklungsstufe für sein Talent heißt KJS, Kinder- und Jugendsportschule. Im Radsport bedeutet das die KJS Werner Seelenbinder in Berlin, die Nachwuchsschmiede des SC Dynamo. Jan Ullrich wird – wie es im damaligen Jargon hieß – von Schule und Sportverein dorthin delegiert. Diese zweite Station Ullrichs steht unter dem Motto »die harte Schule«. Im Jungen aus Rostock (1,64 Meter/54 Kilo) erkennt Trainer Peter Becker das große Talent.

Allerdings wird nach bewährtem Testsystem auch festgestellt: Ullrichs biologisches Alter ist fast ein Jahr jünger als das kalendarische. Soll heißen: Er ist zwar 14 Jahre alt, die Entwicklung seines Körpers aber erst gute 13. Also geht Hauptmann Becker, raue Schale – weicher Kern, mit dem »Fischkopp« (scherzhafte Bezeichnung für einen Küstenbewohner) besonders sorgfältig um. Das Programm vor und nach der Schule ist lang und vielseitig: Grundlagenausdauertraining auf der Straße, der Bahn und im Gelände. Kraft durch Turnen, Laufen, Schwimmen, Boxen. Beweglichkeit und Kollektivverhalten bei Fußball, Volleyball, Basketball. Im Winter geht es ins Skilager: Alpin, Langlaufen, Mutsprünge von der »Pionier«-Schanze. Alles

zusammen ein hartes Brot für die Internatsschüler, die ihren Vorbildern Täve Schur oder Olaf Ludwig nacheifern möchten, die aber gelegentlich auch Heimweh nach Muttern haben, das dann ab und zu durch einen selbst gebackenen Kuchen von der Ehefrau des Trainers vertrieben wird. Auch einen Fernsehraum gibt es in der Sportschule. Dort West-Fernsehen zu gucken, ist allerdings verboten. Doch wenn abends die Zusammenfassungen von der Tour de France laufen, finden Ullrich, Korff und andere fast immer den Schlüssel oder irgendwie einen Weg in das verschlossene Zimmer.

Der sportliche Weg ging geradeaus und schnell nach oben. »Ulli« – so nannten sie Jan Ullrich damals – wird 1988 zum ersten Mal DDR-Meister, ein Jahr nach der Aufnahme in die KJS in Pirna an der Elbe Meister B-Jugend Straße für den SC Dynamo Berlin. 1989, ein Beweis der Vielseitigkeit, folgt der DDR-Jugendmeistertitel im Punktefahren, den sich zwölf Monate zuvor KJS-Kollege André Korff erkämpft hatte. Eine Goldmedaille gewinnt 1989 übrigens auch der Winzerort Merdingen – im Bundeswettbewerb »Unser Dorf soll schöner werden« ...

Im schulischen Wettbewerb besteht Jan Ullrich an der KJS Werner Seelenbinder mit Stolz die Prüfung der Mittleren Reife. Die entscheidende Prüfung, sprich: das Finale im Punktefahren bei der Junioren-WM 1990 im englischen Middlesborough, geht allerdings etwas daneben: ein Teamkollege vergisst vor der Schlusswertung die taktische Order ... immerhin, Jan wird Vierter. Mit Sechzehneinhalb!

Im Oktober 1990 kommt die Wiedervereinigung. Sie gibt dem Vielseitigen die Möglichkeit, sein Talent international nun auch im Querfeldein zu zeigen, jener Disziplin, die in der Ostrepublik – weil nicht olympisch – ein Mauerblümchendasein gefristet hatte. Platz fünf bei der Cross-WM 1991 in Holland – ein toller Einstand im gesamtdeutschen Juniorenteam, zu dem er auch bei der Straßen-WM in Colorado gehört. Rang 28 dort fällt unter die Rubrik Lehrzeit.

Ullrichs Meisterprüfung wird von 1992 an in Hamburg vorbereitet. Wolfgang Strohband, Autokaufmann und Radfan, hat Peter Becker für die RG Hamburg verpflichtet. Der Trainer nimmt natürlich seine Jungs aus Berlin mit.

Oslo 1993: Der frischgebackene Amateur-Weltmeister Jan Ullrich und ich warten auf das Signal der ZDF-Zentrale zum Interview.

Auch Korff, auch Ullrich, für den Hamburg, dritte Station seiner Laufbahn, die »erste Krönung« bringt. Innerhalb von 18 Monaten steigt Ullrich – dank idealer Bedingungen wie Wohn- und Trainingsgemeinschaft, dank Peter Becker und Bundestrainer Peter Weibel – von der C-Klasse der Amateure auf bis zu ihrem Gipfelkreuz. Ullrich erreicht es am 28. August 1993 in Oslo. Als stärkster einer Fünfergruppe überrumpelt er bei der WM in Norwegens Hauptstadt die Gegner mit Instinkt und Klasse und wird Weltmeister! Noch 19-jährig ist er der jüngste Regenbogentrikot-Gewinner aller Zeiten.

Ein historischer Augenblick auch für den Autor – unser erstes Fernsehinterview. Ullrich ganz jugendliche Freude, ganz mecklenburgische Zurückhaltung. »Jetzt Profi? Darüber hab' ich noch gar nicht nachgedacht. Woll'n mal sehen ...« Umso intensiver überlegt und fragt Wolfgang Strohband. Ullrichs Mentor will in einem längeren Telefonat auch die Meinung des Reporters hören. Die liegt –

ohne jede Abstimmung – voll und ganz auf der Linie der erfahrenen Rudi Altig und Walter Godefroot, die Strohband empfehlen: »Lass ihn ja noch ein Jahr bei den Amateuren.« Ullrich, inzwischen 1,83 Meter groß und mit einem Renngewicht von 72/73 Kilo, sollte noch zwölf Monate reifen. So geschah es.

Das »Jahrhunderttalent« (Zitat Peter Becker), dessen Vorbild Miguel Indurain ist, gewinnt 1994, also ein Jahr nach dem Triumph von Oslo, im heißen sizilianischen Catania die WM-Bronzemedaille im Zeitfahren. Der Noch-Amateur, inzwischen an Walter Godefroot und das Team Telekom versprochen, muss sich nur den Profi-Spezialisten Chris Boardman und Andrea Chiurato (Italien) beugen, lässt dafür so Prominente wie Erik Breukink und Abraham Olano hinter sich. Im Herbst '94 dann, nach dem Gewinn der Rad-Bundesliga und der begehrten Brügelmann-Wertung, erfolgt der Abschied von den Amateuren. Der Vertrag mit Telekom wird offiziell; vollzogen auch der Umzug zu Freund Dirk Baldinger ins südbadische Merdingen. Die Gründe sind – des idealen Trainingsgeländes wegen mit dem nahen Schwarzwald – zunächst rein sportlich. Aber bald geht der junge Mann von der Waterkant im Weindorf am Tuniberg auch privat vor Anker. Anlässlich Baldingers Deutscher Meisterschaftsfeier lernt Jan Ullrich mit der Merdingerin Gaby Weis seine Partnerin fürs Leben kennen.

Merdingen ist Ullrichs vierte große Station. Diese Jahre zwischen 1995 und 2002 werden die Zeit der sportlichen Vervollkommnung und der größten Erfolge, aber auch einiger Verirrungen.

Das erste Profijahr ist für den 21-jährigen Neuling ein Studienjahr. Großzügig gestattet ihm Godefroot im Februar sogar ein dreiwöchiges Trainingslager mit Peter Weibel und der Amateur-Nationalmannschaft in Mexiko. Erst danach rollt Ullrich an der Seite der Aldag, Bölts, Dietz, Henn, Heppner, Hundertmark, Kummer, Raab, Wesemann und Zabel. Sein Debüt als Berufsfahrer bei der Katalanischen Woche im März 1995 geht leise über die Bühne, noch ohne großen Medienrummel. Ullrich fängt in der Hierarchie ganz unten an, ist bescheiden; schaut und lernt. Die Tour de Suisse (21.) und die Burgosrundfahrt (12.) sind weitere Stationen des ersten Jahres, in dem er sich von seinem Trainer und Freund Peter Becker abnabelt und das ihm Anfang September mit der Vuelta auch noch die erste große Rundfahrt beschert. Allerdings erspart das erfahrene Tandem Godefroot/Pevenage seinem Roh-diamanten die vielleicht zu schwere letzte Woche. Man ist mit dem jungen Rennfahrer, dessen Potenzial so vielsei-tig und vielversprechend ist, sehr zufrieden. Doch schon zur Tour de France? »Vielleicht in zwei, drei Jahren«, hält Godefroot den Ball bewusst sehr flach.

Im folgenden Winter finden Jan Ullrich und Peter Becker wieder zusammen. Die belgische Teamleitung schreit da-rüber zwar nicht hurra; aber im gemeinsamen Interesse arbeitet man zusammen. Becker schreibt wie früher die Trainingspläne. Höhere Gewalt wirft den Südbadener aus Rostock im Frühjahr 1996 weit zurück: eine hartnäckige

Neuschnee am 8. Juli '96. Die Überquerung von Iseran (2 770 m) und Galibier (2 361 m) fand im Auto statt. Eine Königsetappe wurde sehr kurz.

Bronchitis, drei Wochen Trainingsausfall, fehlende Renn-praxis – Ullrichs Traum, vielleicht schon an der Tour de France teilnehmen zu können, scheint zu platzen. Doch mit seiner von Tag zu Tag besser werdenden Form in der Tour de Suisse (19.) und einem zweiten Platz in der Deut-schen Meisterschaft hinter Christian Henn kann er Teamchef Godefroot überzeugen. Auch Telekoms »medi-zinische Abteilung« in Freiburg mit Dr. Andreas Schmid und Dr. Lothar Heinrich bestätigt beste Werte. Also beginnt am 29. Juni 1996 im niederländischen s'Herto-genbosch Jan Ullrichs Tour-de-France-Karriere.

Die Aufgaben des Neulings für die 21-Etappen-Fahrt über 3 900 Kilometer sind klar definiert: Auf den Flachetappen soll er Erik Zabel beim Kampf um das Grüne Trikot helfen; in den Bergen ganz zu Diensten Bjarne Riis' stehen. Nach einem dritten Platz 1995 möchte der Adler von Herning in seiner siebten Frankreichrundfahrt endlich das Gelbe Tri-kot nach Dänemark mitnehmen. Riis ist ein Favorit. Aber das sind auch Indurain, der die Krone zum sechsten Mal gewinnen will, Zülle oder Tony Rominger, Berzin, Jalabert. Jan Ullrich ist beeindruckt vom Feld der 200 Fahrer, in dem man ständig auf der Hut sein muss; beeindruckt davon, dass jede Etappe hart wie ein Klassiker gefahren wird, und dass man so schnell stürzen und ausscheiden kann wie Mario Kummer gleich am ersten Tag mit einem Schlüssel-beinbruch. Jens Heppner, schon mit allen Tour-Wassern

Bjarne Riis beim Gipfelsturm nach Sestrières und in das Gelbe Trikot. Der Däne nützt eine 46 km-Etappe zum großen Coup, die Führung zu übernehmen.

gewaschen, gibt als ständiger Zimmergenosse viele gute Ratschläge und »liest« mit dem Novizen jeden Abend im Streckenbuch den kommenden Tagesabschnitt. Die praktischen Erfahrungen muss Jan selbst machen. Manche schmecken bitter, wie beispielsweise die Vorbereitung der Sprintankunft der dritten Etappe in Wasquehal, als er, guten Willens, das Tempo so früh und ungestüm forciert, dass der »Telekom-Zug« auseinander reißt und nicht Erik Zabel, sondern dessen Erzrivale Mario Cipollini gewinnt. Den Tag darauf »untersagt« Zabel dem noch Unerfahrenen die Mitarbeit im Präzisionsfinale. Und es klappt mit dem Sieg.

Viel Lehrgeld dieser Art musste Jan Ullrich nicht zahlen; sehr schnell avancierte er – ohne die Verdienste eines Udo Bölts schmälern zu wollen – zu Bjarne Riis stärkstem Helfer. Und fuhr dabei, in respektvollem Abstand zu seinem Kapitän, selbst mit nach vorn. Der rotblonde Deutsche imponierte mit seiner unglaublichen Kraft, die er aus der Hüfte auf die Pedale übertrug; mit Eleganz selbst bei hohen Gängen; mit scheinbarer Mühelosigkeit in den Bergen, die er, so gut wie nie aus dem Sattel gehend, fast immer im Sitzen bezwang. Acht Etappen waren zurückgelegt, und Jewgeni Berzin, der ehemalige Teamgefährte von Riis, trug dank seines Sieges im Bergzeitfahren nach Val-d'Isère das Gelbe Trikot mit 43 Sekunden Vorsprung auf Bjarne Riis. Olano war Dritter, Rominger Vierter und Jan Ullrich mit 1'37" Rückstand imponierender Fünfter.

»Ich bin stolz auf mein kleines Dänemark!« sagte Riis nach seinem Sieg. Und das kleine Land war stolz auf seinen großen Rennfahrer.

Telekoms Kapitän unmittelbar nach seiner Einkleidung in Gelb. Bjarne muss noch realisieren, dass er den Gipfel erreicht hat.

Es stand die Königsetappe an, von Val-d'Isère nach Sestrières. Doch weder Col de l'Iseran (2 770 Meter) noch der Col du Galibier (2 640 Meter) waren passierbar. Neuschnee und Eiseskälte mitten im Hochsommer. Die Alpen trotzten der Tour.

Im warmen Mannschaftswagen überquerten die Fahrer die Gipfel, hinter Schneepflügen und Streukommandos, vorbei an vielen tausend enttäuschten Fans, die schon am Tag zuvor die Galerieplätze an den Serpentinen eingenommen hatten. Ganze 46 Kilometer, ein Viertel der vorgesehenen Strecke, ließ der zurückgekehrte Winter für diese neunte Etappe übrig. Genug für Bjarne Riis, »zu beginnen, die Tour zu töten«. So schrieb man im Nachhinein über des Dänen explosiven Alleingang und den Sieg in Sestrières. Virenque, Rominger, Indurain und erst recht Jewgeni Berzin hatte Telekoms Däne zermürbt bei seinem Bergsprint ins Gelbe Trikot. Ullrich, 44 Sekunden zurück, war auf Tuchfühlung geblieben – und auch der Kämpfer Udo Bölts. Ihr Kapitän zeigte sich »glücklich für mein kleines Dänemark«. Und Sestrière, der italienische Wintersportort unweit Turins, glich bei Bjarne Riis' Inthronisation tatsächlich einem jubelnden Klein-Dänemark.

Stolzes Telekom-Team '96, von links: Ch. Henn, U. Bölts, Sieger Riis, J. Heppner, »Vize« Ullrich, R. Aldag, E. Zabel (Grün), B. Holm

Und wo immer die Tour und Riis in Gelb während der folgenden zwei Wochen hinkamen, wurden hunderte rot-weißer Dänenflaggen geschwenkt.

Aber auch immer mehr Schwarz-Rot-Gold stieß zur Tour. Denn Zabel schaltete von der zehnten Etappe an, nach seinem zweiten Sieg in Gap, bis nach Paris auf Grüne Welle. Hinter Kapitän Bjarne war Jan Ullrich auf die Position des Kronprinzen gestürmt. Imponierend, wie sich der 22-Jährige in den Pyrenäen an der Seite des zehn Jahre älteren Dänen oder kurz hinter ihm mit dessen Konkurrenten auseinandersetzte, mit Virenque, Olano, Dufaux, Luttenberger, Rominger. In Pamplona, in der Heimat des Miguel Indurain, erkämpfte sich »der unglaubliche Ullrich, diese seltene Perle« (L'Équipe), den zweiten Platz. Der große Spanier aber musste auf dem Terrain seiner Jugend die ersten Zeichen des Alters erkennen und erreichte ein paar Tage später Paris »nur« als Elfter.

Vor den Champs-Élysées lagen noch die berühmten Weinfelder von Bordeaux und Saint Émilion. Durch sie führte am vorletzten Tour-Tag das 63-Kilometer-Einzelzeitfahren, in dem sich Jan Ullrich mit seinem ersten Etappensieg endgültig als ein *Grand Cru* auswies, als ein Edelge-

wächs des Radsports. Eine Minute vor Indurain, zwei vor Olano und genau zwei-achtzehn vor Bjarne Riis – der junge Deutsche war endgültig die Entdeckung der Tour 1996 geworden.

Manche sagen, Ullrich hätte auch schon diese, seine erste, Frankreichrundfahrt gewinnen können. Ich bezweifle das; denn vergessen wir nicht, dass er als Neuling keinerlei Verantwortung zu tragen hatte, weder kämpferisch noch strategisch. Ullrich sollte lernen und ankommen; der zehn Jahre ältere Riis aber wollte endlich gewinnen. Die Last des Favoriten lag auf ihm, Telekoms Teamkapitän, der routiniert und in der Form des Lebens brillant damit fertig wurde, unterstützt von einer tollen *Équipe.* »Zehn Jahre Arbeit habe ich in diesen Sieg investiert«, um Dänemarks erster Tour-de-France-Gewinner zu werden.

Mit dem Radsport begonnen hat Riis schon als Siebenjähriger. In einem Merckx-Molteni-Trikot ... Vater Preben, ein ehemaliger Rennfahrer, trainierte ihn. Oft auch auf der Bahn. Seine Entwicklung bis zum Tour-Sieger bringt er so auf den Punkt: »In Dänemark bin ich zur (Rad-)Schule gegangen; in Frankreich (bei Fignon) bin ich zum Mann geworden; in Italien habe ich gelernt, ein echter Rennfahrer zu werden, und in Deutschland – endlich zu siegen.« Luxemburg fehlt in der Charakterisierung. Das Großherzogtum war sein erstes Domizil außerhalb Dänemarks. Hier wohnte er auch mit seiner Familie, und der Reisekaufmann, Journalist und Radimpresario Marcel Gilles war sein Mäzen und Berater; auch sein väterlicher Freund. Das ist bis heute so geblieben.

Das Finale der Tour '96 – Debütant Ullrich 64 Jahre nach Kurt Stöpel Zweiter der Gesamtwertung, dazu Erik Zabel Gewinner des Grünen Trikots – diese Höhepunkte für den deutschen Radsport und das Team Telekom – erlebte ich damals aus der Ferne, in Atlanta. Dort begannen gerade die Olympischen Spiele, bei denen Jan Ullrich spätestens dann schmerzlich vermisst wurde, als Miguel Indurain im Zeitfahren die Goldmedaille gewann. Ullrichs Olympiateilnahme war an Verbandsvorgaben und Trainerprinzipien gescheitert: Entweder Olympia-Trainingslager oder Tour de France, so hatte man es ihm gesagt. Ullrich entschied sich für Frankreich. Das wäre auch für Olympia das beste Trainingslager gewesen. Siehe Indurain!

83. Tour de France 1996

Startort s'Hertogenbosch – 3 765 Kilometer – 21 Etappen – 22 Mannschaft – 198 Fahrer – 129 am Ziel

1. B. Riis (Team Telekom) 95 h 57'16", Durchschnitt = 39,235 km/h,
2. J. Ullrich (Telekom) 1'41" zurück
3. R. Virenque (Festina) 4'37"
4. L. Dufaux (Festina) 5'53"
5. P. Luttenberger (Carrera) 7'07"
6. L. Leblanc (Polti) 10'03" ...
9. A. Olano (Mapei) 11'00"
10. T. Rominger (Mapei) 11'53"
11. M. Indurain (Banesto) 14'14" ...
14. U. Bölts (Telekom) 25'56" ...
20. E. Berzin (Gewiss) 38'00" ...
26. A. Zülle (Once) ...
76. Ch. Henn (Telekom) ...
82. E. Zabel,
83. R. Aldag (beide Telekom) ...
88. J. Heppner (Telekom) ...
107. B. Holm (Telekom) ...
113. T. Steinhauser (Refin) ...
129. und Letzter: J. Masdupuy (AGR) 3 h 49'52" zurück

Aufgaben: u.a. M. Kummer (Telekom) 2. Etappe, Verletzung, M. Cipollini (Saeco) 5. Etappe, L. Armstrong (Motorola) 6. Etappe, D. Baldinger (Polti) 11. Etappe, Th. Fleischer (Lotto) 14. Etappe
Grünes Trikot: E. Zabel (Deutsche Telekom)
Bergkönig: R. Virenque (Festina)
Bester Jungprofi: J. Ullrich

Auftakt '97: Jan bei den Grünen

Es war schon kurios, Jan Ullrich zum Auftakt der Tour '97 in Rouen im Grünen Trikot zu sehen. Dabei war es logisch; denn Chris Boardman hatte als Prologsieger nicht nur das Gelbe, sondern auch das Punktetrikot gewonnen. Also trug Grün auf der ersten Etappe, gemäß Reglement, der Zweite des Vorspiels, eben Ullrich. Dass es nicht schon Gelb war, hatte nicht nur Boardman, der Prologspezialist aus England, vereitelt – 1,82 Sekunden Vorsprung nach

Tour-Auftakt 1997 in Rouen. Jan, fast verlegen, im Grünen Trikot. Als Prolog-Zweiter muss er es stellvertretend für Chris Boardman tragen, weil der Brite als »Vorspiel«-Sieger ja im Gelben Trikot startet.

7,3 Kilometern – sondern vielleicht auch die Jury. Sie hatte die exklusiv für Riis und seinen deutschen Kronprinzen angefertigten neuen Pinarello-Zeitfahrmaschinen am Tag vor dem Rennen bei der »TÜV-Kontrolle« gestoppt. Nicht, weil der Telekom-Monoposto aus Karbon wie ein Damenrad aussah, sondern weil das Hinterrad, wenn auch nur ein paar Zentimeter, unerlaubt verkleidet worden war. Jan im Grünen Trikot, das störte weder den potenziellen Kandidaten Erik Zabel – alles zu seiner Zeit – noch Bjarne Riis, den Titelverteidiger, der in Harmonie mit Ullrich und dessen Einverständnis erneut als Telekoms Nummer eins ins Rennen ging.

Start in der Heimat des großen Anquetil

Der *Grand départ* 1997 erfolgte am Quai Jacques Anquetil, jenem Boulevard am Ufer der Seine, auf dem der

Jacques Anquetils Sohn Christopher und Tochter Sophie enthüllen das Schild »Quai J. Anquetil«. Hier hatte ihr Vater 1957 seine erste Etappe gewonnen.

Kilometer nördlich von Rouen auf dem *Cimetière* von Quincampoix, dem Friedhof seines Geburtsortes.

Mich selbst verbinden nur wenige persönliche Rennerlebnisse mit dem ersten fünfmaligen Toursieger Anquetil, der 1966 seine letzte Große Schleife fuhr. Eines davon hatte ich im Herbst jenes Jahres in Baden-Baden, damals »Heimat« einer großen französischen Garnison und Austragungsort eines internationalen Radrennens. Bei diesem Großen Preis, organisiert vom radsportbesessenen Maler-Unternehmer Eugen Rösinger, wurde ich als Live-Reporter getestet und stand angesichts des berühmten Rennfahrers fast stramm vor Jacques Anquetil ... Schließlich hatte der Mann fünfmal die Tour gewonnen, dazu den Giro und die Vuelta; er war der erfolgreichste Zeitfahrer aller Zeiten; zur Legende geworden durch seine Duelle mit Raymond Poulidor, durch das Baracchi-Zeitfahren 1962 mit Lokomotive Rudi Altig und das Siegesduo von Dauphiné und Bordeaux–Paris 1965 mit nur acht Stunden Pause zwischen diesen beiden Rennmonumenten.

berühmte Normanne 1957 seine erste Tour-de-France-Etappe gewonnen hatte. 40 Jahre später, zwei Tage vor dem Prolog, gab man dem ehemaligen Quai d'Elbeuf den Namen Anquetil. Seine Witwe Jeanine, die Kinder Sophie und Christopher sowie ehemalige Copains wie Bouvet, Darrigade, Stablinksi und Walkowiak, dazu ein paar Hundert Radsportnostalgiker gaben der Zeremonie den Rahmen. Für unser sechsköpfiges ZDF-Team, das zum ersten Mal mit eigenem Schnitt- und Sendemobil on Tour ging, wars der Jungfernbericht. Zu ihm gehörten ein paar Rennszenen aus dem Archiv und auch aktuelle Bilder vom Grab des im November 1987 gestorbenen »Maître Jacques«: Ein riesiges aufgeschlagenes Buch aus dunklem Marmor, darauf in goldenen Buchstaben sein Namenszug, die Lebensdaten 1934–1987 und ein Foto, das ihn in seiner typischen Rennfahrerhaltung zeigt. Wer diese Stätte einmal aufsuchen möchte: Sie liegt kaum zehn

Jacques Anquetil – der Erste, der die Tour de France fünfmal gewann: 1957-61-62-63-64.
Er war ein Meister des Zeitfahrens und der Taktik.

Jahre später saßen wir als Kollegen auf der Reportertribüne. Anquetil kommentierte für das französische Fernsehen. Seine Bescheidenheit und Freundlichkeit waren faszinierend; aber auch seine Art, das Leben zu genießen ... um es schließlich kämpfend zu verlieren. Schon gezeichnet vom Magenkrebs, kommentierte Anquetil 1987 noch die Tour de France zu Ende. Er hatte ihretwegen sogar den OP-Termin verschoben. Es halfen weder die vielfachen guten Wünsche, noch nützte ärztliche Kunst.

Jacques Anquetil erlag der Krankheit, nur 53 Jahre alt, am Morgen des 18. November '87 in Rouen.

Telekom-Turbulenzen auf der ersten Etappe

Turbulenter noch als sonst eine erste Etappe verlief 1997 deren Finale auf den engen, windungsreichen Straßen der Normandie. Ein tumultöser Massensturz nur elf Kilometer vor dem Ziel in Forges-les-Eaux zwang rund 130 Fahrer vom Rad: zahllose Defekte, viele Verletzungen (Telekoms Christian Henn mit Rippenprellung), auch Zwangsstopps verursacht durch das Chaos. Mittendrin und hintendran auch Bjarne Riis. Und nur Rolf Aldag hatte das Pech des Kapitäns registriert. Die anderen sechs – Bölts, Heppner, Lombardi, Totschnig, Ullrich, Zabel – waren vom Radinferno verschont geblieben. Unverdrossen, weil ahnungslos, ackerten sie stattdessen in der Spitzengruppe für eine gute Ausgangsposition für »Ete« im Kampf der Sprinter um den Etappensieg. Doch an diesem 6. Juli fehlte Telekom das Glück an allen Enden: Vorn gewann Mario Cipollini die Etappe und das Gelbe Trikot; hinten verlor Titelverteidiger Riis trotz fanatischer Aufholjagd fast eine Minute ... Zu viel für den Gemütsmenschen Bjarne, der im ersten heiligen Zorn die Loyalität des Teams infrage stellte und kaum glauben wollte, dass zu allem Pech auch noch das mannschaftsinterne Infosystem eine Macke gehabt hatte. Seine Gardinenpredigt, vor allem sein Appell an die Aufmerksamkeit im Rennen – Jan Ullrich nahm er aus – soll sehr eindrucksvoll gewesen sein.

Deutlich ebenfalls die Sprache Cipollinis: Gelb vom Scheitel bis zur Sohle, gelb sogar das

Anquetils Grab in Quincampoix. Das Buch des Lebens schloss sich für ihn viel zu früh. Er starb 1987 an Krebs, im Alter von nur 53 Jahren.

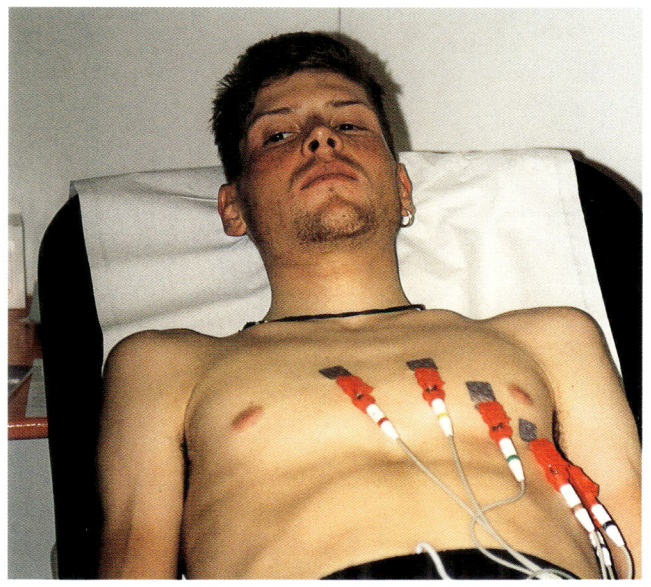

Jan Ullrich kurzgeschlossen: Wie alle Fahrer muss auch er sich am Startort einem Gesundheitscheck unterziehen. Blutkontrolle, EKG usw.

Stahlross, gewann der Pfeil aus der Toskana auch die zweite Etappe in Viré. Trotzdem – Champagner auch bei Telekom: *Bon anniversaire*, lieber Erik! Das Geburtstagsgeschenk machte sich der Rassesprinter einen Tag später. Allerdings nicht gegen die schnellen Beine der Cipos, Steels, Moncassins, Blijlevens oder Abduschaparows, sondern gegen Fahrer, die auf Gesamtwertung fuhren. Das Ziel von Plumelec in der Bretagne glich einer ersten kleinen Bergankunft: 6,2 Prozent Steigung auf den letzten 2 000 Metern! 20 Fahrer haben sich abgesetzt, darunter Jalabert, Olano, Escartin, Rebellin, Dufaux, Virenque. Auch Riis und Ullrich sind dabei, streiten mit und für Zabel. Den Schlussakkord setzt »Ete« mit Pauken und Trompeten: Zwei Radlängen vor Frank Vandenbroucke! Telekom-Kapitän Riis erkämpft Platz drei und trägt mit acht Sekunden Zeitgutschrift eine Winzigkeit der Hypothek seines Pechs ab. Zabel aber – der Unwiderstehliche, der Vielsei-

Tony Rominger war der erste große Pechvogel der Tour '97. Dem Schweizer brach auf der 3. Etappe ein Schlüsselbein gleich doppelt.

tige – erkämpft mit dem Etappensieg das Grüne Trikot und wird es bis Paris nicht mehr hergeben.

Für einen anderen Großen des Radsports rückt das Podium in Frankreichs Metropole an diesem Tage in unerreichbare Ferne: Tony Rominger, 36-jährig noch einmal hoffnungsvoll gestartet, stürzt zehn Kilometer vor Plumelec sehr unglücklich. Doppelter Schlüsselbeinbruch – das Fernsehen zeigt uns ein bewegendes Bild von Schmerz und Enttäuschung.

Historisch wird die sechste Etappe Le Blanc–Marennes. Zabel gewinnt sie auf der mit 700 Meter sehr langen Zielgeraden mit einem Sprint Royal vor Jeroen Blijlevens und Abduschaparow. Im Kampfgetümmel bei Tempo 65 hatte Belgiens Meister Steels seine Trinkflasche nach dem Franzosen Moncassin geschleudert. Während Zabel von den Hostessen die Siegerküsschen empfängt, bestraft die Jury den Racheakt des in Rage geratenen, sonst recht braven Tom Steels mit seinem sofortigen Ausschluss. Außerdem sprechen die Schiedsrichter Erik Zabel eine Stunde nach der Zieldurchfahrt überraschend den Sieg wegen eines Kopfstoßes wieder ab. Sie bestrafen den nie unfair sprin-

tenden Berliner, der auf dem Weg zum Hotel davon erfährt, viel zu hart für eine Aktion, die im harten Mann-gegen-Mann nicht ungewöhnlich ist. Nummer drei ist schließlich der unumgängliche Ausschluss von Djamulidin Abduschaparow. Der »Kalif von Taschkent«, neunmaliger Etappensieger, dreimaliger Gewinner des Grünen Trikots, hatte – nicht zum ersten Mal – gegen die medizinischen Gesetze des Radsports verstoßen. Bedauerliches Ende der großen Karriere eines Ellenbogensprinters, den Olaf Ludwig einmal scherzhaft und doch so treffend als »Wildsau« charakterisierte.

Erik Zabels Rache – oder sagen wir lieber: die Revanche für den geraubten Sieg von Marenne – war eindrucksvoll und sogar ein Doppelschlag. Zuerst gewann der »Ehrenmann« (L'Équipe) mit enormer Unterstützung des gesamten Teams die Etappe nach Bordeaux (46,3 km/h), am Tag danach den Hochgeschwindigkeitsabschnitt Nummer acht nach Pau (47,3 km/h). Trotz »Priorität Gelb« für Riis und auch Ullrich und dadurch für ihn nur »bedingten Personenschutz«, war Telekoms »Duitse Spurtbom« (Het Nieuwsblad, Brüssel) der beste Sprinter unter den zahlreichen sehr guten. Einer der schnellen Tenöre, Mario Cipollini, musste nach einem Sturz auf dem Weg nach Bordeaux aussteigen, auf jener Etappe, die auch für Jens Heppner fast das Aus bedeutet hätte. Ein Hund brachte »Telekoms Buchhalter« so schwer zu Fall, dass zum Kapselanriss eines Fingers, passiert am Vortag, noch eine schmerzhafte Hüftprellung und eine leichte Gehirnerschütterung kamen.

Gegen die Empfehlung von Tour-Arzt Dr. Porte setzte der Kämpfertyp »Heppe« das Rennen fort. Aufgeben war ein Fremdwort für ihn, der allabendlich auf seinem Computer die Finanzgewinne des Teams auf den neuesten Stand brachte. Hauptverdiener bis Pau, bis zu seinem »Panthersprung-Sieg«, war Erik Zabel – dessen besonderer Dank seinen beiden letzten Männern im Finale der Massenspurts galt, dem selbstlos-harten Tempomacher Rolf Aldag und der italienischen Frohnatur, dem immer freundlichen Giovanni Lombardi.

Nach acht Etappen fand die Sprinterherrlichkeit ihr vorläufiges Ende. Die Tour hatte die Pyrenäen erreicht. Noch trug der Franzose Cédric Vasseur dank seines Alleingangs

Untrennbar von Jan Ullrichs Karriere ist der Name Peter Becker: sein sportlicher Ziehvater mit Können, Herz und Berliner Schnauze.

vom fünften Tag das Gelbe Trikot, war Sprinterkönig Erik Zabel Zweiter und Prologgewinner Boardman sogar noch Dritter ... Aber von nun an mussten die Favoriten ihre Karten auf den Tisch legen. Allen voran Indurains Banesto-Erbe Abraham Olano; Festinas Uhrwerk Richard Virenque, Telekoms Edelkommunikator und nach wie vor privilegierter Titelverteidiger Bjarne Riis, der kurz vor der Tour das Problem hatte, »dass ich nicht weiß, wie Jan im Innersten denkt«.

Spätestens am Ziel der ersten Pyrenäenetappe von Pau nach Loudenvielle-Val Luron wusste der Däne Bescheid: Jan war sein bester und ehrlichster Vasall. Sehr wohl und sehr bald merkte Ullrich beim Klettern über die Pässe von Soulor (1 474 m) und Tourmalet (2 114 m), dass sein Kapitän die geballten Angriffe einer Festina-Quadriga mit Brochard, Dufaux, dem Finnen Laukka und Virenque nur mit großer Anstrengung parieren konnte. Der Kronprinz dagegen hatte an diesem 14. Juli, dem französischen Nationalfeiertag, extrem gute Beine, dazu ein heißes Herz – das Gelbe Trikot, es lockte – aber auch einen kühlen Kopf. Der signalisierte Ullrich: Lass Laurent Brochard ruhig allein zum Etappensieg stürmen; klemm dich, Jan, an die Hinterräder von Virenque und Pantani; hilf, dass Bjarne nicht zu viel Zeit verliert. Es waren, dank »des selbstlosesten Mannschaftskollegen in der Geschichte der Tour« (L'Équipe schon 1996!) nur 27 Sekunden, die Riis verlor.

Der große Sportler aus dem kleinen Nachbarland kam am Abend in Jans Zimmer und bedankte sich. Er wusste, sein junger deutscher Gefährte hatte für ihn und das große T (wie Teamgeist) auf das Gelbe Trikot verzichtet. In der unbeschreiblichen Hektik am Ziel freilich hatte Telekom-Pressesprecher Mathias Wieland jubelnd schon die Parole »Ullrich hat das Gelbe« unter das noch rechnende Journalistenvolk gebracht. Und gedrängt: »Jan, komm, du musst zur Siegerehrung!« Er hatte sich um 13 Sekunden verrechnet ... Außenseiter Vasseur musste das Gelbe Trikot noch nicht ausziehen; aber Jan war ihm als Zweiter schon sehr nahe gekommen.

Wer jemals die Ankunft bei einer Bergetappe miterlebt hat, liebe Tante Frieda – das Tohuwabohu, das lebensgefährliche Gedränge hinter dem Ziel; die sich überschlagende, dröhnende Stimme des Toursprechers; die bärenstarken Arme unerbittlicher, finsterer Polizisten; das Rufen, Suchen und Sich-Finden von Fahrern und Betreuern; den Nahkampf um ein paar authentische Sätze von total erschöpften Helden des Zweirades – also, der wird so einen kleinen Rechenfehler großzügig verzeihen. Es sei denn, man hätte die »Sensation« sofort live auf den Sender gebracht ...

Die Telekom- und Jan-Ullrich-Fans hatten schon im Anstieg nach Arcalis/Andorra den richtigen Riecher ...

»Er erhob sich nur ein einziges Mal aus dem Sattel und die kleine Spitzengruppe explodierte ...« L´Équipe über Ullrich nach Arcalis.

Einen Tag später war dann tatsächlich alles perfekt, Jan Ullrich und Radsport-Deutschland schwebten im siebten Himmel. Begonnen hatte dieser historische Dienstag, der 15. Juli 1997, noch einmal unter der von Telekom-Teamchef Walter Godefroot mit seinen Fahrern abgesprochenen Devise: Kapitän Bjarne Riis ist weiterhin die Nummer eins, Ullrich der zweite Mann. Die kleine Schwäche des Dänen vom Vortag musste nicht das Ende seiner gelben Hoffnung sein. Schwarz auf weiß sah das bei Beginn der 10. Etappe von Luchon nach Andorra-Arcalis so aus: 1. Cédric Vasseur (GAN), 2. Jan Ullrich 13 Sekunden zurück, 3. Olano (Banesto) 1'14", 4. Bjarne Riis 1'43", 5. Virenque (Festina) 1'43", 6. Escartin (Kelme) 2'14". »Jan zeigte vor

dem Start eine nie zuvor bei ihm gesehene Unruhe; er war hypernervös. Vermutlich dachte er doch schon an das Gelbe Trikot ...« So schildert Walter Godefroot nach 252 dramatischen Kilometern und fast acht Stunden Berg- und Talfahrt Ullrichs morgendliche Aufbruchsstimmung in der alten Bäderstadt Luchon. Im Rennen war von dieser Nervosität nichts zu spüren. Fünf Gipfel – Ullrich souverän an der Seite von Bjarne Riis, dem auch Jens Heppner, Leichtgewicht Georg Totschnig, Dauphiné-Sieger Udo Bölts und am längsten Rolf Aldag wertvolle Unterstützung geben. Die Menschenmassen am Col du Portet d'Aspet (1 069 m), Col de Port (1 249 m), Port d'Envalira (2 407 m – »Dach« der Tour '97) und Col d'Ordino (1 990 m) erleben eine Königsetappe, auf der, zehn Kilometer vor dem Ziel, im Schlussanstieg nach Andorra-Arcalis (2 240 m) ein neuer Herrscher das Zepter an sich reißt. Rotblond, Sommersprossen, im linken Ohr ein kleiner goldener Ring, 23 Jahre alt, 1,82 Meter groß, 72 Kilo schwer – dieser kraftstrotzende junge Typ im Trikot des Deutschen Meisters wird das neue Gesicht der Tour '97. Bjarne Riis, der Freund-Konkurrent, hatte in der Erkenntnis eigener Schwäche seine Größe gezeigt und Jan Ullrich von der Teamorder befreit: »Wenn du richtig gute Beine hast, dann fahr los!« Mehr musste er nicht sagen. Ullrich, ohnehin an der Spitze des kleinen Elitefeldes das Tempo bestimmend, »erhob sich nur ein einziges Mal im Anstieg nach Arcalis aus dem Sattel«, schreibt L´Équipe am anderen Tag bewundernd auf der Titelseite, »einmal nur, und die kleine Spitzengruppe explodierte«.

Dabei zündelte Ullrich nicht einmal mit Donnerhall. Sondern erhöhte nur mit sanfter Gewalt die Schlagzahl seiner runden Tritte. Die Kraft, die aus den Schenkeln kam ... unwiderstehlich. Weder Publikumsliebling Richard Virenque noch Italiens nach schwerem Unfall zurückgekehrter Elefantino Marco Pantani konnten parieren, erst recht nicht die Gruppe mit Olano, Escartin, Dufaux, in der sich auch Bjarne Riis befand. Gehorsam folgte Ullrich der Anweisung Walter Godefroots aus dem Teamwagen »Jetzt nicht mehr umschauen! Sollten die anderen näher kommen, hupe ich.« Das war nicht nötig. Denn Ullrich wurde – obwohl zehn Kilometer lang an der Leistungsgrenze fahrend – mit keinem Tritt langsamer. Sein Sturmlauf löste unter den Zuschauern – Franzosen, Spanier, Schweizer, Holländer und außer Rand und Band geratene deutsche Fans – Staunen, Bewunderung und Jubel aus. Tour-Ikone Poupou sagt am Bildschirm immer wieder bewundernd »C'est Merckx, c'est Merckx …« Am Ziel glich Ullrich aber weniger der Legende Eddy, sondern mit seinen ausgebreiteten Armen eher dem Erzengel Gabriel. Das Gesicht gezeichnet vom Schmerz der Anstrengung, überwältigt von Freude, Glück und Triumph.

Er hatte sich den Traum vom Gelben Trikot erfüllt, »der damals begann, als ich Greg LeMond gesehen habe«, erzählt Ullrich später im Kessel der Mikrofone und Notizblöcke. Bewegend die Geste von Bjarne Riis, der Deutschlands neunten Träger des Gelben Trikots erst nach der Siegerehrung umarmen konnte. Aus dem Kronprinzen war auf dem Arcalis von Andorra nun ein König geworden. Und der Däne erkannte das an. »Super, Jan, du hast es verdient. Du warst der Beste. Ich freue mich für dich …« Worte, die Riis, die Rennschuhe von den schmerzenden heißen Füßen gezogen, vor unserer Kamera wiedergab. Wie es im Herzen des Siegers von 1996 aussah, darüber muss man als Sportler nicht spekulieren.

Ebensowenig wollte Jan Ullrich in den ersten Minuten nach dem Triumph spekulieren, nun – wie wir Journalisten es ihm in den Mund legten – die Tour zu gewinnen. »Freunde, es kommen die Alpen, es kommen noch zwei Zeitfahren, es ist viel zu früh, darüber zu reden …«

Während ich in unserem Schnitt- und Sendemobil bereits mit heißer Nadel an der Zusammenfassung für die 19-Uhr-Sendung strickte, war Kameramann Fips mit Assi Stefan-Luigi Matteuzzi noch auf Stimmenfang bei Walter Godefroot. Telekoms bescheidener Teamchef wollte den Erfolg etwas abseits vom großen Trubel, am Mannschaftswagen stehend, verarbeiten und genießen … Ullrich 1'08" vor Pantani und Virenque ins Ziel gekommen, 2'01" vor Casagrande, 3'23" vor Riis. Noch besser las sich die auf gelbem Papier gedruckte Gesamtwertung: 1. Ullrich, 2. Virenque 2'58", 3. Olano 4'46", 4. Riis 4'53", 5. Pantani 5'29". Dazu Erik Zabel im Grünen Trikot. Deutsche-Telekom-Radsportherzen, was wollt ihr mehr?

Aber selbst ein Glückstag bleibt nicht ungetrübt. Das erfuhr ich auf der Fahrt vom Arcalis-Gipfel zum Hotel

Dienstag, 15.Juli 1997 – ein deutscher Radsport-Feiertag. Etappensieger Jan Ullrich erobert in Arcalis/Andorra das Gelbe Trikot. Er trägt es bis Paris.

nach Andorra: telefonisches SOS unseres Bildtechnikers Thomas Tilch. Der Motor seines kleinen Wohnmobils hatte, überstrapaziert durch die Passfahrten, beim Start zum Transfer ins nächste Etappenziel Perpignan den Geist aufgegeben. Es war 20 Uhr. Weder eine Werkstatt noch ein Autoverleih des im Trubel der Tour fast erstickenden Pyrenäen-Ministaates hatte um diese Zeit noch geöffnet. Aber die »bessere Hälfte« unseres Teams, die Schnitt- und Sendetechnik, musste unbedingt am nächsten Morgen um sechs – wie alle anderen Fernseh- und Radiostationen – bereits wieder in der *zone technique* am Ziel sein.

Wer bei diesem logistisch ausgeklügelten Aufbau der Fernsehstadt zu spät kommt, verliert den zugewiesenen Standplatz; verliert den günstigen Stromanschluss, muss lange Zusatzkabel legen; hat weniger Zeit zum Justieren, Testen und Peilen; für das *piquenique* schon mal gar nicht. Da können die Jungs nach langer Fahrt und kurzer Nacht auch keine Mütze Schlaf mehr nehmen im kleinen Wohnmobil, das außerdem noch als Kleinkantine dient – mit pausenlos laufender Kaffeemaschine – und das,

Zeitungen, Radio, Fernsehen lassen auch am Ruhetag keine Ruhe. Diesen Pflichten nachzukommen, fällt Jan manchmal schwer. Verständlich.

schließlich, dem gestresst ankommenden Redakteur eine Kreativ-Oase beim Texten ist. Jetzt versteht der Sportfreund, warum wir, das Kamerateam und ich – die andere Hälfte unseres Sechs-Mann-Teams – bis in die Nacht rotierten im schwülen Andorra. Das dienstunwillige Fahrzeug blieb, dem ADAC überantwortet, zurück am Jan-Ullrich-Berg. In der ZDF-Zentrale hatten wir – lange nach Feierabend – um schnellen Ersatz gebeten. Und der ohnehin schwer beladene Satelliten-LKW fuhr mit Alleskönner Wolfram Junge, meinem jungen, feuereifrigen Kollegen Gerrit Schnaar und nun mit noch einem dritten Mann belastet durch die Pyrenäennacht gen Perpignan. Diese 200 Kilometer, ohne Autobahn eine Drei-Stunden-Gebirgsrallye, nahmen das Kamerateam und ich am anderen Morgen um sechs in Angriff. Schnellfrühstück unterwegs in einem von kaltem Rauch und Alkohol geschwängerten Bistro. Mit doppeltem Espresso, bitte! Spätestens um halb zehn sollte in Perpignan Schnittbeginn für eine Mi-Ma-Story sein. Also eine Geschichte für das 13 Uhr-Mittagsmagazin: Ullrichs Großtat mit Stimmen dazu und den Schlagzeilen der französischen Presse wie »Ein Phänomen am Gipfel ... Prinz von Andorra und König von Frankreich ... Da ist er – der Chef! ... Der neue Riese ...« Ein Superlativ sogar in Deutsch: »Kolossal!«

Kolossal geworden war auch das Interesse der Medien an Jan Ullrich. So war das traumhaft schön gelegene Telekom-Hotel am Rande von St. Étienne am Ruhetag sowohl Festung als auch Taubenschlag. Belagerungszustand und pausenloses Ein und Aus durch uns Journalisten. Wie die Hamelner Kinder dem Rattenfänger folgten Kamerateams der zweistündigen Telekom-Trainingsfahrt. Nachmittags dann Pressekonferenz vor 150 Medienleuten, Fotografen, Fernsehmännern; zuvor noch eine Sondersendung der ARD am Swimmingpool des Hotel Albatros. Erst danach kann Ullrich abtauchen und sich fast zwei Stunden in die »goldenen Hände« seines Masseurs Dieter Ruthenberg begeben. Ruthenberg, der pfiffige Berliner Gemütsmensch, den wir alle mit seinem Spitznamen »Eule« ansprechen dürfen.

Diese Medien-Tortour – auch das ist Ullrichs neue Welt. Sie zu meistern, hilft der routinierte, polyglotte Bjarne Riis ebenso kameradschaftlich wie er Jan fortan beispielhaft unterstützt, als nach dem Zeitfahren von St. Étienne endgültig klar ist, dass sein junger Teamgefährte in der Siegesspur fährt. Diese bergigen 55 Kilometer der zwölften Etappe werden noch eindrucksvoller als die Fahrt nach Arcalis. Ullrichs Demonstration und Lektion, sein Sieg mit 3'04"Vorsprung auf den von ihm eingeholten Gesamtzweiten Richard Virenque gilt seitdem als das größte Zeitfahren aller Zeiten. Weder Anquetil, Merckx, Hinault noch Indurain haben ihre Gegner so deutlich hinter sich gelassen wie 1997 in St. Étienne »Tourminator« Ullrich, so getauft von SPORT, der angesehenen Schweizer Zeitung. Sie verlieh damals dem Deutschen in ihrer Rangliste »Chapeaux« die Maximalzahl von drei Hüten, was gleichbedeutend ist mit »Wir verneigen uns ganz tief«. Und sprach damit für fast alle – für den von Ullrich Besiegten, für Kommentatoren und Kritiker, für die Radsportwelt schlechthin.

Begonnen hatte Ullrich den Kampf gegen die Uhr mit einer normalen Straßenmaschine, denn der Anstieg zum Berg des Kreuzes von Chaubouret führte innerhalb von 14 Kilometern von 375 auf 1 200 Höhenmeter, hatte also eine Steigung von 5,9 Prozent. Kurz hinter dem Scheitelpunkt bei Streckenkilometer 26,5 erfolgte an genau festgelegter Stelle der Wechsel auf die Zeitfahr-Spezial-

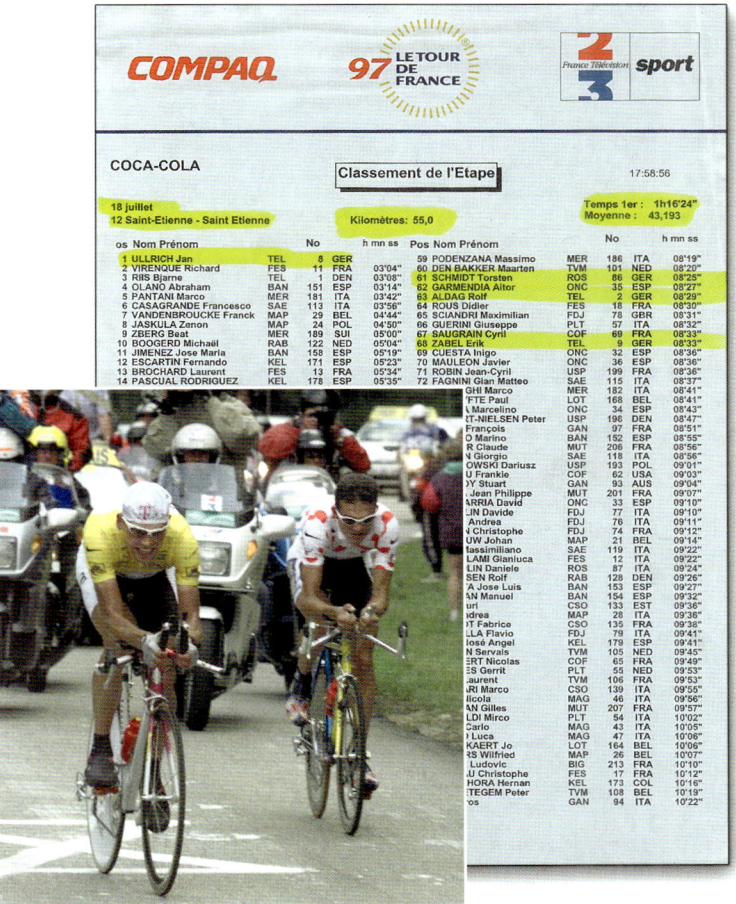

Protokoll einer phänomentalen Leistung: Jan Ullrich deklassiert im Zeitfahren von St. Etienne die Konkurrenz und holt Richard Virenque, den Zweiten, sogar ein.

maschine. Walter Godefroot und Peter Becker auf dem Beifahrersitz rufen ihrem Schützling im Gelben Trikot die Zwischenzeiten zu: 1'44" schneller als Bergspezialist Pantani! 2'16" besser als Olano! 2'22" auf Bjarne! Und – Ullrich traut seinen Ohren kaum – auch dem drei Minuten vor ihm ins Rennen gegangenen Richard Virenque hat er bei Halbzeit 2'06" abgenommen. Bald sieht *L'Ogre*, auf gut Deutsch: der Menschenfresser (L'Équipe vom 19.7. 97), das weiße, rot bepunktete Trikot des Bergkönigs und Lieblings der Franzosen vor sich. Bei Kilometer 44 überholt er ihn! Die letzten elf Kilometer werden zum mitreißenden

Prestigeduell. Virenque fightet, um wieder nach vorn zu kommen. Doch Ullrich hält dagegen und ist vier Sekunden vor ihm auf der Ziellinie. Man liest vom Außerirdischen und Kannibalen Ullrich sowie vom Champion und Halbgott Virenque.

Ich aber bedanke mich in St. Étienne wieder einmal beim saarländischen Kameramann Bernd Kurz, der im für uns gesperrten Zielraum die ARD-Live-Interviews aufnimmt. Verbal oder mit einem Augenzwinkern signalisiert uns der Kollege, wo er den Star der Tour und den Moderator platzieren wird. Wir zwängen uns dann hinter dem Absperrgitter ganz in ihre Nähe, um uns nach dem Exklusivgespräch den hundertfach begehrten Jan auch für eine Minute zu angeln.

Das hatte sich regelrecht eingespielt. Sehr hilfreich bei diesem Nahkampf um das Gelbe Trikot war außerdem, dass Freund Godefroot mannschaftsintern die Devise ausgegeben hatte: Nach der ARD ist Klaus der nächste. Auch die beiden Telekom-Teamsprecher Tilman Falt und Mathias Wieland unterstützten die kleine Konspiration zugunsten des ZDF. Nach und nach hatten das aber auch andere Teams spitz bekommen. Wir mussten dann gehörig aufpassen, damit unser »Spargel« (gemeint ist das Mikrofon) im Wald der anderen Mikros noch gut erkennbar war.

Ein Kampf gegen die Uhr – und mal nicht über bürokratische Hindernisse – hatte inzwischen auch in Mainz stattgefunden. Zwei Tage nach Arcalis hatten wir in St. Etienne wieder einen kleinen, so wichtigen Campingwagen. Merci beaucoup, Sendezentrale!

Resultat Einzelzeitfahren	Stand Gesamtwertung
1. J. Ullrich	1. J. Ullrich
2. R. Virenque 3'04"	2. R. Virenque 5'42"
3. B. Riis 3'08"	3. A. Olano 8'00"
4. A. Olano 3'14"	4. B. Riis 8'01"
5. M. Pantani 3'42"	5. M. Pantani 9'11"

»La Flèche Teutonne« auch Herrscher in den Alpen

Die nie um einen Beinamen verlegenen Franzosen haben den deutschen Tourregenten nun auch noch den »teutonischen Pfeil« getauft. Nur, pfeilschnell konnte sogar ein

Ullrich in Superform die Alpen nicht bezwingen. Aber nach diesen vier schweren Tagen der »Herrscher der Alpen« genannt zu werden, ist auch ein schöner Superlativ; selbst wenn Pantani und Virenque die große Show machten, selbst wenn das Gelbe Trikot ein paar brenzlige Situationen zu überstehen hatte.

Etappe 13 war die Fahrt nach Alpe d'Huez. Sieger Marco Pantani nennt sie am Ziel »meine Befreiung, meine Wiedergeburt«. Das kahlköpfige Leichtgewicht von der Adria (56 Kilo) meint damit seine Rückkehr unter die Besten, die nach einem lebensgefährlichen Unfall im Oktober 1995 ein langer, schmerzvoller Weg gewesen war. 350 000 Zuschauer verwandeln am 19. Juli 1997 die Hänge der 21 Serpentinen über dem Tal der Romanche ins 1 860 Meter hoch gelegene Wintersportparadies wie schon 19-mal

Hurra! Mainz hat dem ZDF-Tour-Team einen Ersatz-Campingwagen geschickt. Wir brauchen das Gefährt als Büro, Kantine, Ruheplatz.

zuvor in das größte Stadion der Welt. Das Tempodiktat von Telekom (Aldag, Bölts, Heppner) mit einem 55er Schnitt in der letzten Stunde vor dem Schlussanstieg zeigt Wirkung. Gleich zu Beginn der letzten 13,8 Kilometer mit ihren 7,9 Prozent Steigung sprengen Ullrich, Riis, Pantani und Virenque die kleine Spitzengruppe, in der auch Olano, Casagrande und Jalabert fahren.

Die erste der berühmt-berüchtigten 21 Kehren – man zählt sie vom Beginn an rückwärts – trägt den Namen des ersten Alpe d'Huez-Siegers, Fausto Coppi, 1952. Ein paar Hundert Meter weiter bereits, in Nummer 20 (Joop Zoetemelk, 1976) verliert Bjarne Riis den Anschluss. Ullrich kann nicht warten, um dem Teamgefährten zu helfen. Er muss seinen Rhythmus halten. Pantani hat einen ganz verrückten, ständig wechselnden. In der »16«, ebenfalls Zoetemelk für seinen zweiten Sieg 1979 gewidmet, muss Virenque abreißen lassen. Elf Kilometer bis zum Ziel! Pantani traktiert jetzt Ullrich: anziehen, nachlassen, anziehen, nachlassen … treibt ein teuflisches Spiel mit dem Deutschen, dessen Stärke – der Italiener weiß das – die Gleichmäßigkeit des Rhythmus ist. Deshab ist es gut, dass Ullrich der Versuchung »Alles oder Nichts« widersteht;

Marco Pantani – 1997 noch »Elefantino« – ist auf dem Weg nach Alpe d´Huez nicht zu halten. Er wiederholt den Sieg von '95, ist nun Dritter.

deshalb aber auch pflügt der Italiener von Kehre 13 an (Peter Winnen, 1983) allein durch die Mauer der Menschen. Es sind noch 9 500 Meter. Ullrich bleibt seinem Stil treu. Anfangs ist hinter Pantani und dem Mercatone-Uno-Wagen die lebende, bebende Gasse noch offen für Ullrich. Später, als der Italiener etwa 20 Sekunden enteilt ist, schließt sie sich wieder. Unwahrscheinlich, dass auch der nächste Fahrer im letzten Augenblick wieder ein Nadelöhr vorfindet. Und alle anderen auch, die sich mit schweren Beinen, pochendem Herzen und Puls 200 da hindurch nach oben zwängen. Mit unserem Teamwagen und der Kamera aus dem Schiebedach habe ich das ein einziges Mal gewagt. Selbst hinter abgeschlagenen Fahrern war das Risiko und Nervenstrapaze hoch drei. Einmal und nie wieder durch diese verrückte Ekstase!

Als Elefantino bei seinem Solo '97 im Wiegetritt in Kehre 3 abknickt, kann er auf dem Schild rechts der Straße eigentlich seinen Namen lesen und die Jahreszahl 1995 ... Die nächste, die vorletzte, schon von Absperrgittern gesicherte Kurve, hat noch keinen Namen. Doch an diesem 19. Juli findet sie ihren Patron: Marco Pantani, den Solosieger von 1997. Ein Double der besonderen Art. Nicht nur Papa Fernando, den alle, weiß Gott warum, nur Paolo nennen, erdrückt fast den ausgepumpten Filius; halb Cesenatico will den Botschafter des Ortes ans Herz drücken. Da die mehr als 100 Pantaninis das zum Glück nicht können, danken sie ihrem Helden am Ziel mit der »Marseillaise« seiner Heimatregion, der »Romagnia Mia«, und vor dem Hotel mit vielen anderen Ständchen bis in die Nacht hinein.

Jan Ullrich hatte sich, klug beraten, durch das Rekordtempo des Italieners nicht nervös machen lassen. Mit nur 47 Sekunden Rückstand auf Bergziege Pantani, aber mit 40 Sekunden Zugewinn auf den Erzrivalen Virenque wurde »Ulle« Zweiter. Man merke: nicht mehr Ulli, sondern eben Ulle nennt ihn seit längerem sein Masseur Eule Ruthenberg, das ganze Team, und gelegentlich – so wie jetzt – sagt das auch mal ein Journalist. Ein schlechter Tag, trotz fünftem Platz, war Alpe d'Huez für Bjarne Riis. 2'28" nahm ihm Pantani ab, dazu die Chance, Olano in der Gesamtwertung von Platz drei zu verdrängen. Den eroberte sich der Italiener. Ein Extralob aber für Udo Bölts: Trotz enormer Arbeit für Ullrich und Riis wird er Tagessiebter mit nur

13. Etappe, St. Etienne–Alpe d'Huez. Kämpfer Bölts hält das Tempo hoch. Auch Bjarne Riis 100% »Bodyguard« für Jan. Links außen Virenque. Hinter Riis eine Glatze und ein Elefantino-Ohr. Pantani ist also noch da.

2'59" Rückstand zum König von Alpe d'Huez. Eigentlich schade, dass der Pfälzer »nur« ein Edelhelfer sein kann.

Dass Ruhm und Deutschlands Tour-Begeisterung ihren Tribut fordern, bekommt Jan Ullrich von Tag zu Tag mehr zu spüren. Auch vom ZDF. Wenn dann, nach einem weiteren Tag in Gelb, Samstag ist, möchte das Aktuelle Sport-Studio nicht nur einen Tagesbericht vom ständigen Begleiter der Tour, sondern auch den Hauptdarsteller vor der Kamera haben. Kurz vor 22 Uhr kam sie zustande, die Direktschaltung vom Lerchenberg in Mainz in die Hochsavoyer Alpen, vorbereitet im Club Med vom eingeflogenen stellvertretenden Sportchef Dieter Gruschwitz. Wohl keiner merkte Ullrich an, dass er nach gut fünf Stunden »Berg-Werk«, nach Siegerehrung, Dopingkontrolle, Interview-Marathon, 30 Minuten Ausfahren auf der Rolle und eineinhalb Stunden Massage noch nicht einmal ordentlich gegessen hatte, um den Verlust von zirka 12 000 Kalorien auszugleichen für die nächste Bergetappe. Nach so einem Tag denkt man, entspannt bei einem Glas kühlem trockenen Crépy-Savoie, dann schon mal an einen Fußballstar und wünschte sich, zu diesem Thema einen Kommentar von Michael Palme zu hören. *À la votre!*

Courchevel: Ullrich, der Generöse

»Jungs, morgen müssen wir alles hochgehen lassen und versuchen, die Tour zu gewinnen.« Mit diesem Satz, erzählt ein französischer Kollege, hat Richard Virenque am Abend von Alpe d'Huez die Festina-Mannschaftssitzung eröffnet. Selbstüberschätzung, ein Hauch von Größenwahn? Virenque lag vor der 14. Etappe von Bourg d'Oisons nach Courchevel schließlich 6'22" hinter Jan Ullrich zurück. Doch der Wille soll ja schon Berge versetzt haben ...

Wie wir wissen, sind alle Gipfel stehen geblieben. Aber an ihren Flanken fand tatsächlich ein Großangriff auf das Gelbe Trikot statt. Schon am ersten Col, dem zu den schwersten der Alpen zählenden Glandon (1 924 Meter), nach nur 36 Kilometern – 22 davon sind Anstieg – dominierte ein Festina-Quartett: Virenque, Brochard, Dufaux und Hervé. An ihren Fersen nur Jan Ullrich und Saeco-Einzelkämpfer Casagrande. Um den Deutschen abzuschütteln, befahl Virenque für die 20 Kilometer lange Abfahrt »Vollgas«. Ullrich, mit leichten Bremsproblemen, vermied das höchste Risiko, büßte dadurch aber 25 Sekunden ein. Im Tal, allein und isoliert – die Jury ließ Godefroots Mannschaftswagen nicht heran –, entschied er sich, auf Unterstützung zu warten. Sie kam mit Bjarne Riis, Georg Totschnig und Udo Bölts. Auch Olano und Escartin wurden vorübergehend zu Bundesgenossen. Mittlerweile war der Vorsprung von »Sprengmeister« Virenque, seinem Festina-Trio und Casagrande auf 1'55" angewachsen. Am Gipfel der Madeleine (2 000 Meter – 20,8 Kilometer Anstieg mit 7,6 Prozent) bei Kilometer 86 betrug er nur noch 22 Sekunden. Und Virenque, gefeiert wie ein Nationalheld, hatte keine Begleiter mehr! Das Finale nach Cour-

14. Etappe, Zielankunft Courchevel. Das Duo Virenque/Ullrich hat hohe Klasse demonstriert und eine dreiviertel Minute Vorsprung herausgearbeitet. Der Deutsche kennt aber auch den Ehrenkodex des Radsports und macht dem Franzosen den Etappensieg nicht streitig.

chevel (2 000 Meter – 21 Kilometer Anstieg mit 6,3 Prozent) geriet schließlich zum Duell Festina gegen Telekom. Hier Virenque/Dufaux, da Ullrich/Riis. Und als fünftes Rad am Wagen Kelmes Klettermax Fernando Escartin.

Es ist Bjarne Riis, der fünf Kilometer lang unentwegt angreift. Der Däne, der Ullrich so großartig wieder herangefahren hat, wittert die Chance, Pantani vom dritten Platz zu verdrängen. Der Italiener »bezahlt« anscheinend für Alpe d'Huez ... wie auch Riis etwas später für seine Teamarbeit ... Die Entscheidung aber leitet, 15 Kilometer vor dem Ziel, Richard Virenque ein. Nur Ullrich kann dem ungestümen Angreifer folgen. Seite an Seite ringen Bergkönig und Gelbes Trikot. Der Franzose mit energischem Wiegetritt; der Deutsche überträgt seine Kraft vorwiegend sitzend auf die Kurbeln.

Hunderttausende sind begeistert. Virenques Aufforderung, Führungsarbeit zu übernehmen, muss Jan im Interesse Riis' ablehnen. Außerdem ist der Franzose als Gesamtzweiter sein Herausforderer. Dafür leistet Ullrich dem besten Mann des Tages keinen Widerstand beim Endspurt. »Monumental« nennt L'Équipe diese prächtige Etappe und erhebt den Etappensieger zum »phantastischen Ritter«. Ullrich aber sitzt fest auf seinem Thron.

Auch Bjarne Riis hat sein Ziel erreicht und Marco Pantani vom dritten Platz verdrängt, den Italiener, der seine Schwäche mit einer Bronchialallergie begründet und fast aufgeben will. Wenn Virenque davon gesprochen hatte, alles hochgehen zu lassen auf dem Weg nach Courchevel, so war ihm das in gewissem Sinne auch gelungen. Nicht weniger als 105 Fahrer von 170 gestarteten erreichen den Savoier Wintersport-Olympiaort (Skispringen 1992) außerhalb der konformen Zeitgrenze von 32'55". Das heißt, sie hätten nach Hause geschickt werden müssen. Dass sie – bis auf sechs – weiterfahren durften, verdanken sie der Anwendung eines Sonderparagraphen ... Lex Courchevel.

Resultat 14. Etappe	Stand Gesamtwertung
1. R. Virenque	1. J. Ullrich
2. J. Ullrich gl. Zeit	2. R. Virenque 6'22"
3. F. Escartin 0'47"	3. B. Riis 11'06"
4. L. Dufaux 1'19"	4. M. Pantani 11'30"
5. B. Riis 1'24"	5. A. Olano 14'28"
6. M. Pantani 3'06"	6. F. Escartin 15'23"

Morzine: Pantanis Bluff – Fribourg: Riis' Einbruch

Nach zwei Tour-Wochen hatte das Team Telekom eine traumhafte, aber auch hart erarbeitete Bilanz: die Godefroot-Pevenage-Truppe besaß das Gelbe und das Grüne Trikot, sie hatte fünf Etappen gewonnen und trug die gelben Mützen der besten Mannschaft. Außerdam hatte auch Bjarne Riis noch einen Fuß auf dem Podium ... der Däne, der mit seinen 33 Jahren so meisterhaft die Kapitänsrolle des Teams ausübte und der sich in vielen Situationen bei Jan Ullrich für dessen Hilfe anno '96 bedankte. Und sei es nur, um dem zehn Jahre Jüngeren beispielsweise zu sagen: »Jan, bleib ruhig. Pantani kann dir doch gar nicht gefährlich werden. Er nimmt dir vielleicht eine Minute ab. Na und?« So geschehen auf der 15. Etappe, der dritten in den Alpen, als der Italiener 20 Kilometer vor dem Ziel am Joux Plane (1 700 Meter – 11,6 Kilometer Anstieg – 8,7 Prozent) plötzlich davonzog. Jener »Kranke« von Courchevel, dem Mercatone-Chef Martinelli abends gesagt hatte: »Nur Tote kommen nicht nach Paris. Aber du bist noch nicht tot; also basta!«

Vergeblich hoffte Virenque, dass Ullrich, Bölts und Riis dem Bluffer nachsetzen würden. Als dessen Vorsprung

17. Etappe, Gelb-Zeremonie in Colmar. Mit übervollem Herzen umarmt Jan Ullrichs Mutter Marianne den überraschten Sohn und Sieger in spe.

*Das sollte man nie vergessen: Der Vater der Telekom-
Erfolge heißt Walter Godefroot. Bedeutet aber nicht, dass
er auch die Trikots wäscht. Das macht »Eule«.*

eine gute Minute betrug, musste der Franzose wohl oder
übel selbst reagieren, denn Pantani hätte ihm in der
Gesamtwertung gefährlich nahe kommen können. Ullrich
folgte Virenque wie ein Schatten. Riis hatte nach vorher
langer Temposteigerung dazu die Kraft nicht mehr. Am
Gipfel des Joux Plane überraschte Ullrich mit einem blitz-
schnellen Radwechsel: anstelle von Karbon- jetzt Alumi-
niumfelgen. Da griffen die Bremsklötzchen besser. Am
Tag vorher, am Glandon, hatte die »Chemie« nicht ge-
stimmt zwischen Karbon und Kork.
Risiko musste Jan Ullrich auf der Abfahrt nach Morzine
ganz gehörig nehmen. Zwölf Kilometer mit einer Höhendifferenz von 735 Metern! Virenque gab Gas wie vom Teufel verfolgt und versuchte, den Konkurrenten zu Fehlern
zu provozieren. Doch nur maximal zehn Meter gewann

der verwegene Franzose in den engen Kurven. Das brachte
seinen gelben Schattenmann nicht in Verlegenheit. Als
Pärchen erreichten sie – wie Courchevel am Tag zuvor –
das malerische, aber aus allen Nähten platzende Morzine.
1'17" nach dem aerodynamisch hinter (!) dem Sattel hängenden, sogar noch kühner abfahrenden Etappensieger
Marco Pantani. Der wundersam Genesene, der damit den
dritten Gesamtrang zurückgewann, weil Rivale Riis erst
2'06" nach ihm eingetroffen war, und der den ganzen Tag
über nicht mit seinem Sportlichen Leiter Martinelli
gesprochen hatte, verkündete um so vollmundiger der
Öffentlichkeit: »Der beste Pantani kommt noch ... zum
Tour-Sieg fehlen mir noch ein, zwei Jahre ...«
Es sollte tatsächlich nur ein Jahr dauern. 1998 gewann
dieser extravagante Typ die Tour, und wieder ein Jahr später konfrontierte er uns mit Zweifeln und bizarren Eskapaden.
Zurück zu 1997! Der erste deutsche Tour-de-France-Sieg:
eine Vision, geboren 1977 durch Dietrich Thurau; verstärkt
1996 dank Jan Ullrich. Nun, zwölf Monate darauf, nach der
dritten Alpenetappe, verdichtet sich Deutschlands gelbes
Traumbild immer mehr zur Wirklichkeit. Nur solches Pech
wie Bjarne Riis darf Jan nicht haben! Der Kapitän, und mit
Udo Bölts sein bester Beschützer, hat ausgangs der Alpen
eine Magenschleimhautentzündung bekommen. Sechs
nicht wieder gut zu machende Minuten kostet ihn dieses schmerzhafte Handicap. Pantani nutzt ausgerechnet
einen Pipi-Stopp zur Attacke auf den Wikinger.
Dass Riis, als Siebter nunmehr chancenlos für das Podium,
aus Wut und Enttäuschung im Schweizer Fribourg den
dänischen Journalisten beschied, »zum Teufel zu gehen«,
ist dem sonst sehr Beherrschten und Besonnenen ver-
ziehen worden.

Gesamtstand nach 16 von 21 Etappen

1. J. Ullrich (Telekom)
2. R. Virenque (Festina) 6'22"
3. M. Pantani (Mercatone) 10'13"
4. F. Escartin (Kelme) 16'05"
5. A. Olano (Banesto) 16'40"
6. F. Casagrande (Saeco) 17'14"
7. B. Riis (Telekom) 18'07"

Das Heimspiel in Colmar

Kein Bayern München, kein Boris Becker und auch kein
Michael Schumacher hat je eine so große Fangemeinde
ins Ausland locken können wie Jan Ullrich auf der
17. Etappe von Fribourg nach Colmar. 50 000, vielleicht
sogar 60 000 Deutsche unter den 250 000 Zuschauern
im Elsass! Sie feiern Jan und Erik und das ganze Telekom-
Team. Auch 200 Merdinger sind dabei, fast 10 Prozent der
Einwohner von Ullrichs Wahlheimat am Tuniberg. Gekommen in drei Fanclub-Sonderbussen, mit PKW und per Fahrrad. 30 Kilometer – ein Katzensprung bis nach Colmar.
Radsport-Deutschland lag dem Tour-Sieger in spe zu
Füßen, auch wenn er in Colmar »nur« im Hauptfeld ein-
rollte. Es gewann Neil Stephens. Drei Sekunden vor einer
Verfolgermeute schwenkte er bei der Zieldurchfahrt die
Arme etwas merkwürdig. So, wie eine Mutter ihr Baby
wiegt ... In der Tat: Stephens widmete mit dieser Geste den
Sieg seiner vier Monate alten Tochter.

Für den Tour-Helden Jan dauerte die zur schönen Gewohnheit gewordene Zeremonie – Einkleidung ins neue
Gelbe Trikot, Küsschen, Fotos – in Colmar etwas länger.
Völlig überraschend erschien seine Mutter Marianne, aus
Rostock gekommen, auf dem Podium. Eine außergewöhnliche Referenz der Tourleitung, deren Bilder von Mutter-
stolz und Rührung und ein wenig jungmännlicher Verlegenheit rund um die Welt gingen.

Etwas abseits und schon 30 Kilometer vor dem Ziel wurde
auch ich an diesem Tage umarmt. Denn auch meine Frau
und meinen Sohn hatte das Gelbfieber gepackt. So kam
es am Rande der elsässischen D 468 zwischen Werbekarawane und Hauptfeld zu einem fünfminütigen Famili-
entreffen, das auch einen sehr praktischen Wert hatte.
Konnte ich doch meinen Tour-Koffer von der in zwei
Wochen verbrauchten Wäsche befreien und mir das
Schleppen erleichtern.

»Quäl dich ...«

... dieser Ausruf von Udo Bölts, diese barsche Aufforderung
an Jan Ullrich, ist legendär geworden. Gefallen sind diese
Worte auf der Vogesen-Etappe am Tag nach Montebeliard
Richard Virenque und seine verschworene Festina-Truppe
(Brochard, Dufaux, Hervé, Moreau, Rous, Stephens) hatten

*18. Etappe, Vogesen: Telekom-Prototyp Udo Bölts wird
»unsterblich«. Sein körperlicher und moralischer Einsatz für
Ullrich stoppte das letzte Aufbäumen der Konkurrenz. Und
wenn heute jemand schlapp machen will, muss man ihm
nur sagen: »Quäl dich, du Sau!« – wie Udo 1997 zu Jan.*

einen letzten Versuch gestartet, den Deutschen doch
noch vom Thron zu stürzen. Und Ullrich, geschwächt
durch eine Erkältung, ermüdet vom pausenlosen körperlichen Einsatz, strapaziert vom Stress im Gelben Trikot,
geriet nach etwa 50 Kilometern im Anstieg zum Grand
Ballon (1 360 Meter – 16,1 Kilometer – 6,1 Prozent) tatsächlich in Rückstand. 23 Sekunden – eigentlich eine Winzigkeit. Dennoch machte sie ihn nervös, war doch nur Udo
Bölts an seiner Seite. Aber ein Udo in »Überform«, der ihn
beruhigte – »Vertrau doch mal einem Alten« – und der ihn
wieder heranführte.

Bei Virenques zweitem Frontalangriff, forciert von Pasqual
Hervé und Didier Rous am Col du Hundsruck (748 Meter
– 5,7 Kilometer – 6,8 Prozent), musste Bölts dann ähnlich

giftig werden wie dieser hässliche Vogesenberg. Hier fielen sie, die historisch gewordenen deftigen Aufmunterungsworte, die mit dazu führten, dass Ullrichs Widerstand wieder größer und der Rückstand von 47 Sekunden immer kleiner wurde. So dass der Franzose schließlich mit funkelnden Augen das Unternehmen aufgab. Nicht zuletzt auch deshalb, weil so genannte Fluchtgefährten wie Pantani (3.), Olano (5.) und Casagrande (6.) sich als Hemmschuhe erwiesen hatten. Dafür beschützte Virenque anschließend den Ausreißversuch seines Helfers Didier Rous, der in Montbéliard mit fünf Minuten Vorsprung diese 18. Etappe gewann. Der andere Sieger des Tages hieß Udo Bölts, der mit seinem enormen Kampfgeist Jan Ullrich Paris noch näher gebracht hatte, und der am Ziel so umwerfend selbstverständlich erzählte, wie er »dem Jan« gesagt habe: »Quäl dich, du Sau!«

Der Senf der Jury in Dijon

Oft genug hatte Jens Heppner im Verlauf von fast drei Tour-Wochen seinem Zimmergenossen Jan Ratschläge gegeben und ihn – wenn es nötig war – auch moralisch aufgemöbelt. Am Abend der drittletzten Etappe war es umgekehrt: Ullrich musste Heppner aufrichten. Dem hatte die Jury nach der Zielankunft in Dijon einen solchen Tiefschlag versetzt, dass »Heppe« vor Wut schäumend gedroht hatte: »Ich hau' ab!« Anstatt nach einem 25 Kilometer langen, erfolgreichen Ausreißversuch mit dem Holländer Bart Voskamp zum Sieger oder wenigstens zum Etappenzweiten erklärt worden zu sein, waren der Telekom-Fahrer und sein Endspurtkonkurrent distanziert, d.h. zurückversetzt worden. Lachender Dritter, im wahrsten Sinne des Wortes, war der 26 Sekunden später den Sprint der neun Verfolger gewinnende Italiener Mario Traversoni. Der hatte schon seine Dopingprobe abgeliefert, als man den Ahnungslosen zum Sieger erklärte.

Eine halbe Stunde hatte die Jury gebraucht, um ein groteskes Fernsehurteil zu fällen. Begründung: Zuerst habe Voskamp im Endspurt die Fahrlinie verlassen und danach sich Heppner mit Kopf und Schultern gegen den Holländer aufgelehnt. Beides müsse bestraft werden. Nicht nur die beiden Kampfhähne fanden den Schiedsspruch idiotisch. Das ganze Peloton war empört, und sogar Tour-

Direktor Jean-Marie Leblanc räsonierte gegen »seine« Schiedsrichter. Es half alles nichts. Und damit ist das »Classement de l'Étape« Montebéliard–Dijon zu einem historischen Dokument des Widersinns geworden, ist doch da zu lesen: 1. Traversoni (Mercatone) 00'26" … 10. Voskamp (TVM), 11. Heppner (Telekom) beide 00'00". Sogar Jahre danach erregen sich Experten manchmal noch über diesen Jury-Senf von Dijon. Jan Ullrich aber gelang es damals, den so wertvollen Kumpel zu besänftigen. Und spätestens bei der Triumphrunde auf den Champs-Élysées konnte auch Jens Heppner wieder richtig lachen.

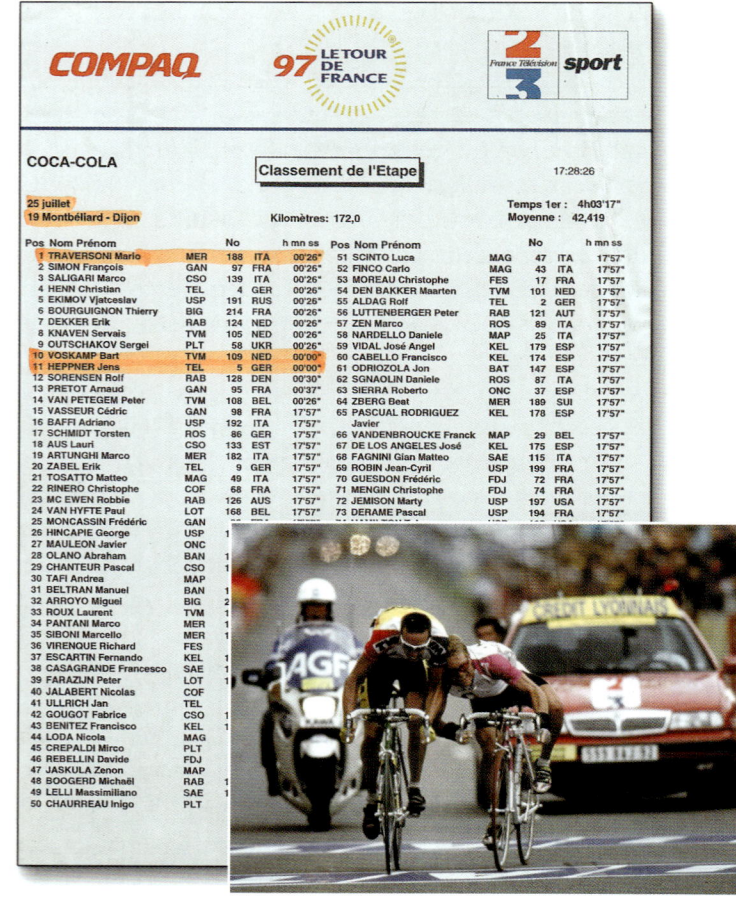

COMPAQ 97 LE TOUR DE FRANCE · France Télévision 2 3 sport

COCA-COLA | Classement de l'Etape | 17:28:26

25 juillet
19 Montbéliard - Dijon   Kilomètres: 172,0   Temps 1er: 4h03'17"   Moyenne: 42,419

Pos	Nom Prénom		No		h mn ss	Pos	Nom Prénom		No		h mn ss
1	TRAVERSONI Mario	MER	188	ITA	00'26"	51	SCINTO Luca	MAG	47	ITA	17'57"
2	SIMON François	GAN	97	FRA	00'26"	52	FINCO Carlo	MAG	43	ITA	17'57"
3	SALIGARI Marco	CSO	139	ITA	00'26"	53	MOREAU Christophe	FES	17	FRA	17'57"
4	HENN Christian	TEL	4	GER	00'26"	54	DEN BAKKER Maarten	TVM	101	NED	17'57"
5	EKIMOV Vjatceslav	USP	191	RUS	00'26"	55	ALDAG Rolf	TEL	2	GER	17'57"
6	BOURGUIGNON Thierry	BIG	214	FRA	00'26"	56	LUTTENBERGER Peter	RAB	121	AUT	17'57"
7	DEKKER Erik	RAB	124	NED	00'26"	57	ZEN Marco	ROS	89	ITA	17'57"
8	KNAVEN Servais	TVM	105	NED	00'26"	58	NARDELLO Daniele	MAP	25	ITA	17'57"
9	OUTSCHAKOV Sergei	PLT	58	UKR	00'26"	59	VIDAL José Angel	KEL	179	ESP	17'57"
10	VOSKAMP Bart	TVM	109	NED	00'00"	60	CABELLO Francisco	KEL	174	ESP	17'57"
11	HEPPNER Jens	TEL	5	GER	00'00"	61	ODRIOZOLA Jon	BAT	147	ESP	17'57"
12	SORENSEN Rolf	RAB	128	DEN	00'30"	62	SGNAOLIN Daniele	ROS	87	ITA	17'57"
13	PRETOT Arnaud	GAN	95	FRA	00'37"	63	SIERRA Roberto	ONC	37	ESP	17'57"
14	VAN PETEGEM Peter	TVM	108	BEL	00'26"	64	ZBERG Beat	MER	189	SUI	17'57"
15	VASSEUR Cédric	GAN	98	FRA	17'57"	65	PASCUAL RODRIGUEZ	KEL	178	ESP	17'57"
16	BAFFI Adriano	USP	192	ITA	17'57"	66	VANDENBROUCKE Franck	MAP	29	BEL	17'57"
17	SCHMIDT Torsten	ROS	86	GER	17'57"		Javier				
18	AUS Lauri	CSO	133	EST	17'57"	67	DE LOS ANGELES José	KEL	175	ESP	17'57"
19	ARTUNGHI Marco	MER	182	ITA	17'57"	68	FAGNINI Gian Matteo	SAE	115	ITA	17'57"
20	ZABEL Erik	TEL	9	GER	17'57"	69	ROBIN Jean-Cyril	USP	199	FRA	17'57"
21	TOSATTO Matteo	MAG	49	ITA	17'57"	70	GUESDON Frédéric	FDJ	72	FRA	17'57"
22	RINERO Christophe	COF	68	FRA	17'57"	71	MENGIN Christophe	FDJ	74	FRA	17'57"
23	MC EWEN Robbie	RAB	126	AUS	17'57"	72	JEMISON Marty	USP	197	USA	17'57"
24	VAN HYFTE Paul	LOT	168	BEL	17'57"	73	DERAME Pascal	USP	194	FRA	17'57"
25	MONCASSIN Frédéric	GAN									
26	HINCAPIE George	USP	1								
27	MAULEON Javier	ONC									
28	OLANO Abraham	BAN	1								
29	CHANTEUR Pascal	CSO	1								
30	TAFI Andrea	MAP									
31	BELTRAN Manuel	BAN	1								
32	ARROYO Miguel	BIG	2								
33	ROUX Laurent	TVM	1								
34	PANTANI Marco	MER	1								
35	SIBONI Marcello	MER	1								
36	VIRENQUE Richard	FES									
37	ESCARTIN Fernando	KEL	1								
38	CASAGRANDE Francesco	SAE	1								
39	FARAZIJN Peter	LOT	1								
40	JALABERT Nicolas	COF									
41	ULLRICH Jan	TEL									
42	GOUGOT Fabrice	CSO	1								
43	BENITEZ Francisco	KEL	1								
44	LODA Nicola	MAG									
45	CREPALDI Mirco	PLT									
46	REBELLIN Davide	FDJ									
47	JASKULA Zenon	MAP									
48	BOOGERD Michaël	RAB	1								
49	LELLI Massimiliano	SAE	1								
50	CHAURREAU Inigo	PLT									

Über den Körperkontakt lässt sich diskutieren; indiskutabel aber die Resultatliste. Die verrückteste, die es je gab. Schilda grüßt die Tour.

Vom Disneyland bei Paris zu den Champs-Élysées

Jan Ullrichs großartige Leistung wurde schon am Samstagmorgen, als noch zwei Etappen ausstanden, in Frankreich als Pioniertat gewürdigt. Er selbst hatte unmittelbar vor dem historischen ersten deutschen Tour-Sieg wohl noch einmal Angst vor der eigenen Courage bekommen. Wie sonst hätte der künftige »Sonnenkönig« (BILD) zu Rudy Pevenage sagen können, »ich bin noch gar nicht sicher, die Tour zu gewinnen«. Nun ja, ein Restrisiko bestand für den Tiefstapler theoretisch sogar noch nach dem 63-Kilometer-Einzelzeitfahren mit Start und Ziel im Pariser Disneyland, obwohl Ullrich hier seinen Vorsprung gegenüber Richard Virenque auf imposante neun Minuten ausgebaut hatte ...

Im Kampf gegen die Uhr fand Ullrich an jenem Samstagnachmittag zwischen vier und Viertel nach fünf nicht ganz unerwartet seinen Meister in Abraham Olano. Der Spanier, der erst in den Vogesen seine Bestform gefunden hatte, zündete im Mickymauspark den Turbo, lag bei allen drei Zwischenzeitmessungen und am Ende mit 45 Sekunden vor Jan Ullrich. Ein Sieg, der dem Deutschen nicht weh tat, für den Basken aber das Himmelreich bedeutete. Er wurde dadurch Vierter. Beide Kontrahenten fuhren die von der UCI schließlich doch noch zugelassenen neuen Zeitfahrmaschinen, die Italiens Fahrrad-Dior Pinarello für – so hörte man – 22 000 Mark pro Exemplar maßgeschneidert hatte.

Das dritte der neuen Edelräder, gebaut für Bjarne Riis, brachte seinem Besitzer kein Glück. Entgegen sonstiger Gewohnheit erschien der Däne erst drei Minuten vor dem Start. In Hektik ausgerutscht, beschädigte der Pechvogel die Schaltung seines Prototyps ... Blitzreparatur nicht möglich. Riis muss das Ersatzrad nehmen und startet 26 Sekunden zu spät von der Rampe, »grün vor Wut«, so schreibt L'Équipe. Telekom-Mechaniker Jean-Marc Vandenberghe repariert während der Fahrt, und Riis kann nach zehn Kilometern auf die Spezialmaschine umsteigen. 2 Kilometer später Reifenpanne, Hinterradwechsel ... anschieben, Fahrt nehmen, umschalten auf den großen Gang ... die Kette springt ab, verklemmt sich ... Riis ist wie von Sinnen, wirft das Juwel in die Sträucher am Straßenrand. Noch einmal das Ersatzrad zu besteigen, lehnt er ab,

Zeitfahren im Disneyland bei Paris. Die TdF war längst entschieden. Jan, auf dem Pinarello-»Damenrad«, konnte mit Platz zwei gut leben.

besteht auf die Reparatur seines störrischen Esels. Sekunden werden zu Minuten. Am Ende büßt der vom Glück Verlassene neun Minuten ein. Der Vorjahressieger bleibt, weit unter Wert geschlagen, Siebter der Gesamtwertung. Seine Enttäuschung verbirgt Telekoms Kapitän auch am Abend im Aktuellen Sportstudio hinter den ehrlich gemeinten Komplimenten »für die phantastische Leistung von Jan.« Das ZDF sendet live unter freiem Himmel aus Frankreichs Disneyland! Jan Ullrich, Erik Zabel und alle anderen Fahrer des siegreichen Teams sind zu Gast und werden vom überwiegend französischen Publikum gefeiert. Dazu die Sportlichen Leiter Walter Godefroot, Rudy Pevenage, Frans Van Looy. Die Telekom-Bosse Ron Sommer und Jürgen Kindervater sowie der radsportbegeisterte Politiker und Tour-Kolumnist Rudolf Scharping sitzen ebenfalls im Scheinwerferlicht. Starbesetzung auch in der internationalen Gesprächsrunde bei Moderator Wolf-Dieter Poschmann mit Tour-Direktor Jean-Marie Leblanc und dem fünfmaligen Gewinner Bernard Hinault; mit Rad-Idol Rudi Altig und Klaus-Peter Thaler, der 1978 Deutschlands bis dahin letztes Gelbes Trikot trug. Die

Finale auf den Champs-Élysées. Team Telekom macht die Musik. Vorn Jens Heppner und Rolf Aldag, dann die Tenöre in Gelb und Grün.

journalistische Fraktion bildeten Frankreichs populärer Kommentator Jean-René Godart und der ständige Tour-Begleiter des ZDF. Prägnant und einfühlsam übersetzt Simultandolmetscher Jürgen Stähle die Dialoge und lässt Jean-Marie Leblanc erstarren, als ich erzähle, einmal einem gewissen Indurain unerlaubt geholfen zu haben ... Leblanc, der für das Live-Gespräch dank unserer Freundschaft sogar das traditionelle offizielle Abschlussdiner verlassen hatte – als Geste für Deutschlands bedeutungsvollen ersten Tour-de-France-Sieg.

Als am Sonntag um 13 Uhr 30 im Disneyland der Start zur letzten Etappe erfolgt, herrscht rund um die Champs-Élysées längst Hochbetrieb. Die sieben Tribünen sind schon fast besetzt und seit Stunden die Galerieplätze hinter den Absperrgittern. Schwarz-rot-goldene Fahnen, wohin man schaut: Halb Deutschland und ganz Merdingen scheint in Paris zu sein. Schon am Morgen um sieben hat der Jan-Ullrich-Fanclub sein Terrain abgesteckt – direkt am Ziel, vis-à-vis vom Siegerpodest. Und Erich Keller, der Wirt vom »Engel«, hat auf seinem Tandem sogar ein paar Ehrenrunden auf dem 6,3 Kilometer langen

Rundkurs drehen dürfen. Hinter ihm, auf dem zweiten Sattel, saß allerdings nicht wie gewohnt seine Frau, sondern lebensgroß als Puppe »der gelbe Jan«.

Der echte Ullrich genoss wie alle anderen 138 Fahrer, die mit ihm Paris erreichten, die Paradefahrt durch Frankreichs Hauptstadt des Radsports in vollen Zügen. Teamchef Walter Godefroot gab, stolz und glücklich, schon unterwegs seinen 20 Kollegen *Directeurs Sportifs* einen kleinen, fliegenden Champagner-Empfang. Auf den letzten zehn Runden auf der Königsmeile von Paris, vorbei an Tuilerien, Place de la Concorde und Triumphbogen, wurde es noch einmal ernst. Vor 200 000 Zuschauern diese letzte Etappe zu gewinnen ist ähnlich triumphal wie ein Sieg beim ersten Frühjahrsklassiker Mailand–San Remo. Dieses Kunststück zu vollbringen und seinem zweiten Grünen Trikot damit ein Sahnehäubchen aufzusetzen wurde Erik Zabel verwehrt. Trotz des Einsatzes des gesam-

Die Seite 1997 im Goldenen Buch der Tour de France, Dreier-Gipfel Paris: 1. Jan Ullrich, 2. Richard Virenque, 3. Marco Pantani.

ten Teams, trotz der gelben Lokomotive Jan Ullrich ... Doch wer spricht in Deutschland heute noch vom raffinierten italienischen Etappensieger Nicola Minali? Allgegenwärtig von 1997 ist die Geschichte von Deutschlands erstem Tour-de-France-Sieger Jan Ullrich, vom Grünen Trikot des Erik Zabel, von den fünf Etappengewinnen und dem Mannschaftssieg des Teams Deutsche Telekom. Ein Triumph, ja doch, für die Ewigkeit.

Zu den bleibenden Erinnerungen zählen auch die unbeschreiblichen Jubelszenen an diesem 27. Juli 1997, die traditionelle Ehrung des Tour-Siegers durch den Bürgermeister von Paris, damals Monsieur Jean Tiberi, die Ehrenrunden, die rührende Begegnung Ullrichs mit seinen Fans und Freundin Gaby ... und speziell für mich, dass mein Kameramann Fips, während ich in höchster Eile an einer Zusammenfassung strickte, im Alleingang vom hundertfach umringten Jan noch ein Siegerinterview erkämpfte, das wir zwei Minuten später auf dem Sender hatten.

Für Telekoms Tour-Sieger wurde es ein Triumphtag ohne Ende ... Ehrungen und zahllose Interviews ... endlich das Wiedersehen mit der Familie ... Team-Empfang in der französischen Generalniederlassung ... interne Feier in einem Restaurant bis zum frühen Morgen.

Als Paris am Montag noch gar nicht erwacht war, hatten wir kurz nach halb sechs die erste von fünf Live-Schaltungen ins ZDF/ARD-Morgenmagazin. Der Sendeplatz war vor dem mächtigen Hotelbau des Concorde-Lafayette, wo

Vom Bildschirm abfotografiert: Nach dem Morgen-Magazin aus Paris ein Gelbes für mein ZDF-Tour-Team. Danke Fips, Gerrit, Luigi, Roland, Thomas, Wolfgang!

Gelb, Grün und Mannschaftssieg für das Team Telekom '97.

alle Fahrer und ihre Angehörigen »übernachteten« und von dem bei der ersten morgendlichen Einblendung nur die Leuchtreklame zu sehen war. Um diese Zeit etwa kam auch Jens Heppner mit seiner Frau vom Feiern zurück und sagte uns in seliger Stimmung ein Interview zu, wenn er sich erfrischt haben würde. Inzwischen hielten wir im Morgenmagazin Presseschau mit Schlagzeilen einer sportlich hochstehenden Tour de France: »Jan das Ass, Richard der König«, titelte L'Équipe und meinte mit Richard natürlich Frankreichs Radliebling Virenque. Der selten euphorische Figaro widmete dem »Triumph von Ullrich« ein Viertel seiner Titelseite. Der France Soir sagte überdimensional »Danke Ullrich«. Die kommunistische L'Humanité wurde sogar ihren Idealen untreu und nannte den Deutschen einen »König«. Und die Libération stellte schon die Frage: »Kann Ullrich die Tour 1998 verlieren?«

Wir dagegen wollten von Jens Heppner gerne etwas über die Abende mit seinem Zimmerkumpel Ullrich wissen. »Heppe« verriet der morgendlichen deutschen Fernsehgemeinde sogar eine kleine Bettgeschichte. Dass Jan nämlich, im Bett liegend, zur Entspannung gerne die Beine an der Wand hochstellte und dabei nicht selten einschlief. »Da musste ich ihm dann die Beine runterkloppen.« Da Heppner – ich schrieb es schon – auch der Buchhalter der Mannschaft war, wusste der gebürtige

Thüringer natürlich auch den letzten Kontostand: Team Telekom hatte fast 1,2 Millionen Mark eingefahren. Davon 800 000 allein Jan Ullrich, der seinen Gewinn komplett den anderen acht und den Betreuern spendete. Dafür hatte der große Sieger sehr bald viele individuelle Zahltage mit Spitzengagen um die 50 000 Mark. Die erste Startverpflichtung, so erzählte er bei unserer letzten Magazin-Einblendung gegen acht, sei »schon heute, am Montagabend, in Holland. Zuvor aber geht's nach Bonn zur Telekom-Zentrale und zum Empfang vor dem Rathaus.« Sagte es und stieg als Letzter in den Autobus, der die erschöpften deutschen Tour-Helden nach Orly brachte – zum »Charterflug Ullrich, Zabel, Telekom«.

Damit war auch für unser kleines Sechsmannteam die Tour zu Ende. Meine Mitarbeiter hatten Enormes geleistet. Dass auch der Reporter ganz schön kaputt war, merkten die Zuschauer, als ich bei der Verabschiedung meine Gefühle nicht ganz verbergen konnte. Auf meiner 32. Tour de France war »Der Traum vom Gelben Trikot« zur Wirklichkeit geworden. Nicht nur für Jan Ullrich.

84. Tour de France 1997

Startort Rouen – 3 950 Kilometer –21 Etappen – 21 Teams – 189 Fahrer – davon 139 am Ziel

1. Jan Ullrich (Team Deutsche Telekom) 100 h 30'35", Durchschnitt = 39,237 km/h
2. R. Virenque (Festina) 9'09" zurück
3. M. Pantani (Mercatone) 14'03
4. A. Olano (Banesto) 15'15"
5. F. Escartin (Kelme) 22'32"
6. F. Casagrande (Saeco) 22'47"
7. B. Riis (Telekom) 26'34"
8. J.-M. Jimenez (Banesto) 31'17"
9. L. Dufaux (Festina) 31'55"
10. R. Conti (Mercatone) 32'26"
11. B. Zberg (Mercatone)
12. O. Camenzind (Mapei)
13. P. Luttenberger (Rabobank) ...
21. U. Bölts ...
34. G. Totschnig ...

51. R. Aldag ...
60. J. Heppner ...
66. E. Zabel ...
84. C. Henn ...
118. G. Lombardi (alle Telekom) ...
136. T. Schmidt (Roslotto) ...
139. und Letzter P. Gaumont (Cofidis) 4 h 26'09"

Grünes Trikot: E. Zabel
Bergkönig: R. Virenque (Festina)
Bester Jungprofi: J. Ullrich
Mannschaftssieger: Team Deutsche Telekom

Die ausgefallene zweite Reifeprüfung

Dem Triumph folgten die Auszeichnungen. Jan Ullrich wird Ehrenbürger von Merdingen, wo man auch eine Straße nach ihm benennt. Der Bundespräsident verleiht das Silberne Lorbeerblatt. Keine Frage für Deutschlands Sportjournalisten – Ullrich ist der Sportler des Jahres 1997. Italiens La Gazzetta dello Sport erkennt ihm die Trofeo Fausto Coppi zu. Ein Kilo pures Gold ... Ideell noch höher einzustufen ist Frankreichs Vélo d'Or, der Oscar des Radsports. Eine Jury aus 18 Nationen sagt ja zu Jan. Und der verspricht: »Ich will bleiben wie ich bin.« Peter Becker, sein sportlicher Ziehvater, ist davon überzeugt:»Jan weiß, dass das einzige Mittel, ›oben‹ zu sein, die Arbeit ist. Deshalb wird der Ruhm ihn dieses Prinzip nicht vergessen lassen.«

Doch Jan Ullrich hat noch ein anderes Prinzip, das da heißt: »Ich kann nicht 365 Tage im Jahr nur an den Radsport denken.« Er will zwischen den Saisons eine Zeit lang leben wie andere junge Männer, sich amüsieren, ab und zu ›normal‹ essen und auch mal den ihm gewidmeten »Tour-Sieger '97« Merdinger Bühl probieren. Dieser verständliche Hunger nach Normalität hat in all den Jahren nach seinem Tour-Sieg zur Folge, dass er im Sommer oder Herbst sportlich ganz oben ist, im Frühjahr aber wieder bei null anfängt. Er sagt selbst: »Um zwei Wochen ohne Rad aufzuholen, muss ich fünf Wochen hart arbeiten.« Wenn Ullrich dann – regelmäßig mit acht oder noch mehr Kilo Übergewicht – in den Beruf zurückkehrt und mehrfach heimgesucht wird von grippalen Infekten, Sehnenreizungen und Knieentzündungen, führt das in den Frühjahrsrennen zu horrenden Zeitrückständen und häufigen Aufgaben. Bei einem Jan Ullrich vor dem großen Erfolg hat sich die Öffentlichkeit dafür nie interessiert.

Doch nach 1997 und später ist das anders. Als »pausbäckiger Radtourist« muss er sich im Ausland verhöhnen lassen. Man diskutiert einen »Fall Ullrich«. Sogar die geachteten Kollegen von L'Équipe werden zu Moralaposteln und schreiben im Boulevardstil, er sei »seiner Rolle als Tour-Sieger unwürdig«. Sie vergessen zu erwähnen, dass einst auch ein Miguel Indurain oder Greg LeMond die Saison manchmal mit erheblichem »Winterpelz« begannen. »Ich habe sogar einmal zwölf Kilo mitgebracht«, gesteht Bernard Hinault. Fügt aber hinzu, dass das vor seiner großen Zeit gewesen sei und dass er daraus gelernt habe, »der Sommer wird im Winter gemacht«.

Der deutsche Journalismus ist mit den Schwächen Jan Ullrichs sehr fair, manchmal vielleicht ein bisschen zu kritiklos umgegangen. Vielleicht hatte mancher auch Angst, in Ungnade zu fallen. Und hat nicht Deutschlands Paradefahrer auch in den Jahren nach dem Tour-Sieg immer wieder Großes geleistet? Dreimal wurde er Zweiter der Tour de France; zweimal Weltmeister im Zeitfahren; er gewann die Vuelta und in Sydney die Olympische Goldmedaille. In Kontinuität hatten Peter Becker, Rudy Pevenage, Walter Godefroot und Dr. Lothar Heinrich Ullrichs Defizite und Verletzungen mit methodischem und ärztlichem Können sowie mit viel Geduld und starken Nerven wieder hinbekommen.

Nur etwas ist dem Umfeld – meiner Meinung nach – in den fünf Jahren seit seinem Tour-Sieg nicht gelungen: Jan Ullrich nach dem mit Note eins bestandenen sportlichen Examen auch für die menschliche Reifeprüfung genügend zu unterstützen. Ich will nicht unterstellen, dass man das um des Erfolges willen übersehen hat. Vielleicht hat in der Hektik von Sport, Geschäft und Leistungsdruck tatsächlich die Zeit dafür gefehlt, den Radchampion als Persönlichkeit zu formen. Was spätestens nach der Nacht zum 1. Mai 2002 zu bereuen war. Ein alko-

holisierter Jan Ullrich verursacht in Freiburg mit dem Auto einen Bagatellschaden und begeht Fahrerflucht. Sechs Wochen später die Eskalation: Am Morgen nach einem Discobesuch erscheinen in der Rehaklinik Bad Wiessee, wo Ullrich sich nach einer Knieoperation befindet, überraschend die Kontrolleure der Deutschen Anti-Doping-Kommission. Das niederschmetternde Resultat: Der Radstar ist positiv! Man stellt ein Aufputschmittel fest. Ullrich erklärt, in einer quälenden Phase der sportlichen Untätigkeit und Ungewissheit über die Fortsetzung seiner Karriere in jenem Lokal zwei Pillen gegen den Frust zugesteckt bekommen und eingenommen zu haben. Am Tag des Prologes der Tour de France 2002 in Luxemburg bekennt er sich in einer spektakulären Pressekonferenz zu dieser Dummheit und bedauert sie.

6. Juli 2002, Tourbeginn in Luxemburg, Pressekonferenz in Frankfurt. Die Medien-Vorführung des Jan Ullrich. Er bekennt sich zu seinen Fehlern.

Obwohl dem Fachmann klar ist, dass der verletzte Radstar die Amphetamine zu jenem Zeitpunkt nicht zur Leistungssteigerung hat nutzen können, schützt solche Erkenntnis Ullrich vor einer Strafe nicht. Sechs Monate Sperre vom 24. Juli 02 bis 23. März 2003, abzüglich der Monate November und Dezember, entscheidet der Bund Deutscher Radfahrer. Es ist das Minimum. Schade, dass die Strafe für das Vergehen »Dopingsperre« heißt. Der Begriff stempelt ihn zum sportlichen Betrüger wie beispielsweise Richard Virenque. Und das ist Jan Ullrich nicht.

Am Tiefpunkt seiner Karriere verliert Ullrich den lukrativen Werbevertrag mit adidas. Noch schlimmer: Auch Arbeitgeber Team Deutsche Telekom beziehungsweise die Godefroot-Sport-Organisation trennen sich von der einstigen Gallionsfigur. Später gibt es das Angebot für einen neuen Vertrag nach Ablauf der Sperre. Doch Manager Wolfgang Strohband lehnt die wesentlich niedrigeren Konditionen ab. Außerdem möchte Ullrich das Comeback in einem anderen Umfeld starten. Vom 25. September 2002 an ist der Tour-Sieger von 1997 auf dem Markt. Es ist der Beginn einer grotesken Phase des Bietens, Feilschens, Pokerns. Zuerst ist das Bjarne-Riis-Team CSC in Dänemark – von vielen erhofft – der große Favorit; am Ende siegt Coast. Ullrich bleibt entgegen anderer Absicht also doch in Deutschland. Er unterschreibt am 15. Januar 2003 und bringt Rudy Pevenage mit. Der hatte einen Tag vor Silvester 2002 seinen alten Compagnon Walter Godefroot vom Seitenwechsel informiert. Der schockierte ehemalige Freund fühlt sein Vertrauen »zutiefst missbraucht«.

Schon im November 2002 war Ullrich mit Lebensgefährtin Gaby Weis von Merdingen an das Schweizer Ufer des Bodensees gezogen, – »endlich wieder ans Wasser«. In der Toskana beginnt er zielstrebig und intensiv wie schon seit Jahren nicht mehr mit dem sportlichen Neuanfang. Doch der Rennbeginn ist monatelang gefährdet. Denn Coast- und Boutiquen-Besitzer Günther Dahms, ebenso idealistisch wie unrealistisch, hat sich mit seinem Fünf-Millionen-Euro-Hobby Jan Ullrich übernommen. Zahlungsrückstände – vor allem bei den anderen Fahrern – zwingen den Radsport-Weltverband, das Team Coast im Frühjahr zweimal zu suspendieren. Keine Starts! Nur eine Bankbürgschaft des traditionsreichen Fahrradfabrikanten Bianchi (Coppi, Gimondi, Pantani!) rettet den Rennstall, für den Ullrich am 21. April bei Rund um Köln ein viel versprechendes, begeisterndes Comeback feiert. Trotzdem: Coast wird endgültig die Lizenz entzogen. Und am 23. Mai an Bianchi weiter gegeben.

Mit bis zu 50 Prozent geringerem, aber wenigstens gesichertem Einkommen beginnt für Rennfahrer und Betreuer endlich die Saison und die Tour-de-France-Vorbereitung. Direktor Jean-Marie Leblanc hatte bis zum letzten Augenblick eine Wildcard reserviert ... Jan Ullrich, unterstützt von einem nach all den Wirren begeisternd einsatzfreudigen, selbstlosen Team, bedankt sich mit einer Weltklasseleistung. Nach 14 Monaten Wettkampfpause und zwei Knieoperationen wird er auf Anhieb der Gegenspieler Nummer 1 des viermaligen Seriensiegers Lance Armstrong. Dank Jan Ullrich vor allem – und des pausenlosen »Unruhestifters« Winokurow – erlebt die Radsportwelt die hochklassigste, spannendste Tour de France seit 1989, jenem Acht-Sekunden-Finale zwischen LeMond und Fignon. Der neue Ullrich hatte von Beginn an das ideale Kampfgewicht; er imponierte durch seine Wettkampffreude und Leader-Qualitäten; durch Kraft, aber auch einen leichten, runden Tritt; durch Lockerheit, ja Souveränität im Umgang mit den Medien; durch – endlich! – freiwillige Nähe zum Publikum.

Der Tour-Ullrich 2003 war super, ein Sympathie-Symbol für den Radsport – dank seiner Wandlung. Vielleicht musste das sportliche und menschliche Tief erst kommen, um ihn zum wirklichen Champion zu machen. Dass er Zweiter wurde, nur 61 Sekunden (also 693 Meter oder 0,2 Promille der Gesamtstrecke) hinter Armstrong, ist keine Niederlage, sondern ein großer Sieg – auch dank seiner Mannschaft, in der Neulinge wie Daniel Becke oder Thomas Liese über sich hinauswuchsen; dank seines Sportlichen Leiters Rudy Pevenage; seiner Physiotherapeutin Birgit Krohme (»Anfangs musste ich die Seele mehr als die Muskeln bearbeiten«); und todsicher dank einer jungen Dame namens Sarah-Maria, deren Geburt Jan Ullrich am 1. Juli, bevor er zur Tour aufbrach, miterlebt hat und »deren Schreien abends am Telefon zu hören, die Schmerzen, die sich keiner vorstellen kann, von mir genommen hat«.

»Darauf haben wir bei Telekom fünf Jahre vergebens gewartet.« Godefroot zu Ullrichs toller Form von Beginn an.
»Und das Tolle ist: Jan hat sich selbst aus dem Schlamassel herausgezogen.« Erik Zabel zu Ullrichs Comeback.
»Bist du verrückt? Die Tour ist doch kein Dorf-Kriterium – hätte mir Johan Bruyneel ins Ohr geschrien.« L. Armstrong zur nutzlosen Ullrich-Attacke am Tourmalet.
»Lance soll sich schon mal warm anziehen für 2004.« Schlusswort Jan Ullrich.

Das Comeback des Jahres 2003

1. Ostern in Köln: Jans einziger Sieg für Coast
2. Juli: Lance-Jan-Wino, die großen drei der Tour
3. Mannschafts-Zeitfahren: Bravo, Bianchi!
4. Als Lok für Lance: Ein Fehler am Tourmalet
5. Für Rudy erdacht: »2004 steht hier Champagner«
6. Stefan Ullrich: für Bruder Jan Tag und Nacht

7/8. Wichtig für Jan: Felice Gimondi, ein Chef bei Bianchi – Wolfgang Strohband, der Manager – Birgit Krohme, die Physiotherapeutin

9. 12. Etappe: Janissimo im Zeitfahren
10. Popularität: Total zurückgewonnen
11. Reporterfrage: Und 2004???
12. Antwort zu 11: Kein Sturz am vorletzten Tag, sonst geht mir der Hut hoch.

Udo Bölts: Elf plus eine –
der deutsche Tour-Rekord

Viele Etappen und Erlebnisse mit den Tour-Größen, die der Autor zwischen 1965 und 2003 begleitet hat, sind geschildert. Doch es fehlt in diesem ganz persönlich und ohne Anspruch auf Vollständigkeit geschilderten Fahrerfeld von A bis Z, von Altig bis Zabel, noch Udo Bölts. Zu ihm, dem Pfälzer aus Heltersberg (»Liegt genau in der Mitte zwischen Kaiserslautern und Pirmasens«) hat sich während unserer gemeinsamen Frankreichrundfahrten und bei vielen anderen Begegnungen – ich gebe es gerne zu – eine spezielle Sympathie entwickelt. Darum die Würdigung des deutschen Tour-de-France-Rekordmanns (elf plus eine) hier in der Form eines Briefes an einen mehr als nur guten Bekannten.

Ein Urgestein sagte 2003 »Adieu, Tour de France.« Udo Bölts bestritt seine letzte Frankreichrundfahrt. Elfmal erreichte er den Eiffelturm im Trikot von Telekom, bei Nr. 12 trug er die Farben von Gerolsteiner. Man wird »Löwenherz« vermissen.

Aus Telekoms Anfangszeiten. Udo am ZDF-Auto: Ihr werdet doch nicht petzen, dass ich bei euch Benzin gefahren bin ...

Lieber Udo,
fast hätte ich dich hier mit »Jan« ansprechen können. Aber nicht, wie viele jetzt denken mögen, weil es eine Anspielung auf deine an einen Teamgefährten gleichen Vornamens gerichtete historische Aufforderung sein sollte, sondern weil du vor nunmehr 37 Jahren ja wirklich fast auf den Namen Jan getauft worden wärest. Doch der Vorschlag deines Vaters Georg, so hast du erzählt, wurde von Mutter Maria mit ihrem »Udo« demokratisch überstimmt. Das war im Sommer 1966.
31 Jahre später, am 24. Juli 1997, hat dir ein erfolgreicher Sportlicher Leiter symbolisch ein Gelbes Trikot verliehen – in Hochachtung vor deiner Leistung, als du auf jener kritischen Vogesenetappe Jan Ullrich mit Wort und Tat möglicherweise den Tour-de-France-Sieg gerettet hast. Zum Nachteil seines französischen Schützlings. Für dich war das damals eine Selbstverständlichkeit, wie immer in deinen 15 Profijahren. Udo Bölts – der Inbegriff von Mannschaftsgeist und Hilfsbereitschaft. »Für die ganz großen Dinge reicht es bei mir nicht«, hast du einmal gesagt. Und aus dieser Erkenntnis heraus den Teamgefährten gedient, als Tempomacher, Getränkeschlepper, Windfang, Verpflegungslie-

ferant, Pannenhelfer – kurzum: als Allroundhelfer. Nicht nur für Jan Ullrich, auch für Riis, Zabel, Heppner. Bölts war für alle da.
Die beiden ersten Profijahre – 1989 und 90 – bist du in Winfried Holtmanns Team Stuttgart gefahren. Als 1991 daraus das Team Telekom hervorging, warst du ein Gründungsmitglied, gleichsam ein Urgestein, das auch nach zwölf Jahren noch keineswegs verwittert war, 2002, als plötzlich der Blaue Brief kam.
Wie viele Kilometer hat »Udo Löwenherz« wohl zurückgelegt in dieser Zeit? 400 000 Kilometer oder gar 500 000 in Training und Wettkampf? Für die elf Frankreich-Rundfahrten ist das leicht nachzurechnen: elfmal gestartet, elfmal am Ziel = 40 977 Kilometer. Udo Bölts zwölfte, also die Tour von 2003, muss der Statistiker freundlicherweise selbst hinzufügen.

Udo Bölts zwölf vollendete Frankreichrundfahrten sind nicht nur Deutscher Rekord, sie bedeuten auch in der internationalen Rangliste einen Spitzenplatz. Ganz vorn liegen da Joop Zoetemelk (16-mal am Ziel) und Lucien Van Impe (15). Paris je 13-mal erreichten Guy Nulens (Belgien), André Darrigade (Frankreich) und Phil Anderson (Australien); zwölfmal von A–Z Raymond Poulidor (Frankreich), Sean Kelly (Irland), Joaquim Agostinho (Portugal) und Udo Bölts. Elfmal am Eiffelturm angekommen sind außerdem Gerrie Knetemann, Henk Lubberding (beide Holland), Éric Caritoux, Raymond Deslisle (beide Frankreich) und Barry Hoban (England).

Allein mit deinen Tour-de-France-Kilometern, Udo, hast du einmal komplett den Erdball umrundet ... »Udo Bölts – immer ein großer Kämpfer, selten ein strahlender Sieger«, hat mal ein Journalistenkollege bilanziert. Dafür strahlen aber einige der »seltenen« – immerhin rund 30 – Siege besonders hell. Als einziger Deutscher stehst du im Goldenen Buch der berühmten Dauphiné Liberé (1997), umgeben von Namen wie Anquetil, Bobet, Poulidor, Hinault ... Greg LeMond, Luis Herrera, Miguel Indurain und Lance Armstrong. Welcher Deutsche noch hat eine Königsetappe im

Udo Bölts – beispielhafter Kämpfer für das Team; stark und verbissen aber auch als Solist. So als Dritter 1993 in Alpe d'Huez.

Stolz auch auf seine drei Meistertrikots ('90/'95/'99): Udo Bölts, dahinter Kai Hundertmarck.

Giro gewonnen? Der Name Bölts steht für eine triumphale Bergankunft im Alleingang 1992 in Conca di Pila (1 800 Meter).

Unvergessen dort die Geste der Dankbarkeit am Ziel, »weil der liebe Gott mich unterstützt hat«. Man weiß, dass das Schlagen des Kreuzes bei dir keine hohle Phrase und das »Büchlein der Mutter Maria« immer dabei ist im Renngepäck. 1996 erlebten wir ein strahlendes »Geburtstagskind« beim Weltcup-Rennen Clasica San Sebastian. Udo, der Sieger mit der Baskenmütze. Drei Deutsche Meisterschaften (1990/'95/'99) sind eine stolze, seltene Trilogie. Und schließlich, haben nicht auch gute Platzierungen ihre Ausstrahlung? Wie der neunte Platz in der Gesamtwertung der Tour de France 1992 und im gleichen Jahr der Husarenritt und dritte Rang in Alpe d'Huez. Um es abzurunden: nur selten häufiges Pannenpech brachte dich 1997 um einen besseren als den vierten Platz bei der Weltmeisterschaft im geschätzten San Sebastian. Damals, Udo, traf im erweiterten Sinn dein berühmter Satz zu: »Das Radfahren und das Singen kann man nicht erzwingen.«

Sich selbst zu bezwingen, ist dem Radfahrer Bölts fast zur klassischen Gewohnheit geworden. Deshalb sucht er die Herausforderung der anderen Art bei einem Triathlon. Beim schwersten der Welt, dem Ironman auf Hawaii. Thomas Leder, ein deutscher Protagonist dieses zermürbenden Dreikampfes, besorgt dir für diesen ersten Versuch, die eigenen körperlichen und mentalen Grenzen einmal anderswo zu testen, eine Wildcard. 3,8 Kilometer Kraulschwimmen im Pazifik ... 180 Kilometer Radfahren, das einzige bekannte Terrain ... zum Schluss der Marathonlauf, 42 Kilometer bei 35 Grad ... »Udo ist so stark, der geht nie kaputt« hat Walter Godefroot deine Leistungsfähigkeit einmal gelobt. Nach zehn Stunden und zwei Minuten Wettkampfdauer hast du sie auch auf Hawaii bewiesen und bist unter 1 500 Spezialisten der 168. Ironman geworden.

Ein eiserner Mann musste Udo Bölts auch am Tag vor der Deutschen Meisterschaft 2002 in Bühl sein. Gekommen, um – wie besprochen – den Vertrag bei Telekom um eine Saison zu verlängern, teilt das Management stattdessen das Ende der Zusammenarbeit mit. Mit 36 Jahren als Berufsradfahrer wegrationalisiert. Ich fragte mich: Warum macht man diesen Mann der ersten Stunde, ein Herzstück von Team

A & B, oder Aldag und Bölts. Kumpel, Kämpfer, Kameraden und zwei immer fröhliche Zeitgenossen.

Telekom, nicht zum Lehrmeister für die »Fohlen«? Diesen jungen Wilden hätte »der Alte« aus der Pfalz eine Menge beibringen können ... so wie es beispielsweise 1975/76 bei T.I.-Raleigh der Belgier Ferdinand Bracke, gleichfalls 36, als Lotse für den Anfänger Thurau getan hat. Es spricht für den Ironman Udo, dass er ein paar Tage nach der Kündigung wie selbstverständlich den inzwischen geplanten Familienurlaub abbließ und stattdessen quasi über Nacht doch noch wieder zum bereits in Luxemburg versammelten Tour-de-France-Team stieß. Als Last-Minute-Ersatzmann für den verletzten Alexandre Winokurow. Dass es dann, nach dieser »Elften« und nach zwölf Telekom-Jahren, zum Abschied keinerlei Würdigung gegeben hat, dieser stillose Zapfenstreich muss geschmerzt haben.

Schön darum, dass es bei Gerolsteiner ein Bölts-würdiges Abschiedsjahr geworden ist! Nicht als Rentner, sondern als dynamische Leitfigur für die Mannschaft, mit Verantwortung und Motivation für deine zwölfte Tour de France.

Der Udo 2003 wird im Koffer wie immer sein Tagebuch haben. Jenes Büchlein, aus dem du uns – Fips, dem Kameramann und Klaus, dem Journalisten – an einem Ruhetag der Tour '99 überraschend und vertrauensvoll ein paar Zeilen vorgelesen hast. Diese stille Stunde im schattigen Garten des Pyrenäen-Hotels »Les Cèdres« ist eine wertvolle Erinnerung. Ich hoffe an diesem ersten Junitag 2003, da ich diese

Reminiszenzen schreibe, dass du nur schöne Erinnerungen an deine letzte Tour de France aufschreiben kannst. Vielleicht sogar die schönste: wie nämlich der letzte Traum, der vom Etappensieg, noch Wirklichkeit geworden ist ... Und falls doch nicht, dann, lieber Freund, sei versichert – auch wenn in deinem Tagebuch festgehalten ist, dass »der Fahrer in diesem gigantischen Tour-Unternehmen eine immer kleinere Nummer wird« – du warst eine große Nummer! Udo Bölts steht von 2004 an in keiner Startliste mehr; aber vielleicht schon bald einmal im Gipfelbuch eines 8 000ers. Die neue Bölts-Herausforderung Himalaja – so unterschiedlich zum Radsport ist sie gar nicht. Auch am »Tourmalet hoch vier« ziehen alle an einem Strang. Udo, der Teamchef und seine Sherpas.

Und im zweiten Berufsleben? Einen Sportlichen Leiter Bölts kann man sich gut vorstellen ... Seite an Seite mit ehemaligen Weggefährten wie Mario Kummer, Christian Henn oder Raimund Dietzen. Warum eigentlich nicht?

Endlich kann nun auch das Familienleben mehr in den Mittelpunkt rücken, Elke, deine Frau, sowie Helena und Jan, deine Kinder. Denn da gibt es ja nun doch noch einen Jan in der Familie Bölts! Wenn halt nicht schon 1966 der Udo einer geworden ist, dann eben im Jahr 2000 »dem Udo sein Sohn«. Vater Georg zuliebe.

Dass dein Sohn Jan und ich gemeinsam Geburtstag feiern, ist ein schöner Zufall. Vielleicht erinnerst du dich deshalb im Sommer 2038 – dann selbst schon etwas betagt – »ach ja, heut' wäre der Klaus Angermann 100 Jahre alt geworden ... auch ein Fan von mir«.

In diesem Sinne, Udo, alles Gute!

7. ETAPPE:
Hallo Doktor!

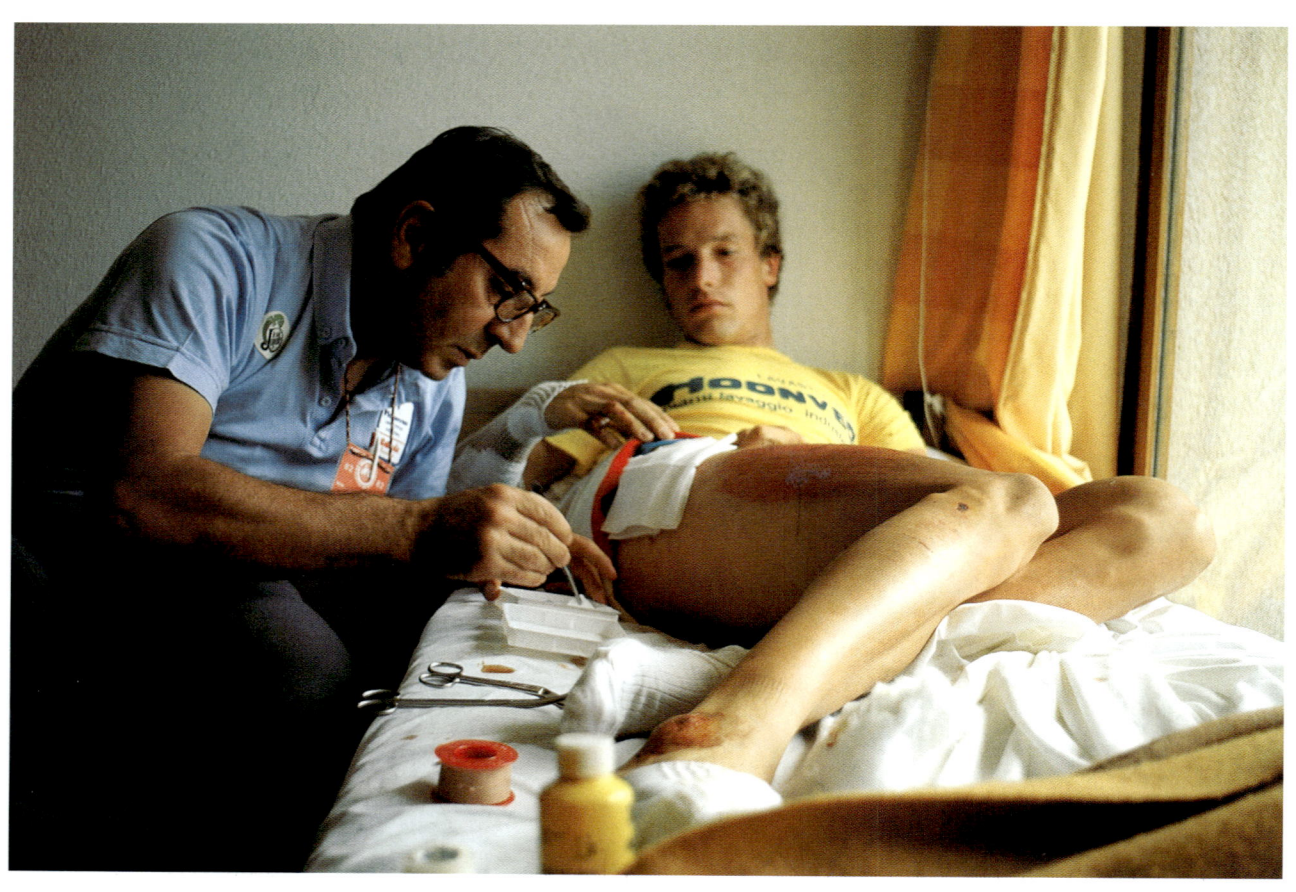

Vom Service Médical und zwei Skandalen

Es geht auf dieser wichtigen Etappe beileibe nicht nur um die berühmt-berüchtigte »schnelle Pulle«. Sie ist eh aus der Mode gekommen. Die roten Plastik-Bidons der Neuzeit enthalten seit langem gesündere Getränke als einst die Aluflaschen der Tour-de-France-Antike. Die waren nicht selten mit einer Portion »Dynamit« angereichert. Was heißen soll, dass Strychnin, Arsen und auch Pervitin Geschichte sind; heutzutage »lädt« man anders und diskreter. Blutdoping und Wachstumshormone sind das Berufsgeheimnis so manchen Erfolges im Rad- und auch bei anderem Hochleistungssport. Kürzel wie EPO, PFC und HGH signalisieren mittlerweile sogar Tante Frieda den unlauteren Wettbewerb.

Doch was sagt der alten Dame und dem Leser der Name Dr. Gérard Porte? Er ist der *médicin-chef*, der Chefarzt der Tour de France. Und das schon seit 1982. Dr. Porte, Jahrgang 1951, sportlich-drahtig, blond, stets freundlich, im

Überdimensionale Aufforderung zur Dopingprobe? Non! Nur das Bauwerk, in dem in Futuroscope einmal die »Visite médical« stattfand.

Dr. Gérard Porte, seit 1982 Chefarzt des medizinischen Dienstes. Statements oft, doch selten im »Verhör« wie beim Festina-Skandal.

Hauptberuf Traumatologe an der Pariser Clinique du Sport, wurde 2001 bereits mit dem Silbernen Ehrenteller ausgezeichnet. Für mehr als 30 Frankreichrundfahrten, denn sogar schon als Studiosus bemühte er sich um die Gesundheit der Fahrer während des Rennens. Nur da, und natürlich vor dem Start und nach der Zielankunft, ist der medizinische Dienst der Tour *en service*. Der Rest, vornehmlich die Pflege der Fahrer in den Hotels, liegt in der Verantwortung der Mannschaftsärzte. Doch halt! Sollte ein Akteur dringend ein Genesungsmittel nötig haben, das auf der Verbotsliste der UCI steht – das sind die meisten – muss der verantwortliche Tourarzt die Behandlungsnotwendigkeit schriftlich bestätigen. Vorher! Es könnte sonst bei der Dopingkontrolle Probleme geben. Apropos *Controle Antidopage*. Für diese 1968 eingeführte Kontrolle am Ziel kommen in der Regel sechs – manchmal auch mehr – Fahrer in Frage. Automatisch täglich der

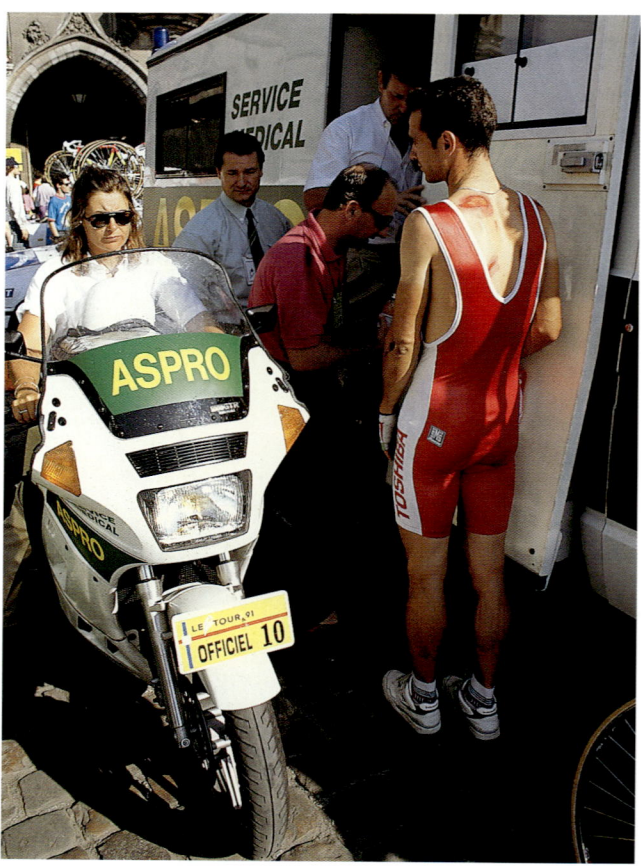

Vor oder nach der Etappe, beim »Service Médical« ist immer Betrieb. Während des Rennens wird sogar vom Motorrad aus behandelt.

Zwei Ärzte, zwei Krankenwagen vorn; eine Ambulanz am Ende des Fahrerfeldes. Direkt am Geschehen, immer aktionsbereit, ein Arzt auf dem Motorrad – in Bereitschaft vor allem für Solisten und Ausreißergruppen – sowie zwei Cabrios. Deren medizinische Tätigkeit aus dem Auto hat der Leser gelegentlich schon via Fernsehen bestaunen können, wenn blutende Sturzverletzungen, Insektenstiche oder Verstauchungen fliegend behandelt wurden oder manchmal auch ein Schmerzmittel verabreicht wurde. Bei ernsteren Zwischenfällen wie Massenstürzen öffnen Dr. Porte und seine Kollegen ihren Arztkoffer direkt am Unfallort. Wenn sie freilich einen Knochenbruch feststellen oder eine schwere Gehirnerschütterung vermuten, ist ihr Samariterdienst nur eine schnelle Erstversorgung für den Transport ins Krankenhaus. Nicht selten fließen dabei Tränen ... Manchmal aber auch widersetzen sich Fahrer dem medizinischen Rat und setzen das Rennen »heldenhaft« fort.

Spektakulärstes Beispiel dafür war 1983 der Franzose Pascal Simon. Als Spitzenreiter – mit viereinhalb Minuten Vorsprung auf Fignon – stürzte er auf der Etappe von Luchon nach Fleurance und brach ein Schulterblatt an. Mit einem monströsen Klebeverband und betreut vom damaligen Peugeot-Teamarzt Dr. Assenmacher (Köln), vertei-

Etappensieger sowie der Erste der Gesamtwertung und zusätzlich drei bis vier weitere, während des Rennens ausgeloste Fahrer. Die Sportlichen Leiter erfahren das gut eine Stunde vor Zielankunft über Radio Tour. Die überwachte, diskrete Abgabe des Kontrollurins in einem kleinen Wohnwagen – ausgerüstet für Fälle allzu großer innerer Trockenheit mit erheblichen Vorräten an Mineralwasser – steht in der Verantwortung eines Inspektors der UCI, des Radsport-Weltverbandes also. Hier endet der Hoheitsbereich von Dr. Gérard Porte. Ansonsten ist er etwa 25 Kilometer lang; denn auch die Endlos-Schlange der Reklamekolonne wird vom *Sérvice Medical* betreut.

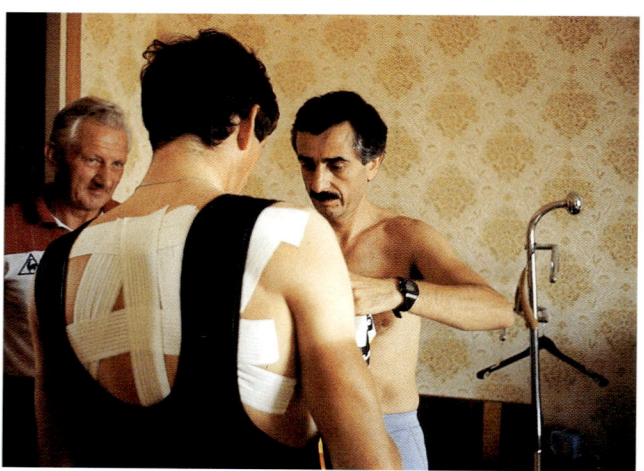

Ähnlich Tyler Hamilton 2003 – unglaublich, aber wahr: 1982 quälte sich der französische Spitzenreiter Pascal Simon mit angebrochenem ...

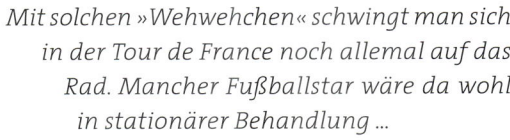

digte Simon, schier unglaublich, das Gelbe Trikot noch fünf Etappen lang. Erst auf dem Weg nach Alpe d'Huez gab er sich dem Schmerz geschlagen. 18 Jahre später, 2001, hatte auch sein Bruder Francois Simon den Traum vom Gelben Trikot. Er dauerte drei Tage und drei Nächte, dann zerstörte ihn Lance Armstrong.

Es hat auch Unglücksfälle gegeben, da kam der Ruf »Allu, Docteur!« zu spät. So geschehen im Juli 1967 am Mont Ventoux, als Dr. Dumas dem sterbenden Tom Simpson kein Leben mehr einzuhauchen vermochte; so geschehen im Juli 1995, als der Italiener Fabio Casartelli in den Pyrenäen so schwere Kopfverletzungen erlitt, dass alle Rettungsversuche aussichtslos waren; so geschehen zuletzt im Juli 2002, als ein Kind unter die Räder eines Reklamefahrzeuges geriet. Gottlob sind diese Tragödien, wo die Helfer ohnmächtig sind, höchst selten. Das gigantische Sportereignis wurde wegen Trauer bislang nicht unterbrochen. Auch wenn Schlaumeier, die die Tour noch nie erlebt haben, sich berufen fühlen, das als »Herzlosigkeit aus Geschäftsgründen«

Mit solchen »Wehwehchen« schwingt man sich in der Tour de France noch allemal auf das Rad. Mancher Fußballstar wäre da wohl in stationärer Behandlung ...

zu kritisieren: So mir nichts, dir nichts geht man keineswegs zur Tagesordnung über. Die Gedenkminute am Start oder am anderen Tag die »Etappe ohne Sieger« wie bei Casartelli sind nicht nur äußere Zeichen der Erschütterung. Sie ist spür- und sichtbar bis in den Pressesaal, wenn Tour-Direktor, Gendarmerie und Arzt – wie im Fall des kleinen Jungen Melvin anno 2002 – für das Unerklärliche doch noch eine Erklärung abgeben müssen.

Visite médical – die Untersuchung vor dem Start

Die offizielle Arbeit der medizinischen Brigade um Dr. Gérard Porte beginnt am Startort bereits drei Tage vor dem samstäglichen Prolog. Angesagt ist ein etwa einstündiger Gesundheits-Check aller 198 Fahrer, zu dem seit dem Jahr 2000 auch eine Blutkontrolle gehört. Es

... Schulterblatt über die Strecke. Fünf Tage stand er die Tortur durch, dann hatten die Kameramänner ihr gefundenes Fressen. Foto: kurz vor der Aufgabe.

»Pustekuchen« sagt der Kindermund, wenn etwas misslingt. Doch hier beweist Sean Kelly (4x Grünes Trikot) seine Lungenkapazität.

Dieses »Doping« verbietet (noch) kein Paragraph! Entdeckt habe ich das Aphrodisiakum am Lenker von Mario Cipollini. Ete, nun wissen wir, warum der Schöne so schnell ist.

wird also nicht mehr nur sicherheitshalber ein EKG gemacht und das Herz-Lungen-Volumen registriert, sondern auch festgestellt, ob der Hämatokrit-Wert des Ausdauer-Athleten innerhalb der erlaubten 50,0 Prozent liegt. Ist er höher – und sei es nur ein Zehntel –, ist das der Beweis für einen zu großen Anteil roter Blutkörperchen und zugleich das Warnzeichen für eine gefährliche Blutverdickung. Wer also mit 50,1 und mehr Prozent erscheint, der ist laut UCI-Reglement »nicht rennbereit« und erhält

ein 14-tägiges Startverbot. Das Gleiche gilt dann während der Tour für die bei einzelnen Teams früh morgens durchgeführten Sonderkontrollen. Die meistens zwischen sechs und sieben Uhr anklopfenden Überraschungsgäste werden von den Fahrern wenig schmeichelhaft »Blutsauger« genannt. Obwohl jede Mannschaft von mindestens einem eigenen Arzt begleitet und dementsprechend »eingestellt« wird, passieren immer wieder peinliche Pannen. Im Jahr 2000 hatten bei der *visite médicale* gleich drei Fahrer (es waren Brasi, Hauptmann und Iwanow) einen zu hohen Hämatokrit-Wert. Sie mussten, ohne überhaupt auf dem Rad gesessen zu haben, die Heimreise antreten. Den spektakulärsten Fall erlebte zuvor 1999 der Giro, als am vorletzten Tag der designierte Gewinner Marco Pantani kontrolliert wurde und er wegen »Überhöhung« das Rosa Trikot ausziehen und nach Hause musste.

Das Zuviel an Rot im Blut ist zwar kein Dopingbeweis, aber ein Anzeichen, dass dem Rennfahrer, um seinen Sauerstofftransport und damit die Ausdauer-Leistung – man sagt, bis zu 10 % – zu erhöhen, vermutlich synthetische »Versorger« wie EPO und PFC zugeführt wurden; Mittel, die ein mehrwöchiges, teures Höhentraining ersetzen. Sie sind dank raffinierter Verschleierungsmethoden ähnlich schwer nachzuweisen, wie die dem Muskelaufbau dienenden Wachstumshormone.

Damit wären wir – wohl oder übel – beim heißen Thema der unerlaubten Leistungssteigerung. Diese Geschichte ist so alt wie der Sport. Und nicht nur wie der Radsport. Doch der hat die größten Affären gehabt, nicht zuletzt, weil der Internationale Radsport-Verband (UCI) den intensivsten, härtesten und offensten Dopingkampf von allen Sportarten und unter allen Föderationen führt. Noch wirksamer, weil in der Konsequenz brutaler, sind die staatlichen Dopinggesetze, die Frankreich und mit Einschränkung auch Italien praktizieren. So hat der gallische Nachbar im Juni 2003 in Rennes drei Personen – darunter den ehemaligen Profi Patrick Béon – zu je drei Jahren Haft ohne Bewährung verurteilt, weil sie umfangreich und über lange Zeit mit den berüchtigten *Pots Belges* gehandelt hatten, dem bekanntesten Frischmacher-Cocktail der Szene. Vielleicht helfen auf Dauer tatsächlich nur diese drastischen Strafen, angewendet auf die verabreichenden Ärzte oder sonstige Medizinmänner, um der Drogen-Geißel im Sport Einhalt zu gebieten. Vielleicht hat auch der Trainer Peter Becker recht, der Jan-Ullrich-Macher, der im Herbst 1999 bei einer Diskussion gesagt hat: »Ein Umdenken setzt erst ein, wenn ein überführter Sportler sein Rad an den Nagel hängen muss.« Es soll keine Ablenkung vom Radsport sein, doch das Gleiche gilt auch für gewisse Protagonisten mit Spikes oder Kugel; mit Hantel, Langlauf-Ski, Gymnastikgeräten oder im Schwimmanzug. Es scheint – aus meiner Sicht – ein ziemlich aussichtsloser Kampf zu sein: Zu hoch ist der Millionen-Einsatz der Sponsoren; zu groß der Leistungsdruck und Erfolgszwang auf den Athleten; zu gewinnbringend das Geschäft mit dem Hochleistungssport für die Organisatoren; zu bestimmend in gewissen Ländern auch der angestrebte sportpolitische Propaganda-Erfolg, als dass man zu international einheitlichen, abschreckenden und den Sport schützenden Gesetzgebungen finden könnte. Und – welch idealistischer Traum – vielleicht sogar wieder zu etwas mehr Ethik und Moral. Hemmend für einen durchschlagenden internationalen Erfolg sind die noch immer zu unterschiedlichen Regelwerke und Gesetze der Länder und Verbände. Zu viele Schlupflöcher bieten sie den Winkeladvokaten der kriminellen sportlichen Energie. Vielversprechend erschien daher 1999 die Gründung der Welt-Antidoping-Agentur WADA. Doch kein Geringerer als IOC-Präsident Jacques Rogge hat dem lange ersehnten weltweiten Kontrollorgan im Sommer 2003 schon wieder das Aus vorausgesagt, wenn die Finanzierung weiterhin fast nur vom Internationalen Olympischen Komitee getragen würde und nicht auch von den Regierungen der Sport-Welt.

Beim IOC verboten, bei der UCI nicht ...

K.o.-Schläge gegen die sportliche Moral der Tour de France hat der Autor im Verlauf von 38 Rundfahrten einige erlebt. So 1988, als der sowohl seinerzeit als Rennfahrer wie auch heute als Kollege liebenswerte Pedro Delgado sich das Gelbe Trikot dank einer Reglementslücke ermogelte. Man hatte »Perico« (zu deutsch: Peterlein) das Anabolika verschleiernde Mittel Probenicid nachgewiesen. Doch verboten war es zu diesem Zeitpunkt nur im Reglement des

Zehn Jahre vor Festina: der Fall Pedro Delgado. Der Spanier hatte Glück. Dank einer Reglementslücke wurde er Toursieger 1988.

IOC und des französischen Radsport-Verbandes, noch nicht jedoch bei der UCI. Nach deren Bestimmungen aber wurde die Tour gefahren ... Also, Freispruch für Delgado. Daraufhin boykottierte Frankreichs Sportminister Lionel Jospin die Siegerehrung auf den Champs Élysées.

Als die Tour kurz vor dem Abbruch stand

Weitaus gravierender waren die Ereignisse des Jahres 1998. Bekannt als »Festina-Skandal« drohten sie, die Frankreichrundfahrt vorzeitig zu beenden. Es ist vor allem Bjarne Riis und seinem leidenschaftlichen Appell an seine auf der 17. Etappe nach Aix-les-Bains schon abgestiegenen Kollegen zu danken, dass die 85. Tour heute nicht als »Die Unvollendete« im Geschichtsbuch steht.

Das Festina-Team 1998 bei der Präsentation der Mannschaften in Dublin. Zu diesem Zeitpunkt war Masseur Voet schon verhaftet.

Im Zeitraffer die damaligen Ereignisse: Drei Tage vor dem Rundfahrtstart in Dublin wird Festina-Masseur Willy Voet in der Nähe von Lille von französischen Zollbeamten mit einer riesigen Dopingmenge erwischt. Um die eigene Haut zu retten »singt« der Betreuer und gesteht den Justizbehörden, die Drogen für Festina-Teamchef Bruno Roussel und Mannschaftsarzt Dr. Eric Rijckaert in der Schweiz und in Deutschland beschafft zu haben. Voets Aufzeichnungen veranlassen den Untersuchungsrichter, nachdem die Tour das Mutterland erreicht hat, auch die zwei Verantwortlichen in U-Haft zu nehmen. Auch sie gestehen: EPO-Doping bei der gesamten Festina-Mannschaft. Daraufhin schließt Tour-Direktor Leblanc, obwohl kein direktes Vergehen während der Rundfahrt begangen wurde, alle neun Fahrer des Rennstalls nach der 11. Etappe aus. Darunter sind Richard Virenque, Weltmeister Laurent Brochard und der Schweizer Alex Zülle. Anlässlich ihrer richterlichen Vernehmung in Lyon werden sie über-

raschend in Haft genommen. Unter dem Druck der von Masseur Voet gelieferten Beweislast und unwürdigen Behandlungsmethoden – Einzelzelle, Holzpritschen, nackt ausziehen – gestehen sechs der neun; u.a. Brochard, Dufaux, Armin Meier und Alex Zülle, dem man sogar die Brille genommen hatte. Der langjährige Tour-Begleiter der Basler Zeitung, Willi Erzberger, schreibt empört von der »Beugungshaft« seiner Eidgenossen.

Die französischen Ermittler sind auch danach nicht zimperlich. Sie machen Razzien in den Mannschaftshotels; verhören Fahrer und Personal diverser Teams stundenlang, manchmal bis nach Mitternacht; verhaften bei TVM den Sportlichen Leiter Cees Prim und Arzt Dr. Michailow sowie bei CASINO den Träger des Berg-Trikots Rodolfo Massi. Der Italiener soll Dealer sein. Bei allen Überraschungsaktionen sind zufällig immer ein paar Bildberichter dabei ... Im Peloton gärt es. Einer zweistündigen Startverzögerung zur 12. Etappe folgt am 17. Tag zwischen Albertville und Aix-les-Bains die Eskalation: Dreimal unterbrechen die Fahrer das Rennen. Die französischen Wortführer Laurent Jalabert und Ex-Weltmeister Luc Leblanc fordern zum Abbruch auf; der besonnene Bjarne Riis kämpft für die Fortsetzung; er erreicht die Zusicherung, dass künftige Kontrollen ohne Polizeigewalt stattfinden. Der Däne muss sich vom Französischen Meister zwar als »Verräter der Kollegen« bezeichnen lassen, aber die Tour ist gerettet. Mit zweieinhalb Stunden Verspätung wird das Ziel erreicht. Alle vier spanischen Mannschaften – Once (Jalabert), Banesto, Kelme und Vitalicio – steigen aus Protest aus.

Das Geschehen um Festina und der drohende Abbruch der Tour '98 zählen zu den wenigen, aber mithin wirklichen Tiefpunkten meiner 40-jährigen journalistischen Tätigkeit. Zum erstenmal Live-Kommentator von A bis Z bei Eurosport, glaubte ich in Aix-les-Bains bereits »vom Sender« zu sein. Doch das Mikrophon war noch geöffnet. So erfuhr der Zuschauer an diesem Tage ungewollt von den intimen Emotionen eines Reporters.

Die Hauptpersonen der Festina-Affäre erhielten folgende Strafen: der Sportliche Leiter Bruno Roussel ein Jahr Haft auf Bewährung; Masseur Willy Voet zehn Monate mit Bewährung. Mannschaftsarzt Dr. Rijckaert, der während der dreimonatigen U-Haft an Lungenkrebs erkrankte, ist während der Aussetzung seines Prozesses verstorben. Die Startsperren, die die Sportgerichte der Verbände gegen die Fahrer verhängten, lagen zwischen sieben und neun Monaten. Richard Virenque, dessen tränenreicher Abgang aus der Tour '98 ebenso unvergessen ist wie sein Lügen vor Gericht und Fernsehpublikum, gestand die EPO-Behandlung erst nach zwei Jahren ein. Nichtsdestotrotz ist er ein Medienstar und gefeierter Liebling des Publikums geblieben.

Es scheint tatsächlich so zu sein, dass sportliche Regelverletzungen, Peinlichkeiten und Skandale in unserer Gesellschaft schnell verdrängt werden. Vielleicht empfindet die breite Masse die Verstöße gegen Ethik und Ehrlichkeit auch deshalb nicht mehr als so tragisch, weil sie – leider – zum täglichen Leben gehören. Und was den Sport betrifft, fast überall auftreten. Motto: je größer der lockende Gewinn, desto tiefer sinkt die Hemmschwelle. Um auf den Radsport zurückzukommen, darf hier noch einmal Willy Voet zitiert werden: »Wenn man mit dieser ganzen Scheiße radikal Schluss machen würde, dann wären es immer noch dieselben Champions, die vorn wären.« Der Mann, der im ZDF-Sport-Studio einmal sagte »Ich habe 30 Jahre lang Sportler gedopt«, bestätigt damit,

Auch Richard Virenque befand sich 1998 im Fokus des Festina-Skandals. Seine Unschuldstränen füllten Staubecken. Nach zwei Jahren gab er EPO-Doping zu.

Dr. Philippe Miserez, Tour-Chefarzt 1971–'81: »... *schockiert, dass Festina allein den Kopf hinhalten musste ... denke, dass bei den meisten Mannschaften gedopt wird.*«

Bernard Kouchner, 1998 Frankreichs Staatssekretär für Gesundheit: »*Wir alle sind Komplizen einer gigantischen Scheinheiligkeit ... alle Welt weiß, dass in der Tour gedopt wird ... wer überleben will, kann gar nicht anders.*« Kouchners Vater war Tour-Arzt.

Daniel Baal, 1998 Präsident des Französischen Radsport-Verbandes: »*Zu glauben, man könne die Tour mit Mineralwasser und ohne medizinische Unterstützung fahren, ist irrealistisch ... trotzdem hat man nicht das Recht, zu sagen, alle Fahrer seien gedopt.*«

Dr. Patrice Bouillon, Service médical: »*Eine Grenze zwischen unterstützenden Maßnahmen und Doping zu ziehen, ist kaum möglich.*«

dass selbst noch so viel Doping aus einem Ackergaul kein Rennpferd macht – und dass ihm, dem *Präparatore*, der saubere Weg zum Erfolg nicht unbekannt ist. Ein Weg, auf dem der Internationale Radsportverband UCI den Fahrern und ihren Betreuern die Richtung weisen will, u.a. mit der Einführung eines Gesundheitspasses. Dieses *Livret de Santé*, eine beispielgebende Neuheit im internationalen Hochleistungssport, ist sowohl ein Informations- als auch ein Pflichtenheft. Es schreibt dem Athleten alle drei Monate eine Pflichtuntersuchung in einer von der UCI anerkannten medizinischen Einrichtung vor. Die so

Dr. Lothar Heinrich (links) ist verantwortlich für die medizinische Betreuung der Fahrer vom Team Telekom bei den Rennen. Der Freiburger – hier mit Masseur Ruthenberg – ist auch bei Weltmeisterschaften dabei.

genannte UCI-I zu Jahresbeginn ist ein umfassender klinischer Check mit Belastungs-EKG sowie Blutuntersuchungen nach verschiedenen Charakteristica. Diese Blut-Parameter zu überprüfen, dienen die drei anderen periodischen Tests UCI II, III und VI im Verlauf des Wettkampfjahres. Im Gesundheitspass müssen auch eventuelle chronische Erkrankungen eines Fahrers wie Asthma oder Allergien ärztlich beglaubigt sein. Ebenso ihre Heilbehandlung mit Dopingsubstanzen enthaltenden Medikamenten, die die UCI-Ärztekommission im Pass auf einer speziellen Liste aufführt. Und nur mit einem korrekt

geführten »Gesundheitsbüchlein« darf der Athlet bei einem Rennen zugelassen werden. Es ist gewissermaßen seine Startlizenz.

Dass all diese Bedingungen erfüllt werden, dafür haben die Profirennställe ihre Teamärzte, ja regelrechte medizinische Abteilungen. Team Telekom beispielsweise wird von der Medizinischen Klinik der Universität Freiburg betreut. Im Gründerjahr 1991 unter Leitung von Prof. Dr. Keul stehend, heute geführt von Prof. Dr. Andreas Schmid. Mit dem Oberarzt, letzter Mann der ersten Stunde, ist es inzwischen ein medizinisches Quintett, das sich um die 25 Fahrer kümmert, nämlich die Ärzte Dr. Lothar Heinrich, Dr. Andreas Blum, Dr. Carsten Temme und Dr. Stefan Vogt. Ein Team, das nicht nur behandelt, sondern das vor allem auch die Leistungsfähigkeit der Fahrer steuert, ihnen Diagnosen stellt, Trainingsempfehlungen gibt, sie in bestmöglicher körperlicher Bereitschaft in die Rennen entlässt und dort natürlich begleitet. Bis hin zu den obligaten Kontrollen mit dem Gesundheitspass. Die Freiburger Leistungsmedizin hat an den großen Erfolgen der Telekomfahrer wesentlichen Anteil.

Dass freilich bei der großen Internationalität in einem Team Alleingänge und Fehltritte von Fahrern außerhalb der offiziellen Betreuung möglich sind, haben wir schon erlebt. Auch bei Telekom. Aber nie in Rennen der Ullrich, Zabel, Bölts und Co.

Doch alle würden wohl lächeln, wenn ihnen vor einer Tour-Etappe der Doc raten würde: »Und Jungs, vergesst nicht, alle zehn Kilometer ein Stück Würfelzucker und einen Schluck Wasser zu nehmen.« Das, so hat Gino Bartali einmal erzählt, sei sein Erfolgsgeheimnis gewesen.

Anlass großer Verwirrung war in der »guten alten Zeit« auch einmal das einzigartige Resultat einer Dopingkontrolle. Lautete doch der Laborbefund »Der kontrollierte Fahrer ist schwanger«. Die Tour-Ärzte waren sprachlos über diesen ganz besonderen »positiven« Befund. Der Fahrer – ich kenne ihn persönlich, es war ein Holländer – weihte erst viel, viel später ein paar Vertrauensträger in sein Geheimnis ein: Er hatte, um bei einer Dopingkontrolle nicht hängen zu bleiben, ein Fläschlein Urin seiner schwangeren Frau mitgebracht. Dieses Wässerchen schob er dann dem Kontrolleur unter ...

Gesichter der Tour

1. *Der Genießer: Uwe Ampler (D) 1991, Alpe d´Huez*
2. *Angezählt: Andrew Hampsten (USA) 1991, Alpe d´Huez*
3. *Känguru und Struwwelpeter: Phil Anderson (AUS) 1982*
4. *Naseweis: Gianni Bugno (ITA) 1993*
5. *Köstlich! Dimitrij Konyschew (RUS) 1997*
6. *Kampfspuren: Armand Desmet (BEL) 1965*
7. *Sprinters Bergankunft: Klaus-Peter Thaler (D) 1982*
8. *Vom Arzt gestoppt: Rik Van Linden (BEL) 1979*
9. *Erklärungsbedarf: Freddy Maertens (BEL) 1981*
10. *Merde, le Ventoux! André Foucher (FRA) 1965*
11. *Wasserleitung: Dominik Krieger (D) 1991*

8. ETAPPE:
Episoden – Schicksale –
Freundschaften

Eric Heiden – die Unvollendete

Als ich bei den Olympischen Winterspielen 1980 im rauen Lake Placid an einem rodelfreien Sendetag miterlebte, wie der 20-jährige Amerikaner Eric-Arthur Heiden eine seiner legendären fünf Goldmedaillen gewann, ahnte ich um alles in der Welt nicht, dass ich diesem Jahrhundert-Eisschnellläufer sehr bald beim Radsport begegnen würde.

»Sehr bald«, das war im September 1981 in Brünn bei der Bahn-Radweltmeisterschaft. Heiden suchte nach dem überwältigenden Olympiasieg auf Kufen eine neue Herausforderung und startete im 5 000 m-Verfolgungsrennen. Schon die Qualifikation war Endstation. »So leicht ist das nun doch nicht, Mister«, feixte das Rad-Establishment. Doch Heiden ließ sich nicht abweisen. Er lernte in Belgien Windkante fahren, fuhr kleinere Straßenrennen; studierte aber in Amerika weiter Medizin und war im Winter ein gefragter Eisschnelllaufkommentator. Seinen großen Traum verlor er dabei nicht aus den Augen: vom Olymp zur Tour de France. Sechs Jahre nach Lake Placid steht Eric Heiden im US-Team von Seven Eleven. Der inzwischen 26-Jährige machte eine erstaunlich gute Figur. Mit seinem Athletenkörper von 1.86 m und 79 kg meisterte er die Pyrenäen im Mittelfeld, fuhr sehr mannschaftsdienlich – und nach 17 von 23 Etappen freute er sich zu Beginn der letzten Woche schon ein bisschen auf Paris. Mir versprach er für den Ruhetag in Alpe d'Huez ein Interview. Leider blieb Heidens Rad-Sinfonie eine unvollendete. Bei Radio Tour, also im Streckenfunk, hörte sich das auf der 18. Etappe so an: »Attention! Kilomètre 59, le numéro 204, Eric Heiden, au bord de là route.« Heiden am Straßenrand! Mein Cowboy hatte den mächtigen Galibier besiegt, problemlos auch den leichteren Télégraphe überquert, doch in der steilen, kurvenreichen Abfahrt – bei Tempo 80 – versteuert er sich. Bumms! Zum Glück nichts gebrochen, nur Schürfwunden. Aber der Kopf. Heiden, total benommen, will trotzdem weiterfahren. Sein Sportlicher Leiter Jim Ochowicz – heute Freund und Berater von Armstrong – untersagt es; lässt ihn sicherheitshalber ins Hospital fliegen. Kaum erhofft, ließ mich Heiden trotz einer leichten Gehirnerschütterung am Ruhetag aufs Zimmer kommen. Hier das Tonbandprotokoll der Bilanz seiner Unvollendeten.

»I'm sorry. Ein einziges Mal während der ganzen Tour verzichte ich bei der Abfahrt, weil es so heiß ist, auf den Sturzhelm und prompt knalle ich auf den Kopf. Mist, ich wollte so gerne nach Paris.

Trotzdem fliege ich nicht im Zorn zurück in die USA, denn ich habe die große Tour gemacht. Ein Jugendtraum hat sich erfüllt. Schon mit 15 habe ich die Berichte über die Cycling Tour of France nur so verschlungen und Anquetil und Merckx bewundert. Als es dann nach Lake Placid keine höhere Herausforderung mehr gab, habe ich im Radsport ein neues Ziel gesehen. Meine Schwester Beth war ja dort schon sehr erfolgreich (Weltmeisterin 1982 – der Autor).

Yeah, mein Auftakt war katastrophal. Weißt du noch? Brünn! Oder Tirreno–Adriatico. Im Schnee- und Eisregen habt ihr mich gefilmt und am Ziel vergebens auf mich gewartet … Im Giro 131., Viertletzter … Und nun diese Tour de France – das schönste Rennen, das größte Abenteuer meines Lebens. Fantastisch. Die Menschenmassen an den Straßen und ich mittendrin in einem Feld von Kumpeln. Kontakt mit den Großen habe ich zwar meistens nur am Start gehabt; aber auch im Hinterfeld hat man Erlebnisse. Und Kollegen, die sich in den Bergen genauso schinden müssen wie unsereiner. Guido Bontempi war so einer. Der hat so nebenbei von mir ein bisschen Englisch gelernt und ich von ihm ein paar Brocken Italienisch. Àpropos Berge: Die Pyrenäen waren das Schönste, was ich je gesehen habe. Und das schönste Erlebnis – als mein Name ein paarmal groß auf der Straße stand. Der kleine Heiden neben dem großen Hinault, wer hatte das wohl hingepinselt? Es waren Holländer, die mich vom Eisschnelllauf her kannten.

Eric Heiden, »Mr. Goldfinger« der Olympischen Spiele 1980 in Lake Placid, Sieger in allen fünf Eisschnelllauf-Disziplinen ...

Dafür wusste der Speaker mit meinem ehemaligen Sport wenig anzufangen. Er sprach immer vom Olympiasieger patinage d'artistique, also vom Eiskunstläufer. Dabei habe ich beim Schnelllauf doch nie einen Doppel-Axel gesprungen, oder? Well, an all das werde ich gern zurückdenken. Und dass ich mir den Wunschtraum vieler radbegeisterter Amerikaner habe erfüllen können, die Tour de France. Leider hat er nicht das richtige Ende.«

... wurde danach Radrennfahrer auf Bahn und Straße. Ich bewunderte die Courage des Amerikaners u. a. bei einem Tirreno–Adriatico in Eis und Schnee.

Als Eric Heiden mir zum Abschied seinen zuletzt getragenen einteiligen Rennanzug schenkte, ahnte ich nicht, dass er im stillen seine Rennfahrerkarriere schon beendet hatte, hoch oben in Alpe d'Huez. Er wollte sein Medizinstudium abschließen. Mittlerweile ist der erfolgreichste Eisschnellläufer aller Zeiten Professor an einer Klinik in Wisconsin, dem Radsport aber nach wie vor verbunden und ein toller Typ geblieben.

Die »rote Laterne« gerettet ...

Man soll sich ja nicht selber auf die Schultern klopfen, aber für eine gute Tat ist ein bisschen Eigenlob schon mal gestattet; zum Beispiel, wenn ein Journalist verhindern kann, dass die Jury der Tour de France einen Fahrer zu Unrecht ausschließt. Das geschah 1978 in Morzine, als der französische Fahrer Philippe Tesnière das Ziel der 18. Etappe eine Stunde nach dem Sieger erreichte, genau acht Minuten nach Kontrollschluss. Mit

hängenden Schultern wendete »der letzte Mohikaner« im schon trüben Abendlicht dieses verregneten, kalten Julitages sein Rad und fuhr in Richtung Hotel. Tesnière musste die schriftliche Bestätigung des »Ausschluss wegen Zeitüberschreitung« gar nicht erst abwarten. Er konnte den Koffer packen. Das ist auf schweren Bergetappen eigentlich normal und nichts Besonderes. Doch diesen Fall hatten mein Kameramann Klaus Issler und ich hautnah miterlebt, wie die Startnummer 88 sich ohne Geleitschutz eines Teamwagens oder eines Polizeimotorrades im Alleingang den Weg bahnen musste – 40 Kilometer, durch dicksten Nebel und bereits aufbrechende Zuschauer, die mit dem Nachzügler gar nicht mehr gerechnet hatten. Neun Fahrer hatten auf dieser Alpenetappe bereits resigniert, Promis wie Hennie Kuiper (Schlüsselbeinbruch), Danguillaume, Gerben Karstens. Unser Freund ahnte gar nicht, wie sehr wir mit ihm fieberten. Mit vollaufgeblendeten Scheinwerfern und pausenlosem Hupen schoben wir Tesnière förmlich über den Col de Joux Plane und kamen dann doch zu spät nach Morzine. Scheinbar! Unser Gerichtigkeitssinn führte direkt ins Zimmer der Jury. Ich schilderte dem Vorsitzenden, es war Jean Court, was sich abgespielt hatte, leidenschaftlich und vor allem glaubhaft. Der schon ins Protokoll geschriebene Satz »Ausschluss des Fahrers Tesnière …« wurde – hurra! – gestrichen. Ganz klar, dass wir ihm die Botschaft schnellstens überbrachten. Ungläubiges, freudiges Staunen beim stillen Bretonen und ein anerkennendes *grand merci* vom Sportlichen Leiter Raphaël Geminiani. Ganz klar ebenfalls, dass Philippe Tesnière ihn und uns danach nicht enttäuschte. Der kleine Bretone verteidigte die »rote Laterne« bis Paris und beendete die Tour mit einem Rückstand von knapp vier Stunden auf seinen Landsmann, einen gewissen Bernard Hinault.

Philippe Tesnière, »laterne rouge« 1978 und noch zweimal Vorletzter, verstarb mit 32 Jahren an Leukämie. Seine kleine Visitenkarte besitze ich noch immer. Und eine sehr schöne Erinnerung.

Philippe Tesnière und ich hatten uns also ein bisschen angefreundet. So vertraute er mir an, dass er im FIAT-Rennstall 1978/79 für ein monatliches Salär von umgerechnet 1 000 Mark fuhr, dass ihm die populäre *laterne rouge* nach der Tour zu 18 Verträgen bei den attraktiven Rundstreckenrennen in der Bretagne und der Normandie verholfen habe und dass er eigentlich Ingenieur für Wasser- und Forstwirtschaft werden wollte.

Der Angler aus Graz

In den beiden Jahren, da Tesnière die Rundfahrt vorzeitig verlassen musste, brachte der Österreicher Gerhard Schönbacher die rote Laterne nach Paris. Der Grazer war – wie man so schön sagt – ein Paradiesvogel. Im Sommer Radprofi, im Winter Skilehrer, sah man ihn aber auch im Boxring, als Eishockeyspieler und Autorennfahrer. Selbst vor alpinen Rekordversuchen schreckte er nicht zurück. Bestleistung 198 km/h!

Und gerade weil er ein Lebenskünstler mit sportlichen Höchstleistungen war, galt ihm mein Respekt. Als Schönbacher 1989 mit Tesnière im Clinch lag – Letzter oder Vorletzter zu sein – verblüffte mich der Immerfrohe eines Tages beim Fachsimpeln auf einer sonnigen Terrasse mit der Feststellung: »Eigentlich müsste ich meine Großmutter erschlagen«. Und warum? »Weil sie mir das erste Fahrradl geschenkt hat.«

Wann trifft man sich schon mal als Erster und als Letzter der Tour? Sieger Zoetemelk und »Laterne« Schönbacher trennten 1980 rund 75 Kilometer.

Obwohl ich keinem Rennfahrer unterstelle, mit Absicht das Schlusslicht der Tour werden zu wollen – ganz so unattraktiv ist der letzte Platz natürlich auch nicht. Man ist da schon eine interessante Figur. 1980 allerdings lebte es sich an dieser Position eine Zeit lang äußerst gefährlich; denn zwischen der 14. und 19. Etappe wurde jeden Tag der letzte der Gesamtwertung ausgeschlossen. »Eine Vorbeugemaßnahme« nannte Tour-Co-Direktor Félix Lévitan diese schon 1948 einmal praktizierte Regelung, »um gewisse taktische Duelle am Tabellenende zu verhindern.« Gerhard Schönbacher, das Schlitzohr, zog sich 1980 auf

einer der sechs kritischen Etappen, es war in den Alpen, durch einen ganz besonderen Trick aus der Gefahrenzone. Er ließ sich mit einer hauchdünnen Angelschnur zwischen den Zähnen das steilste Stück von einem Mannschaftswagen hochschleppen. Diese »Aktion unsichtbarer Fahrstuhl«, die zum Ausschluss geführt hätte, gab Schönbacher erst mit dem nötigen Sicherheitsabstand und auch nur ein paar Freunden preis. Zu seiner Ehrenrettung sei gesagt, dass in jener Zeit viele andere abgeschlagene Fahrer sich von ihren Fans am Berg »unterstützen« ließen.

Der sympathische Cosmopolit mit Wohnsitzen in Graz, Wien und dem flämischen Lokeren (»weil ich da so viele Freunde habe«) bezeichnet sich mittlerweile als Event-Manager. Er arbeitet für den österreichischen Verband im Sponsoring, hat – »aus Sympathie« – ein paar junge Rennfahrer unter Vertrag und organisiert alljährlich im Oktober die »Crocodile Trophy«, ein Mountainbikerennen in Australien über 1 600 Kilometer, an dem in einem so genannten Dreamteam auch schon Ex-Größen wie Sean Kelly und Phil Anderson teilgenommen haben.

Schönbachers Widersacher Philippe Tesnière lebt leider nicht mehr. Er starb 1987 – wie L'Équipe es gefühlvoll formulierte – an einer unversöhnlichen Krankheit, an Leukämie.

Der Franzose hatte 1981 seine vierte Tour de France auf dem vorletzten Platz beendet und in der Tour de Indre-et-Loire sogar den einzigen Sieg in vier Profijahren feiern können. Danach war für den Sensiblen kein Platz mehr im rauen Profimilieu. Tesnière ließ sich reamateurisieren und feierte Erfolge auch als Nachwuchstrainer. Das letzte Mal begegneten wir uns im Juli 1985 in Ernée, seiner Heimatstadt. Dort hatte ich mit dem Team übernachtet. Es war ein purer, unglaublicher Zufall, ihn zu treffen. Morgens, als ich nach Zeitungen suchte, kam er mit zwei Baguettes unter dem Arm daher. Die Freude darüber in seinen Augen bleibt unvergessen, und die kleine Visitenkarte, die er mir damals mitgab, habe ich nun schon fast 20 Jahre aufbewahrt.

16 000 Mark für eine Bergetappe

Ein Nürnberger Versicherungsangestellter galt seit dem 26. Juni 1980 als deutsches Tour-de-France-Superhirn. Dieser Franke namens Manfred Marr hatte just am Abend des Frankfurter Prologes der 67. Tour in München das Finale der ARD-Quizshow »Alles oder nichts« zum Thema Frankreichrundfahrt gewonnen. Mit seinem aus einem Berg von Büchern und tausend Radsportzeitungen erworbenen Wissen war Marr ein paar Monate zuvor schon als Sieger aus dem TV-Ratespiel »Dalli Dalli« hervorgegangen. Das war gewissermaßen der Prolog, denn »Alles oder nichts« ging über vier Etap-

Quizmaster Schramm, Tour-Experte Marr: »Alles oder nichts«.

pen. Dabei verdoppelte sich der Gewinn von Runde zu Runde. Der Kandidat aus dem Frankenland wusste alles, setzte immer wieder alles – es begann bei 2 000 Mark – und gewann schließlich alles: 16 000 Mark. Damals viel, heute im Vergleich zum »Millionenspiel« eher ein Pappenstiel. Noch in der Nacht fuhr der allwissende Experte nach Frankfurt, um hier den zweiten Tourtag life zu erleben und um an höchster Stelle einen Wunsch zu äußern. Marr wollte eine Etappe in einem Journalistenauto begleiten. »Normalbürger« haben da keine Chance; doch der Sieg von München war selbst der Tour-Direktion zu Ohren

gekommen. Der Quizkönig durfte ... und wählte sich die Pyrenäen-Königsetappe von Pau nach Luchon im Fahrzeug des ZDF. So geschah es auch. Am Morgen der 13. Etappe lieferte Ehefrau Elfriede ihren Manfred bei uns am Start ab, nachdem in der Nacht zuvor quasi eine »Bombe« geplatzt war. Spitzenreiter Hinault hatte mit entzündetem Knie überraschend die Tour verlassen. Sang- und klanglos. Genauso wie der radbegeisterte Filmstar Lino Ventura schaute unser Ehrengast Marr im strömenden Regen etwas »betröpfelt« drein. Statt Hinault nun der Holländer Zoetemelk in Gelb. Der aber wollte – sportlich fair – kein Geschenk haben, sondern sich die Trophäe erkämpfen. Was Mijnheer Süßmilch auf dieser Vier-Pässe-Etappe auch musste, weil die französische Mannschaft Miko-Mercier eine Offensive startete. Unser Passagier mit Sonderakkreditierung erlebte die Etappe – die Fernseh-Filmarbeit inbegriffen – zunächst aus der Sicht der Mannschaftswagen. Wie sich das Fahrerfeld im Anstieg zum Aubisque einem Lindwurm gleich auseinanderzog und wie die Zurückgefallenen, unter ihnen der Fliegende Holländer Jan Raas, sich mühten und quälten.

Am Tourmalet durften wir mit dem beeindruckten Gast sogar kurz neben der Spitzengruppe fahren, neben Kuiper, Zoetemelk und dem Franzosen Martin, den wir dann als ersten – und späteren Etappensieger – am legendären Gipfel filmten, vor der grandiosen Kulisse des Berges und der vielen Menschen.

Nach der ersten Hälfte des lang auseinandergezogenen Pelotons »stürzten« wir uns in die Tiefe. Der Redakteur am Steuer; ein Auge nach vorn, eins auf den Rückspiegel gerichtet. Wenn man die Abfahrt bei Tempo 80 km/h mitten im Konvoi wagte, musste man bei der Hetzjagd höllisch darauf achten, den Fahrern und Materialwagen, wenn sie von hinten angerast kamen, die Ideallinie frei zu lassen. Damals durften wir Journalisten das noch, was heutzutage, durchaus verständlich, verboten ist, ja sogar zum Ausschluss führen kann. Damals, vor fast 25 Jahren,

Tour-Alleswisser Marr (rechts) und der ZDF-Reporter nach einer atemberaubenden Pyrenäenetappe im Zielraum ...

... von Luchon. Und da, wo Normalsterbliche nie hingelangen, durfte der Nürnberger Joop Zoetemelk in Gelb fotografieren.

durfte ein Ehrentourist wie Quizgewinner Manfred Marr bei der Einkleidung des Joop Zoetemelk ins Gelbe Trikot sogar noch unmittelbar am Siegerpodest stehen, um das Erinnerungsphoto seines Lebens zu schießen. Madame Claudy Levitan, ansonsten barsch-strenge *Directrice Commerciale*, hatte uns gnädig ihr Einverständnis zugeblinzelt. Gerne erinnere ich mich dieses strahlenden Manfred Marr, 1980 in Luchon, und wie bescheiden er sich für etwas bedankte, was unsereiner von Berufs wegen so oft

erleben durfte: »Für diesen einen Tag würde ich meinen ganzen Gewinn hergeben ...« Das wären immerhin 16 000 Mark gewesen. Das Nürnberger Tour-de-France-Superhirn, dessen Radsportgeschichten aus dem fränkischen Raum sehr geschätzt sind, gestand mir seinerzeit allerdings auch, dass ihm »bei den Abfahrten angst und bange geworden« sei. Was auch mein Kameramann im Innenspiegel beobachtet hatte, der den Fahrgast immer tiefer in der Rückbank versinken sah.

Mundraub im Tunnel von Isola 2000

Es gibt Dinge, die zu tun, der Verstand – manchmal sogar das Gesetz – verbietet. Man tut sie aber dennoch, weil das Herz einen in die Pflicht nimmt. So geschehen mir und meinem Kameramann Wilfried alias Fips Saur auf der 11. Etappe der '93er Tour von Serre Chevalier nach Isola 2000 in den Seealpen. Um unsere Verfehlung ein bisschen verständlicher zu machen, muss ich

vorausschicken, dass dieser Tagesabschnitt so extrem schwer war, dass er für 15 Fahrer – darunter Cipollini, Duclos-Lassalle und Fignon – das Aus bedeutete. Sie scheiterten an den Strapazen, die ihnen von Izoard (2360 m), Col de Vars (2109 m), Restefond (2802 m) und schließlich Isola 2000 (1900 m) abverlangt wurden. Die senkrecht stehende Sonne trug das ihre zur Pein dieses Tages bei.

Gerade hatten wir zu Beginn des Anstiegs nach Isola 2000 den Schwanengesang des zweimaligen Toursiegers Laurent Fignon miterlebt und wollten nun mit unserer »Zitrone«, einem vielbeachteten gelben Ford-Cabrio, zügig zum Ziel, als vor uns plötzlich ein einsamer Banesto-Fahrer auftauchte. Die Startnummer 7 – das war Miguel Indurains kleiner Bruder, der vier Jahre jüngere Prudencio. Während der Große, »der Adler«, wie ihn der Jüngere nannte, schon fast am Ziel war, hatte er noch zehn Kilometer Anstieg vor sich. Total erschöpft, stöhnte und lechzte er nach Getränken. Doch es waren weder ein Mannschaftswagen noch helfende Zuschauer in der Nähe. Ohne Wasser aber wäre Prudencio vermutlich verloren gewesen. Also sagt mein Kameramann »Hör mal, Klaus, wir haben hier doch noch die halbvolle anderthalb-Liter-Pulle mit Mineralwasser ...« Meine Antwort kam deutlich: »Kommt gar nicht infrage, wenn uns einer dabei sieht, fliegen wir achtkantig aus der Tour!« Im gleichen Augenblick aber schlug das Samariterherz. Ich sah einen ziemlich dunklen Lawinentunnel und weder vor noch hinter uns einen gefährlichen Zeugen: »Fips, die Flasche!« Ich nahm sie in die Hand, ließ den Arm außen neben der Tür baumeln und rief dann kurz und etwas gedämpft »Prudencio!« Mit ihm auf gleicher Höhe, wurde mir die Flasche im Halbdunkel völlig überraschend aus der Hand gerissen. Eindeutiger Mundraub; ganz klar. »Spatz« Prudencio Indurain half die Flasche vielleicht, an jenem Tag zu überleben, bzw. mit 35 Minuten Rückstand gerade noch vor Toresschluss das Ziel zu erreichen. Nicht nur er, sondern auch sein großer Bruder, bedankte sich am anderen Tag mit einem Stück von seinem Geburtstagskuchen.

Ganz wohl gefühlt habe ich mich trotzdem nicht nach unserer »guten Tat«, die ich übrigens vier Jahre später Tour-Direktor Jean-Marie Leblanc vor einem Millionenpublikum am Bildschirm beichtete. Zuerst war *le grand chef* irritiert, weil er glaubte, wir hätten dem großen Bruder Miguel unerlaubt geholfen. Dann aber fiel der Groschen, und ich bekam schmunzelnd seinen Freispruch.

Kleiner Bruder Prudencio Indurain, selten fotografiert und dann auch noch mit Sonnenbrille.

Für jeden Sieg eine Kuh

Sein voller Name lautete Joaquim Agostinho, doch bei seinen Kollegen hieß er nur Ago oder Tinho. Er war Portugiese, hatte mehr die Figur eines robusten Mittelgewichtsboxers als die eines Radrennfahrers, tiefschwarze Haare und dunkelglänzende, warme Augen. Er stammte aus einem Dorf bei Lissabon, war Schäfer und Kuhhirte gewesen, und hatte – wie er selbst sagte – »drei Jahre Überlebenskampf mit der Maschinenpistole« im angolanischen Busch hinter sich. Schon 24-jährig (!) wurde Ago erst 1967 als Radtalent entdeckt. Mehrfach hatte der

Schnappschuss aus dem Autofenster: Joaquim Agostinho.

»Ago«, der Sympathische, Angriffslustige und Jean de Gribaldy, sein Förderer. Beide verloren ihr Leben beim Radsport. Der Portugiese durch einen Hund ... der adelige Franzose im Begleitwagen auf dem Weg zu einem Rennen.

Lagerarbeiter auf der Nachhausefahrt seinem Freund, dem portugiesischen Amateurmeister, folgen können – auf einem Damenrad! Innerhalb eines Jahres fuhr sich Agostinho in die Nationalmannschaft. Der für seinen

guten Riecher bekannte französische Teamchef Jean de Gribaldy folgte dem portugiesischen Rohdiamanten sogar bis nach Brasilien zu einem Rennen und kehrte – es war November 1968 – mit dessen Profiunterschrift zurück. Im folgenden Jahr ist Tinho der Senkrechtstarter der Tour de France: Platz acht und zwei Etappensiege, einer davon in Mülhausen vor Rudi Altig. Für Merckx war der unkomplizierte und draufgängerische »Dynamitero«, wie er ihn nannte, sogar »der unangenehmste Konkurrent« bei seinem ersten gelben Triumph gewesen.

Agostinho untermauerte diesen Ruf noch zwölfmal. In seinen 13 Frankreichrundfahrten (4. Platz der ewigen Teilnehmerliste) wurde er je zweimal Dritter und Fünfter, einmal Sechster und dreimal Achter. Nur einmal, 1981, musste Ago nach mehreren schweren Stürzen aufgeben. Einmal allerdings hat der Portugiese ein Etappenrennen – es war die Tour d'Indre-et-Loire – aufgegeben, ohne gestürzt zu sein ... als man ihm mitteilte, dass auf seiner Großfarm 40 km von Lissabon entfernt 20 Kühe gestohlen worden waren. Der zweifache Familienvater hatte seine Kühe Stück um Stück je nach Höhe der Siegesprämien und Monatsgehälter gekauft. Das Diebesgut aber spürten Agostinho und ein paar Freunde dank Luftbeobachtung mit einer kleinen Sportmaschine wieder auf.

In 16 Jahren Profilaufbahn hat sich Portugals erfolgreichster Radfahrer aufgrund der vielen unfreiwilligen Abgänge vom Rad den Beinamen »König der Stuntmänner« erworben. Ich selbst habe schmunzelnd – weil nichts passierte – so ein *petit malheur* von ihm erlebt.

Wir befanden uns mit dem Teamwagen hinter dem Peloton, das gemütlich dahinfuhr. Alle hielten angeregt Schwätzchen, auch Agostinho in der allerletzten Reihe. Da teilte sich das Feld – die einen links, die anderen rechts – weil einer der typischen französischen Straßenteiler zu umfahren war. Alle sahen das Hindernis aus Stein, nur Ago nicht. Also fand er sich nach einem Saltoüberschlag auf dem Hosenboden wieder.

Der Portugiese war ebenso temperamentvoll wie gutmütig und hilfsbereit. So beendete er in Mülhausen einmal den von ihm und dem Dänen Mogens Frey sehr hautnah gefahrenen Zweiersprint mit einem Boxhieb gegen den unterlegenen eigenen (!) Teamgefährten.

Worauf die Jury gleichfalls »zuschlug« und Ago den Sieg wieder absprach. Die Hilfsbereitschaft zeigte er beispielsweise, als Felice Gimondi 1969 an einem Hungerast kaputtzugehen schien. Da reichte Agostinho dem Italiener – »weil ich ihn nicht so leiden sehen konnte« – seinen Verpflegungsbeutel und sagte »bedien dich«. Eine unter Konkurrenten durchaus nicht alltägliche Geste.

Den Unwillen der Branche zog er sich allerdings auch einmal zu. Tinho, die ehrliche Haut, hatte in einem Interview allzu offen gesagt, dass es, um die Tour zu gewinnen, nicht genüge stark zu sein, sondern man müsse auch Geld haben. Diesen explosiven Stoff entschärfte er nur teilweise mit der Erklärung, sich zwar etwas ungeschickt ausgedrückt, ansonsten aber gesagt zu haben, was er denke.

Der harmoniebedachte ehemalige Buschkämpfer besaß sogar eine philosophische Ader. Als ihm einmal die Frage gestellt wurde »Was wärest du lieber – für einen einzigen Tag ein Löwe oder für 100 Tage ein Schaf?« lautete die Antwort »Ich bevorzuge den Löwen; aber für nur einen Tag ist mir das zu kurz.«

Zu kurz war das Leben für Joaquim Agostinho tatsächlich. Ein Sturz 300 Meter vor dem Ziel der Algarverundfahrt – verursacht durch einen Hund – führte am 30. April 1984 zu einem Schädelbruch, an dessen Folgen er zehn Tage später starb. Im Alter von 41 Jahren hatte der noch immer tatendurstige Joaquim mit dem von ihm geleiteten Team Sporting Lissabon seine 14. Tour de France bestreiten und noch »bis mindestens 50« Rad fahren wollen.

Salü, Schorsch!

Sie trafen sich am Burdincurutcheta. Zwölfter Tag der Tour de France 1986. Erste Pyrenäenetappe. Zwei Hobbyfahrer, die die Tour der Leiden auf ihrer Originalstrecke nachempfanden, erklimmen im französisch-spanischen Grenzgebirge jenen Col der I. Kategorie, an dessen Namen man sich die Zunge brechen kann: Burdincurutcheta. Sie fahren einzeln mit etwa 50 Meter Abstand. Der Spitzenreiter, der ein gelbes Hemd trägt, hat in seinem Rückspiegel schon lange gesehen, dass er einen Verfolger besitzt. Ja, in seinem Rückspiegel! Angebracht am Schutzhelm ist dieser zwar nur so klein wie einer, mit dem die Zahnärzte spiegeln; doch er genügt dem Touristikfahrer, um nahende Autos zu erkennen oder wie in diesem Fall den aufrückenden »Verfolger«.

Als dieser auf gleicher Höhe angekommen ist, grüßt er keuchend – der Meinung einen radverrückten Amerikaner neben sich zu haben – mit einem lässigen »Hi!« Der Behelmte in Gelb erwidert mit einem irritierenden »Tres bien, Monsieur«. Sehr gut … Der Verfolger will es nun genauer wissen: »Are you American?« Antwort, gemurmelt: »No, no. Allemand.« Nun gibt auch der zweite seine Nationalität preis: »Dann können wir ja deutsch reden.« Und stellt sich als Hans-Peter Lanig aus Hindelang im Allgäu vor. Der Andere, ein Richard König aus Wolfsburg, will jetzt etwas mehr erfahren. Aber nun gibt Lanig sich wortkarg: »Reden tun wir oben am Gipfel.«

Am Scheitelpunkt des Burdincurutcheta, 83 Kilometer nach dem Aufbruch in Bayonne und der Überwindung von 1 100 Höhenmetern, gönnen sie sich dann die Rast und lassen bei Steak und einem Viertel Rouge großmütig die Hinault und Co. passieren. König Richard, 31 Jahre, ist Finanzplaner im VW-Werk und hat seit Wolfsburg 3 000 Kilometer in den Beinen sowie auf dem Bordcomputer eine Durchschnittsgeschwindigkeit von 19,1 km/h. Bald sollte er einen Kettenwechsel vornehmen! Auch das 28er Ritzel knirscht verdächtig.

H.-P. Lanig ist Hotelier. In seinem Sporthotel erinnern eine Olympische Silbermedaille und ein Weltmeister-Diplom

Salü, Schorsch! So verabschiedete das ZDF-Team seinen »Anhalter« Hans-Peter Lanig, den die Jury für einen echten Rennfahrer hielt ...

an erfolgreiche Jahre als alpiner Skifahrer. Im Gegensatz zum Rad-Marathon-Mann aus Niedersachsen ist der Allgäuer mit dem Flugzeug zur Tour gekommen. Hat nur vier Tage Zeit, das Hotel ist voller Urlaubsgäste. Bei seinen Frankreich-Spritz-Touren ist er selbst zu Gast ... beim ZDF-Team.

Hans-Peter »Schorsch« Lanig besuchte die Tour regelmäßig. Und wir buchten für ihn bei uns im Hotel ein Zimmer mit. Meistens rief er im Mai an: Freunde, ich fahr diesmal die Etappe sowieso ... klappt es wieder? Und, an meine Adresse: »Schorsch«, ich schick' dir wie immer vorher meinen kleinen Rucksack mit ein bisschen Wäsche nach Mainz. Dieses Prozedere wurde über rund zehn Jahre zu einer schönen Tradition, wie auch der Schorsch – alias Georg – ein Traditionsname war, exklusiv nur für unser

kleines Team – und für Freunde, die dieser Ehre würdig waren. So hörte also der Kameramann auf den Namen Schorsch-Fips, der Redakteur auf Schorsch-Klaus; Freund Altig war Schorsch-Rudi und der ehemalige Skirennfahrer Schorsch-Lanig. Die Zahl der Schorschs war nicht sehr groß; aber sie genügte, um bei anderen Tourbegleitern Verwirrung zu stiften; denn wir Exklusiven redeten uns nie mit dem richtigen Vornamen an, sondern immer nur mit Schorsch. Ça va Schorsch hier, Salü Schorsch da.

Wie geht's Schorsch? konnten wir Hans-Peter Lanig selten vor neun Uhr abends fragen. Um diese Zeit erst erreichte der Ski-Radler in der Regel das »Mannschaftshotel«. Müde, aber stolz; hatte er doch die komplette Tagesetappe bewältigt. Die erste Hälfte vor, die zweite hinter dem Peloton. Auch wenn es manchmal nicht leicht fiel, warteten wir mit dem Essen doch immer, bis auch unsere *laterne rouge* mit am Tisch saß ... in Bordeaux, Morzine, Alpe d'Huez oder Pau. Eine gute Bouteille ging dann, Ehrensache, auf seine Rechnung. Und unser aller Wohl. Santé, Schorsch!

In einem Jahr, ich glaube, es war 1987, haben wir uns mit Lanig eine schwere Verwarnung seitens der Direktion eingehandelt. Ähnlich wie mancher schummelnde Haudegen in den Gründerjahren hatte der Radtourist Schorsch ein paar Kilometer im Auto zurückgelegt ... mit meinem Kollegen im offenen ZDF-Teamwagen ... obenauf das Full-Pro-Rennrad ... dazu grell leuchtend das Gelb des Original-Del-Tongo-Renntrikots ... ein schönes Bild für das Publikum und – ein verhängnisvoller Blickfang für einen vorbeifahrenden Kommissär. Der hielt Lanig – sportlich, drahtig, braungebrannt – in seiner Del-Tongo-Teamkleidung für einen Rennfahrer aus der gleichnamigen Tour-Mannschaft, deren Kapitän Guiseppe Saronni war. Nicht gemeldete Aufgabe oder gar eine versuchte kleine Schurkerei? Trotz der Versicherung »Monsieur, das ist nur ein ›Cyclo-Touriste allemand‹ «, entstand zwecks einwandfreier Aufklärung ein reger Funkverkehr. Und am Abend gab es im Tages-Bulletin den schon erwähnten Verweis an die »Mannschaft des Fahrzeuges ... ZDF-TV Allemande«. Doch davon hat er später nichts erwähnt in seinen empfehlenswerten Rad-Reisetipps für Alpen und Pyrenäen, der Lanig-Schorsch.

Rund um das Peloton

9. ETAPPE:
Die Tour der Journalisten

Die Arbeit am Ziel und im Pressesaal

Journalisten sind wir zwar alle, die Sportberichterstatter; doch je nach Neigung und Talent haben wir uns spezialisiert – als Zeitungsjournalisten, Radio- und Fernsehreporter sowie als Fotographen und Kameramänner. In der Tour de France macht unsere Zunft mittlerweile fast ein Drittel aller Begleiter aus. Im Jahr 2002 stand die neue Rekordzahl von 1 200 Akkreditierungen zu Buche. 1 200 Journalisten, ausgewiesen mit einem grünen Umhänger als »Presse« oder »Radio-TV«. Sie repräsentierten 350 Zeitungen und Agenturen, rund 100 Fernsehstationen und 70 Radiosender.

Wie bescheiden nimmt sich da beim Blick ins Archiv das Jahr 1971 aus. Ganze 315 Personen hatte Pressechef Louis Lapeyre damals unter dem Sammelbegriff »Journalisten« registriert. Heute sind es viermal soviel. Von einer kollegialen Familie wie seinerzeit kann da natürlich keine Rede mehr sein. Es ist eine regelrechte Meute von Medienleuten, die sich auf das Fell des Bären stürzt. Ein exklusives Wort, ein gutes Bild von den 200 Hauptdarstellern sind die wesentlichen Begehrlichkeiten, vor dem Start und vielmehr noch am Ziel.

Die Areale der Akteure gleichen mit ihren Endlosgittern großen Käfigen. Besonders der Zielraum. Dort, wo die Fahrer ankommen, wo pro Mannschaft nur zwei Betreuer Zutritt haben, wo in einem offenen Pavillon die Siegerehrung zelebriert wird, wo an die 200 Medienleute lauern, können einfach nicht alle Journalisten gleich sein. Deshalb wird vor allem die Rangordnung der rund 200 (!) Fotographen nach Größe und Bedeutung ihrer Zeitung oder Agentur eingeteilt, und dementsprechend erhalten sie eine so genannte *Chasuble*. In des Wortes Übersetzung eigentlich Messgewand bedeutend, macht diese Weste – unterschiedlich in Farbe und Aufschrift – den Bewegungsraum ihres Trägers deutlich.

Wilfried Saur, 10x TdF als ZDF-Kameramann, 1x als Chauffeur des Reporters. »Das war meine schönste«, sagte »Fips« im Nachhinein.

Bei den Fotographen bedeutet das die unterschiedliche Nähe zum »Zielobjekt«. Nur insgesamt 21 Auserwählte haben die Chance, das Siegesfoto unmittelbar, d.h. 40 Meter hinter der Ziellinie zu schießen. Es ist zugleich der »Club der 16«, die auch das Privileg genießen, auf dem

Motorrad zu fotographieren, plus fünf andere. Der große Rest der Bildreporter ist auf eine Position etwa 150 Meter hinter dem Ziel verbannt. Dort hofft er dann auf seine Schnappschüsse. Wie auch für die schreibenden Journalisten und Radio- und Fernsehteams im *Espace Presse*, einem vorgeschriebenen Sektor, die Jagd um Stimmen und Interviews beginnt. Viele Jahre habe ich diesen Nahkampf – so nannten wir das – ja selbst »mitgestaltet«. Man musste im Gewühl vor allem die Mannschaftsbetreuer ausfindig machen, um zu wissen, wo ein Fahrer ankommen sollte. Als goldener Fingerzeig galt da beispielsweise »Eule«, der Masseur vom Team Telekom. Denn wo er, der Berliner Bürstenkopf, mit Schwamm, Handtuch und Getränkeflaschen stand, dort kam todsicher Ete Zabel angebraust ...

Bei den Zeitungsleuten ist es Gang und Gäbe, dass gute Kollegen die Ausbeute ihres Stimmenfangs untereinander austauschen. Die meisten Schreibenden verfolgen das Renngeschehen, seit es so hautnah-informativ auf den Bildschirm gezaubert wird, ohnehin nur noch via TV im Pressesaal. Erst zur Zielankunft schwärmen sie dann aus und stürzen hinüber in den nahen Ankunftsbereich. Diese Nachbarschaft, und dass Pressesaal und *Permanence* (das Organisationsbüro) nicht mehr Kilometer weit vom Geschehen entfernt sind, ist ein zeitsparender logistischer Gewinn.

Blick in den Pressesaal – mal Kongresshalle, mal Großzelt – heiß geht es immer zu, wo die Berichte für 350 Zeitungen entstehen.

Wie sie sich doch gleichen, die Gesten von Vater und Sohn Sudres. Senior Claude (rechts) war Pressechef 1980-89. Junior Philippe hat seit 1990 übernommen.

Sagte ich doch: Telekom-Betreuer »Eule« Ruthenberg war mein Funkturm. Wo er stand, da kam todsicher auch Ete hingebraust.

Hier geht es zur Sache. Kameramänner drängen, bangen, warten am Bianchi-Bus: Kommt der Jan hier wirklich 'raus oder flüchtet er heimlich?

2003 ein Einziger noch mit Schreibmaschine: Giovanni Mura aus Rom. Er klapperte und klapperte, und keiner aus der Laptop-Armada protestierte.

Ein wertvoller Journalisten-Service ist auch die tägliche Bildschirm-Pressekonferenz. In ihr präsentiert die Tour-Organisation unmittelbar nach der Protokollzeremonie den Sieger des Tages. Dieser hundertfach Begehrte, aber nur von Wenigen Erreichbare, steht dann in einem kleinen mobilen Fernsehstudio den im Pressesaal arbeitenden Journalisten per Schaltgespräch Rede und Antwort. Besondere Zeitgenossen wie Lance Armstrong oder Laurent Jalabert erscheinen zu besonderen Anlässen natürlich auch persönlich auf dem Podium im *Salle de Presse*. In der Regel ist das am Tag vor dem *Grand Départ*, manchmal auch am Ruhetag; ganz sicher aber immer nach dem letzten Zeitfahren, wenn der Sieger in spe seine Bilanz zieht.

Gewachsen mit der Zahl der Journalisten ist auch ihr Platzbedarf. Wo früher Turnhallen ausreichten, oder – sehr häufig – die *Salles des Fetes*, die örtlichen Festsäle für alle Ereignisse; auch schon mal ein kleines Theater, ein Kindergarten oder der Hangar eines Flugplatzes, benötigt man heute Schreibplätze und Installationen für mindestens 600 Laptops sowie Großraum für die ISDN-Übermittlung der Ausbeute der Kompanie der Fotographen. Deshalb weist das grüne runde Zeichen mit dem gespitzten Bleistift »Salle de Presse/Permanence« nach 100 Jahren Tour de France fast nur noch zu Kongress-Zentren,

Ausstellungs- und Messehallen, zu Sport- oder Universitätskomplexen.

Im Kurort Pau allerdings, dem Tor zu den Pyrenäen, arbeiten die Berichterstatter in geradezu pompöser Umgebung – im neo-klassischen Palais Beaumont, erbaut um 1900, also in der Gründerzeit der Tour. Vielleicht ist man deswegen dort. Auf keinen Fall aber der Parkplätze wegen! Die sind am »Palast der Journalisten« alles andere als fürstlich. Müssen sie auch gar nicht sein; aber wenigstens ausreichend.

Besser, detaillierter und vor allem schneller als bei vielen anderen Großereignissen der Sportwelt arbeitet der *Service de Presse*. Sein Direktor ist seit 1990 Philippe Sudres, ein Sohn auf Vaters Spuren; denn Claude Sudres Senior betreute zuvor zehn Jahre lang die Medienleute. Philippe, Jahrgang 1960, leitet während der Tour ein 20-köpfiges Team, das auch das Fernsehen betreut und das alle Journalisten mit gedruckten Informationen regelrecht füttert; sowie mit sämtlichen Resultaten, aber auch mit dem *Film de l'Etape*, den zweisprachigen Rennberichten, mit

Ein kleiner Notizblock war sein Markenzeichen, eine brillante »Schreibe« seine Handschrift, Wissen, Kollegialität und Witz seine Tugenden: Helmer Boelsen, Frankfurter vom Jahrgang 1925, beschrieb die Tour von A-Z, von Anquetil bis Erik Zabel.

Statements der Besten, medizinischen Bulletins und Juryentscheidungen; mit dem Prämien-Kontostand der Teams, bevorstehenden Ehrungen von langjährigen Tour-Gefolgsleuten, bis hin zum detaillierten Wetterbericht für die nächste Etappe. Dem kann man beispielsweise entnehmen, dass am Start in Pau 31 °C herrschen, während am Tourmalet das Thermometer nur bei 12 °C steht und Regen zu erwarten ist.

Das Arbeiten im modernen Pressesaal ist genau wie früher geprägt von Zeitdruck und Stress. Auch geschrieben wird noch immer mit Köpfchen und Fingern. Doch mittels Laptop geht Vieles leichter und schneller. Keine handvermittelten und oft fehlgeleiteten Telefonate mehr wie einst; keine Unverstandenen mehr beim Diktieren in den schallschluckenden tunnelartigen Mini-

kabinen, in die man nur den Kopf hineinstecken konnte; und keine Verzweifelten mehr, weil abends um neun das Fernschreiben zum drittenmal verstümmelt in der Redaktion angekommen war. Alles besser, alles praktischer heutzutage. Auch gut so. Und doch, als ich nach 36 Fernsehjahren 2002 zum erstenmal wieder Dauergast im *Salle de Presse* wurde und mein Tour-Tagebuch für den Wiesbadener Kurier und die Thüringer Allgemeine schrieb, fehlte mir ein bisschen das Konzert der guten alten Schreibmaschinen, das Stakkato der individuellen Vier-, Fünf- und Sechs-Finger-Systeme.

Wie gesagt, ein bisschen. Für das andere Bisschen sorgte ich selbst. Denn neben einem Spanier und einem Italiener hämmerte ich als dritter Mutiger oder ewig Gestriger die Berichte noch auf einer 30 Jahre alten Reiseschreibmaschine, wie sie einst auch der von mir verehrte Jacques Goddet benutzt hat – oder die so kenntnisreichen und witzigen deutschen Kollegen Helmer Boelsen und Dieter Stein – der kauzige und so scharf analysierende Züricher Ernst Graf – dessen an Statur und Worten gleichermaßen gewaltiger Landsmann Serge Lang – oder die alles wissende La-Gazzetta-Legende Rino Negri (»Berlin 1987 – der schönste Start aller Zeiten«) – wie das scharf formulierende »Lexikon« Pierre Chany (»Thurau hat den *Grand Prix des Nations* wohl mit dem Sechstage-Rennen von Münster verwechselt«) – und wie auch meine belgischen »Merckxisten« Louis Clicteur, Lucien Berghmans und Robert Janssens.

Mit diesem Trio von »Het Laatste Nieuws« verbindet sich auch die Erinnerung an gemeinsame Picknicks – bei den Touren der 60er- und 70er-Jahre einmal auf einer Marathonetappe vorausfahren, eine Stunde im duftenden Gras sitzen und genießen – mit knusprigen Baguettes, mit Paté und Jambon, Fromage und Vin Rouge. Auch kulinarische Sonderwünsche wurden dabei respektiert: Der Autor musste seine Tomaten haben und »Arthür«, der Chauffeur aus Brüssel, bestand jedesmal auf die geliebten Ölsardinen. Längst vergangene Zeiten. Geblieben sind schöne Erinnerungen und die alte Schreibmaschine. Doch »Der Traum vom Gelben Trikot« wurde auf einem PC geschrieben und mein Tour-Tagebuch 2003 auf einem Laptop.

On Tour für ZDF und Eurosport

Hallo Mainz?!? ... Hallo Herr Angermann?!? ... Parlez, parlez!!!« So und ähnlich klangen sie sehr oft, die Verständigungsversuche zwischen Etappenort und ZDF-Sendezentrale. Leitungsprobleme, vornehmlich der nicht ankommende Ton, strapazierten so manches mal die Nerven hüben wie drüben. Die französischen Kollegen, die die Leitungen im Eurovisionswagen »stöpselten«, taten ihr Bestes. Irgendwo blieb der Kommentar hängen; irgendwie aber kam es fast immer, das erlösende »Anjermaan, parleh, parleh!! Sprechen, sprechen!!« Das musste mir keiner zweimal sagen.

Einmal allerdings, ein einziges Mal, ging gar nichts. Kein einziges Wort drang an jenem Sonntag, dem 14. Juli 1974, von Séo-de-Urgel in den Pyrenäen nach Deutschland durch. Französischer Nationalfeiertag ... Merckx gewinnt die Etappe ... nicht einmal die damals noch handvermittelte Telefonverbindung kam in diesem Bergnest nahe Andorra zustande. Versteht der Leser, dass der Reporter auch noch lange nach der Übertragung stumm blieb?

Umso deutlicher war dafür die Stimme des ZDF-Kommentators einmal in Holland zu vernehmen. Mein Monitor hatte Bildausfall, die Techniker bastelten, aber die Übertragung nach Deutschland lief weiter. Kein Problem. Der niederländische NOS-Kollege Jean Nelissen rückte etwas zur Seite, und gemeinsam kommentierten wir von seinem Bildschirm. Echt Europäische Gemeinschaft. Am anderen Tag freilich begegnete mir Onkel Jean – das war mein Spitzname für ihn – alles andere als onkelhaft: »Gratuliere, Klaus, du bist seit gestern in Holland bekannter als ich ...« sagte er süffisant. Da war die Stimme des Nachbarn wohl etwas zu (vor-)laut gewesen.

Solche Pannen von Bild und Ton gibt es kaum noch. Die Technik ist perfekt geworden, der Reporterplatz großzügig und komfortabel. Früher bestand die Kommenta-

So sah die TdF-Reporterbühne noch 1993 aus: Stahlrohrgerüst, Planen, Klappstühle, Monitor, Eurovisionsbox. Ça va. Es ging.

torenbühne aus einem Stahlrohrgerüst, abgedeckt mit Planen; je nach Wetter heiß oder kühl und zugig; eng der Platz, spartanisch die technische Ausrüstung. Heute kommen die Stimmen der Tour aus einem Kommentatoren-Mobil, einer zweistöckigen transportablen Containereinheit aus Aluminium. Unten das Fernsehen, oben das Radio. Platz und Ausstattung bestens: ein großer Bildmonitor, ein kleines Tonregiepult für die Lautstärke, für Kommunikation sowohl mit der Technik im Regie-Wagen

Die »Zone Technique«: Standort für 70 Sender, Ü-Wagen, Aufzeichnungstechnik, Satelliten, Redaktionsbüros, Radiostationen; täglich werden 10 km Kabel verlegt, beginnt der Aufbau früh um fünf.

als auch mit »daheim«; und für den Streckenfunk Radio Tour. Außerdem ein Mini-Computer mit den aktuellsten Informationen zur Rennsituation, zu Zwischenwertungen, zur Zusammensetzung von Spitzengruppen, zu allen Fahrern, zum Gesamtstand, zum Wetter. Jede Einheit ist mit zwei Reporter-»Kopfgeschirren« ausgestattet sowie einem Interview-Mikrophon für den eventuellen Gast. Schließlich ist noch gut Platz für die Unterlagen – auch für das berühmte Kästchen mit den Steckbriefen – und für ein Telefon, über das im Notfall sogar kommentiert werden kann. Um den Komfort abzurunden: der TV-Container besitzt außerdem große Ausstellfenster, Sonnenrollos und sogar Aircondition. Man muss nur noch kommentieren ...

»Sie kochen alle nur mit Wasser« – dieses geflügelte Wort aus der Sportlersprache trifft eigentlich auch auf den Sportreporter zu. Training und intensive Vorbereitung sind auch sein Erfolgsgeheimnis. Mein Wissensfundus

lagerte in postkartengroßen Karteikarten. Namen, Daten, Fakten, die großen Erfolge, persönliche Kleinigkeiten: das Wichtigste auf der Vorderseite; die wesentlichen Resultate – jeweils unter der Jahreszahl – auf der Rückseite. Stundenlange handgemachte Kleinarbeit, die ich auch im Computer-Zeitalter nicht umgestellt habe. Das Material für die circa 2 000 Kärtchen, die im Lauf der Jahre angelegt wurden, lieferten Sport- und Tageszeitungen aus Belgien, Frankreich und der Schweiz, der größte Teil selbst

Auf der Motorhaube unserer »Zitrone«, dem praktischen Ford-Cabrio, filmten wir regelmäßig die attraktivsten Schlagzeilen ab. Sie waren ein gutes Stilmittel für das Tour-Tagebuch der Woche.

abonniert; außerdem statistische Jahrbücher wie Vélo und Almanacco del Ciclismo und die kleinen Mannschaftshefte der Teams. Viele Artikel zu speziellen Themen oder Personalitystories wurden extra archiviert. Sie füllen Ordner und Bände. Neun oder zehn allein das Thema Doping, jedoch mit den Vergehen aller Sportarten. Nur Angeln ist noch nicht vertreten ...

Ganz, ganz wichtig für das Reporterwissen sind seine persönlichen Kontakte – zu den Sportlern, ihren Betreuern und Helfern. Man pflegt sie direkt und auch außerhalb der Geschäftszeit.

Bei der Frankreichrundfahrt begann die spezielle Vorbereitung auf den nächsten Tag abends nach dem Essen. Also nie vor 22 Uhr ... Dazu gehörten die gründliche Auswertung der Tagesetappe, u.a. das farbige Markern der Resultate wichtiger Fahrer; das Ausschneiden, Aufkleben

1997: Zum ersten Mal mit einem eigenen Sendemobil unterwegs. In diesem Gefährt zeichneten wir auf, wurde geschnitten, kommentiert, nach Mainz überspielt – für HEUTE, MI-MA, Aktuelles Sportstudio und Sportreportage.

Gerade genug Licht für einen Schnappschuss. Also, die Arbeitswand eines Schnitt-Mobils von France 2: Kleine Bildschirme, Schalter, Stöpsel, Knöpfe, Hebel, Timecodes, Regler...

und Einsortieren besonderer Artikel; das Aktualisieren der allwissenden Kärtchen; natürlich auch der Blick in den Reiseführer. Sehr hilfreich dabei war das von der Tour-Organisation herausgegebene Büchlein »*Les Régions, la Culture*«. Denn Land und Leute sollen dem Zuschauer ja auch etwas näher gebracht werden. Möglichst nicht im Doktor-Allwissend-Stil, sondern angepasst an die beeindruckend-schönen Landschaftsaufnahmen, die das französische Fernsehen neben dem Radsport nach Hause schickt. In Klarsichthüllen übersichtlich geordnet, braucht der Reporter am nächsten Tag beim Kommentieren die Seiten nur noch umzublättern ... Dass einem bei dieser spätabendlichen Vorbereitung manchmal die Augen zufielen, gehört auch zu den »Geheimnissen« des Journalisten. Aber spätestens nachts um eins – das war die Faustregel – sollte der Traum vom Gelben Trikot dann schon beginnen.

19.45 Uhr: Countdown für die Eurovisions-Überspielung der Tageszusammenfassung. Oft habe ich daran mitgeschnitten, sonst wären die deutschen Fahrer vergessen worden. Publikum hatten wir rund um die Freiluft-Kommentatorenplätze immer.

Ein Reportagetag begann spätestens morgens um sieben. Zeitungen holen, frühstücken, das Auto betanken; auf zum Start. Dort Informationsgespräche, Fahrt in Richtung Ziel. Oft über die von der Organisation empfohlene Ausweichstrecke, weil da der strapaziöse Slalom durch die 200 Fahrzeuge der Reklamekolonne vermieden wurde. Erst auf den letzten 30 bis 50 Kilometern sind wir dann wieder dem Rennparcours gefolgt, um uns Eindrücke und Stimulanz für die Reportage zu holen. Eintreffen am Ziel,

auch da eine Faustregel: eineinhalb Stunden vor Beginn der Übertragung. Zuerst die Unterlagen zum Kommentatorenplatz gebracht, kurzer Blick auf Rennsituation; dann verschnaufen, kleiner Imbiss; Blitzbesuch im Pressesaal und auf der Toilette; zurück in den Container. Stichworte zum bisherigen Etappenverlauf; über Kopfhörer Radio Tour verfolgen; Kontakt mit Redaktion – Mainz/Lerchenberg oder Paris.

Bei Eurosport war das – weil meistens komplette Live-Übertragung – einfacher als beim ZDF. Denn selten übertrugen wir zu meiner Zeit (1963–1998) direkt, sondern sehr oft Aufzeichnungen. »Klaus, 18 Minuten … kein Protest bitte … wir haben noch Tennis ins Programm bekommen«, so oder ähnlich informierte der Hintermann aus der Zentrale. Mit der Stoppuhr in der Hand sprach ich dann »live auf Schnitt«, und der Kollege daheim brachte die Reportage auf die vorgegebene Länge. Froh war ich, wenn die Betreuung in den Händen einer ganz bestimmten Hinter-Frau lag, nämlich von Uschi M. Die resolute Berlinerin dirigierte mich bei meinen abschnittweisen Kommentierungen engagiert wie sonst niemand. Sie stoppte nicht nur die einzelnen Sequenzen aus, sie notierte auch immer das letzte Bild, den letzten Satz, so dass ich bei der Fortsetzung nahtlos daran anschließen konnte. Am Ende wirkten die zusammengesetzten Teilstücke in der Aufzeichnung für den Zuschauer wie aus einem Guss.

Madame konnte aber auch sehr energisch werden und meiner sattsam bekannten Schwäche, die Beiträge zu überziehen, d.h. länger zu werden als vorgegeben, warnend vorbeugen: »Angermännchen (das durfte nur sie sagen), keine Sekunde länger. Sonst hackt dich der Regisseur vorher 'raus.« Das ist so gut wie nie passiert, weil die erfahrene Kollegin von vornherein für ihren Pappenheimer eine kleine Zeitreserve einkalkuliert hatte. Und weil die bei diesen Übertragungen assistierenden Kollegen an meiner Seite – meistens die Tour-Hasen Werner Ell und Christian Posselt – mich auch ganz gut im Griff hatten.

Dass die Tour de France so manches Mal von der starken Tennis-Lobby beschnitten wurde, hat der Reporter nur einmal ohne Protest und Groll hingenommen – das war, unvergessen, am 7. Juli 1985. An diesem Sonntag stand

Auf den modernen TdF-Kommentatorenplätzen im mobilen Zwei-Etagen-Container hat man als Reporter gut lachen, so wie mein geschätzter englischer Kollege David Duffield (mit Mütze).

Als Kontrast die olympischen Arbeitsbedingungen 1988 beim Straßenrennen in Seoul. Fünf Stunden Openair bei 33 °C. Den Monitor-Lichtschutz hatte ich selbst gebastelt. Neben mir Werner Ell.

Boris Becker zum erstenmal im Finale von Wimbledon. Und da drehten ja nicht nur die Tennis-Freaks durch. Nie wieder habe ich auf eine Rad-Reportage so klaglos verzichtet wie – um Beckers Triumph zu feiern – seinerzeit in Epinal. Verständnislos, ja empört war man als Reporter aber, wenn – wie einmal geschehen – der Leiter einer Daviscup-Sendung zwei Minuten vor dem Rotlicht (Start zum Kommentarbeginn) für das alljährliche 20-minütige Tour-Summary entscheidet: Radsport fliegt raus! Und stattdessen mit dem Warmspielen für das vierte Einzel einer klar entschiedenen Begegnung auf Sendung geht ... Die Tour de France als Live-Reporter auskosten, konnte ich noch einmal – und mehr als zuvor – am Ende meiner beruflichen Laufbahn bei Eurosport. Zu einer Zeit, da die Tour-de-France-Senderechte für Direktübertragungen ausschließlich bei der ARD lagen, just am Ende des Jahres, in dem Jan Ullrich als erster Deutscher das Gelbe Trikot gewonnen hatte, bekam ich aus Paris die Anfrage, ob ich Lust hätte, sämtliche Radrennen für den europäischen Sportsender zu kommentieren. Peter Woydt, der geschätzte Kollege, hatte, jäh aus dem Leben gerissen, eine Lücke hinterlassen, die noch nicht geschlossen war. Verlockung stand bei mir gegen Tradition: 35 Jahre ZDF. Es

war die Erfüllung eines Jugendtraums: Sportreporter – und das nicht nur für Radsport, sondern auch für Ringen, Gewichtheben, Judo; Bob und Rodeln. 150-mal bei Weltmeisterschaften, von 1972 bis 1998 bei allen Olympischen Spielen dabei; eine tolle Zeit unter Lehrmeister Wim Thoelke; mit Kollegen wie Magdalena Müller, Wolfram Esser, Dieter Kürten, Harry Valérien. Da geht man nicht so einfach weg, sondern findet – um den Sender nicht zu brüskieren – die Formulierung »in Pension«. So bekam der Abschied um des Radsports Willen – nicht des Geldes wegen – damals ein freundlichere Note. Für den Autoren aber erfüllte sich der Wunsch, Live-Reporter von A bis Z bei der Tour zu sein. Viermal noch insgesamt und bei allen anderen großen Radrennen der Welt. Ich fand einen Super-Co-Kommentator Tony Rominger (mehr darüber in der Schlussetappe) und feine Kollegen wie David Duffield, Sean Kelly und Danny Nelissen. Obwohl manches ganz anders war, als beim großen ZDF, war es auch bei Eurosport eine schöne Zeit.

10. ETAPPE:
Sehr persönlich

Über Kollegen und einen König

Einem roten Faden gleich ziehen durch 32 Frankreichrundfahrten für das ZDF die zahllosen abendlichen Etappen-Résumées, die allwöchentlichen Tagebücher für das Aktuelle Sportstudio, die Randgeschichten für Feierabend- und Mittags-Magazine und am Schlusstag die Höhepunkte der Tour in der Sport-Reportage. Ihre Planung und Realisierung lag in den Händen des Autors. Er schlug im zeitigen Frühjahr schon der Redaktion die Themen vor, bat in den Presseabteilungen der großen Autowerke um geeignete Fahrzeuge und die Abteilung Bild des ZDF, ihm für das Vier-Wochen-Unternehmen die Kameramänner seiner Wahl zu reservieren (»Herr Angermann, Sie haben ja noch nicht einmal eine Produktionsnummer ...«). Er meldete wegen des frühen Akkreditie-

Tour de France 1980: Von Frankfurt bis zum Eiffelturm dabei, die »Équipe ZDF – TV Allemande«. Von links: die Kameramänner Horst Bendel und Klaus Issler, Reporter Angermann, Chauffeur Herbert Kaspar (†), Redakteur Christian Posselt.

Links: Tour de France 2000, 15. Etappe Briançon–Courchevel. Als der Sieger Marco Pantani nicht nur seine Konkurrenten überfuhr ...

ZDF-Kollege und Freund Christian Posselt, ein Mädchen für alles. Als Tontechniker ging er 'ran »wie Nettel an die Gänse.«

Es mussten nicht immer Sonnenblumen sein; auch ein gelbes Kornfeld war ein guter Vordergrund für die Kamera und Klaus Issler.

rungsschlusses bei der Tour-Organisation sogar schon sein Phanton-Team an – und wenn im Mai endlich alles offiziell abgesegnet und kalkuliert worden war, stand schon längst auch die Liste der Hotels. Denn sechs, acht Wochen vor Tour-Beginn für vier bis sechs Mitabeiter noch Hotelzimmer zu finden, war dem hauseigenen Reisedienst schier unmöglich; es sei denn 100 Kilometer vom Schauplatz Tour entfernt. Also war man ganz froh, dass ich die Sache inoffiziell schon organisiert hatte, nach arbeitsstrategischen Gesichtspunkten, kostengünstig für »das Haus« und wenn möglich, ein bisschen erholsam. Diese Arbeit mit einem Dutzend Reiseführern und ebensovielen Regionalkarten, den zigfachen Anfragen und Absagen, den schriftlichen Bestätigungen und manchmal zu leistenden Anzahlungen war die Arbeit von gut und gerne vier Wochen. Doch nichts ist wichtiger bei so einer langen strapazenreichen Etappenfahrt, als nach einem Zwölf-Stunden-Tag eine angenehme Unterkunft zu haben. Mit unseren Kameramännern, Assistenten, Cuttern und Kraftfahrern konnte man beim Unternehmen Tour Pferde stehlen. Sie waren Könner und Kumpel. Bei Baldur, dem hünenhaften Kameramann aus dem Studio Paris, profitierten wir von seinen Frankreich-Kenntnissen. Einmal hielt er den Redakteur für meschugge: »Warum muss ich hier am Tourmalet wie ein Idiot jeden

einzelnen Kilometerstein für dich filmen?« Es war als Running Gag gedacht: zu jedem Stein schnitten wir später eine Episode aus dem Rennen.

Oder der robuste Pfälzer Klaus Issler, der so stolz auf seinen aggressiven Gänserich-Single Jakob war. Mit ihm war ich in den 70er-Jahren unterwegs. Nie murrend, kletterte er mit mir einmal eine halbe Stunde lang über steilen, schroffen Fels, um an die vom Redakteur entdeckte »traumhafte« Kameraposition – auch am legendären

Die Tour-Tagebücher im Sport-Studio lebten auch von Land und Leuten. Darum schnupperten wir z.B. in der Gascogne am Armagnac ...

Tourmalet – zu gelangen. Dort angekommen, das Teleobjektiv in Stellung gebracht, zogen Nebelschwaden auf und die wirklich bilderbuchartige Perspektive verschwand wie unter Alerichs Tarnkappe. Wir hörten den Lärm der Reklamekolonne entschwinden; wussten, bald müssen die Fahrer kommen und waren der Verzweiflung nahe. Buchstäblich im letzten Augenblick riss der Vorhang auf und gab die Traum-Einstellung frei: mitten in einer steilen Felsenkulisse die lange Schlange des Pelotons ... Heutzutage liefert solche Bilder mühelos die Hubschrauberkamera; anfangs der 70er-Jahre waren sie noch selten. Mein Kameramann-Dauerbrenner war Fips Saur. Zehn und eine Tour de France waren wir zusammen. Die »eine« war die von 1999. Da schon im Vorruhestand, bestritt der Rhein-Pfälzer die Rundfahrt als Freizeit-Chauffeur für den Eurosport-Kommentator. Fips – auch ein exzellenter Kartenleser, Weinkenner und Gourmet – und ich hatten uns Mitte der 80er-Jahre gefunden. Er »las« und filmte die Tour und das Rundherum quasi mit meinen Augen. Ob das Landschaften waren oder Stillleben, Aktion oder Reaktion – Fips, alias Schorsch, alias Wilfried, hatte das gewisse Gespür. Wir verstanden und vertrauten uns blind. Deshalb folgte er dem Redakteur – wenn auch murrend – als der ihn in der Nacht vor dem Start der Tour 1987 in Berlin aus dem Bett holte: »Fips, Riesenstory auf dem Ku-Damm! Gerade erst sind die Franzosen mit der Ehren- und der Fernsehtribüne eingetroffen, die bauen jetzt auf ...«
Unkenntnis, Pannen- und Sprachprobleme auf der Transitstrecke durch die DDR und schließlich noch eine Fehlleitung hatten zur vielstündigen Verspätung des Transportzuges geführt und bei Cheforganisator Otto Ziege schon eine kleine Panik ausgelöst: Die zwei wichtigsten Tribünen am Ziel, Eigentum der Tour de France, wären nicht ersetzbar gewesen. Die nächtliche Aufbauaktion vor dem Prolog des folgenden Tages als einziger Kameramann im Kasten zu haben, versöhnte Fips letztendlich mit meiner radikalen Weckaktion.
Der Berliner Auftakt von '87 weckt bei den älteren Tourbegleitern noch heute schönste Erinnerungen: »Berrläng, formidabel!« Großartig, schwärmen sie noch 15 Jahre danach. Berlin war praktizierte deutsch-französische Freundschaft, bis hin zum harmonischen Nebeneinan-

Tour-Freunde: der Bretone Bernard Creff (»Ich fress' die Besen«), Wiesbadens Mr. Radsport Franz Reitz, der Rheinhesse Wilfried Saur (v.l.).

der von »Weißen Mäusen« und Garde Républicaine. Für den Autor persönlich entstand damals die Sympathie zu dem Mann, der die Idee gehabt hatte, den Tour-Start nach Berlin zu holen, Monsieur Bernard Creff. Dieser Bretone, ehemals leitender Direktor einer französischen Hotelkette, schwärmt für das vereinte Europa. Aber besonders stark schlägt sein »deutsches Herz«. Als Jan Ullrich 1997 auf den Champs-Élysées noch seine Triumphrunde fuhr, rief Bernard Creff über Handy aus Deutschland an: »Wir haben der erste Tour-Gewinner! Ich fress' die Besen.« WIR, jubelte der Franzose und wollte das mit einer deutschen Redensart unterstreichen!
Noch so manche Begebenheit wäre erzählenswert. So, als das ZDF-Fahrzeug 1971 bei der Tour-Ankunft in Freiburg am Mösle-Stadion hoffnungslos eingekeilt war und wir den Sieg des Holländers G. Karstens beim Südwestfunk in Baden-Baden nie auf den Sender gebracht hätten, wenn uns nicht der Polizeipräsident höchstpersönlich mit Blaulicht befreit und dann mit 100 Sachen durch Freiburg gelotst hätte ... so auch, als uns ein sich über den Tourmalet quälender, weit zurückliegender deutscher Fahrer 1988 zurief: »Nicht filmen, ihr A...!« Wir sollten seine Erschöpfung nicht zeigen. Durchaus verständlich. Aber »es kommt immer darauf an, wie der Reporter diese Bil-

Der Mann mit der Baskenmütze: Spricht wie ein Franzose, raucht wie ein Franzose, doch er ist Deutscher. Alt-Kollege Werner Ell.

Wieder einmal startbereit, die kleine Beachcraft der Bettenfabrik ROKADO, zum Sonderflug für »ZDF in Sachen Tour de France«.

der kommentiert« sagten wir ihm, als er sich am anderen Tag für seinen Ausbruch entschuldigte. Und das geschah bei mir immer mit großem Respekt vor der Leistung des Athleten.

Mit Respekt und Dankbarkeit erinnere ich mich auf dieser »zehnten Etappe« der französischen Technik-Kollegen, bei denen der Autor während drei Jahrzehnten als Gast viele Zusammenfassungen und Magazinbeiträge schnitt. Sehr oft hatten wir für die Montage nur anderthalb bis zwei Stunden Zeit. Doch nie ging ein Beitrag »in die Hose«, auch nicht, wenn er während der Überspielung live kommentiert wurde – auf improvisierten Sprecherplätzen unter freiem Himmel oder einem Regenschirm; auf einem Beifahrersitz mit abgedunkelter Frontscheibe oder einem Hocker im VW-Schnittmobil, direkt neben dem Techniker sitzend. Dem deutschen Leser sagen die Namen wenig, für den Reporter jedoch sind Marc und Pierre; Daniel und Mimoun von Antenne 2/SFP ein Stück ZDF- und Tour-de-France-Geschichte.

Gleiches kann ich von ein paar Redaktionskollegen sagen. Werner Ell – schon lange pensioniert – führte 1965 den Frankreich-Neuling ein im Lande De Gaulles und Anquetils – in Sprache, Land und Leute, in Küche und Besonderheiten. Er war ein Kenner des Radsports durch und durch, nie Reporter, aber über viele Jahre der zuverlässige, kritische Redakteur an meiner Seite.

Für die Generation danach steht Christian Posselt. Zehnmal war auch er mit on Tour, gleich Ell nie ein kommentierender Gestalter, dafür ein organisatorischer Hans-Dampf-in-allen-Gassen. Oft übernahm er aus Kosten- und Platzgründen die Rolle des Tontechnikers, oft hielt er mir den Rücken frei und rang mit der Redaktion um ein paar mehr Sendeminuten. Wir waren ein Dreamteam ... erst recht, wenn – wie an einem 14. Juli geschehen – in den Bergen der einzige Autoschlüssel verloren ging.

Er hieß Paul Sieland, er war viele Jahre Berufspilot und Fluglehrer und er flog die kleine Werksmaschine der Bettenmöbelfabrik ROKADO in Holzwickede bei Dortmund. Diese unterhielt zu Beginn der 70er-Jahre einen Profirennstall. Durch ihn und den sportbegeisterten Firmenchef Robert Kahl bekamen wir Kontakt zueinander, und Paul Sieland wurde zehn Jahre lang »der Kurier des ZDF«. Hauptsächlich für die Tour. Aber auch zu Giro, Tour de Suisse und bis nach Marokko flog der König der Lüfte, zum Selbstkostenpreis seiner Firma. Das ZDF sparte viel Geld und der Reporter viel Zeit.

In Frankreich holte Paul den Redakteur mit seinem Material für das Aktuelle Sportstudio immer an den Wochenenden ab, wenn es keine Linienflüge gab oder der Etappenort weit abgelegen war. Sielands Markenzeichen war ein dunkelblauer Pilotenanzug, manchmal auch eine Lederjacke, weißes Hemd, blauer Schlips mit Clip, um den

Paul Sieland, mein König der Lüfte. Der Berufspilot aus Lei-denschaft benutzte, wenn es besonders eilig war, auch schon mal einen »Schleichweg« ...

... im vorgeschriebenen Flugkorridor. Kaum dass wir »oben« waren, konnte sich der Redakteur schon in seine Unter-lagen vertiefen.

Hals ein Feuerzeug am Lederband. Manchmal erwartete er den Fluggast auch mit einem dunklen Stock in der Hand. Da erinnerte er mich an den Alten Fritz. Ein bisschen kauzig? Absolut nicht! Paul Sieland hatte einfach Stil. Er war ein Kumpel und Freund; liebte seinen Schäferhund, sein Klavier und seine zweimotorige, sechssitzige Beach-craft. Unvergessen, wenn wir uns angeschnallt hatten, seine Bereitschaftsmeldung an den Tower: »Hier Delta-India-Lima-Papa-India ... erbitten Starterlaubnis.« Unvergessen auch, weil jedesmal wiederkehrend, wenn wir die Flughöhe erreicht hatten, seine Frage: »Wann müs-sen wir eigentlich da sein?« Auch die Antwort aus dem Hintergrund war fast immer gleich: »Ach Paul, eigentlich schon jetzt ...« Da wusste mein Pilot, dass ich wieder unter Zeitdruck stand – und ließ sich etwas einfallen: »Am Samstag fliegt in Frankreich das Militär nicht, da könnten wir ein bisschen abkürzen.« Hieß, vom vorgegebenen Kurs etwas abweichen. Trotzdem war Paul Sieland, der meis-tens einen Flugfreund als »Co« an seiner Seite hatte, kein Hasardeur. Ich schätzte seine Sicherheit und Umsicht und konnte mich, kaum dass wir »oben« waren, in meine Unterlagen vertiefen, Zeitungen auswerten, schon den Schnittplan entwerfen.

In Egelsbach bei Frankfurt wartete zur Ankunftszeit dann ein Fahrer vom ZDF und ab ging's zur Sendezentrale am Lerchenberg.

Entweder am Sonntag- oder Montagvormittag brachte »Papa India« mich wieder zurück zur Tour de France. Zehn Jahre war Sir Paul, der Höfliche und Witzige, mein Kurier. Hin- und Rückflug zusammengerechnet, sind wir be-stimmt 70mal in der Luft gewesen in dieser Zeit. Sie fand ihr jähes Ende am 11. Juli 1981. An jenem Samstag rief mich Wim Poot, Radsportjournalist und Angestellter bei ROKADO während der Arbeit im Schneideraum an: »Ich muss dir etwas Trauriges sagen ...« Paul Sieland hatte auf dem Firmengelände einen tödlichen Gehirnschlag erlit-ten.

Mein König der Lüfte ist nur 56 Jahre alt geworden. Er bleibt als liebenswerter Wegbegleiter eine schöne Erin-nerung, wie auch ein paar andere aus der Welt des Rad-sports, die Freunde waren: so Andreas Egerer, ein Mäzen voller Güte und die Seele des RC Herpersdorf bei Nürn-berg; Gustav Kilian, der Gesundheit vorlebende, weise Goldschmied der Bahnfahrer; Robert Lange, posthum der »Vater« des Olympiasieger-Vierers von Sydney – ein Trai-ner, der noch so viel versprach; Herbert Schürmann, der brillante Architekt zahlreicher Radrennbahnen weltweit und unvergleichlich humorvolle Erzähler.

Die besonderen Adressen

»Du kennst unser Land vermutlich besser als viele Franzosen« hat der Bretone Creff einmal zum deutschen Freund gesagt. Nun ja, 38-mal durch Frankreich, kreuz und quer durch alle Regionen – da lernt einer das Land schon kennen. Und seine Hotels! Seit 1985 hochgerechnet sind es gut 500 Adressen, wo man seit 1965 den Meldezettel ausgefüllt hat: in Hotels mit und ohne Stern, in stilvollen Auberges und noblen Manoirs, in Mühlen am rauschenden Bach, in nüchternen Betten-Burgen und sogar in fürstlichen Chateaus. Siehste, die Fernsehleute müssen natürlich in Schlössern übernachten, hätte Tante Frieda vermutlich genörgelt. Aber nicht lange; denn ich antworte ihr: Erstens sind die Schlösser die große Ausnahme gewesen, es war auch nie Versailles, und zweitens, für 80, 90 oder selbst 100 Euro würdest sogar du, liebe Tante, einmal in einem Bett übernachten, wo einst General De Gaulle geschnarcht hat! Mir war solches vergönnt im Chateau de Montledier, mitten im Wald

Schlafen wie Gott in Frankreich, manchmal war es wirklich so. Doch selbst auf De Gaulles ehemaliger Schlafstatt sah es beim Aufbruch am Morgen aus »wie bei Hempels unterm Sofa«.

bei Mazamet, der Heimat von Laurent Jalabert. Es schlief sich aber auch nicht anders unter des Staatsmanns Baldachin.

Und gleich noch ein exklusives Haus. Ein Bauern-Haus! Es trägt den Namen Mas de la Coutettaz, wurde 1771 erbaut und ist das älteste Haus des Wintersportortes Morzine, wo die Tour de France schon 15mal Station gemacht hat und wir mit unserem Team davon allein siebenmal im dicken alten Gemäuer des früheren Bauernhofes. Er war so einmalig reizvoll, dass wir angesichts der wenigen Räume auf das Privileg von Einzelzimmern verzichteten. Der ehemalige Stall, in dem die Bergkühe überwinterten, war das Restaurant. Die Wände mit Dreschflegeln, Sensen und Rechen dekoriert, wurde auf gediegenen Holztischen nur Einheimisches serviert. Also Fondue Savoyard, Entrecote Gryère, Forellen mit Mandeln oder ein Jambon de la Montagne, dazu trank man roten Chautagne oder Crépy. Selbst wir als Hausgäste mussten abends den Tisch reservieren; denn das Mas de la Coutettaz war eine Adresse für Kenner. Also sah man viele Gesichter der Tour. Anquetil im Genuss vereint mit Poulidor, Frankreichs Starjournalisten Léon Zitrone und Tourstimme Robert Chapatte, aber auch »einfache Jungs«, die keiner um ein Autogramm bat. Sechsmal waren wir schon dagewesen in unserem Kleinod, stets hatte Madame uns am kleinen Springbrunnen erwartet und dann gerufen »Jean, la Télévision Allemande!«, worauf auch der gewichtige Patron mit der Kochschürze herbeieilte um Bonjour zu sagen. Beim siebten Besuch stand Madame in Schwarz an der Tür und rief nicht wie gewohnt »Jean ...« Es wurde ein Abend der ruhigen Art. Als ich ein

Ein wahres Kleinod, das »Mas de la Coutettaz«. Viele Jahre war das Bauernhaus im hektischen Morzine unsere Oase für Leib und Seele.

Jahr später wieder reservieren wollte, war das Haus geschlossen.

Mittlerweile haben wir guten Ersatz gefunden. Die empfehlenswerte Adresse – schöne Grüße, bitte, von Monsieur Klaus! – heißt jetzt Maroussia. Das blumenumrankte schmucke kleine Berghotel liegt nur 10 Kilometer vom überfüllten Morzine entfernt in Les Gets, abseits von Lärm und Stress. Und die Küche: Ich garantiere!

Für einen anderen Berg-Etappen-Ort, nämlich Alpe d'Huez, gibt es keine Hotel-Empfehlung meinerseits mehr. Die alten, guten Adressen haben die Besitzer gewechselt oder zugemacht. So hat die liebenswürdige Madame Mazuelle, durch einen Unfall krumm geworden wie eine bekannte Märchenfigur, in ihrem Alpe Azur eine arrogante Nachfolgerin bekommen, die schon beim ersten Satz »Tour de France ...« ein barsches complet – ausgebucht! – herauspresst und bei der zweiten Frage gar nicht mehr antwortet, sondern Au revoir sagt. Im Grandes Rousses bekommt man im November fast schon eine Zusage, um dann nach Ostern, nach der goldenen Wintersaison, zu hören: nein, wir nehmen zur Tour nur Gäste für drei oder vier Nächte. Schade, Alpe d'Huez ist kühl geworden. Trotzdem möchte ich Alpe d'Huez nicht im Zorn verlassen: Falls Sie einmal da oben sind, fragen Sie nach dem P'tit Creux! Der »Kleine Riecher« – gar nicht weit von der Kirche Notre Dame des Neiges – ist ein schönes, solides, noch typisches und recht preiswertes Restaurant. Der Grüne Salat mit Walnüssen ... hmmm!

Zwei Adressen – zwei Trümpfe – zweimal Garantie am Fuße der Pyrenäen: entweder das La Forestière in Louvie-Jouzon bei Pau oder das Hotel de la Gare in Lannemezan nahe Tarbes. In beiden haben wir mindestens zehnmal die Nächte nach den Pyrenäenetappen verbracht. Das Forestière liegt abseits der D 934 wie in einem kleinen Park, man hat vom Balkon oder auf der Terrasse den Blick auf die Pyrenäen und kann hervorragend essen. Canard in verschiedenen Variationen! Dazu einen Wein der Region, also einen Madiran oder Jurancon oder den kühlen Rosé du Bearn. Schorsch Lanig und Schorsch Angermann haben da mal ganz schön zugeschlagen – nein, nicht bei Madame Descat, der Besitzerin; beim Wein natürlich.

Monsieur Cistac ist der Besitzer des Hotels in Lannemezan, ein ehemaliger Traberchampion. Die wahre Chefin aber ist seine Frau. Man erkennt die Patronin sofort ... Der gegenüberliegende Provinzbahnhof hat nie gestört, nicht einmal das nächtens ab und zu erklingende langgedehnte »Lannemezaaaaaan«. Trotzdem: die Zimmer nach hinten sind die ganz ruhigen – mit Blick auf Garten, Goldfischteich oder Trabergestüt, ohne Wiehern. Zur Tour völlig ausgebucht – mal wohnt da die Garde Republicaine, mal die Reklametruppe von Crédit Lyonnais oder Coca-Cola – hat es uns im Hotel de la Gare einmal so gut gefallen, dass wir einen zusätzlichen Ruhetag eingelegt haben: Totalausfall des kompletten Elektroniksystems unseres Kamerateam-

Auch eine empfehlenswerte Adresse für Tour-Besucher, Radtouristen oder Skifahrer: das freundliche »Maroussia« in Les Gets nahe Morzine.

Bei drei Pyrenäen-Tagen rate ich zur Dauer-Bleibe. Tipp: Das »Forestière« nahe Pau (links) oder das »De la Gare« in Lannemezan.

Wagens, eines fabrikneuen Drei-Liter-Caravan. Sobald Nadja, die couragierte Kamerafrau und Chauffeurin, den Schlüssel ins Zündschloss steckte, heulte die Alarmanlage. Auf Dauer unerträglich. Kein Mechaniker und Experte konnte das Problem lösen; der »Notfall« wurde schließlich von der Generalniederlassung abtransportiert. Wir verloren einen ganzen Tag, aber nie unseren Humor; und ich – Schorsch Fips und Nadja, die Elektronik-Spielmaus, konnten es nicht glauben – blieb ganz ruhig ...

500 Hotels und etwa 850 Übernachtungen in 38 Tour-de-France-Jahren – ein einziges Mal blieb mein Bett unbenutzt. Es war die Nacht vom 21. zum 22. Juli 1990 in Limoges, und der Grund war absolut dienstlich: Peter Wolpert, der Bildtechniker und ich schnitten die Nacht hindurch in einem umfunktionierten Campingwagen die große Zusammenfassung jener Tour, die – zum dritten Mal – Greg LeMond gewann, und bei der Olaf Ludwig das Grüne Trikot eroberte. Den elektrischen Strom nahmen wir vom Bridge-Hotel ab, in dem die Kollegen schlummerten; den »Strom« zum Durchhalten lieferten uns die reizenden Hotelbesitzer in Form von riesigen Kaffeeportionen und Cola-Batterien. Bullenhitze auch die Nacht über, 35 Grad im nicht

kühlbaren Schnittmobil – man war der Erschöpfung nahe. Als auch kleine Kaltwasserduschen kaum noch vor dem Einschlafen retteten, schrien wir uns an, nannten uns Feigling und Versager ... Peter Wolpert, zu dem ich leider nie Schorsch sagen durfte, drohte sogar einmal: »Wenn du jetzt schlapp machst, hau ich dir eine in die ...«

Endlich, morgens um sechs, hatten wir das Werk geschnitten: 23 Minuten, die nun aber noch kommentiert werden mussten. Wir weckten dazu Imre, den Tontechniker, und der plagte sich dann fast zwei Stunden mit dem Reporter, dem manchmal die Lippen nicht mehr gehorchen wollten. Schließlich stand die »Mischung«. Eine tolle Leistung der beiden Kollegen. Für Peter, den Hobbyrestaurator, war es trotz vieler Olympiaden und Fußball-WM der Einsatz aller Einsätze, diese Nacht vor dem Bridge Hotel in Limoges.

Nach Dusche und Frühstück jagte Schorsch Winkler, damals der Kameramann, mit mir und der Sendekassette nach Paris. 400 Kilometer bis zu den Champs-Élysées. Dort, am Etappenziel, wurde das Band vor Beginn der Übertragung als so genannte Unilaterale – nur für einen Sender – nach Mainz überspielt. Die ausländischen Reporterkollegen sahen und hörten das Resultat der Nacht auf ihren Monitoren und klatschten, als ich aus dem Eurovisionswagen zurückkam. Eine nette Geste, die der Redakteur im Stillen seinen Kollegen weitergab. Denn ohne das Team ist man nichts. Deshalb zählt auch das Bridge von Limoges unter meinen 500 Tour-de-France-Hotels zu den besonderen Adressen. Obwohl ich gar nicht weiß, wie es sich in seinen Betten schläft.

Ein einziges Mal blieb mein Koffer zu: im »Bridge Hotel« in Limoges.

Tony, Tante Frieda und ich

Auf der Wunschliste für den Co-Kommentator, den zu wählen mir Eurosport 1998 bei meinem Antritt freie Hand gelassen hatte, stand er von Beginn an auf Position eins: Tony Rominger. Der vom Publikum zum Schweizer Radstar des Jahrhunderts gewählte Giro- und Vuelta-Gewinner, Tour-Zweite und Stunden-Weltrekordmann war mir von jeher sympathisch gewesen: groß als Sportler, bescheiden als Star; freundlich, besonnen, zuverlässig. Das Arbeiten mit dem Rad-As hatte Spaß gemacht; warum nicht auch als Partner am Mikrofon? Am Anfang waren Zweifel: »Wieso ich ... bin doch kein Reporter ... glaube nicht ...« Aber Tony, ein »Co« muss kein Reporter sein! Es ist wie ein Interview, bei dem der Zuschauer vom ehemaligen Rennfahrer viel Fachliches erfahren soll. Es gab viele Gespräche und die Bedenken wurden immer weniger. Das Finanzielle war für Tony akzeptabel; wobei es für ihn, der einmal als »der bestbezahlte Schweizer Sportler« eingestuft wurde, bei Eurosport auch nie um's große Verdienen ging. Und dann sagte Rominger, sechs Wochen vor der Tour, trotzdem ab. Aber so unsicher, merkte ich, dass der Wunschkandidat noch eine zusätzliche, allerletzte Woche Zeit bekam ... Das Resultat ist bekannt.

»Grüezi, liebe Zuschauer« am Anfang, »Tschüss, euer Tony Rominger« am Ende und dazwischen drei, vier oder sogar sieben Stunden gemeinsamen Kommentierens. Mit Tony viermal in der Tour – und auch bei anderen Großereignissen: Er war der ideale Partner, dessen Art zu erklären bei den Zuschauern ankam. Aber was hatte der Ex-Rennfahrer, kaum abgestiegen, anfangs für Konditionsprobleme! Stundenlang auf dem harten Kommentatorenstuhl zu sitzen, war für ihn schlimmer als 250 Kilometer im Rennsattel. Alles nur eine Frage der Eingewöhnung. Tony schwamm sich schnell frei. Doch als ich ihn während der

Der zum »Schweizer Radstar des Jahrhunderts« gewählte Tony Rominger war auch für Eurosport die Erste Wahl.

15. Etappe in Les Deux Alpes zum erstenmal am Mikrofon allein ließ, um für den bei Regen und Kälte schlotternden Jung-Kollegen meinen zweiten Pullover zu holen, erschreckte er doch ziemlich.

Es sollte nicht sein einziges Solo bleiben im Verlauf unserer vielen gemeinsamen Etappen und gelegentlichen »Duelle«. Wie wir beispielsweise 2001 konträr waren bei der Beurteilung der Grimassen von Lance Armstrong auf dem Weg nach Alpe d'Huez. Theater? Nein, kein Theater! Und dann doch ... Oder wie er mir gelegentlich – und wirklich nur ganz selten – ins Wort fiel, wenn ich von Land und Leuten erzählte, während im Feld die Post abging.

Der Journalist und der Radrennfahrer haben sich am Bildschirm sehr gut ergänzt. Dafür dankt dir, Tony, auch Tante Frieda. Und ich!

Heinz-Florian Oertel (li.), »die« Stimme der DDR-Sportreporter. Bei ihm habe ich 1956 als Abiturient meine erste Probereportage gesprochen, vom Fußball.

Unvergessen der historisch gewordene Dialog 1999 bei der Zielankunft auch am Berg der Holländer. Klaus A.: »... und gewinnt mit Guiseppe Guerini in Alpe d'Huez wieder ein Holländer!« Tony R.: »Nein, Klaus, ein Italiener ...« Wieder Klaus A.: »Hab' ich doch gesagt, der Holländer ...« Besser kann Kabarett auch nicht sein.

Aus der Partnerschaft mit Tony Rominger entstand Freundschaft und großes gegenseitiges Vertrauen, gerade bei heiklen Themen. Vertrauen meinerseits auch in seine umsichtige, sicherheitsbewusste und rücksichtsvolle Art Auto zu fahren; seinerseits das Vertrauen, wenn ich ihn hin und wieder auf kulinarisches Neuland führte.

Diese persönliche Verbundenheit führte auch dazu, dass ich im Herbst 2001 meine Arbeit bei Eurosport beendet habe: Eine WM ohne Tony zu kommentieren, das konnte ich nicht akzeptieren. Der Schweizer ist einfach der ideale Mann an meiner Seite gewesen, und wenn seine Analysen, seine Anmerkungen in Sachen Technik wirklich einmal etwas zu fachlich gerieten, bat ich ihn eben, das noch einmal etwas einfacher für »Tante Frieda« zu erklären.

Dieses Lieschen Müller der anderen Art war durchaus kein Phantom. Meine Tante Frieda aus Weißig bei Dresden war eine Schwester meines Vaters. Bei ihr unterm Kaffeetisch sprach der kleine Klaus, einen Schuhkarton vor dem Gesicht, seine ersten »Reportagen«. Ich begann also sehr früh ... Die zweite, schon konkretere Stufe war zu Ostern 1956 als 18-jähriger Abiturient eine erste Probereportage bei Radio DDR. Neben Heinz-Florian Oertel sitzend, dem populären Starreporter, eine komplette Halbzeit der, wie es damals hieß, deutsch-deutschen Fußballbegegnung Rotation Dresden gegen Borussia Neunkirchen. Es war der 2. April '56 und, wie man mir in Berlin sagte, ein talentierter Beginn. Der Kreuzschulzeit folgte zunächst ein Zeitungsvolontariat in Dresden und schon ein Jahr später die »Delegierung« als Sportredakteur nach Rostock.

Von dort aus wechselte der Jungjournalist und Mittelstreckenläufer beim SC Empor im Oktober 1958 seinen Wohnort. Schwimmend durch die kleine Wakenitz von Ost nach West. Neustart in Nürnberg, morgens Arbeit im Tiefbau, nachmittags Gymnasium für das erforderliche West-Abitur. Dann Studium der Volkswirtschaft und Journalistik. Ausgestiegen im 4. Semester, dafür fester Job in der

Verständnis haben, warten und verzichten muss eine Reporter-Frau. Dafür von mir ein Gelbes Trikot!

Sportredaktion der Nürnberger Nachrichten und beim Kicker-Sport-Magazin. Danach noch eine wertvolle Zwischenstation beim Main-Echo in Aschaffenburg als Sprungbrett zum ZDF. Dort mit vielen sympathischen Kollegen am 1. April 1963 »Mann der ersten Stunde«, draußen in der Fernseh-Barackenstadt Eschborn mit einem Lehrmeister namens Wim Thoelke. Big Wim formte aus dem damals jüngsten Sportredakteur des ZDF – ich war noch 24 – den Reporter.

Der Weg vom Traum der Kindheit zum Traumberuf und dass ich ihn mehr als 40 Jahre erfolgreich gehen durfte, das macht mich am Ende meiner Laufbahn sehr dankbar – den vielen Sportlern und Trainern gegenüber, denen ich begegnet bin; dankbar gegenüber meinen Kollegen bei den Zeitungen – der Schulbank des Journalismus – und den vielen Weggefährten beim Fernsehen, den Kameraleuten, Cuttern, Bild- und Tontechnikern beim ZDF, ganz besonders der oftmaligen Tour-Außenstelle Studio Paris: Merci, Giselle, Anke, Gerd! Dankbar bin ich besonders meinen Eltern, dass ich in schweren Zeiten im kleinen Weißig bei Dresden eine unbeschwerte Kindheit hatte und das Fundament fürs Leben bekam. Zum Schluss nehme ich

Mit der Ehefrau einmal privat am Tourmalet gewesen, mit dem Sohn – im Gelben von Didi Thurau – einmal das Finale in Paris erlebt.

meine Familie in den Arm. Sie hat für den in seinem Beruf aufgehenden Ehemann und Vater enormes Verständnis aufgebracht. Danke Renate, danke Ralf-Peter und danke Ulrike! Ich habe von euch viel Kraft bekommen, ganz besonders, wenn ich alljährlich zur Tour aufbrach. Auch wenn ich jetzt verspreche: »In Zukunft nur noch die Familie«, so ahnt ihr bereits – ganz »ohne« wird es beim Alten wohl nie gehen, denn der Traum vom Gelben Trikot ist ein Teil von meinem Leben.

Personenregister

Fotonachweis

Alle Motive und Abbildungs-
vorlagen Klaus Angermann /
Privatarchiv Angermann;
mit Ausnahme von:

ARD/BONITO: S. 102
Baumann (Sportfoto): S. 173
Behrendt, Wolfgang: S. 132, 133 u.

Bodenmüller, Frank:
Cover oben, S. 260
Bürhaus, Michael: S. 140 u.
DPA-Archiv: S. 78, 80 l., 81, 83, 88, 104 u., 105 u., 106 u., 107, 119 u.l., 154, 155 o., 156 o., 161, 166, 186 o.l., 195 o., 196, 205, 211, 213 (5, 9, 11), 230
Horstmüller (Sportfoto): S. 117, 126 o.

Kachel, Siegfried: S. 185, 208 u., 213 (1)
Roth, Hans A.: S. 77, 86 beide, 87, 91, 105 o., 106 o.l. und o.r., 112, 118 u., 120, 138 o., 141, 146 u., 150, 157, 158, 186 o.r., 197, 199, 200 u., 201 o., 202, 206, 207, 213 (2, 3), 235 o.
Sport Image / Bongarts Sport-fotografie: S. 20, 21, 22, 23,

124, 125, 126 u., 127 u., 162, 163, 169, 170 o.
Thonfeld, Eberhard: S. 135 o.
Thurau, Dietrich (Privatarchiv): S. 174, 177, 183
Witek, Peter: S. 70 l., 93, 96, 152 u., 160, 188 u., 208 o., 209 o., 216, 223
Ziegler, Karl (Privatarchiv): S. 121, 122